境外培训论文集
（2012）

Overseas Training Collected Papers(2012)

中国证券业协会 编

中国金融出版社

责任编辑：石　坚
责任校对：李俊英
责任印制：陈晓川

图书在版编目（CIP）数据

境外培训论文集 . 2012（Jingwai Peixun Lunwenji. 2012）/中国证券业协
会编 . —北京：中国金融出版社，2013.8
　ISBN 978 - 7 - 5049 - 6817 - 3

Ⅰ. ①证…　Ⅱ. ①中…　Ⅲ. ①金融学—文集　Ⅳ. ①F830 - 53

中国版本图书馆 CIP 数据核字（2013）第 039182 号

出版
发行　**中国金融出版社**

社址　北京市丰台区益泽路 2 号
市场开发部　（010）63266347，63805472，63439533（传真）
网 上 书 店　http：//www. chinafph. com
　　　　　　（010）63286832，63365686（传真）
读者服务部　（010）66070833，62568380
邮编　100071
经销　新华书店
印刷　利兴印刷有限公司
尺寸　169 毫米×239 毫米
印张　22
字数　395 千
版次　2013 年 8 月第 1 版
印次　2013 年 8 月第 1 次印刷
定价　56. 00 元
ISBN 978 - 7 - 5049 - 6817 - 3/F. 6377
如出现印装错误本社负责调换　联系电话（010）63263947

《境外培训论文集（2012）》
编辑工作组

主　编：俞白桦

副主编：杨小兵　张小囡　王晓国

《信息通信技术文选（2012）》
编辑工作组

主编：赵厚麟

副主编：杨泽民　陈如明　王晓初

前　言

　　人才资源是第一资源。中国证监会发布的《中国证券期货行业人才队伍建设发展规划（2011—2020 年)》，对证券期货行业人才队伍建设作出了重大战略选择，"力争到 2020 年，在行业经营机构中，能够涌现出一批代表市场地位、具有国际视野、通晓国际规则、引领行业参与国际市场竞争与合作的高素质经营管理人才"；"在证券发行与承销、资产管理、产品创新、风险管控、投资研究等关键业务领域，培养出 200 名左右在国际上有一定影响力，500 名左右在国内市场业界有较高知名度的高层次专业人才"。

　　中国证券业协会坚持把贯彻落实《中国证券期货行业人才队伍建设发展规划（2011—2020 年)》摆在突出位置，健全行业人才教育培训体系，调动社会各方参与力量，积极构建起全覆盖、多层次、市场化的证券业人才教育培训体系，进一步夯实证券业从业人员培训标准制定、资格考试教材编写、境内面授培训、境外合作培训和远程在线培训、高管人员资质测试等各项培训工作制度机制，力争证券业从业人员培训持续发展、特色发展、和谐发展。2012 年证券业从业人员各项培训工作取得了新的进展。其中，组织完成的境外专项培训共 5 期，培训了 135 名学员，并呈现了以下几个特点：

　　一是"全面覆盖"。2012 年先后成功举办第八期赴美证券业领导力与管理高级研修班、赴英资产管理业务高级研修班、2012 年第三期赴加证券公司投行（并购重组）业务高级研修班、赴加证券公司风险管理业务高级研修班、赴美证券公司战略人力资源管理高级研修班，基本覆盖了证券公司业务发展与经营管理的前台、中台和后台。

二是"突出主题"。2012 年的 5 个境外培训项目中的 4 个是全新的培训专题和培训内容：赴英资产管理业务高级研修班涉及目前国内券商资产管理的核心业务，赴加证券公司风险管理培训班课程重在展示加拿大金融机构风险管理实践全貌，赴加证券公司投行（并购重组）业务高级研修班重点就如何通过服务并购业务实现投行盈利的专题与加拿大并购业务中介机构相关各方进行了深入交流，赴美证券公司战略人力资源管理高级研修班首次就证券公司人力资源管理如何理解公司战略定位、理解业务创新提供与国际同行分享和交流经验的平台。

三是"精心组织"。2012 年在坚持历年做好班组建设、预培训、学习纪律管理、境外突发事件处理等各项工作的基础上，注意总结规律，加大案例教学和参访的比例，取得了良好的反馈和效果。同时，在假期及食宿安排上尽可能做到服务好学员、合理合规给予培训团队可行建议，并成功应对了美国"桑迪"飓风等特殊事件。

四是"学有所得"。2012 年在坚持每期培训学员均需结合课堂收获与各自的工作实际分组撰写专题论文工作机制的同时，在赴加证券公司投行（并购重组）业务高级研修班出境之前，中国证券业协会为使研修项目学有所得，根据上市公司并购重组的监管要求和发展趋势、前两期中加投行（并购重组）业务高级研修班课题研究选题、并购重组业务流程以及 2012 年中加投行（并购重组）业务高级研修班课程设置，拟定了八项课题研究参考选题，强化学前引导，进一步夯实培训与研究相结合的工作机制。

为了反映协会境外培训整体成果，方便行业内分享有关培训收获，2011 年，中国证券业协会曾将学员专题论文编撰成册，出版了《境外培训论文集（2011）》，业内的好评促使我们再次将 2012 年学员培训论文汇编成册，供全行业参考。

中国证券业协会
2013 年 3 月

目录

赴英资产管理业务高级研修班

赴加证券公司风险管理业务高级研修班

2012 年第三期赴加证券公司
投行（并购重组）业务高级研修班

赴美证券公司战略人力资源管理高级研修班

第八期赴美证券业领导力与管理高级研修班

The Eighth SAC-Wharton Program of Leadership and Management for Securities Companies

金融衍生产品视角下的券商资产管理业务拓展与创新

第一组组员：宏源证券陈亮、长城证券黄耀华、中国金融期货交易所黄勇、安信证券李萱、红塔证券饶雄、上海期货交易所俞瑶

一、海外券商资产管理业务创新发展历程

（一）佣金自由化，促使券商大力发展资产管理业务

海外券商的资产管理业务，是从传统的经纪业务中逐步分离出来的，其产生的背景是佣金自由化。佣金自由化使券商的经纪业务收入受到很大影响，券商纷纷推出资产管理业务以弥补经纪业务收入变化的影响。

（二）金融衍生产品的使用，满足了投资者的差异化需求，推动资产管理规模快速增长

海外券商资产管理业务获得巨大成功的关键在于对金融衍生产品的开发。以美国为例，虽然资产管理业务已经有近百年的历史，但直到20世纪70年

代，利率衍生产品诞生才实现快速发展，呈现出规模、收入与利润并长的局面。

金融衍生产品的出现，不仅满足了不同层次投资者的差异化需求，更为证券公司带来了拓展资产管理业务的巨大机遇，成为证券公司提升核心竞争力的重要途径。

纵观海外券商利用金融衍生产品发展资产管理业务的历史，主要可以分为以下三个阶段：

第一阶段（20 世纪 70 年代—20 世纪 80 年代初期）

在布雷顿森林体系崩溃和浮动汇率制度取代固定汇率制度的大背景下，监管部门对信用和利率的管制逐渐放宽，导致国际金融市场上的汇率和利率出现剧烈波动，为了满足投资者转嫁汇率风险和利率风险的要求，海外券商相继推出了外汇期货和外汇远期、浮动利率票据、浮动利率债券和利率期货的资产管理业务，该阶段的资产管理主要围绕规避汇率和利率风险来进行。

第二阶段（20 世纪 80 年代初期—20 世纪 90 年代末期）

20 世纪 80 年代之后，金融市场的管制进一步放松，券商等中介机构不断设计新型金融衍生产品，大量对金融市场产生巨大影响的产品相继推出，如股指期货、股票期权、可调利率优先股、信用违约互换和次级抵押债券等。券商的资产管理业务也不仅局限于规避汇率风险和利率风险，而是开始利用这些产品为投资者规避市场风险和信用风险，业务范围得到极大拓展。

第三阶段（20 世纪 90 年代末期至今）

20 世纪 90 年代末期，全球资本市场规模急剧增大，国际金融一体化的趋势初具雏形。规模剧增的资本市场催生了多样化的需求，促使券商等中介机构在简单衍生产品的基础上开发出各类个性化的结构化衍生产品。在该阶段，创新型金融衍生产品的发展进一步加快，产品结构趋于复杂化，如收益存托凭证、汇率指数债券、股权连结债券等，资产管理业务逐步渗透到金融市场的各个领域，开始成为证券公司的重要核心业务。

在海外众多利用金融衍生产品拓展资产管理业务的证券公司中，高盛无疑是业务创新能力最强、资产管理规模最大的杰出代表之一。高盛资产管理部成立于 1988 年，自成立至今，高盛资产管理部的管理资产从 1996 年的 862 亿美元扩大到了 2009 年的 8 710 亿美元，年化增长率超过 20%。高盛资产管理部依托其广泛的业务布局而建立起的全球资产管理平台将全球的资产管理需求与全球投资标的有机地联系在一起，可以为客户提供更为全面的资产管理服务，从股票到债券，从利率衍生产品到股票衍生产品和新型结构化衍生产品，客户在高盛资产管理部就可以完成"一站式"的资产配置。

二、国内券商资产管理业务的现状和困境

（一）券商资产管理规模小，远低于银行、信托和公募基金

我国证券公司资产管理业务始于20世纪90年代中期的个人投资者理财。20世纪90年代末期银行利率下调，股票市场开始显露牛市行情，投资者主体便逐渐由个人转为机构，但理财产品的设计较为单一，且普遍采取保证收益或保本的委托方式，这给券商的经营带来巨大风险，20世纪初股市系统性风险的释放曾使券商资产管理业务步入巨亏时代。由于代客理财带来的巨额亏损及部分券商违规现象屡禁不止，中国证监会曾一度叫停资产管理业务。

伴随着《证券公司客户资产管理业务试行办法》、《关于证券公司开展集合资产管理业务有关问题的通知》等法规的出台，资产管理业务逐步进入规范时期。2005年3月，广发证券的"广发理财2号"和光大证券的"光大阳光"正式推广发行，标志着券商集合资产管理计划正式进入全新阶段。在此期间，券商资产管理规模从2006年年底的196亿元增加到2012年3月31日的1 156亿元[①]，增长了4.9倍。

与银行理财产品、信托计划相比，券商集合计划的年发行规模增长较缓。相关统计数据表明，从2006年到2011年，银行理财产品的年发行规模从4 000亿元变为16.49万亿元，增长幅度超过40倍；同期，信托集合产品的年发行规模从423亿元变为5 799亿元，增幅超过12倍；而券商集合计划的发行规模从2006年的171亿元增加到2011年的644亿元，增幅仅为2.77倍，远远落后于银行业和信托业的同期增幅。即使在近年股市整体低迷的情况下，公募基金的发行份额大大缩水，在2011年仅为2 681亿元，这一数字也远高于同期国内证券公司集合计划2011年636亿元的发行规模。

券商资产管理规模远小于银行理财产品、信托计划和公募基金。中信证券研究部金融产品组的数据表明，目前银行理财存量规模超过6万亿元，是券商资产管理规模的51.9倍。用益信托网的数据表明，信托计划目前的资产管理规模约为13 500亿元，是券商资产管理规模的11.7倍。Wind资讯的数据表明，公募基金目前的资产管理规模为22 026亿元，是券商资产管理规模的19.1倍。

上述数据充分表明，在发掘理财市场客户需求、开拓资产管理业务"蓝

---

① 仅考虑处于存续期的集合计划，数据来自Wind。

海"方面，券商资产管理业务已经明显处于下风。

（二）产品结构不合理是券商资产管理业务与同业竞争机构存在差距的重要原因

作为国内资本市场的新兴势力，中国证券业在近20年来取得了令人瞩目的成就。然而，就资产管理业务而言，与同业竞争机构相比，在资产规模、盈利能力、业务模式和管理能力等方面均处于比较落后的位置。我们认为，券商资产管理业务产品结构不合理是导致国内券商资产管理业务与同业竞争机构存在差距的重要原因，主要表现在以下几个方面：

1. 投资范围狭窄，产品严重同质化。

海外券商资产管理业务的投资标的范围广泛，风险结构相对完整，既可以投资传统的权益类、固定收益类和货币市场类产品，又可以参与金融衍生产品、大宗商品期货、结构化衍生产品、对冲基金的交易，甚至可以投资基础设施和房地产等"另类产品"。

与此相比，国内证券公司资产管理的投资范围较窄，只能参与权益类、债券类、货币市场类和期货的交易，而无法对其他复杂的结构化产品进行投资。事实上，即使是针对上述四种可投资产品，国内证券业的资产管理仍然受到一定限制。例如，集合理财不能参与商品期货的交易，而且购买金融期货的头寸受到中金所严格限制。此外，由于国内证券市场的金融衍生产品起步较晚，品种较少，因此资产管理对衍生产品的投资实际上比较单一。

投资范围狭窄使得券商理财产品同质化严重。国内券商2005年以来发行的产品规模总共为2 872亿元，其中股票型和混合型产品合计为2 086亿元（占72.6%），债券型和货币市场型产品分别为392亿元（占13.6%）和161亿元（占5.6%）。可见，券商理财产品主要以权益类投资的股票型和混合型产品为主，同质化程度高。

2. 权益类投资为主的集合理财产品风险较高，集合计划套保规模受限，产品层次不丰富。

目前证券公司的集合理财产品基本都是从事权益类投资，其中有85%左右的份额投资于股票市场，15%左右投资于债券和货币市场，过于集中的投资范围使得集合理财产品无法抵御市场的系统性风险，从而导致其业绩曲线呈现出"靠天吃饭"的局面。

虽然证监会下发的《证券公司参与股指期货交易指引》允许资产管理部门可根据不同业务类型，在审慎评估客户风险承受能力的情况下，按照客户的不同需求，参与不同目的的股指期货交易。但是，该办法规定，证券公司集合资产管理计划在任意时点，持有的卖出股指期货合约价值总额不超过集合资产管理计划持有的权益类证券总市值的20%，持有的买入股指期货合约价值总额不超过集合资产管理计划资产净值的10%，这就导致券商资产管理部门无法对市场风险进行完全对冲。

相比之下，银行和信托集合理财产品的投资分布显得较为均衡，大部分投资都集中在风险较低的权益投资或固定收益投资方面，如票据、贷款等，对投资者尤其是机构投资者具有相当的吸引力。

3. 券商集合理财产品不能上市交易，流动性较差。

从投资范围看，券商集合理财产品与公募基金最为接近，但券商集合理财产品的流动性大都较差。封闭式基金、ETF、LOF 等可以在证券交易所上市交易，有利于投资者买卖该基金，而券商集合理财产品不能在证券交易所上市交易，其流动性明显不如前者。此外，券商集合理财一般在数月至一年的封闭期之后才有一小段时间的开放期，开放期也比较有限，一般为每个月的3个工作日至5个工作日。投资者只能在开放期进行参与或者退出，其他时间不能交易，而开放式基金可以随时按基金申购、赎回，申购赎回的周期一般为2个工作日至3个工作日，变现容易。券商集合理财产品流动性受限也是影响发行规模的一个重要原因。

三、券商资产管理业务未来的发展背景

（一）居民财富快速增长，资产管理需求不断增加

"十一五"期间，我国有效地应对了国际金融危机的冲击，整个国民经济呈现出高速增长的势头。截至2011年年底，我国国民生产总值达到47万亿元，人均近35 000元，城镇居民人均可支配收入超过20 000元。受益于国民经济的快速发展，近几年来居民财富快速增加。据统计，中国居民的金融资产中，70%以上是现金或银行存款，而美国的比例仅为17%，这表明国内资产管理业务具有巨大的发展潜力，资产管理需求不断增加。

（二）投资者要求降低收益的波动、熨平收益曲线

近几年来，国内股市大幅波动，部分投资者损失严重，如何管理市场风险、熨平收益曲线已成为券商资产管理业务的重点内容。从海外券商资产管理业务的发展历程来看，利用衍生工具进行产品创新是规避、转移和控制市场风险的有效手段，这一点在20世纪八九十年代以后表现得非常明显。

事实上，我国股票市场当前的剧烈波动跟海外市场非常相似。为了迎合投资者规避风险的需求，以国泰君安为代表的国内证券公司应用股指期货构

建对冲策略，发售了多期以股指期货为投资标的的低风险套利理财产品，不但满足了投资者规避风险的要求，而且大大提高了国内券商资产管理业务创新的能力和水平。

（三）投资者对流动性要求较高

由于我国证券市场发展还不成熟，资本市场、货币市场运作效率不高，大部分投资者的投机意识较浓，以做短线交易为主，长期理性投资理念还未树立，低流动性需求的投资者比重较小，而高流动性需求的投资者占较大的比重，为迎合投资者的需求，券商理财产品需要提供较高的流动性。

四、国内券商资产管理业务发展趋势和创新思路

（一）根据客户风险厌恶程度提供多样化产品，更好地满足客户需求

针对目前券商资产管理业务的投资范围大都集中于权益类产品，利用金融衍生产品进行产品创新可以根据客户风险厌恶程度提供多样化的产品，如根据衍生产品的投资策略不同将集合理财产品划分为保守型、稳健型和积极型三大类，便于客户对产品进行识别，并选择合适的理财产品，在客户资产保值、增值的基础上实现券商资产管理收益的最大化，实现券商和客户双赢。

（二）增强流动性

集合理财产品的流动性是影响券商资产管理部门运用金融衍生产品的重要因素。如果券商资产管理业务可以使用的衍生产品交易量比较大，交易比较活跃，流动性好，那么就可以利用衍生产品进行产品创新，进而提高集合理财产品的流动性。若券商集合理财产品的流动性与公募基金等同业竞争机构无异甚至比它们更好，就会大大增强券商资产管理业务的竞争能力。

（三）券商资产管理业务利用金融衍生产品进行创新的思路

国内券商在利用衍生产品拓展资产管理业务之前，需要明确投资者的风险偏好及需求。各类金融衍生集合理财产品按照投资标的及投资策略的不同，风险程度也有高低之分。如果投资者要博取无风险收益率以上的收益，即风险收益部分，那就要做好零收益甚至本金损失的准备。针对这类投资者，券商资产管理部门可以设计以套利策略或 Alpha 策略为基础的集合理财产品。而财务实力较弱、风险偏好弱（甚至厌恶风险）并且风险承受能力较差的客户比较适合于购买以保本策略为基础设计的低风险或无风险产品。我们主要从投资策略方面讨论券商利用衍生产品拓展资产管理业务可能的方向及出路。

1. 保本策略。

投资组合保险理论被誉为市场动荡的宠儿，投资组合经理运用衍生产品

保护股票投资组合，以防股市下跌。保本策略最大的优势在于能够控制资产组合价值的下行风险。当存在合适的衍生产品时，保本策略可以借助金融衍生产品对投资组合的期末现金流进行保值。基于金融衍生产品的保本策略最常见的有两种：固定比例投资组合保险策略（Constant Proportion Portfolio Insurance，CPPI）和基于期权动态复制技术的保本策略（Option Based Portfolio Insurance，OBPI）。其中，CPPI 保本策略表述形式相对简单、易懂，实际使用中所需估计和主观设定的参数相对较少，因此在国内券商资产管理业务中的应用前景十分诱人。

2. 套利策略。

套利策略认为市场长期存在失效情况，并可通过不同的分析技巧和合理的投资程序相结合，寻找不同金融证券之间关系及市场定价的短期失衡，并从中获取套利收益。套利策略可以分为两类：可转换套利和固定收益套利。

可转换套利的具体操作为同时买卖未来关系能被合理预期的相关证券，一般情况下，可转换套利者会买入市值被低估的可转换证券，同时做空相关的正股现货，以对冲市场风险。可转换债券包括可转债、权证和可转换优先股。

固定收益套利策略是挖掘全球债券市场及衍生产品市场经常出现的短暂小幅定价失效，通过构建套利头寸获取稳定的收益。根据投资者风险偏好，固定收益投资组合可以分为低杠杆高收益率资产组合以及高杠杆低收益率资产组合两种。固定收益套利者最常采用的投资策略是在多个对利率敏感性高的债券或其他证券上同时建立多头及空头。当这些头寸合并起来，将抵消利率和期限上的风险，并从市场定价失效中获利。

需要说明的是，上述两种策略并非百战百胜。以可转债作为标的证券的可转换套利策略为例，需要注意诸多风险因素，包括利率风险、信用风险、流动性风险、价格风险、提前赎回和卖空等风险。因此，与保本策略相比，套利策略更加适合风险厌恶程度较低的投资者。

3. Alpha 对冲策略。

Alpha 对冲策略在国内又称为 Alpha 套利策略，源于股指期货期现套利，但本质上是 Alpha 对冲——一种多头为股票组合、空头为股指期货的对冲策略。Alpha 就是高于经 β 调整后的预期收益率的超额收益率。

计算 Alpha 需要用到 CAPM 模型，它是由 William Sharpe 在其著作《投资组合与资本市场》中提出，该模型区分了投资者在市场中交易面临的系统性风险和非系统性风险。传统 Alpha 策略是在建立 β 部位的头寸后，通过股指期

货等衍生产品对冲 β 部位的风险，从而获得正的 Alpha 收益。

五、券商利用金融衍生产品拓展资产管理业务的相关建议

（一）规范创新活动，在加强监管的前提下放松对证券公司产品创新活动的管制

当前证券业的产品创新活动正在如火如荼开展当中，但是监管层对于产品创新的路径、程序、步骤、权属等仍缺少明确规定。由于缺少指引，证券公司在创新中一方面畏手畏脚，另一方面缺乏导向性和目的性。为此，建议监管层明确市场各方职责，进而整合行业资源，建立标准化的审批程序。监管机构可以把重点放在系统性风险的防范上，加强对系统性风险的识别、测量和控制，同时放松对证券公司产品创新活动的限制（例如放宽产品创新对净资本的要求），将局部风险的控制交给证券公司自己处理。

（二）拓展投资范围，进一步完善金融衍生产品市场

券商利用金融衍生产品拓展资产管理业务的前提条件是完善的金融衍生产品市场只有拥有一个完善的市场，才能为券商资产管理部门提供低成本的对冲工具，保证集合理财产品创新的成功。由于监管等方面的原因，现阶段国内的衍生产品市场仍然局限于商品期货市场，金融类衍生产品市场处于起步阶段，建议监管部门进一步完善金融衍生产品市场，尽快制定相关衍生产品监管的法律法规，在风险可控的条件下加快创新步伐，为券商利用金融衍生产品拓展资产管理业务提供有利条件。

（三）基于券商资产管理业务创新现状修改法律法规

考虑《证券公司客户资产管理业务试行办法》、《证券公司集合资产管理业务实施细则（试行）》和《证券公司参与股指期货交易指引》出台时间较早，所规范的市场主体和行为已经发生了较大变化，在一定程度上对券商利用衍生产品拓展资产管理业务造成障碍，建议监管层对其中的一些条款进行适当调整，其中主要包括以下几个方面：

1. 《证券公司客户资产管理业务试行办法》。

（1）证券公司设立限定性集合资产管理计划的，接受单个客户的资金数额不得低于人民币 5 万元；设立非限定性集合资产管理计划的，接受单个客户的资金数额不得低于人民币 10 万元。

该条文导致占市场多数的中小投资者无法购买券商集合理财产品，建议将准入门槛降至人民币 1 万元。

（2）证券公司从事客户资产管理业务，不得有下列行为：向客户作出保

证其资产本金不受损失或者取得最低收益的承诺。

该条文导致集合理财产品无法向保本型产品方向发展，建议增加"经中国证监会审批通过的特殊产品除外"，为推行适应市场发展的新型产品（如保本型产品）预留政策空间。

2.《证券公司集合资产管理业务实施细则》。

证券公司参与一个集合计划的自有资金，不得超过计划成立规模的5%，并且不得超过2亿元；参与多个集合计划的自有资金总额，不得超过证券公司净资本的15%。

建议适当提高证券公司自有资金参与集合理财计划的比例。

3.《证券公司参与股指期货交易指引》。

证券公司集合资产管理计划在任意时点，持有的卖出股指期货合约价值总额不超过集合资产管理计划持有的权益类证券总市值的20%，持有的买入股指期货合约价值总额不超过集合资产管理计划资产净值的10%。

考虑券商资产业务使用金融衍生产品进行产品设计的策略不同，衍生产品投资比例也不同，建议将该条删除。

4. 产品创新。

（1）分级产品。

允许券商集合资产管理计划采取分级结构，放宽股指期货的投资比例，以满足不同风险偏好投资者的需求。

（2）结构化产品。

允许券商发行高收益或保本票据。

美国债券市场发展的借鉴

第二组组员：兴业全球基金董承非、
广发证券付竹、天相投资顾问有限公司林义相、中信建投证券彭文德、
中国金融期货交易所王彩虹、华融证券张翔

近几年，美国债券市场发展迅猛，不仅发展规模稳步增大，而且品种丰富，结构完善，满足了不同偏好的投资者需求。对美国债券市场的发展及其发展过程中所蕴含的投资机会进行分析，有着重大的现实和借鉴意义。

一、美国债券市场概述

（一）美国债券市场规模巨大

美国拥有全球最大的债券市场。根据 SIFMA（Securities Industry and Financial Markets Association）数据，截至 2011 年年底，美国债券市场存量为 36.6 万亿美

元，与美国当年 GDP 之比达到 3.56。美国债券市场的债券品种主要包括货币市场产品、国债、市政债、联邦机构债、公司债、资产证券化类产品（MBS 和 ABS）。其中资产证券化类产品（MBS 和 ABS）是规模最大的一类债券资产，规模达 10.3 万亿美元；国债、市政债、联邦机构债、公司债和货币市场产品的规模分别约为 9.9 万亿美元、3.7 万亿美元、2.3 万亿美元、7.8 万亿美元和 2.6 万亿美元。

表 1　　　　　　　　　　　　　美国各类债券存量　　　　　　　单位：10 亿美元

年份	市政债	国债	MBS	公司债	联邦机构债	货币市场	ABS	总发行量
1996	1 261.6	3 459.7	2 486.1	2 126.5	925.8	1 393.9	369.5	12 023.1
1997	1 318.5	3 456.8	2 680.2	2 359.0	1 021.8	1 692.8	516.0	13 045.1
1998	1 402.7	3 355.5	2 955.2	2 708.5	1 302.1	1 977.8	647.7	14 349.5
1999	1 457.1	3 266.0	3 334.3	3 046.5	1 620.0	2 338.8	950.5	16 013.2
2000	1 480.7	2 951.9	3 565.8	3 358.4	1 853.7	2 662.6	1 085.0	16 958.1
2001	1 603.4	2 967.5	4 127.4	3 836.4	2 157.4	2 587.2	1 230.3	18 509.7
2002	1 762.9	3 204.9	4 686.4	4 132.8	2 377.7	2 545.7	1 381.5	20 091.9
2003	1 900.4	3 574.9	5 238.6	4 486.5	2 626.2	2 519.8	1 507.6	21 854.0
2004	2 850.3	3 943.6	5 387.9	4 801.6	2 700.6	2 904.2	1 507.6	21 854.0
2005	3 044.2	4 165.9	6 160.0	4 964.7	2 616.0	3 433.7	2 111.0	26 495.5
2006	3 212.4	4 322.9	7 085.4	5 344.2	2 634.0	4 008.8	2 700.6	29 308.2
2007	3 448.0	4 516.7	8 161.3	5 947.3	2 906.2	4 170.8	2 946.4	32 096.7
2008	3 543.0	5 774.3	8 396.3	6 198.6	3 210.6	3 790.9	2 600.6	33 515.0
2009	3 698.0	7 249.8	8 508.4	6 862.9	2 727.5	3 127.2	2 326.9	34 500.3
2010	3 794.5	8 853.0	8 513.2	7 511.9	2 538.8	2 866.5	2 034.5	36 112.4
2011	3 743.3	9 928.4	8 440.0	7 790.7	2 326.9	2 572.0	1 815.4	36 616.7

资料来源：SIFMA。

从整体来看，美国债券市场上各大类产品的绝对规模都很大，而且品种发展较为均衡，产品结构非常完善。具体来说，近几年美国债券市场的发展呈现以下几个特点：

1. 从绝对规模来看，债券市场总规模稳步增加，MBS、国债和公司债市场规模位居前三位。次贷危机前，美国 MBS 市场存量保持历史高位，企业债、货币市场以及 ABS 产品迅速发展。次贷危机后，国债发行量急剧攀升，信用产品市场发展有所放缓。

资料来源：SIFMA。

图1　近年美国债券存量及其与 GDP 比值

2. 从相对占比来看，货币市场和 MBS 占比连续 4 年下滑，公司债和国债占比大幅攀升。次贷危机期间，银行间流动性趋紧导致短期的货币市场工具规模出现萎缩。

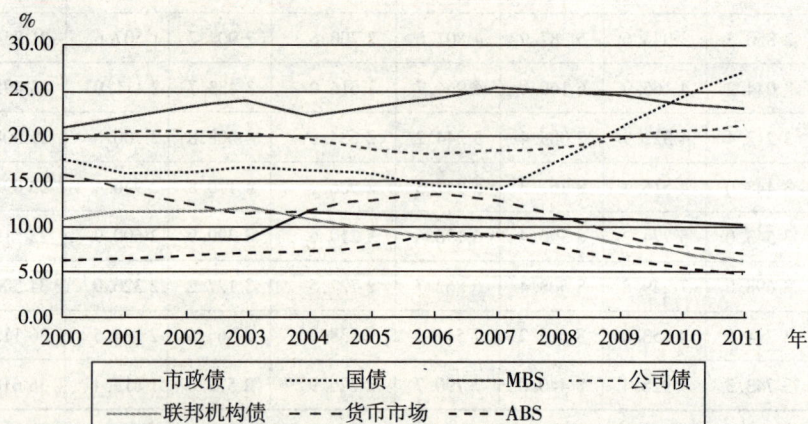

资料来源：Bloomberg。

图2　美国各类债券存量占总债券存量之比的变化

3. 从微观层面来看，美国债市各大类债券的细分产品也很丰富，以满足不同偏好的投资者需求。如国债分为一般国债和通胀保护债券；市政债分为一般责任债券和收益债券；MBS 分为机构 MBS、非机构 MBS 以及 CMO 等；公司债分为投资级和高收益级；ABS 的抵押资产类别更是多样化。

4. 债券市场的发展在次贷危机冲击之后已逐步恢复，2009 年，MBS、公司债以及 ABS 等产品的发行量开始出现恢复性增长，预计美国巨额财政刺激使得未来几年国债的发行量将居高不下。

表2　　　　　　　　　　美国各类债券发行量　　　　　单位：10 亿美元

年份	市政债	国债	MBS	公司债	联邦机构债	ABS	总发行量
1996	185.2	612.4	496.7	343.7	277.9	166.8	2 082.6
1997	220.7	540.0	613.2	466.0	323.1	202.1	2 365.1
1998	286.8	438.4	1 149.4	610.7	596.4	247.1	3 328.8
1999	227.5	364.6	1 026.6	629.9	548.0	236.1	3 031.9
2000	200.8	312.4	685.0	587.5	446.6	281.1	2 513.3
2001	287.7	380.7	1 693.3	776.1	941.0	326.2	4 405.0
2002	357.5	571.6	2 341.9	636.4	1 041.5	373.9	5 323.1
2003	382.7	745.2	3 179.7	775.8	1 267.5	461.5	6 812.4
2004	359.8	853.3	1 924.9	780.7	881.8	651.5	5 452.0
2005	408.2	746.2	2 244.7	752.8	669.0	753.5	5 574.4
2006	386.5	788.5	2 148.5	1 058.9	747.3	753.9	5 883.6
2007	429.3	752.3	2 231.5	1 127.5	941.9	509.7	5 992.1
2008	389.5	1 037.3	1 403.6	707.2	984.5	139.5	4 661.6
2009	409.8	2 185.5	2 041.1	901.8	1 117.0	150.9	6 806.0
2010	433.0	1 962.9	1 975.7	1 062.7	1 032.0	6 107.5	6 574.5
2011	294.6	1 616.7	1 660.2	1 005.5	703.6	124.8	5 405.3
2012Q1	78.6	562.9	483.9	402.8	152.4	45.8	1 726.5

资料来源：Bloomberg。

（二）美国债市流动性高

以换手率作为衡量市场流动性的指标，换手率等于全年成交量与市场存量的比值。具体来看，美国国债的流动性最好，其次为 MBS，再次为联邦机构债。市政债和公司债的流动性较差，换手率很低。具体原因为：

1. 信用状况决定流动性水平。国债为具有主权等级的无风险债券，是整个债券市场的基准利率，流动性最好的。MBS 是由三家美国政府支持企业发行的担保债券，具有美国政府的信用等级。联邦机构债同样具有美国政府信用等级。市政债是由地方政府发行，存在一定的信用风险，公司债具有较高的信用风险。

2. 次贷危机爆发更是提高了信用债券的流动性风险。2009 年国债流动性的降低与其市场存量激增有一定关系。

3. 债券流动性可能也与单只债券发行规模较小有关。市政债和公司债的绝对规模虽然很大，但是其每只产品的市场存量不高，远远低于国债等产品。

表3 　　　　　　　　美国各类债券的换手率　　　　　　单位：%

年份	市政债	国债	MBS	公司债	联邦机构债
2002	6.7	126.7	36.5	4.8	38.1
2003	7.3	134.4	43.6	4.5	34.5
2004	5.8	140.2	42.7	4.0	32.3
2005	6.1	147.5	45.3	3.7	33.4
2006	7.8	134.5	39.8	3.5	31.3
2007	8.1	139.9	43.5	3.1	31.6
2008	6.1	106.1	45.5	2.6	36.0
2009	3.7	62.3	39.0	3.2	31.5
2010	3.9	66.1	41.7	3.0	31.2
2011	3.3	63.4	32.8	2.9	25.2

资料来源：Bloomberg。

二、美国联邦政府债市场

美国联邦政府债务分为可交易债务市场和非交易债务市场，2011 年年底总规模为 17 万亿美元。可交易债务就是常说的国债市场，2011 年年底规模为 9.9 万亿美元，其中通胀保护债券（Tips）占比为 7% 左右。Bills 指期限在 1 年以内的国库券，占国债市场总量的 15%；Notes 的期限为 1 ~ 10 年的名义国债，占国债市场总量的 67%；Bonds 期限在 10 年以上的名义国债，占国债市场总量的 11%。

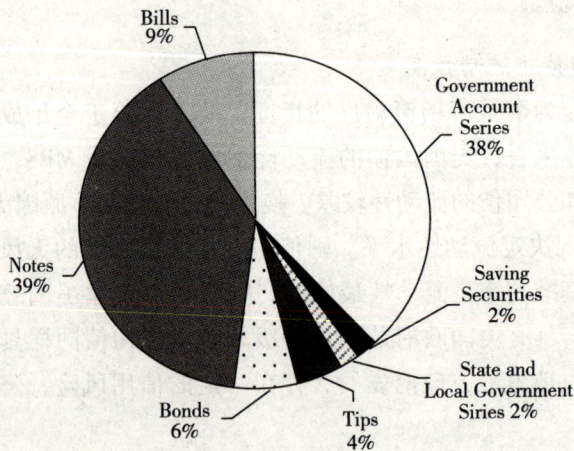

资料来源：Bloomberg。

图3 　美国联邦政府债务整体结构

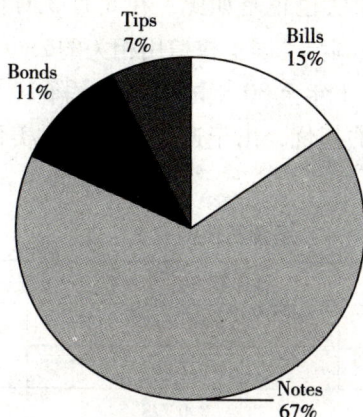

资料来源：Bloomberg。

图4 可交易国债的市场结构

（一）美国国债：资金的避险投资标的

美国国债一直是全球资金的避险投资标的，分析其原因，主要存在以下几点：

首先，美国国债种类丰富。美国国债期限从3个月到30年不等，付息方式灵活多样，有利于进行投资组合。美国国债交易方便，市场活跃，易于变现。

其次，美元的国际货币地位高。美国是世界最大贸易国，近70%的国际贸易以美元结算，世界各国同美国的联系越来越密切，中国、日本等国在同美国的贸易中，长期处于顺差，且规模不断扩大，使得他们的外汇储备币种以美元为主，这些储备则不断买入了美国国债。

最后，美国国债的安全性相对较高。全球金融风暴导致美元的强势地位陷入危机，但与此同时，欧元、英镑和日元的表现却更弱，这些货币目前还都不能替代美元的国际地位。欧洲主权债务危机的深化使得欧元兑美元大幅贬值，投资欧元的损失将更大。因此，在当前国际金融形势复杂多变的情况下，在相当长的一段时间内，投资美国国债依然是目前最主要的选择。

自标普下调美国主权债务评级，目前获得标普主权评级为AAA的国家共有18个，除去格恩西岛联邦、马恩岛、列支敦士登公国和卢森堡公国四国外，其他14个国家的国债总额约为7.7万亿美元，其中有些国家还并不是三个评级机构都给予了最高评级。美国可流通国债余额约为9.3万亿美元，大于14国国债余额总和。也就是说美国国债市场深度之大，根本不是其他国家的国债所可以替代的。这在很大程度决定了美国国债在遭遇评级下调后，不可能会被大幅抛售。而事实也正是如此，在8月5日标普宣布下调美国主权信用评级，8月8日又下调与美国主权信用相关的公司债评级后，在此期间美国国债收益率不升反降，1年至30年国债收益率降10~40个基点，说明人们更多是对世界经济前景的担忧，出于避险因素，对美债需求上升，反而增持了美国国债。

表4   美国国债持有者构成

持有机构	持有量（百万美元）	份额（%）
外国投资者	4 394 062	45.49
货币当局	1 021 493	10.57
居民和非营利组织	890 778	9.22
基金公司	631 389	6.54
州和地方政府	519 766	5.38
私人养老基金	486 689	5.04
政府雇员退休基金	314 992	3.26
商业银行	298 458	3.09
保险公司	253 004	2.62
美国注册银行	2 111 610	2.19
联邦政府	187 907	1.95
证券公司	94 503	0.98
外资银行	66 169	0.68
政府扶持企业	56 126	0.58
其他	232 990	2.41
合计	9 659 946	100.00

资料来源：Bloomberg。

表5   标普评级为 AAA 的 14 个国家国债总额

国家	标普	穆迪	惠誉	总债务（百万美元）
奥地利	AAA	Aaa	AAA	277 681.21
丹麦	AAA	Aaa	AAA	153 311.22
中国香港	AAA	Aa1	AA +	95 281.26
芬兰	AAA	Aaa	AAA	106 064.15
瑞典	AAA	Aaa	AAA	147 958.04
挪威	AAA	Aaa	AAA	79 744.95

续表

国家	标普	穆迪	惠誉	总债务（百万美元）
加拿大	AAA	Aaa	AAA	615 716.90
法国	AAA	WR	AAA	1 859 869.28
英国	AAA	Aaa	AAA	1 776 379.74
德国	AAA	Aaa	AAA	1 761 724.43
澳大利亚	AAA	Aaa	AA +	204 533.09
荷兰	AAA	—	—	438 375.71
瑞士	AAA	—	AAA	119 698.82
新加坡	AAA	—	AAA	121 754.32
国债规模合计				7 758 093.12

资料来源：Bloomberg。

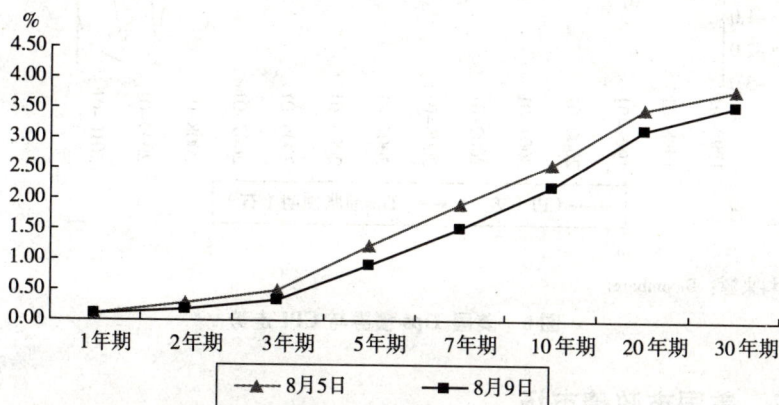

资料来源：Bloomberg。

图5 标普下调美国主权债务评级后美债收益率不升反降

（二）Tips 债券：美国通胀预期衡量指标

Tips 债券又叫通胀指数债券，2011 年年底美国 Tips 市场存量为 7 388 亿美元。自 2004 年以来，美国财政部每年定期发行 5 年期、10 年期和 20 年期 Tips 债券，2010 年 30 年期品种又重新推出。通胀保护债券发行的目的包括：完善金融市场产品结构、为养老基金等机构提供规避通胀的工具、培育投资者预期的形成、为货币政策当局提供一个观测市场通胀预期的指标、提高投资者对政府控制通胀的信心、减少政府整体债务规模融资成本等。

Tips 债券在每个付息日，当期应付利息按照固定票息和劳工部公布的非

19

季节性城市 CPI 同比增速调整后的本金计算。因此，可以认为 Tips 债券的当期收益率仅由实际收益率构成（不考虑流动性溢价等）。而一般的固息债券的收益率均为名义收益率，因此，二者的利差可以作为衡量通胀预期的指标。

通胀预期具有适应性调整的特点：通胀预期领先于 CPI，即通胀预期上升能够推动 CPI 上涨；反过来当 CPI 处于上涨时，又会促使消费者的通胀预期上升。当 CPI 处于高位时，通胀预期也会位于较高水平。

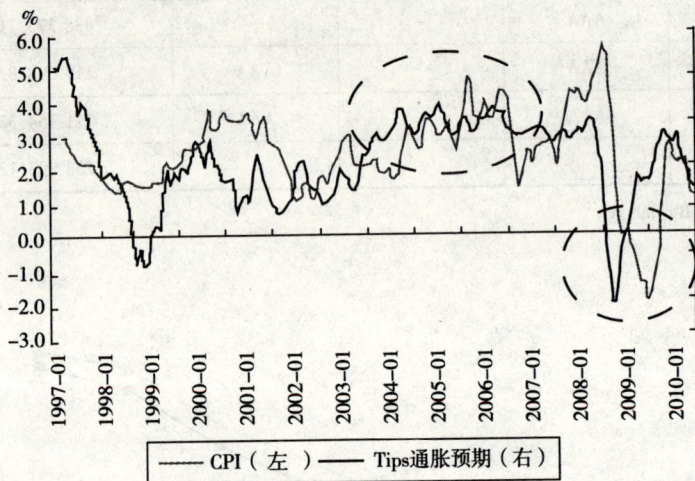

资料来源：Bloomberg。

图 6　美国 Tips 债券与 CPI 走势

三、美国市政债市场

美国市政债由州、地方政府或其代理机构发行，用于为学校、道路、环境和住房等基础设施以及其他公共投资筹集资金，分为一般责任债券和收入债券。一般责任债券是由政府的一般征税权力为担保的，需以政府的税收来偿还，这种债券只有有权征税的政府才能发行。收入债券由政府事业的收入作为担保，由这些事业所获得的收入来偿付债券本息，例如供水收入债券以城市供水系统的收入来偿付。

从历史违约数据来看，市政债的违约率远低于公司债，风险同样很低。2004 年起，联邦政府对个人投资者的市政债利息所得免征税。因此，2004 年起，个人是美国市政债最大的投资者，而养老基金和外国投资者则几乎没有投资市政债，原因是他们不需缴纳联邦收入税，同时，也就无法享受在购买

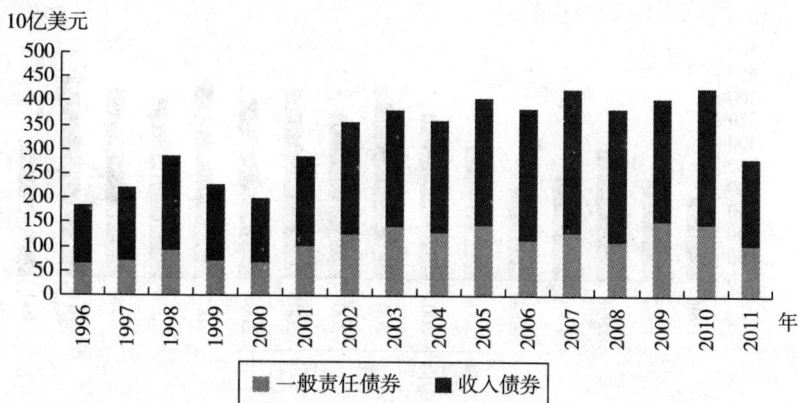

资料来源：SIFMA。

图7　美国市政债市场发行品种

市政债方面的优惠。同时由于免税效应，市政债收益率多数时候低于国债。截至 2011 年年底，美国市政债规模达 3.7 万亿美元，居全球第一位。

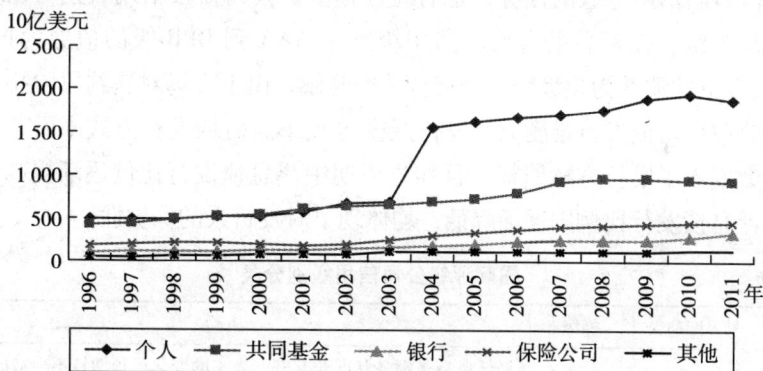

资料来源：SIFMA。

图8　美国市政债投资者结构

从发行方式来看，多数市政债采取了嵌入赎回权的方式。

四、美国公司债市场

（一）美国公司债概述

公司债指大型公司以自身信用为基础发行的债券，这种债券相对于前面国债和市政债的风险较大，收益率也较高。

公司债券品种繁多，有抵押债券、信用债券、可转换债券、带认股权的债

21

10亿美元

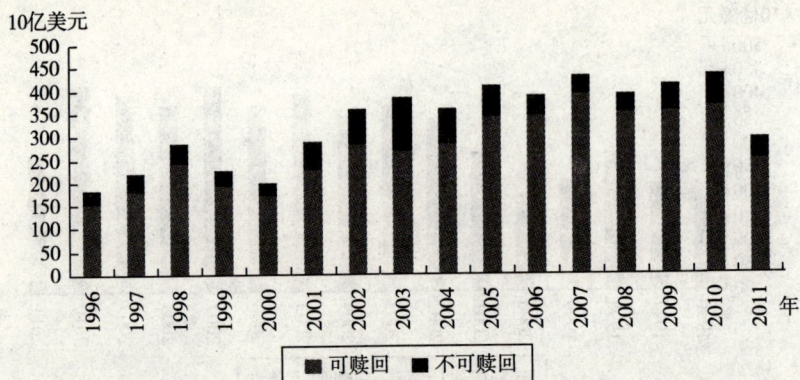

资料来源：SIFMA。

图9　美国市政债发行方式

券、金融资产担保信托债券、设备担保信托债券等。既有从固定利率、浮动利率到参与公司收益分配的债券，也有从短期、长期到超长期的债券。从信用等级看，既有高信用等级的债券，也有垃圾债券。公司债按信用级别可以分为投资级和垃圾级，按标普的分类，信用级别在 AAA 到 BBB 级的债券为投资级，BB 级及以下的债券为垃圾级。经济低迷的时候，由于市场对违约风险担忧的加大，高收益公司债发行难度大，发行规模也较小。而从发行方式来看，公司债同样多数嵌入了发行方赎回权，且加息周期中浮息债发行比例逐渐提高，降息周期中浮息债发行比例则逐渐降低，均体现了对发行人的保护性。

表6　　　　　　　　　　　　国际评级公司信用级别分类

标普	穆迪	等级	风险
AAA	Aaa		最低风险（财务状况非常好，未来的变化可预期且不会造成影响）
AA	Aa	投资级	低风险（财务状况良好，未来出现风险的概率较低）
A	A		低风险（财务状况较好，但未来可能出现造成损害的事件）
BBB	Baa		中等风险（财务状况一般，未来应对风险的保障较少）
BB	Ba		高风险（财务有一定问题，未来偿付不能完全保障）
B	B	垃圾级	高风险（财务状况较差，未来准时偿付的概率较小）
CCC/CC/C	Caa/Ca/C		最高风险（财务状况非常差，未来极有可能违约）
D	D		违约

资料来源：穆迪、标普。

　　美国公司债的发展历程可分为四个阶段：1812 年英美战争至 1863 年南北战争时期为初步形成阶段；1863 年至 1929 年为债券发展阶段；1929 年至

1960 年为加速发展阶段；20 世纪 60 年代以来进入繁荣发展阶段。

2001 年以来，美国公司债每年发行量相对处于平稳的状态，2006 年和 2007 年是高点。2008 年受次贷危机影响，发行量较小，其后，受到银行信贷紧缩的影响，以及受益于 2009 年以来金融体系流动性改善和发债成本持续下降的效应，发行量开始恢复，但 2011 年受欧债危机影响，发行量较 2010 年再次缩小。

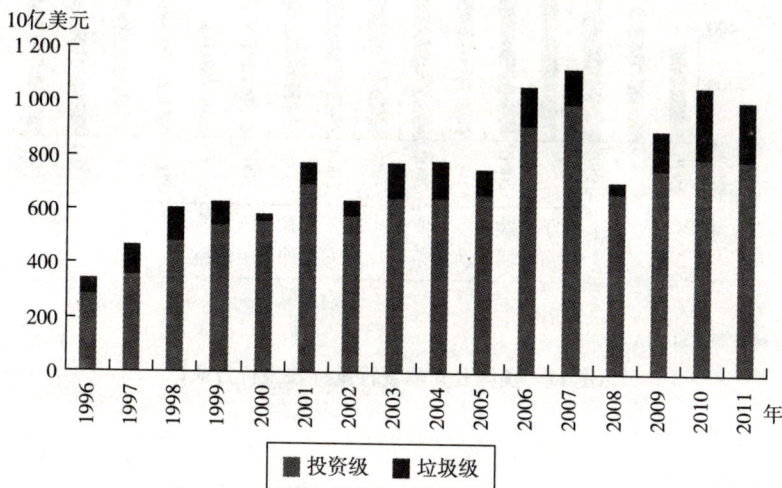

资料来源：SIFMA。

图 10　美国公司债发行量（按信用级别）

从期限看，最近 5 年来，美国公司债的平均发行期限在连续增加之后并保持高位，平均发行期限在 14 年左右，这说明美国企业偏好长期的债券融资。

美国公司债（包括期限大于 1 年的企业债券、期限小于 1 年的短期融资券以及资产支持票据 ABCP）的国内发行人主要是非农非金融企业、商业银行以及金融企业。资产支持票据主要是指以资产担保所发行的短期融资债务。

美国公司债最主要的投资者为外国投资者，投资占比 20%，其次为居民和非营利组织占比为 20%，保险公司的投资占比也非常高，主要以寿险公司为主。

（二）投资级公司债

美国公司债市场自 2008 年次贷危机爆发以来信用利差大幅走高，AAA 评级公司债与 5 年期国债利差达到将近 450 个基点，BAA 评级公司债与 5 年期国债利差达到将近 750 个基点，双双创出 20 世纪 70 年代以来的新高，显示出此轮金

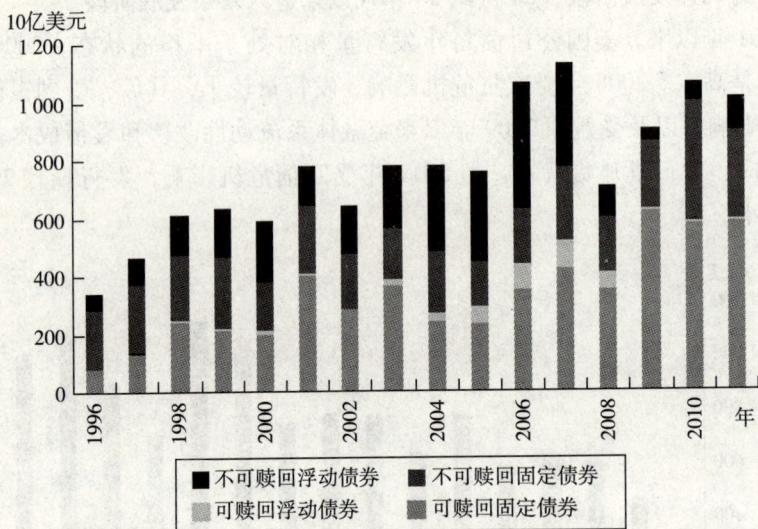

资料来源：SIFMA。

图11　美国公司债发行量（按发行方式）

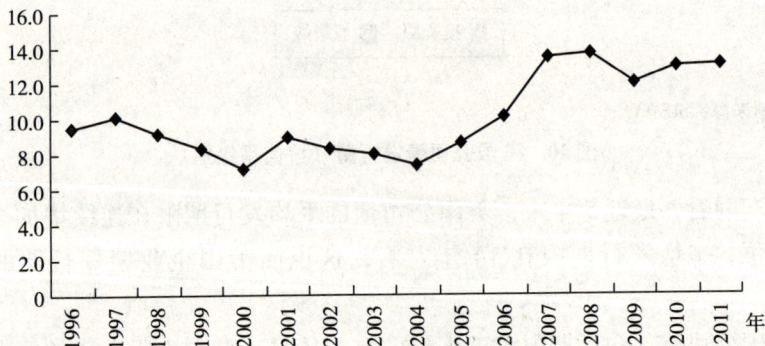

资料来源：SIFMA。

图12　美国每年公司债发行平均期限

融危机对实体经济的影响比近几次的经济衰退影响更严重。从一个较长的历史周期来看，公司债与国债的收益率走势还是保持一致的，因为国债收益率的下降往往伴随着降息的过程，在这个过程中企业的融资成本也是不断下降的，只是出于对信用风险的担忧，国债收益率下降幅度快于公司债导致信用利差扩大。但在这一轮危机中，国债收益率快速下降，而公司债收益率不降反升，投资者已陷入恐慌，随着一只只黑天鹅的倒下，AAA评级的公司债也受到传染。

对投资级公司债的投资策略应从两个角度来看：

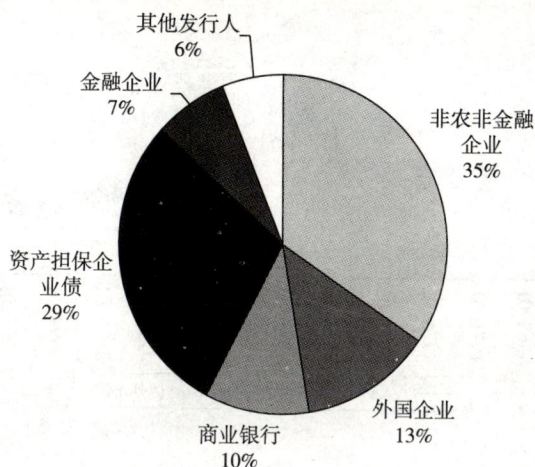

资料来源：美联储。

图13　2011年年底美国公司债发行人结构

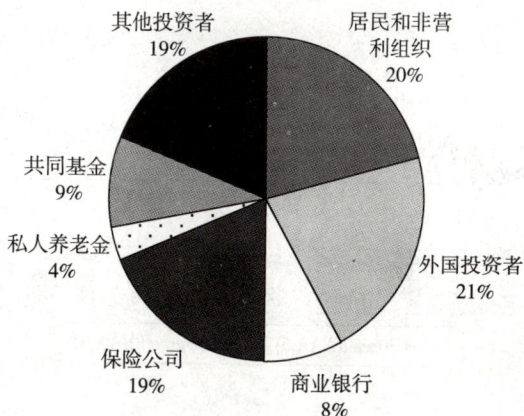

资料来源：美联储。

图14　美国公司债投资者结构

1. 配置型机构。

配置型机构对信用债的投资目的是为了持有到期。由于信用债的收益率比国债高，因此投资策略主要考虑的是发债企业的信用资质和收益率，即未来违约的可能以及收益率对违约风险的保护程度是否能获取相对国债的超额收益，海外市场上穆迪、标普、惠誉是几家大型评级公司，外部评级具有一定公正力，但从历史数据来看，评级公司在经济下滑周期特别是经济拐点来临时对系统性风险的反应速度往往较慢，不具有前瞻性，因而行业选择结合

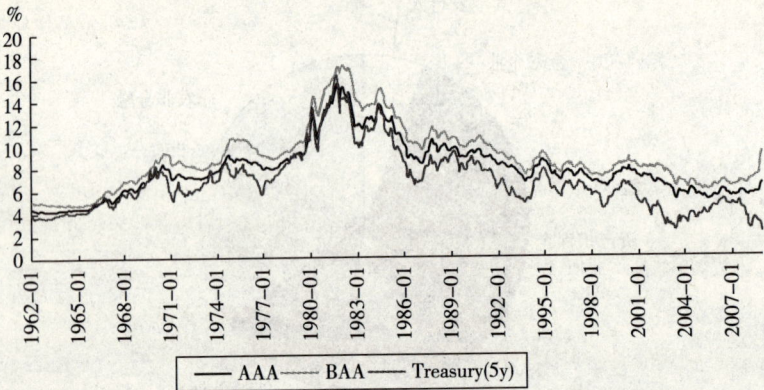

资料来源：Bloomberg。

图 15　美国投资级公司债收益率

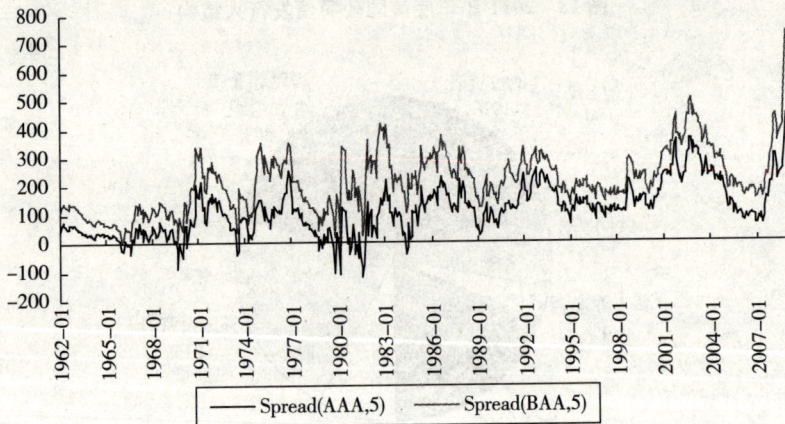

资料来源：Bloomberg。

图 16　美国投资级公司债信用利差

内部评级更有必要。

2. 交易型机构。

交易型机构对信用债的投资目的是为了获得持有期收益，因此更看重信用利差的变化趋势，从海外市场的经验来看，我们认为有几个因素需要考虑：

（1）信用利差与经济周期呈反向关系，经济景气周期中，往往伴随高通胀和加息，我们看到国债收益率不断走高，企业融资成本上升，但由于投资者对信用风险的担忧下降（违约率确实也是下降的），信用利差呈现缩小趋势；反之经济下滑周期中，往往伴随通货紧缩和降息，在国债收益率下降，企业融资成本下降的同时，由于投资者对信用风险的担忧上升（违约率确实也是大幅上升的），信用利差呈现扩大趋势，因此尽管公司债票息比国债高，但对交易型投资者来说，获得的持有期收益可能反而比国债小，还要承担更大的信用风险。

（2）不同信用评级的公司债表现亦有不同，经济景气时不同信用资质公司债之间的利差呈缩小趋势，垃圾债券可能得到市场的追捧，而经济下滑时信用评级越高的债券受到的冲击越小，垃圾债券受到的冲击最大，两者之间的利差呈扩大趋势。

（3）同一评级下不同行业之间的公司债可能也有区别，经济景气时外部评级基本涵盖了行业之间的差异，同一评级下不同行业之间的收益率差异很小，然而一旦经济陷入下滑，行业之间的差异则迅速扩大，例如 2000 年网络泡沫破灭时科技行业公司债与公用事业行业公司债之间的利差快速扩大，而传统制造业与公用事业行业公司债之间的利差则快速缩小。

（4）评级调整风险，评级调整的可能性对交易型机构亦将带来影响，尤其在经济下滑时，评级低的公司调整评级的可能性更大，行业风险大的公司调整评级的可能性更大。

（5）系统性风险，当系统性风险即金融危机爆发时，信用利差可能大幅增加，AAA 公司债也不例外，尽管维持的时间很短，而且从穆迪公布的违约率来看，AAA 公司债利差反应的损失预期远高于其真实违约率，我们认为如果将信用利差分解开来的话，流动性风险可能是更大的影响因素，信用风险具有很强的集聚性和传染性，一旦企业发生违约风险，可能对同行业及其他公司债带来影响，特别是投资者在估值和流动性压力下可能出现不计成本的抛售，造成恶性影响，次贷危机的去杠杆化过程就是一个很好的例子，在系统性风险爆发时，流动性风险释放之后才会带来比较好的买入机会。

（三）高收益（垃圾级）公司债

美国高收益（垃圾级）公司债的发展历程可以分为以下几个时间段：

1. 高收益债的产生——投资级公司的被动降级（1976 年以前）。

高收益债最早可以追溯到 20 世纪初的美国，现在的美国钢铁（1901年），通用汽车（1908 年），IBM（1911 年）等公司，在建立之初，都曾经依靠发行债券融资，这些债券在资质上近似于后来的高收益债，只是由于当时评级公司尚未建立，这些债券没有被评级。

在评级公司成立之后，穆迪（1909 年），惠誉（1913 年），标准普尔（1922 年），直到 1976 年以前，市场上所有发行的公司债，其初始的评级全部为投资级，没有达到投资级的公司不能发行债券。

20 世纪 60 年代中期，美国经济进入衰退阶段。国际上，越南战争、中东石油危机、布雷顿森林体系崩溃，国内，财政和贸易双赤字，动辄 2 位数的通胀率，失业率高起，大量企业亏损甚至倒闭，到 20 世纪 70 年代中期甚至进入滞胀，很多曾经是投资级评级的公司，信用等级被下调至垃圾级，其在信用等级被下调之前发行的债券，沦为高收益债，被称为"堕落天使"。因此，在 1976 年以前，美国的高收益债市场几乎全部是"堕落天使"。

2. 高收益债的发展——管制放松、信贷紧缩（1977—1981 年）。

1977 年开始发行初始评级即为垃圾级的高收益债，当年发行 11 亿美元，占当时高收益债存量的 13%，占全部公司债存量的 0.33%。

发行高收益债的原因：从政策看，主要由于金融管制放松，高收益债只需在 SEC 注册就可以发行，监管则主要通过市场和评级公司。

从供给看，由于信贷紧缩，大量中小企业转而通过发行高收益债融资。美国从 20 世纪 60 年代紧缩信贷，给工商企业的新增贷款多年维持在 10% 左右的增幅，20 世纪 70 年代中期新增贷款增速急剧下降，当时美国银行出现大量不良贷款，只得将客户集中于少数大企业。而具有很高增长性的中小公司无法从银行贷款得到正常的经营资金。而当时达到投资级的公司数量仅占全部公司数量的 6%，且贷款审核严格，手续烦琐。

从需求看，美国对金融管制的放松步伐较为缓慢，直到 1986 年才实现存款利率市场化，但 20 世纪 70 年代长期的高通胀使得投资者蒙受巨大损失，因此迫切需要投资于高收益产品。

3. 高收益债的繁荣——政策支持，杠杆收购（1981—1989 年）。

从 20 世纪 80 年代初开始，美国高收益债发行量骤升，主要得益于：一是债券票息税收减免。20 世纪 80 年代初，里根政府实施"经济复兴计划"，鼓励公司借债，降低债务利息的税率，但股利的税率不变，大大刺激了公司通过债务融资。二是杠杆收购。中小公司以很少的自有资金，通过发行高收益债，获得大公司的控制权，而发行的高收益债规模往往是自身净资产的数十倍。高收益债从先前的应用于帮助公司解决流动资金头寸和扩大经营，在此时则转变为应用于公司的杠杆收购中。

然而，随着越来越多的低等级公司加入发行高收益债的行列，违约率也开始上升，从 1988 年开始，美国高收益债违约事件频出，到 1990 年，高收益债违约率已升至 10.23%，美国国会在 1989 年通过的《收入调整法》取消了在高收益债券所支付利息的税收扣减。同年，纽约州议会则取消了用于收购的债务融资中所付利息的税收扣减，而其他的州也随之跟进。同时，美国政府开始严格限制杠杆收购，垃圾债发行规模骤减。德崇证券在 1990 年 2 月破产，而垃圾债之王麦克·米尔肯则在 4 月被判欺诈罪入狱。

4. 高收益债的现状（1991 年至今）。

从 1991 年开始，随着金融衍生工具大量运用于对冲高收益债的风险，越来越多的机构又开始投资高收益债，需求的上升导致高收益债发行量增加。

根据美国《证券法》，高收益债券发行公司可以选择公开发行，但必须向 SEC 登记注册，也可以选择私募发行，则无须登记注册。但 1990 年推出了 144A 规则，允许通过私募方式发行和交易的证券可以不需要在 SEC 注册，而高收益债主要通过私募方式发行，因此极大地促进了高收益债的发行和交易。

从 1999 年至 2011 年，平均每年有 1 000 亿美元的高收益债发行，占当年全部公司债发行量的 10%～15%，2008 年受金融危机影响，发行量下滑至 659 亿美元，2011 年由于欧债危机影响，发行量较 2010 年下滑 446 亿美元至 2 430 亿美元。截至 2012 年 3 月，美国高收益债存量约 1.4 万亿美元。期限以 6～10 年为主。

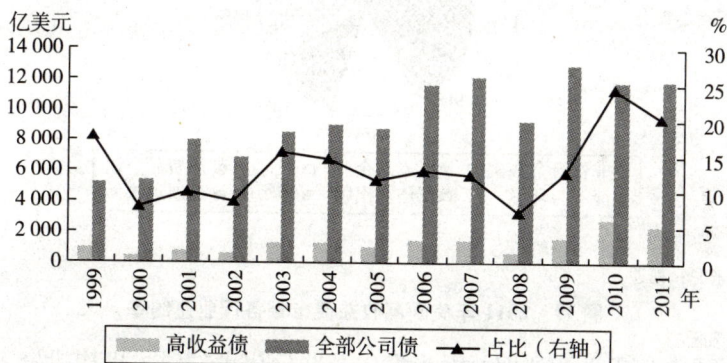

资料来源：Bloomberg。

图 17　1999—2011 年美国高收益债发行量占全部公司债发行量比重

关于美国高收益债的风险和收益的分析如下：

利率风险。由于高收益债的票息较高，久期较短，因此其价格受利率波动的影响较小，相较于投资级公司债的利率风险较低。

违约风险。高收益债的风险主要为违约风险，受经济影响较大。在 1976 年到 2011 年期间，美国高收益债平均年化违约率 4.14%，同时期投资级债券违约率 0.08%。发行后 3 年内出现违约的概率最小，发行后 10～15 年违约的概率最大。

流动性风险。早期的美国高收益债的流动性较低，机构投资者买入高收

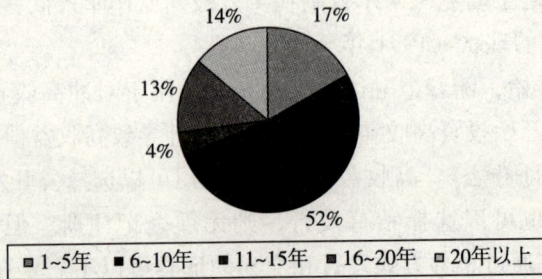

资料来源：Bloomberg。

图 18　美国高收益债发行期限分布

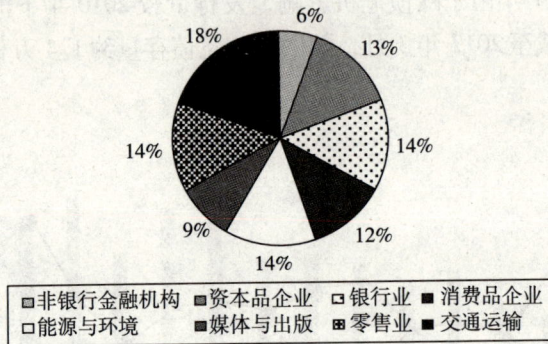

资料来源：穆迪。

图 19　2011 年美国高收益债市场各行业违约率

益债后，通常会持有至到期。而当发生某些信用事件时，机构投资者往往立刻低价卖出，造成高收益债市场的动荡。20 世纪 90 年代随着 CDS、CDO 等风险缓释工具的推出，以及 144A 规则允许私募发行的证券在非关联机构间转让，这种现象得到缓解。

收益率方面，1978 年到 1989 年，美国 10 年期高收益债平均年化收益率 14.5%，同时期美国 10 年期 AAA 级债券的平均收益率 10.3%，平均息差 420 个基点。2008 年金融危机，违约率骤升，息差升至 1 200 个基点，其中以银行、保险、地产等行业违约率为最高。

从综合风险（高收益公司债指数波动率）和收益的夏普比率看，1978 年到 1989 年，比较美国国债、投资级债券、高收益债和标准普尔 500，高收益债的夏普比率最高。

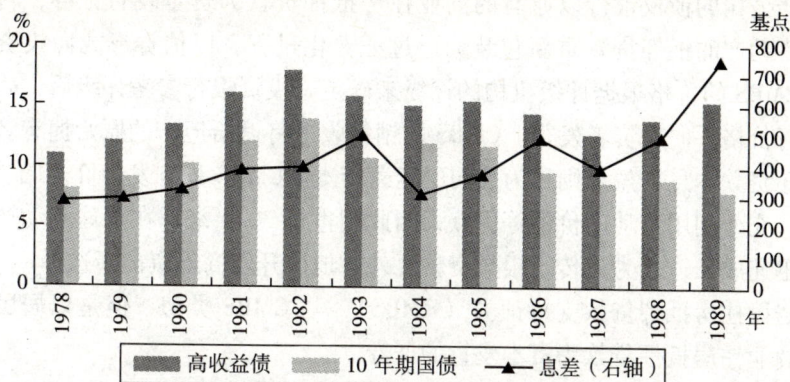

资料来源：Bloomberg。

图 20   美国高收益债与国债平均年化收益率比较

表 7   1978—1989 年美国高收益债的夏普比率最高

	10 年期国债	投资级债券	高收益债	标准普尔 500
月均回报率（％）	0.83	0.89	1.02	1.48
标准差	1.32	1.55	1.50	4.21
夏普比率	0.25	0.25	0.34	0.23

资料来源：Bloomberg。

五、资产证券化产品

根据基础资产的不同，资产证券化产品分为住房抵押贷款支持证券（Mortgage Backed Security，MBS）和资产支持证券（Asset Backed Security，ABS）两大类（再证券化产品也是基于这两大类）。MBS 与 ABS 之间最大的区别在于：前者的基础资产是住房抵押贷款，后者的基础资产是除住房抵押贷款以外的其他资产。与 MBS 相比，ABS 的种类更加繁多，具体可以细分为以下几个品种：（1）应收账款类：信用卡应收款证券化、贸易应收款证券化、设备租赁费证券化；（2）贷款类：汽车消费贷款证券化、学生贷款证券化、商用房地产抵押贷款证券化、中小企业贷款支持证券化、住房权益贷款证券化；（3）收费类：基础设施收费证券化、门票收入证券化、俱乐部会费收入证券化、保费收入证券化；（4）其他：知识产权证券化等。

（一）抵押贷款支持证券

抵押贷款支持证券包括：商业住房抵押贷款支持证券（CMBS）：是指商

业地产公司的债权银行以原有的商业住房抵押贷款为资本发行证券，将多种商业不动产的抵押贷款重新包装，通过证券化过程，以债券形式向投资者发行。CMBS 的价格根据评级机构的评级来确定，投资银行参考评级后，确定最后发行价格，向投资者发行。CMBS 的销售收入将返给地产的原始拥有者，用于偿还贷款本息，盈余则作为公司的运营资本。CMBS 具有发行价格低、流动性强、充分利用不动产价值等优点，因此问世近 30 年来，在全球不动产金融市场迅速成长，成为除传统银行贷款之外，地产开发商筹资的新选择。

居民住房抵押贷款支持证券（RMBS）：与 CMBS 类似，但是以居民住房而非商业住房抵押贷款为资本发行的证券。

截至 2011 年，从美国债券市场发行量看，资产支持证券已达到 1.71 万亿美元，仅次于美国国债的发行量；从美国存量份额看，MBS 占 24%，ABS 占 6%。MBS 和 ABS 存量合计达到 10.49 万亿美元。

MBS 主要是由美国住房专业银行及储蓄机构利用其贷出的住房抵押贷款，发行的一种资产证券化商品。而 MBS 在全球共有表外、表内和准表外三种模式。表外模式也称美国模式，是原始权益人（如银行）把资产"真实出售"给特殊目的载体（SPV），SPV 购得资产后重新组建资产池，以资产池支撑发行证券；表内模式也称欧洲模式，是原始权益人不需要把资产出售给 SPV 而仍留在其资产负债表上，由发起人自己发行证券；准表外模式也称澳大利亚模式，是原始权益人成立全资或控股子公司作为 SPV，然后把资产"真实出售"给 SPV，子公司不但可以购买母公司的资产，也可以购买其他资产，子公司购得资产后组建资产池发行证券。

（二）资产支持证券

资产支持证券包括资产支持商业票据：通常为 90 天到 180 天，企业出于流动性需求，将应收账款抵押给银行进行融资，银行基于应收账款的未来现金流印制商业票据给投资者。

担保债务凭证（Collateralized Debt Obligation，CDO）是资产证券化家族中重要的组成部分。它的标的资产通常是信贷资产或债券。CDO 分为 CLO（Collateralized Loan Obligation），CBO（Collateralized Bond Obligation），Synthetic CDO（合成担保债务凭证）。CLO 指的是信贷资产的证券化，CBO 指的是市场流通债券的再证券化。Synthetic CDO 的特点是其持有者在法律上并没有真正持有 CDO 资产池中的资产，而是利用信用违约互换（CDS）来转移资产中的风险的结构性产品。

（三）美国资产证券化制度

美国的资产证券化能够达到这样的存量规模，与制度保障是分不开的。

主要有以下三点：

1. 具有政府背景的专业化组织是推动资产证券化快速发展的重要力量。在资产证券化早期，为解决储蓄机构由于抵押贷款的期限风险和利率风险带来的困境，使美国三大抵押贷款公司——政府国民抵押协会（GNMA）、联邦国民抵押协会（FNMA）和联邦住房贷款抵押公司（FHLMC），大量购买储蓄机构的抵押贷款。1970 年，GNMA 推出一项"促进住宅贷款流动化方案"，发行由 GNMA 提供担保的债券，从而实现了住房抵押贷款证券化。随后，美国两大准政府性质的 FHLMC 和 FNMA 也分别于 1971 年和 1980 年发行了标准化的 MBS。目前，全美大约有 13 家政府背景的专业化组织从事资产证券化业务，这些机构有力地促进了证券化融资方式在美国的迅速发展，同时也引起了业界的一些非议。

2. 市场竞争和产品创新是美国证券化持续发展的重要原动力。美国金融市场竞争激烈，资产证券化产品规避资本充足率限制和分散转移信用风险的特殊优势，促使不同种类的资产纷纷被纳入可证券化的资产行列。除住房抵押贷款以外，其他各类金融资产，例如，信用卡贷款、租赁融资、汽车贷款等方面都竞相尝试采用这项金融创新，资产证券化应用的领域越来越广。1985 年，汽车贷款支持证券开始在美国发行，它是仅次于住房抵押贷款的第二大金融资产，也是继住房抵押贷款之后首先被用于证券化的非抵押债权资产。1987 年，美国金融机构推出了信用卡贷款支持证券。1990 年又推出企业应收账款证券，并获得迅速发展，其中最具代表性的形式是资产支持商业票据 ABCP（Asset Backed Commercial Paper），这一金融工具为中下级信用等级的企业获取资金开辟了重要途径。与此同时，资产证券化也开始逐渐向其他领域渗透，如租赁业务和市政设施等。

3. 法律地位的确定和税收减免优惠是促进资产证券化快速发展的重要保障。在 GNMA 的抵押支持证券取得成功之后，资产证券化仍面临两个关键的法律问题。一个是资产支持证券的法律地位问题。解决了这一问题，该法排除了各州法律对获得合适信用评级的抵押证券的管辖，并且使其成为几乎所有投资者可以选择的法定投资工具。另一个是证券化的税收负担问题。随着现金流重组技术在证券化中越来越多地运用，特殊目的机构（SPV）越来越像公司，不再具备授予人信托的免税地位，从而面临"双重税负"的问题。美国国会于 1986 年通过的《1986 年税收改革法》，确立了不动产抵押投资载体的免税地位，使得证券化交易比较容易地免去了实体层次的税负，降低了证券化的交易费用。

（四）美国资产证券化历史

美国资产证券化主要经历了以下几个发展阶段：

1. 1970 年至 1984 年是资产证券化技术初步兴起和繁荣的时期。在这个时期，资产证券化有两个特点：一是可被证券化的资产只限于居民住宅抵押贷款，其他形式资产的证券化还没有被发展起来。二是这种金融创新技术还只限于美国境内，国际金融界还没有予以足够的重视。但是这种技术在美国发展得非常快，大量的住宅抵押贷款都纷纷采用了这种能分散金融机构等债权人风险的技术，并取得了良好的效果。

2. 1985 年至 1991 年是资产证券化技术快速发展和广泛应用的时期。在此时期，资产证券化除了在居民住宅抵押贷款领域里继续扩大其规模以外，还向其他各类金融资产领域发展，例如：信用卡贷款、租赁融资、汽车贷款等方面都相继尝试这种技术的应用，资产证券化应用的领域越来越广。

3. 1991 年至 2006 年，资产证券化技术继续得到广泛应用，但是与房地产市场日益紧密结合起来，最终引发了次贷危机。次贷危机发生与资产证券化过度和缺乏有效监管有关。之所以这么说，是因为金融市场本身存在大起大落的特性，需要有效的监管进行控制。资产证券化给银行的中长期住房抵押贷款提供了迅速变现和出表的可能性，从而导致银行具备动力扩大贷款规模。而次贷危机发生后，一部分人认为资产证券化风险过大，不应继续发展，但这种观点是对证券化的误解。资产证券化对于分散风险、增强流动性、便利融资都是一个较好途径。

4. 2007 年后，次贷危机的爆发使得资产证券化数量锐减，每年发行量已降至 20 世纪 90 年代初的水平。得到的教训是资产证券化过程中需要加强更有效的监管，预防资金链条断裂风险。

六、美国债券市场对我国的借鉴意义

（一）美国债券市场的优势

1. 国债。

（1）法律体系完善。美国早在 1917 年就已经颁布了《自由公债法》，并分别于 1942 年和 1986 年颁布了《公共债务法》和《政府债券法》。中国有必要尽快制定国家信用法律法规，以规范国家信用或融资行为，并确保国债资金使用的安全及效率。

（2）美国场外、场内市场互通互联。美国国债主要在场外交易，虽然在

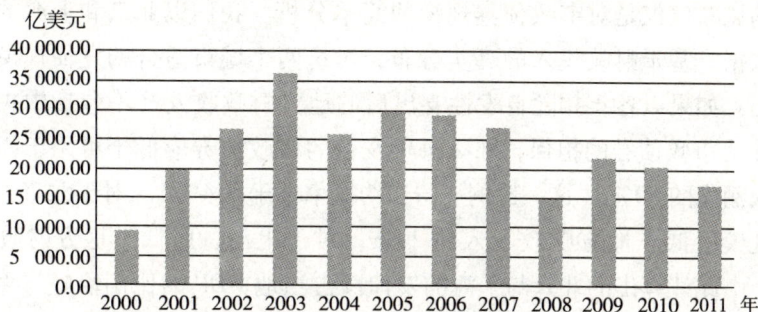

资料来源：Bloomberg。

图 21　2000—2011 年美国证券化发行规模

美国国债的一级市场中，大多数较大的商业银行、券商和外国银行以及外国经纪商的分支机构必须报备美联储，得到许可后方能进入，但是在二级市场，任何公司都可以从事国债的买卖。个人投资者也可以持有政府债券存折，在银行购买国债或直接投资于国债基金。

（3）托管结算系统的互通互联。联邦政府发行的国债统一在美联储的"电子划付系统"（FEDWIRE）托管结算。在清算方式上，美国 95% 的国债交易是交易双方通过在第三方国际托管机构（如欧洲清算所等）开立证券账户，并授权该国际托管机构与各自银行资金账户勾连。此类机构一般对其成员实行券款对付（DVP）。结算成员向托管机构提交买卖债券的书面指令，托管机构根据指令，在清算日，债券通过簿记方式从卖方机构证券账户转入到买方机构账户，与此同时，资金通过银行转账从买方机构转入卖方机构账户。此种债券和资金的转移为不可撤销型。托管机构向结算成员提供书面的交割记录。托管机构有义务核查确认托管账户余额为债券卖方拥有的债券数额，并向买方勾连银行发出查询，如果查明余额不足，则不会发生交易。中国的中央国债登记结算公司可以在这种国际第三方托管机构开设证券账户，在该证券账户名下，国内结算成员可以申请开立二级托管账户，代理结算成员进行债务工具的交易结算，并通过资金清算代理行使用银行同业支付系统进行资金清算。

2. 市政债。

美国市政债券的购买者中，各类基金占了很大比例（60% 以上）；而我国机构投资者的发展还很不足，市政债券的发行对象必然以个人为主，同时我国应当鼓励和支持机构投资者的发展。发债规模是我国发行市政债券的难点，美国市政债券的规模与国内生产总值、各级财政收支以及整个政府债务体系规模的比较仅仅是对市政债券规模的简单分析。我们以北京和上海的财政收支为依据，基于财政收入的真实分布，对这两个城市适合的发债规模进行研究得出：如果以各年扣除自发性支出后的地方财政收入（不包括中央政府返还）作为市政债券的担保，那么每年发行的市政债券应低于可用于担保的财政收入额度的50%（这一比例下的违约概率小于0.4%）。对于北京，可行的发债规模应低于地方财政收入的20%；对于上海，应低于地方财政收入的25%。由此计算出的北京与上海的发债额占当地 GDP 的比例恰好与美国的同一比例相当；而且各年发债额均远低于当年全市财政收入（包括中央政府返还）的增加额。由此可见，每年发行的市政债券低于当年可用于担保的财政收入的50%这一发债规模基本上是合理的。

3. 公司债。

（1）公司债券品种齐全。美国的公司债券品种齐全，债券在利率结构、期限以及内含期权等方面设计灵活多样，同时衍生产品市场非常发达，给予投资者尽可能多的投资选择和风险规避手段。在美国，正是多样化的债券品种促进了公司债券市场的快速发展。

（2）市场化的利率形成机制。完整的、准确的市场基准利率曲线是发展公司债券市场的重要基础。美国财政部以公开拍卖的方式定期滚动发行国债，以信息完全公开和市场充分竞争条件下形成的国债利率作为公司债券的基准利率，进而由市场确定各级别公司债券收益率的加点幅度，反映市场上各类投资者的不同偏好，大大促进了公司债券市场的供需平衡。

（3）准入相对宽松，监管灵活。美国公司债券的发行方式根据发行对象的范围分为公募发行和私募发行。公募发行的要求较为严格，需先在 SEC 注册、发布初始募债说明书、召开到期共勉会议、包销商律师法律审查、包销商之间签订协议，最后才能公开发行。相比之下，私募发行的条件则极为宽松。这是其公司债券市场发达的重要原因之一。因为有《证券法》、《证券交易法》等相关金融法规的约束及严格的司法制度，金融市场并未因宽松的准入条件而发生混乱。

（4）发达的交易系统。美国公司债券的交易市场分为以集中交易形式运作的证券交易所和以分散交易形式存在的场外交易市场。美国公司债券交易的绝大部分在场外进行，场外交易市场由全国的经纪人和交易商组成，通过电话委托系统或电子交易系统进行，许多经纪商都是做市商。做市商为买而卖和为卖而买的交易方式将证券买卖双方紧密联系起来，为证券创造了交易市场，在整个场外交易中起到了穿针引线的作用，增强了市场的流动性。越来越多的市场参与者利用电子交易系统促进交易的完成。

（5）完善的信用评级制度。美国的信用评级制度已经历了将近100年的发展历程，到目前已形成以标准普尔、穆迪等四大全球公认的商业评级公司为主体的评级制度。评级制度的完善和发展，对公司债券市场的发展起到了很大的促进作用。对于投资者来讲，有利于降低获取信息的成本、确认信息的准确性，从而保护自身利益；对于发行人和承销商来讲，信用评级制度可以将其资信水平准确传达给投资者，避免那些信誉良好的企业支付额外的费用，使真正有偿债能力的企业降低筹资成本，并保证债券的顺利销售；对于国民经济来讲，则可以降低整个社会获取信息成本，合理分配负债资本及股份资本，提高证券市场的效率，实现资源的合理分配。

我国债券市场虽然已有相当长的发展历史，但发展程度远远落后于我国股票市场和海外债券市场。美国各债券品种的市场优势特点对发展我国债券市场具有相当程度的借鉴作用。

（二）信用违约事件的影响

与我国债券市场相比，海外信用债市场发展历史更悠久，定价和二级市场交易也存在更加市场化的特征。因此，研究海外信用债市场违约数据，将对我国信用债市场有一定借鉴作用。

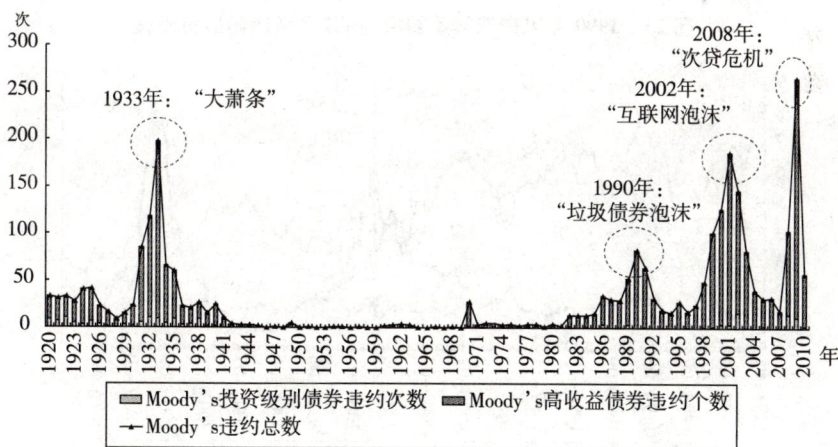

资料来源：Moody's。

图 22　Moody's 债券违约次数与经济危机非常相关

从穆迪违约数据来看，海外信用债市场的违约次数统计从 20 世纪以来共出现 4 次高峰：1929—1933 年的"大萧条"、1990 年通过垃圾债进行兼并重组过度导致泡沫破裂的"垃圾债券危机"、2001—2002 年的"互联网危机"、2008 年的"次贷危机"。危机的发生，一般背后都有固有的经济增长方式不堪支撑的因素，那么当经济面临去杠杆的时候债券发行人的信用资质整体倾向恶化。

而实际上，如我们研究 1990 年以来美国实际 GDP 增长率与债券违约率的关系会发现，两者存在比较明显的负相关关系。违约率的高峰反映到债券市场上，体现为信用利差的急速扩大，在 2002 年和 2008 年都能得到比较充分的体现。

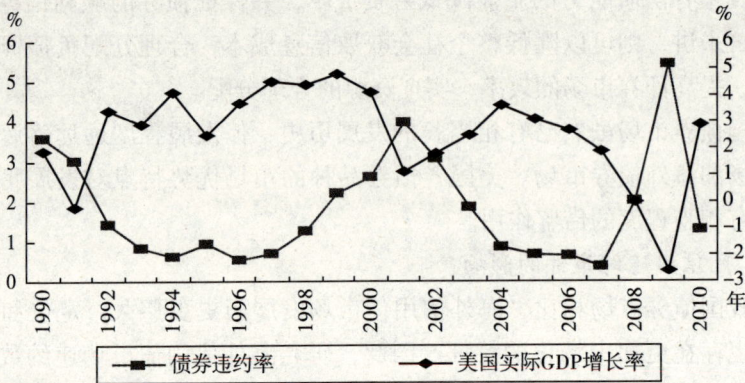

资料来源：Moody's。

图 23　1990 年以来债券违约率与 GDP 增速明显负相关

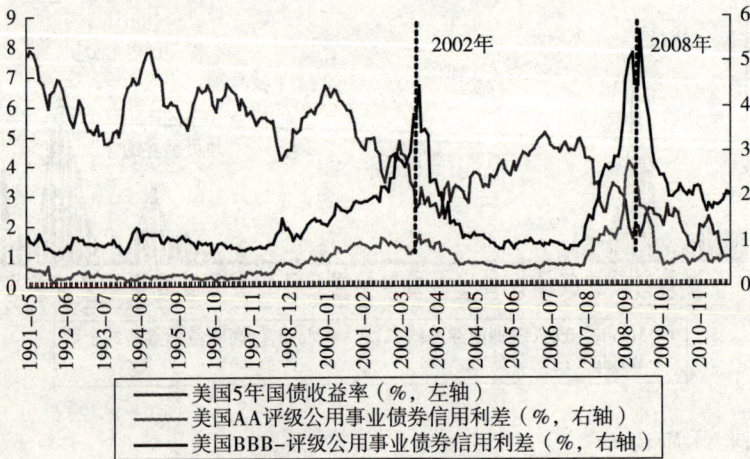

资料来源：Moody's。

图 24　信用债信用利差与违约率高峰时点亦形成对应

与相对成熟的海外市场相比，我国信用债市场发展历史短，规模小，且发行人结构更加倾向于国企。我国国内发债尚未有实质违约情况发生。但是，我国围绕着信用债市场也发生了一系列的信用事件：

表8   我国发生的主要信用事件一览

时间	事件
2006 年 8 月	福禧债事件，丑闻导致公司主要资产被冻结
2008 年 10 月	江铜事件，市场担心公司在期货上亏损严重而违约
2010 年 12 月	广州建设债公告将所属年票制项目相关资产无偿划转
2011 年 3 月	川高速将核心资产成渝高速划给川交投
2011 年 5 月	华靖债对旗下公益性资产等额资产置换
2011 年 6 月	滇公路宣布停止还本，只付息
2011 年 6 月	上海申虹债务逾期
2011 年 7 月	山东海龙连续亏损被证监会调查，后信用评级被调降
2011 年 7 月	云投集团转移核心资产传闻

资料来源：Wind。

这些信用事件可以分为以下几类：

1. 个体信用事件，如福禧债事件；

2. 经济危机导致的企业经营风险，如江铜事件；

3. 城投平台相关事件。城投债问题实际上是后经济危机时代企业负债向政府负债的转移，但是由于我国城投债市场不健全，导致了一系列问题。

但是实际上，中国企业在海外市场已经有一定的违约记录，显示信用风险并非不存在。而我国的信用利差驱动因素也与海外市场有所不同。从海外市场的情况来看，由于存在相对灵敏、交易活跃的 CDS 市场，信用风险能够通过 CDS 市场进行灵敏的反应，并且反过来指导信用利差的变化。实际上，以近几年美元债的情况而言，由于国债收益率部分接近零，在信用债收益率中信用利差是绝对的主导。那么，海外信用债基本表现出来的是风险资产的特性。也就是说，股市与信用债市场常常同向变化，股市涨的时候信用债价格往往也呈现上涨。

而我国的信用利差变化呈现一定的被信用事件驱动的特征。2008 年的情况可以作为一个例证。实际上 2008 年 1~9 月在主动调控的背景下以房地产为代表的行业链景气已经下行（可以通过行业收入增速、毛利等指标观察），但是在这一阶段房地产债的信用利差却一直在缩小，信用利差与行业的基本面形成了一定的背离；而直到 2008 年 9 月雷曼破产、江铜事件等发生后，市场在对信用风险一致担心后房地产公司债的信用利差才急速扩大。

2011 年的情况亦是如此。尽管市场对于城投债的信用风险一直有所担心，但是市场对于城投债问题怎么演变有一定的分歧，在对信用风险未有充分估

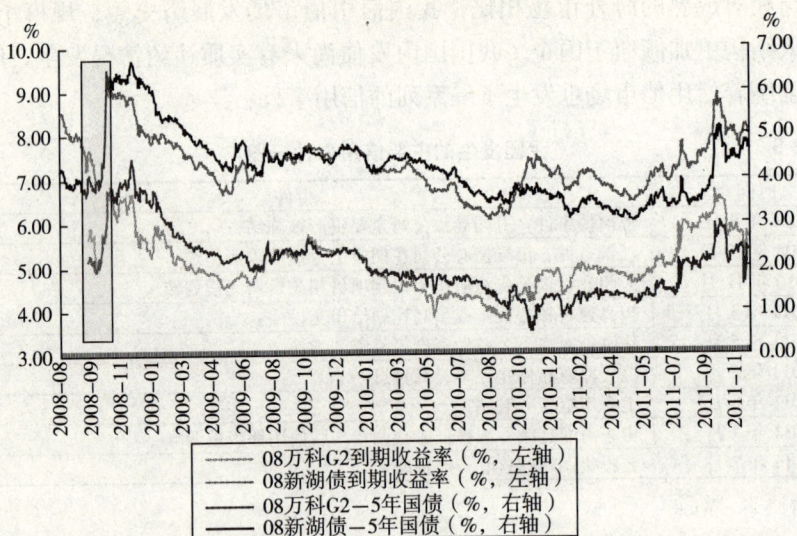

资料来源：Wind。

图25　2008年房地产公司债在信用事件冲击下信用利差急速扩大

计的情况下城投债市场的信用利差一直未有对风险的合理反映。直到云投、滇公路等事件后城投债信用利差才急速扩大。

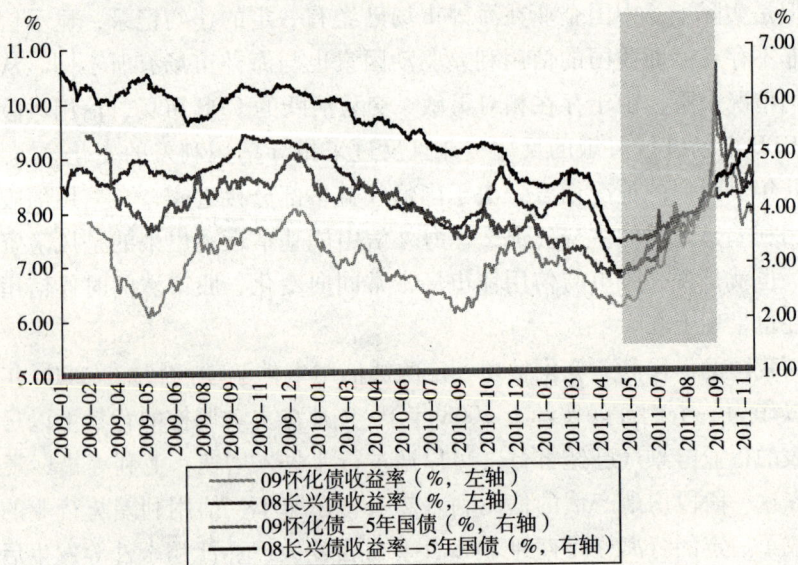

资料来源：Wind。

图26　2011年城投债信用利差在信用事件冲击下急速扩大

也就是说，我国信用债的信用利差对信用风险形成一定的反映，但是往往比较滞后。但是随着未来我国信用债市场的扩容，信用利差对信用风险的反映将会越来越及时，这也就使得我们对"黑天鹅"等信用风险事件的研究显得尤为迫切。

实际上从我国信用债发行的趋势来看，公司债、企业债等品种仍在持续扩容的过程中，而公司债、企业债中低评级占比也在持续增多，可见，在低评级发行人不断进入市场和信用债市场不断扩容的情况下，未来对信用风险的研究将显得越来越迫切。

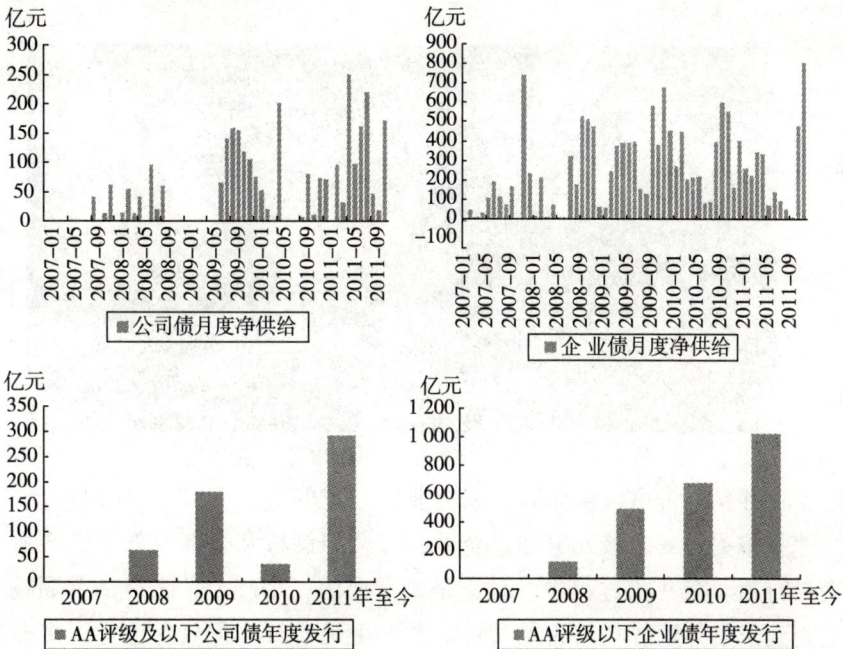

资料来源：Wind。

图27 我国公司债和企业债月度供给和低等级发行量情况

过桥贷款与并购融资的研究

第三组组员：银河证券陈静、东兴证券高健、上海期货交易所陆培怡、中银基金欧阳向军、银泰证券王瑞祯、国海证券余跃、华夏基金张后奇

　　企业并购通常可以解释为一家企业以一定的代价和成本（如现金、股权等）来换取另外一家或几家独立企业的经营控制权和全部或部分资产所有权的交易行为。在并购过程中，融资是最重要的一个环节，融资是否顺畅、资金是否到位是并购成功与否的关键。并购融资有许多方式，也有许多金融工具被不断创新出来推动企业的并购活动，其中，过桥贷款是经常使用的一种融资方式。本文拟对过桥贷款及其实际运用做简要分析。

一、并购融资方式及其主要工具

　　企业并购融资是通过借助各种融资工具来完成的。按照资金来源划分，并购融资可分为内源融资和外源融资两种方式。内源融资主要指在企业内部筹措并购所需资金，包括企业自有资金、应付税利和利息等。内源融资不需要实际对外支付利息或股息（但有机会成本），不会减少企业的现金流，也不会发生融资费用，同时也可以使股东获得免税利益，因此其成本远远低于外源融资，是企业应首选的一种融资方式。企业内源融资能力取决于企业的利

润水平、净资产规模等因素。当内源融资无法满足企业并购的资金需求时，企业会转向外源融资。

由于并购所需的资金数额往往非常巨大，而企业内部资金一般比较有限，因此并购活动中较多运用的还是外源融资方式。外源融资可以分为债权融资、股权融资和混合融资三种类型。

（一）债权融资

债权融资主要指企业通过举债筹集并购所需资金，并购企业可通过申请贷款、发行债券或票据等方式进行。其优点在于融资成本相对较低，且债权债务关系不会影响到企业的控制权，适用于企业在保持独立、避免原股东股权被稀释的情况下超常规扩张。但由于债权融资会加重企业的债务负担，因此采取债权融资方式要求企业需具备较高的债务承受能力和偿债能力，并且妥善处理好企业的资本结构以及并购融资和一般性融资债务规模和期限搭配等问题。通过债务融资筹措资金实现并购，需要有可行的融资渠道和工具，其中，并购贷款是主要的融资工具之一，实践中根据不同的操作方式又分为过桥贷款、定期贷款、银团贷款、有担保或无担保贷款、债券重组式贷款等。

（二）股权融资

股权融资主要指企业通过发行权益性质证券（如股票等）筹集并购所需资金。股权融资主要有两大类：一是通过发行股票募集资金，包括公开发行、定向发行等形式；二是股权支付，即通过增发新股，以新发行的股票置换目标企业的股票，从而获得对目标企业的控制权。与债权融资不同，股权融资是一种资本金融资，投入资金不能收回，因此面临的风险也相对较大，要求并购的预期收益也应相对较高。随着资本市场的逐步成熟以及并购交易规模的日益扩大，股权性融资在并购交易中的比重日益提升。

1. 公开发行融资。

企业运用发行新股或向原股东配售新股所得的价款作为并购支付交易价款。选用此种方式，主要应考虑股东认购资金来源的资金成本，增资扩股对其股东控制权的影响，增资扩股对每股收益、净资产收益率、每股净资产等财务指标产生的不利影响。

2. 换股并购。

以公司股票本身作为并购的支付手段付给被并购方。通常根据换股方式的不同又可以分为增资换股、库藏股换股、母公司与子公司交叉换股等。相对于现金并购，换股并购的优势在于：一是收购不受并购规模的限制；二是可避免大量现金短期流出的压力；三是可以取得税收方面的一些好处。但换

43

股并购的运用也会受到证券市场法规的一些限制。

（三）混合融资

混合融资指在并购交易中，既有债权融资性质，也有股权融资性质的融资安排，通过综合运用银行贷款、发行普通股票和债券、股票互换、发行可转换债、优先股、认股权证等多种融资工具为企业并购筹集资金。

1. 杠杆收购。

杠杆收购是资产证券化的一种表现形式，并购企业的资金来源是其当前控制权以外的债务性融资，一般以目标企业资产为抵押或以其经营收入来偿还，具有较大风险。实现杠杆收购融资，投资银行等市场中介组织的作用十分重要，同时资本市场也应该发展得比较成熟。

2. 可转换债券。

可转换债券是普通债券附加一个期权。利用可转换债券筹集资金的优势在于：一是可以降低债券融资的资本成本；二是由于可转换债券规定的转换价格一般高于当期股价，因此实际上为企业提供了一种以高于当期股价的价格发行普通股的融资；三是当可转换债券转化为普通股后，债券本金就不需偿还，免除了还本的负担。

3. 认股权证。

认股权证实际上是一种看涨期权（如果是认沽权证，则为看跌期权），它授予持有人一项权利，在到期日前以行使价购买公司发行的新股或者库藏股票。企业通过出售权证筹措并购资金，如果期权购买者行使权利，可能会改变企业的控股权。

由于融资方式的成本、利弊各不相同，同时并购企业自身状况、面临的并购机会以及金融市场状况等也各不相同，因此，企业在并购过程中需要合理选择融资方式，以最低的资本成本产生最大的控制力来完成并购。

二、过桥贷款

（一）过桥贷款的定义

过桥贷款（Bridge Loan）是企业并购的一种债权融资方式，有时也称为"过桥融资"（Bridge Financing）、"过渡期融资"（Interim Financing）、"缺口融资"（Gap Financing）、"回转贷款"（Swing Loan）等。它是一种短期、过渡性贷款，主要用于弥补短期资金的不足。通俗地讲，过桥贷款就是一种短期周转贷款。短期资金不足反映的主要是借款人资金安排与时间不匹配，过桥贷款弥补的正是借款人所需融资的时间缺口，是所谓的"救急不救穷"。例如，预上市公司发行新股或上市公司配股、增发的方案已经国家有关证券监管部门批准，但募集资金尚不到位。为解决临时性的正常资金需要，它们向银行申请并由具有法人资格的承销商提供担保的流动资金贷款。经承销商推荐并提供担保后，银行可向预上市公司或上市公司提供的短期流动资金贷款。过桥贷款还可用于发行新债之前偿还旧债，或者用于满足签订收购意向书与实施收购期间企业的资金需求等。

在企业并购中，由于市场情况瞬息万变，并购交易有时必须快速完成，这就要求买方有能力在短期内迅速获得足够资金。当买方资金不足时，过桥贷款能为其供提供短期周转，为并购交易"搭桥铺路"。过桥贷款的形式可以是定期贷款，也可以是循环信用证，期限最长不超过一年，利率相对较高，比一般的贷款利率要高2%～5%。过桥贷款一般要求以一些抵押品诸如房地产或存货来作为抵押，在并购交易完成后，借款方通过销售债券与权益票据来偿还银行贷款。过桥贷款主要适用于那些财务状况健康、资产质量较高、负债比例较低、享有良好声誉、资信评级高的优质企业的并购融资。

（二）过桥贷款的法律关系

从中国的实践来看，过桥贷款的借款人主要是上市公司或预上市公司，它们与银行之间存在贷款合同法律关系。过桥贷款法律关系的构建是以证券监管部门对上市公司或预上市公司未来募集资金计划的批准为前提。换言之，如果上市公司或预上市公司的未来募集资金计划尚未获得证券监管部门的批准，则不能申请过桥贷款，因为银行对过桥贷款的风险评估在很大程度上取决于募集资金项目在技术和经济等方面的可行性论证。类似地，在企业并购过程中，银行或相关金融机构提供过桥贷款的前提也是要求并购双方达成明确的成交意向。

为借款人提供担保的是承销商，它与上市公司或预上市公司之间签订承销协议，存在担保法律关系。过桥贷款的担保方式既可以是信用担保，也可以是质押担保。银行之所以愿意接受券商的信用担保，是因为该类券商通常资金实力雄厚，经营业绩良好，财务状况健康，盈利能力较强，资信水平较高，运作相对规范。当然从维护银行债权利益的角度来看，质押担保的安全性要高于信用担保。

三、过桥贷款在实际中的应用①

案例一：华融资产管理公司参与"德隆系"资产重组

2004年8月，华融资产管理公司受托以市场化方式，全面参与"德隆

---

① 以下案例主要来源于陈峥嵘《过桥贷款：助推企业 IPO 和并购》。

系"资产重组。随后德隆国际战略投资有限公司将其所属全部资产，即包括上市公司在内的实业公司股权、证券公司在内的金融机构股权以及有权处分的其他资产，不可撤回地全部交由华融公司托管，并由华融公司行使全部资产管理和处置权利。"德隆事件"的爆发"殃及池鱼"，使德隆系所属企业的信用水平和融资能力急剧下降，一些经营尚属正常的实业企业，其正常生产经营也因此受到较大影响而难以为继，ST 屯河和天一实业就是如此。为了摆脱经营困境，这两家企业先后向华融公司提出了发放过桥贷款的申请。

2004 年 11 月 9 日，为维持德隆系部分有效益的企业正常生产经营，推动重组工作顺利进行，华融资产管理公司向德隆系的 ST 屯河和天一实业这两家实业企业发放了总额为 2.3 亿元的过桥贷款。华融公司向 ST 屯河提供 2 亿元流动资金过桥贷款，专项用于甜菜收购；向天一实业提供 3 000 万元流动资金过桥贷款，专项用于亚麻收购。这两笔过桥贷款的发放不仅有利于维持德隆系的两家企业正常生产经营，推动德隆系重组工作的进一步开展，而且有利于盘活德隆系企业的现有资产，提高资产营运质量和运作效率，使其重获新生，同时也有利于保护已经签署收购协议的几万户农户的切身利益，对于维护当地社会稳定具有十分重要的意义。

该过桥贷款的资金来源为华融公司的自有资本金。为了有效防范和化解过桥贷款风险，华融公司遵循"专户管理、封闭运行、单独核算、优先偿还"的原则，做到新旧债务隔离，确保过桥贷款安全偿还。2005 年 7 月 26 日 ST 屯河发布公告称，根据 6 月 14 日签署的《股权转让协议》的约定，中粮集团已于 7 月 21 日通过委托贷款方式，由中国工商银行向公司提供专项借款 9 200 万元，用于偿还华融公司提供给公司的过桥贷款，上述款项已汇入华融公司指定账户。截至 2005 年 7 月 22 日，ST 屯河已归还了华融公司提供的全部过桥贷款本金和利息。

案例二：英国比萨公司收购美国库帕公司

在英国比萨公司（Beazer）收购美国库帕公司（Koppers）的过程中，雷曼投资银行担当了整个并购交易的策划者和组织者。比萨公司与雷曼、奈特威斯特两家投行联合组建了名为 BNS 的控股公司，它们分别持有 49%、46.1% 和 4.9% 的股权。BNS 公司是比萨公司使用表外工具的载体，比萨公司借助这一表外工具，在其合并资产负债表上隐去了 13.07 亿美元的债务。当比萨公司日后持有 BNS 公司 50% 及以上股权后，该项债务才会反映在比萨公司的合并资产负债表上。

BNS 公司的资本总额为 15.66 亿美元，其中债务资本为 13.07 亿美元，股权资本为 2.59 亿美元（包括普通股 0.5 亿美元和优先股 2.09 亿美元）。BNS 公司收购库帕公司的资金来源渠道是多样的，其中 13.07 亿美元的债务资本由雷曼公司和花旗银行提供，雷曼公司提供了 5 亿美元的过桥贷款（该过渡性贷款通过在美国发行 3 亿美元的垃圾债券得到了再融资），花旗银行提供了 8.07 亿美元的银团贷款（其中 4.87 亿美元为其他银行的辛迪加贷款，其利率为基础利率加上 1.5 个百分点）。BNS 公司 0.5 亿美元的普通股资本由比萨公司与雷曼、奈特威斯特两家投行提供，其持股比例分别为 49%、46.1% 和 4.9%。BNS 公司 2.09 亿美元的优先股资本由比萨公司提供，该资金得到了奈特威斯特投行 2 亿美元的信贷支持。

四、贷款融资方式的现状和制约其发展的因素

从我国企业并购的实践看，过桥贷款的运用还不是很多。作为贷款融资的一种方式，商业银行是提供贷款资金的主要渠道。在并购交易过程中，银行出于谨慎原则，一般要求并购方将要取得的目标企业股票作为质押，或以公司资产作为抵押，而且还要同担保人签订担保合同。在我国现阶段的制度环境下，单纯针对并购的银行短期贷款是比较难以获得的。而银行的长期贷款在企业并购中则主要用于并购完成后的企业整合安排，例如大规模结构调整和更新改造等。

在我国，要想利用银行贷款进行企业并购融资，操作时就必须加强与贷款银行的沟通，向贷款银行提供详细的融资方案，以满足银行的放款条件。在申请银行并购贷款时，并购融资方案既要包括并购企业收购目标公司后，公司的发展前景、经营计划、盈利预测和还款计划，还要包括公司以往的业绩和管理情况。融资并购方案必须得到银行的认可才会顺利获得银行贷款。在这一过程中，增加资产或股权抵押或质押能增加贷款成功的可能性。

制约贷款融资并购的因素主要在于：第一，信息不对称。银行对于并购前景可能缺乏了解，对并购后企业的未来经营业绩信心不足，都会导致其不愿放款。第二，市场不完善。银行贷款一般需要借款方提供资产作为抵押，由于并购涉及的资金量一般非常大，抵押品金额也相应较大，在产权市场尚不发达的情况下，对巨额抵押物的处置不当会给商业银行带来很大风险。第三，金融创新不足。银行为企业提供并购融资后，将并购贷款再融资再证券化的工具非常有限，难以规避风险。第四，政策法律限制。我国的《商业银行法》规定，商业银行不得投资股票，信贷资金不得用于股权投资。因此商业银行很少向并购方提供用于并购支付的信贷，而是提供部分信贷用于并购

完成后的企业资源整合、结构调整和技术改造。第五，银行的能力有待提高。我国的商业银行的业务能力还未专业化到能参与企业并购。商业银行主要参与货币市场上的交易，很少参与资本市场上的投融资活动。此外，商业银行由于资本市场上具有竞争优势，通过一般信贷即可获得较大利润，因此没有意愿参与并购及其与之相关的金融创新。作为投资银行而言，尽管可能具有一定的并购操作经验，但我国投资银行本身的资金实力比较薄弱，规模比较小，自身也缺乏有效的融资渠道，同时还受到政策和法律的各种限制。

五、促进过桥贷款等并购融资的政策措施

发达国家的实践经验表明，解决并购融资难问题单靠一种途径、一种方式收效甚微，必须通过多种渠道，采取多种方式加以解决。

第一，逐步放松金融管制，推进金融自由化。融资机制是推动经济增长的重要动力，并购是整合经济的重要方式。为了推动并购融资的发展，首先，应要广开渠道，逐步解除各种政策壁垒，允许各种资金进入并购融资领域。不仅银行资金可以用于并购融资，在提高监控水平的前提下，还可以允许证券公司、社会保险资金、商业保险资金、企业盈余资金、个人资金、外资等全方位进入并购融资领域。其次，基于风险和收益的对称性原则，应逐步推进利率的市场化。最后，国家应通过各种优惠措施，鼓励创立各种行业性或区域性的投资基金。通过各种资金的充分流动又相互竞争的关系，带动我国并购融资市场的活跃。

第二，提高金融中介机构的实力，促进并购融资的顺利开展。在并购融资中，信息的不对称性非常严重，资金的需求者和资金的供应者处于不同的地位具有各自的利益，并购的复杂性使专业中介的全面参与成为必然。对证券公司而言，不仅需要具备提供与企业共同成长的连续性的财务顾问、管理顾问的能力，还应具有提供短期并购资金的能力；同时还要有专业的会计、审计机构、法律顾问、信用评级机构等参与其中，提高并购融资的公开和透明性。

第三，加强金融产品创新，丰富并完善并购融资工具。与国外相比，许多在国际并购融资中广泛使用的认股权证、可交换债券、优先股、票据等在我国并购融资中还使用得比较少或还不完善。应该加强我国金融产品创新的研究与开发力度，探索发展综合证券收购方式与多层债务融资收购形式，推动企业并购业务健康发展。

第四，调整税收优惠政策，提高并购融资收益。为了鼓励资金用于并购，各国均出台了一系列优惠政策，特别是在促进民间投资领域。我国也可以借鉴国外的做法，通过税收优惠措施鼓励资金进入并购融资领域。

约定收益股票回购创新业务探析

第四组组员：中德证券何澎湃、中信建投证券汪丽华、东北证券王安民、摩根士丹利华鑫证券王春雷、平安证券薛荣年、郑州商品交易所喻选锋

　　中国证券行业经历了2004—2011年的严格管制，使得证券公司治理水平有所提升，但同时也制约了证券行业的持续发展。截至2011年年底，证券行业已远远滞后于银行、保险、信托业，盈利模式单一，主要以经纪、自营、资产管理、投行等传统业务为主，在市场行情低迷的环境下券商的利润大幅下滑，发展动力不足。创新是证券公司的永恒生命力，创新的发展促进了美国投资银行业的分化，出现了众多各具特色、具有全球影响力的著名国际大型投资银行如高盛（GSUS Equity）、摩根士丹利（MS US Equity）、嘉信理财（SCHW US Equity）等。佣金收入的减少促使美国投资银行走上了创新发展的道路。根据统计，2011年美国投资银行业务中来自佣金、资产管理、自营、承销、融资融券以外的其他创新业务在收入中占比高达57%。反观中国证券行业的创新动力略显不足，急需政府监管部门的政策调整和转型。2011年10月发布的《证券公司业务（产品）创新工作指引（试行）》，允许证券公司创

新试错，是证券业的创新政策拐点。进入 2012 年，监管层发出的创新信号更为明确，创新时代已悄然来临。约定回购式证券交易是证监会已通过的创新业务之一，目前正在部分券商进行试点，该业务目标定位于解决企业短期融资问题。作为一项创新业务，常规化后对于证券公司是一个新的盈利增长点。

约定收益股票回购业务其实是一种融资手段，可以让需要资金的机构投资者或上市公司大股东从证券公司融到资金，值得注意的是，股票回购的融资没有用途限制，不像融资融券，融资业务获取的资金只能用于购买股票，获取股票上涨和下跌的收益，从这个角度看股票回购的融资对于诸多上市公司的产业资本有很大的吸引力，既可以在约定期限内使用资金，又不担心丧失自身对企业的控制权。可以看出，约定收益股票回购产品的意义在于盘活了股票持有人的资金，尤其是提升大股东的资金利用效率。对于一些面临融资难的大股东而言，股票约定式回购无疑是一种便利的融资方式，盘活上市公司的持有股份，成为上市公司产业资本融资新途径和渠道。本文试图对约定收益股票回购业务的原理、定价、风险管理、对证券市场以及证券公司的影响做一探析。

一、约定收益股票回购业务原理及开展条件

约定收益股票回购即股票约定式回购业务是目前证券公司所发展的创新业务之一，约定收益股票回购和债券报价式回购从本质上讲都类似于质押贷款业务，对于一些面临融资难问题的上市公司，股票约定式回购自然是一种可行的融资模式，是一种信用扩张方式，已涉及银行的信贷功能，自然监管相对比较严格。

从基本原理看，约定收益股票回购是符合条件的投资者正回购方（卖出回购方、资金融入方）即股票持有者（上市公司大股东）在将股票所有权转移给逆回购方（买入返售方、资金融出方）即证券公司融入资金的同时，双方约定在将来某一指定日期，由股票持有者即大股东按约定利率计算的资金额向证券公司回购出质证券、返回资金的交易行为，这种交易模式相当于债券回购交易，其实质是客户以其持有的股票为抵押品，向证券公司"融资贷款"，并支付给券商高于银行同期贷款利息的业务。

值得注意的是，一般回购交易分为质押式和买断式，二者的区别在于，质押的股票是否过户给资金融出方。在买断式回购中，需要过户，且在回购期间，资金融出方可以用标的资产进行回购融入资金或者卖出该笔资产；而在质押式回购中，则无须过户，且双方均不得动用质押的股票。根据上海证

券交易所制定的《约定购回式证券交易及登记结算业务实施细则》，在待购回期间，证券公司持有标的证券存放于专用证券账户，但不得通过交易或非交易方式转让标的证券、办理标的证券质押。可见，交易所是质押式回购，回购交易中的股票持有人只是阶段性地失去股票的所有权。其实，从管理风险的角度考虑，股票回购交易采用买断式回购可能比较适宜，客户的股票资产要过户给证券公司，并放到证券登记结算公司冻结，而客户在获得资金后，可以将资金用于各种项目的投资。

表1　　　　　　　　约定回购交易与融资融券、信托计划等的比较

	约定回购交易	融资融券	信托计划	银行信贷
资金来源	券商自有资金	自有资金	理财产品资金	银行资金，拆借资金
目标客户	长期持股的客户	资金50万元以上	数量较大	数量较大
资金用途	不限制，比较灵活	融资买券，融券卖空	项目信托计划用途	严格资金用途
法律关系	交易对手方关系	借贷关系	委托人与受托人关系	借贷关系
业务目标	提供流动性需求	提供做多融资和做空融券服务	提供较大的融资服务	提供大额融资服务
监管主体	证监会	证监会	银监会	银监会

客户一方面希望长期持股，另一方面希望获得资金流动性的便利，尤其是在市场下跌环境下，客户一般不愿意低价卖出股票而获得资金，而约定收益回购式股票交易正好满足了客户的需求，使其一方面获得资金而不受损失，另一方面其所持的股份数量不变，股东权利不变，也不承担额外的市场风险，可谓一举两得。约定收益股票回购交易这种创新产品条款分明，交易效率高，标的证券利用率高，客户需求强烈，有着广泛的市场。

股票约定式回购涉及一个契约、两次交易，即初始交易（客户以约定价格向其指定交易的证券公司卖出标的证券融入资金的交易）和回购交易（客户按照约定价格从证券公司购回标的证券的交易，包括到期购回、提前购回和延期购回），两次结算，条件达成时回购股票，场外协商，场内达成，在约定收益的股票回购期间，对标的证券进行逐日盯市制度，实施履约风险控制。值得注意的是，约定收益的股票回购交易中证券公司与客户之间既有代理关系，又互为交易对手。这在美国等海外国家和中国台湾地区比较典型，但在中国可能还是一个创新。券商要成为交易方，交易所提供交易撮合支持，接

纳券商的各项报备材料，证券公司向交易所提交交易申报，并维持正常的业务运营，其中登记结算公司提供逐笔全额结算与非担保交收支持。

股票约定式回购交易在开展初期，可能有诸多约束条件，暂时只对机构客户开放，可能为不经常买卖证券、以经营实业为主的客户，主要是上市公司的大股东，个人客户暂不能参与。根据上海证券交易所的约定购回式证券交易及登记结算业务实施细则，开展股票约定式回购业务时证券公司应当建立投资者客户资质审查制度，审查条件包括开户时间、资产规模、信用状况、风险承受能力以及对证券市场的认知度等。为控制风险，股票约定式回购的借款期限较短，暂时分为 28 天期、91 天期、182 天期，最长借款期限不超过 182 天。成为股票约定式回购交易的抵押标的证券是符合交易所若干规定的流通股，和融资融券标的证券的条件基本一致，基本包括上证 50、上证 180、沪深 300 中的大部分股票等，而 ST 类个股以及试点券商的股票被排除在可质押品种之外。客户从券商处能够融入的资金额则取决于其提供的股票资产，不同股票的折扣有差异。作为抵押品，不同的个股有不一样的折算率。和融资融券一样，大盘蓝筹股以及公司质地优良、流动性较好的个股，折算率会相应较高。关于借款成本，高于同期银行的贷款利率，基本和融资融券的利率相同，按照借款天数计算利息。当然，客户融资的利率也会视客户信用情况而定。投资者交易的金额应不低于 100 万元，或者交易股票数量不低于 10 万股。可见，券商有较大的自主权对标的股票的折扣率和融资利率制定标准，这方面的自主权比较大。但客户须支付资金利息和固定费用，而回购交易成交金额等于初始交易成交金额与资金利息及固定费用之和，其中固定费用包括用于补偿券商承担的印花税、经手费、证管费、过户费、佣金等。

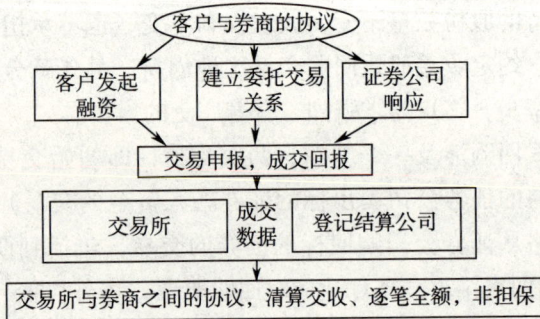

图 1　股票约定式回购业务运作图

在股票约定式回购交易环节中，证券公司关键是要选择合适的标的证券及其风险控制。其中标的证券的权益处理非常重要。待回购期间，券商对标的股票享有所有权，但除客户违约不予回购外，券商不能随意转让标的股票，持有标的证券存放在专用证券账户，也不能行使股东权利且办理标的证券质押。值得注意的是，待回购期间，标的证券产生的相关权益包括现金分红、送股、转增股份、增发、配股等，由结算公司在权益登记日根据交易所初始交易有效成交结果将证券公司专用证券账户中生成的相应权益划转至客户证券账户。如果由于司法等机关冻结或强制执行，则同一证券品种的该项权益留存在证券公司专用证券账户内。当然，由此引发的税收及相关权益的处理由证券公司和客户自行协商解决。另外，券商应当将待回购期间标的股票产生的红利（现金分红、送股等）在客户回购时与标的股票一同交付客户，若待回购期间标的股票出现配股、增发等，客户应及时向券商支付相应金额。如此制度规定，可以防止券商利用投资者的标的股票进行额外操作，控制操作风险。

二、约定收益股票回购业务的定价及风险管理

在约定收益股票回购业务中，作为需要融资的客户（股票持有者）和融出资金的证券公司都面临不容忽视的风险，风险控制好，该项业务就会为双方带来便利和收益，是一个双赢的格局。但同时也面临一个约定价格的定价问题，定价效率高，就能为融资者和券商风险控制奠定基础。

（一）约定收益股票回购业务的定价探讨

在回购市场中，远期价格是以期初的价格为基准，然后根据特定期间赚取或损失的持有（持仓成本＋收益）进行调整，即持有调整，相当持有一个远期合约。持有（持仓成本、收益）是一种收益可能，可理解为将融入或融出的资金/证券转移至市场第三方，可能付出或得到的利益。远期价值也是动态变化的，在签订远期合约时，如果信息是对称的，且双方对未来的预期相同，对于一份公平的合约，双方所选择的回购价格应使远期价值在签署合约时等于零。但在远期合约签订以后，由于回购价格不再变化，双方的远期价值将随着标的资产价格的变化而变化。假设 P_t 为期末回购价格，P_0 为期初价格，则有 $P_t = (\alpha + \beta)P_0$，这里 α 为质押率，β 为风险补偿率，R 为利率，T 为时间，有

$$(\alpha + \beta)P_0 = P_0 + (P_0 + P_0 \times R \times T) \times R \times T \qquad （公式1）$$

如果按照半年测算，则有 $\alpha = 1 + R/2 + R^2/4 - \beta$，在利率确定情况下，要确定质押比率和风险补偿率。风险补偿率 β 可用标准差来表示，定义 $\beta = \dfrac{\sigma}{\sigma_{min}} \times 100\% - 1$，$\sigma_{min}$ 表示半年内每日标准差中的最小值，对于追求稳健的券

商，最小值表示平均收益，风险最低，对该值的偏离就隐含风险的加大，甚至会触及风险警戒线。

假设某公司股票的大股东拟进行股票质押融资，借款期限为6个月，借款金额为1 000万元，贷款利率为6.5%，则购回价格为1 033.6万元。一般假设质押率为60%，则风险补偿率为43%，再换算成对应价格。考察该最高质押价格，估算在半年内有多少天的收市价格高于该价格，该比例隐含着测算价格的安全程度或合理性程度，也就是说有多少机会比率让证券公司以高于质押价格兑现，以补偿融资贷款。一般质押比率在50%～60%相对比较安全。值得一提的是，关于股票质押融资的质押率和质押价值，我们可从期权的角度进行探讨。

由于融资贷款面临着大股东的违约风险，故此这里我们探讨一下股票质押融资的期权定价方法。关于股票质押融资，从发放贷款至到期日前的任意时刻，都可以用一个公式来表达：风险融资贷款 = 无违约风险融资贷款 − 融资贷款担保。

假设 T 表示融资贷款到期时刻，t 表示贷款到期前的未来任意时刻，Q 表示融资贷款到期本息。假设 r 表示在时刻 t 的无风险利率，P 表示在时刻 t 的风险融资贷款价值。G 表示在时刻 t 的贷款担保价值，则有

$$P = Qe^{-r(T-t)} - G \qquad （公式2）$$

如果融资借款人，即大股东到期发生违约，不能偿还融资贷款的本息，则证券公司就要出售质押股票。若出售所得低于融资到期本息，则券商就要承担损失。从这个角度看，融资者向证券公司提供资产抵押担保就相当于其向券商购买了一份看跌期权，看跌期权的标的资产是融资者的质押股票，执行价格等于融资贷款到期本息 Q，到期期限等于融资期限 $T-t$。期权费就是券商向融资者收取的隐含担保费 G。假设质押股票价值服从几何布朗运动，就可以得到欧式看跌期权的 $B-S$ 定价模型，则期权价格（担保价格）为

$$G = [N(d_1) - 1]Ve^{-q(T-t)} + [1 - N(d_2)]Qe^{-r(T-t)} \qquad （公式3）$$

$$d_1 = \frac{\ln(V/Q) + (r - q + \frac{1}{2}\sigma_v{}^2)(T-t)}{\sigma_V \sqrt{T-t}}, d_2 = d_1 - \sigma_v \sqrt{T-t}$$

这里，V 表示质押股票价值，T 为到期日，t 为当前时点，q 表示质押股票在融资贷款期间的收益，r 是无风险利率，σ_v 表示标的股票波动率。从公式可以看出，随着时间 t 的变化，担保期权的价值也会发生变化，从而引起融资贷款价值的变化。其中，质押股票价值的变化对担保期权价值的影响程度较大。

假设质押率不超过60%，鉴于融资贷款合约的警戒线和平仓线分别为

150%和110%，均大于融资贷款到期本息，这就保障了股票市值在到期日之前不可能小于融资贷款到期本息，使融资者向券商购买的担保期权将得不到执行。由于这些风险控制措施，证券公司基本上不会面临违约风险。

当证券市场下跌时，随着质押股票价值的下跌和其波动性的增加，融资贷款价值也随之下跌。当贷款价值下跌到一定程度，证券公司会随时在平仓线附近将质押股票强行平仓，使得券商面临损失，面临利率风险、股票市场的系统性风险。为了控制该风险，需要估算券商强行平仓而使贷款提前到期的时间模型，同时运用 VAR 模型来度量市场风险并进行监测。可见，股票质押贷款期权定价方法能够认识股票质押贷款的价值属性以及相关因素变化的动态过程，对于股票回购业务的定价及风险管理非常重要。

（二）股票回购业务风险管理

证券公司开设该项业务面临股票价格及其波动性、市场利率等风险，需要预测融资贷款实际到期模型来解决并进行风险控制。该项业务的风险点表现在信用风险、市场风险、政策风险、操作风险等，其中尤以信用风险和市场风险更为突出。面临的操作风险包括交易不能按期达成、因通信失效而不能及时送达相关信息等，技术系统风险包括技术系统故障或差错而影响交易正常进行等，各种政策风险包括因法律法规及政策变动须被动提前回购、业务进入终止程序等，当然证券公司也可能面临证券和资金划付失败风险，以及由此可能造成的损失。要管理股票回购业务的这些风险点，主要应从风险识别、评价、盯市管理、净资本管理等方面入手。

表2　　　　　　　　　　　　股票回购业务风险点

风险类别	风险点及来源
市场风险	标的证券价格波动
	配股、增发等权益处理
信用风险	交易违约
	结算违约
政策风险	宏观经济政策对业务开展影响
操作风险	系统故障，人员失误
合规风险	

1. 建立完善的风险识别、评估与控制体系。

约定回购证券交易存在利率变化、证券价格波动、标的证券发生要约收购等事件以及其他市场风险，如果标的证券在待回购期间价格下跌，致使交易的履约保障不足，而客户难以提前回购或提供履约保障，则客户面临标的证券被违约处置的风险，难免会给客户造成一定的损失。如果标的证券在待回购期间发生吸收合并、要约收购、公司缩股或公司分立等事件时，客户面临被动提前回购的风险；如果标的证券在待回购期间被暂停或终止上市，客户将无法回购标的证券，并承担因此而造成的损失。

股票市场行情变化导致标的证券价格波动所形成的市场风险是约定收益证券交易风险控制的关键。鉴于股票的高风险性和流动性，其价格受多种因素的影响，价格的变动必然影响股票的市值，并影响其抵押价值。因此应设立警戒和平仓线，如果风险指标处于预警状态，通知客户准备资金回购标的证券或准备新开补充交易，以避免违约。若风险指标低于最低线，客户不能提前回购，可新开交易，以规避对资金流动性的影响。当然，客户在开始交易时要求折扣率较低，可在某种程度上避免出现违约被迫提前回购标的证券。如果所筹措资金的金额、期限与约定回购所用资金的金额、期限不匹配，可能造成公司资金占用、流动性不足，进而引发流动性风险。更为重要的是，要加大违约成本等措施减少履约风险。这就要建立投资者适当性管理制度，动态检测客户资信状况，控制单一客户业务规模，分散风险，通过设置适当的折扣率，即所融资金占标的证券市值的比例来降低违约风险，折扣率愈高，说明市值利用率愈高，可考虑一般确定为40%～60%。另一方面可通过合理的回购价格来覆盖客户违约风险所带来的损失，建立完善的风险监控指标体系，若客户违约，启动违约处置，以降低损失。

客户未能按照协议约定按期足额偿还交易款项所形成的信用风险包括交易违约和结算违约，对于证券公司来说这种违约风险相当严重。这就要求证券公司严格确定标的证券筛选标准，建立标的证券的管理制度，以确保选择的标的证券合法合规，从经营业绩、波动性、流动性等方面选择，避免选择波动性过大、换手率过低的股票，以此防范市场风险。

对于宏观经济政策风险，要关注利率变动的方向和弹性幅度，如果市场利率提高，证券公司可以把回购价格提高，从而转移资金成本上升。如果紧缩的宏观经济政策，致使企业利润下降，财务成本上升，又可能导致股市下跌，这难免会导致约定回购证券交易履约保障比例降低，这就需要证券公司严格选择标的证券，并适当降低折算率，控制业务规模，进而防范风险。

2. 建立以净资本为核心的监控和动态调整机制。

证券公司应当建立以净资本为核心的约定回购式证券交易规模监控和调整机制，进行净资本风险管理，并计提风险准备，确保净资本以及风险控制指标远高于最低监管标准，合理确定业务规模、单一客户、单一证券和单笔交易的金额占净资本的比例等风险控制指标，避免融出现资金过于集中于少数客户或少数证券品种，以防范集中度风险。如单一客户、单一证券的交易规模均不超过证券公司净资本的 2%，试点期间业务规模限制在 20 亿元以内。基于风险控制的考虑，证券公司对股票回购交易业务应进行全额净资本扣减，也就是说券商用多少资金开展此项业务，在测算净资本时应减去相应的资金额，从这个角度看，只有少数净资本充足的券商才能开展该项业务。

3. 进行盯市管理，动态监控标的证券市场风险。

盯市管理是监控标的证券市场风险的核心，其中的关键指标是履约保障比例，其是待回购期间，单笔交易或合并管理的多笔交易的标的证券市值与初始交易金额的比值，即履约保障比例 = 标的证券收盘价格 × 标的证券数量/初始交易金额。在交易存续期，待回购证券市值应持续满足一定规模，证券公司可每日监测股价变化，根据履约保障比例来评判交易状态并进行交易风险管理，当标的证券市值下跌到一定程度或交易履约保障比例低于约定数值时，证券公司可以按《客户协议》的约定要求客户提前回购或追加证券补足市值；或与客户达成新的约定回购式证券交易，并对客户多笔交易的履约保障比例进行合并管理。在试点初期，可把履约保障比例最低线设定在 130%，警戒线设在 150%，终止线（平仓线）设在 110%，如果该比例在 130% ~ 150%，就要采取一些相关措施，如冻结客户资金或限制取款，若履约保障比例小于最低线 130%，就要求客户提前回购标的证券或新开补充交易，提前回购有利于客户控制其财务成本，若客户没有在规定时间回购标的证券，就要启动违约处置程序，以控制违约风险，把损失降低到最小程度。

表3　　　根据履约保障比例来评判交易状态并进行交易风险管理

交易状态	评判标准	应对措施
安全状态	履约保障比例 > 警戒线 150%	正常报备
警戒状态	最低线 130% < 履约保障比例 ≤ 警戒线 150%	提醒客户关注，提前做好履约相关准备，券商可以冻结客户账户的相应资金或设置取款限制
触发状态	履约保障比例 ≤ 最低线 130%	高度关注和提醒，要求客户按约定在下一个交易日提前回购或新开补充交易，使总市值不低于警戒线水平
违约状态	客户未在规定时间回购标的证券	启动违约处置程序

续表

交易状态	评判标准	应对措施
客户违约情形之一	交易履约保障比例达到或低于最低值（130%），客户在下一个交易日未提前回购，也未采取履约保障措施。	处置方式及违约责任： 延期的，客户应提出延期申请，证券公司同意后方可延期回购； 违约期间，客户须缴纳违约金，如每日违约金为初始交易金额的万分之三； 若交易已无法延期、证券公司不同意延期或违约期间履约保障比例达到或低于终止水平（110%），则回购交易终止，双方协商处置标的证券，进行资金结算
客户违约情形之二	按协议约定，要求客户提前回购，客户未在指定日期回购或因客户原因导致交收失败，则客户违约	

当然，开展股票约定回购业务，证券公司应与投资者签订《风险揭示书》和《客户协议》，明确双方的违约责任，进而控制双方的交易风险。更为关键的是要对客户进行适当性管理，事前优选客户，事中动态管理，事后评估反馈。

三、约定收益回购业务对证券市场及证券公司的影响

股票约定回购业务的发展将使得产业资本利用已流通的股票融资更为便利，拓宽了证券市场的多元化功能。股票约定式回购推出初期，券商只能出借自有资金。通过开展该项业务，证券公司经营模式也有望得到进一步优化和改善，使得其业务收入多元化，平滑其业绩波动，促进证券公司创新业务的持续发展。其对证券公司乃至证券市场的影响是多元的，一方面券商可以获得利息收入，另一方面又可以增加交易量，能够为股市提供新的增量资金，尽管融资的资金不完全回流到股市。但从长远看，客户准入放宽、券商数量和规模扩大，将为市场提供新的增量资金，成为市场资金来源渠道之一。当然，假如证券公司只用自有资金提供融资，致使股票回购业务的规模难以做大做强。这里我们侧重对其融资功能、对券商业绩以及业务范围的影响进行剖析。

1. 约定收益回购业务增加了企业融资渠道，增添了证券市场活力。

目前上海证券交易所已经批准了中信、银河、海通三家券商作为股票约定回购试点券商，该项业务将盘活上海证券交易所上市公司的锁定股票，成为以上市公司大股东为代表的产业资本融资新途径。截至2011年，沪深证券交易所共有证券账户1.61亿户，市场总市值和流通市值分别为25.4万亿元

和17.0万亿元。其中，机构持有市值约13.0万亿元，机构中一般法人，即上市公司大股东持股市值约10.5万亿元。上市公司大股东对其持有的股份一般不买卖，换手率极低，如能盘活这部分资产，对机构持股者很有好处，而股票约定式回购则可使证券公司与质押者大股东直接对接。约定回购业务一旦开展，假设上市公司大股东持股市值10%，即1万亿元可以做股票质押，则约定收益回购业务的发展空间十分巨大，打通了券商资金与客户证券间的通道，提升了券商资金的利用效率。而个人客户所持有的市值大概在12万亿元，如将来该业务的对手方开放、最低额度降低，个人客户融资需求也不容忽视。另一方面，从证券公司来讲，自有资金相对比较充裕，如何利用这些资金是一个问题，股票作为出资担保物是标准化证券资产，有公开公允的价格、可以便捷出售，如果把质押率（折算率）、警戒线、强制平仓线考虑进来进行严格的风险管理，证券公司作为资金出借方的风险可以控制在接受的范围之内。加上对可交易标的证券的选择、交易数量限制，其风险更低。目前证券行业总净资产在6 000亿元左右，如果利用其中10%资金做该项业务，只有600亿元，则约定回购业务难以形成规模，对证券公司业绩贡献十分有限，但未来假如把资产管理业务放开，把客户资金与证券纳入进来，可以说券商约定回购业务的发展前景非常看好。向券商融的这些资金一般只投入生产或者有确定收益目标的包括为重组收购项目提供资金等，风险相对比较小。

值得一提的是，作为试点券商，银河证券推出了"金时雨"的短期融资业务，VIP客户可通过质押证券，从银河证券取得借款资金。海通证券和中信证券作为目前净资本最大的两家券商，通过开展股票约定式回购业务，可以获得远高于存款的利息收入，也可以利用客户抵押的流通股来增加交易量，可谓一举两得。

表4　　　　　　　　　　　银河"金时雨"业务相关规定

项目	期间规定
参与客户	开户6个月以上，资产规模500万元以上客户
质押规模	未公布
股票	可质押标的包括上交所流通的股票、债券、基金等、限制清单内标的除外
折算比例	不同的个股有不一样的折算率，一般在50%
期限	最长借款期限182天，还有28天、91天等期限
放款时间	各营业部具体操作
融资成本	与融资融券利率相当，目前为9%～10%
资金来源	券商自有资金

资料来源：银河证券网站。

2. 证券公司获得利息收入，提升资本收益率，但对券商经营业绩短期影响较小。

根据美国、中国台湾等国家和地区的实践，证券公司质押贷款的总规模以不超过公司总资产的 20% 为宜。一般而言，证券公司自有资金主要用在自营、融资融券以及直接投资、对子公司增资等方面，约定收益回购交易在某种程度上可以提升证券公司资本收益率。在券商自营和经纪等传统业务发展不利的环境中，约定回购业务自然受到券商的青睐。证券公司开展股票回购交易，其优势在于上市公司机构股东所持有的股票托管在券商的席位上，证券公司天然接近融资方。相对于银行和信托，证券公司对上市公司和股票更为熟悉，在该项业务上具有利率低、周期短、抵押率高的优势，在某种程度上能够提升券商的资金利用效率和盈利能力。该业务能给券商带来稳定的收益，由于抵押率较低，基本上可以保障借款本金以及回购利息的收回，增加证券公司的利息收益，进而提高券商的资本收益率。尽管该业务能够为证券公司资本金找到新的出路，但其对券商业绩的贡献相对比较小，如果投入 10 亿元的自有资金，按 8% 的回购利率测算，年收益大概在 8 000 万元，但也是证券公司一项低风险的业务收入来源和增长点。股票约定回购交易对证券公司经营业绩的贡献度一方面取决于券商自身的净资本实力，而庞大的大小非规模将为券商提供足够的客户资源；另一方面回购交易的利率即借贷成本也影响着该业务的效益，因此回购交易利率不应高于信托的股权质押产品的折现率，而应高于银行的票据贴现利率。可见，相对于典当、信托融资等，约定收益股票回购业务具有融资成本较低、融资效率高、资金使用灵活的比较优势，换句话讲，一方面在签署《客户协议》后，可随时根据客户融资需要进行交易，T 日交易，T + 2 日可获得资金，客户可根据其资金使用安排，提前或延期回购标的证券，延期购回可为客户提供流动性补给；另一方面也可提取资金用于生产经营的资金周转，也可继续进行证券投资，资金运用相对灵活。

表 5　　　　　　　　　　　约定收益股票回购的比较优势

	利率	抵押率	周期
证券公司	8% ~ 9%	> 40%	T + 2
银行	贷款利率	< 30%	> 1 个月
信托	10% ~ 12%	30% ~ 40%	> 1 个月

表6　　　　　　　　不同业务规模下约定回购业务的情景模拟

情景假设	回购利率＝9％，财务顾问费率＝2％			回购利率＝8％，财务顾问费率＝1.5％		
市场规模（亿元）	500	1 000	1 500	500	1 000	1 500
利息收入（亿元）	45	90	135	40	80	120
财务顾问（亿元）	10	20	30	7.5	15	23
总收入（亿元）	55	110	165	47.5	95	142.5
占总收入比例（％）	3.93	7.86	11.79	3.39	6.79	10.18

假设券商行业总收入为 1 400 亿元，我们模拟了在不同回购利率和财务顾问费率下的约定收益回购业务的总收入情况，结果表明，其在不同市场规模下，该创新业务的规模占比在 3.4％～11.8％，显然短期内很难大幅度提升证券公司的经营业绩。

3. 拓宽证券公司业务范围，为企业客户提供咨询和顾问服务业务，减少券商业绩波动。

约定收益回购业务在某种程度上可以与投行业务发生协同共振效应，借助于该业务，证券公司可以为企业客户提供咨询和企业顾问服务，如果股票回购业务为 500 亿元，财务顾问费率为 2％，则其咨询顾问费也有 10 亿元的收入，同时为企业融资，可以说是链条式一站金融服务，拓宽了证券公司业务结构和范围，提升了业务范围效率。另一方面，可以减少券商业绩波动，促使一级、二级市场互动。由于股票约定式回购业务贷出的资金不受任何限制，当市场环境不佳时，一级市场资金紧张，大股东的融资需求强烈，股票约定式回购需求增加，券商可以凭借该项业务获得稳定的收入。当市场环境变好时，券商可以通过融资业务获得二级市场的收入。

四、结论

证券交易基础设施和证券公司的风险管理能力完全能够满足股票约定式回购业务的需要。股票约定式回购业务能够为证券公司带来高于银行同期贷款利息的手续费收入，增加收入来源，拓宽业务范围，减少业绩波动，同时股票约定回购有助于盘活客户资源，是证券公司的创新业务之一和利润增长点。

股票约定式回购增加了企业短期资金来源渠道。在一定程度上能够缓解具有股票资源的企业资金紧张问题，帮助企业补充短期经营性流动资金。在全球经济紧缩的大背景下，中国的大量中小企业从银行获得融资面临挑战，而股票约定回购业务的推出无疑是满足实体企业经营流动性资金需求的客观要求，值得证券公司把其作为一项重点创新业务对待。

参考文献

[1] 田文昭、张宁、杨吉晋：《股票质押贷款模型的实证分析》，载《北京师范大学学报（自然科学版)》，2003（4）：481－484。

[2] 李毅学、徐渝、陈志刚：《股票质押贷款业务的贷款价值比率》，载《系统工程》，2006（10）：55－58。

[3] 约翰·赫尔［加］：《期权、期货及其他衍生产品（第7版)》，北京，机械工业出版社，2010。

[4] 郑振龙、陈蓉：《金融工程学》，北京，高等教育出版社，2008。

[5] 上海证券交易所：《约定购回式证券交易及登记结算业务实施细则》，www.sse.com.cn，2011。

[6] 银河证券：《银河金时雨业务》，www.chinastock.com.cn，2012。

[7] 李达、徐爽：《买断式回购定价和做空机制分析》，载《财贸经济》，2007（7）：12－18。

美国投行盈利模式演变及
对我国券商发展的启示

第五组组员：国泰君安证券刘桂芳、东方证券肖银涛、
兴业证券张训苏、郑州商品交易所左宏亮、安信证券鞠学良、
上海东方证券资产管理有限公司陈光明、华商基金陆涛

关于券商盈利模式，有众多业界人士与学者对这个问题进行了思考与研究，并提出了各自的观点。本文在总结与学习他人的研究成果基础上，结合这次的美国学习与考察，从收入结构、代表性券商典型对比等进行分析研究，最后提出我国券商业务转型方向与管理发展模式的几点建议。

一、美国投资银行发展历程与收入结构的概要分析

（一）美国投资银行发展的主要阶段

美国投资银行发展大体经历了初级混业、金融危机后分业经营、持续佣

金竞争下特色和业务创新突破、全球性金融再危机后更高层次的金融控股与去杠杆化等阶段，每个阶段都有其特点。其中，佣金自由化之后投资顾问业务创新、并购业务的规范与创新、业务全球化战略推动、私人与机构业务突破、产品创新、资产管理业务快速发展等非常具有证券产业升级的特征（见图1）。而从业务大类别来看，近几十年，大宗交易后，在交易通道业务基础上各类现代现货证券品种与类别快速发展，并在20世纪90年代后扩张到衍生产品等新的业务领域（见图2），进而推动投资银行业务规模与利润的快速发展。

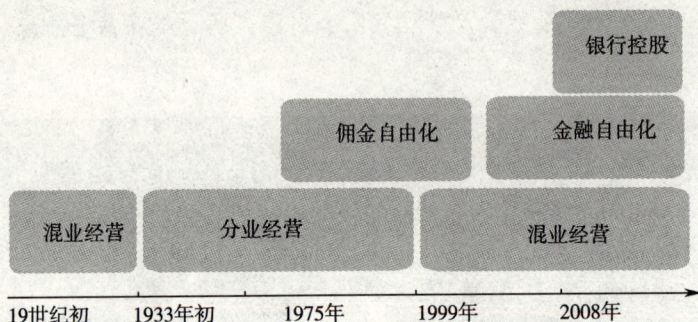

资料来源：国泰君安证券研究所。

图1　美国投资银行业发展阶段

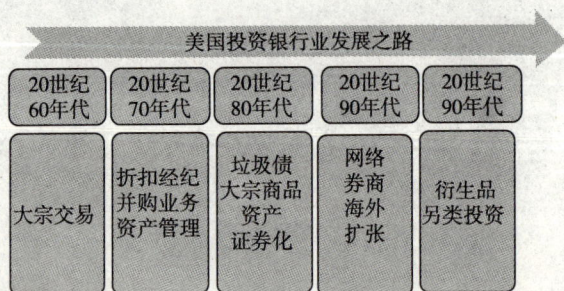

资料来源：国泰君安证券研究所。

图2　美国投资银行业各阶段突出业务

（二）收入结构及变化趋势

从收入结构变化趋势来看，交易佣金、交易收入、息差、资产管理和投资银行承销收入绝对值虽然呈增加趋势，但增长速度明显慢于资产管理和其他收入，后者比重明显提高，且业务多元化结构在20世纪80年代前已经完成。

亿美元

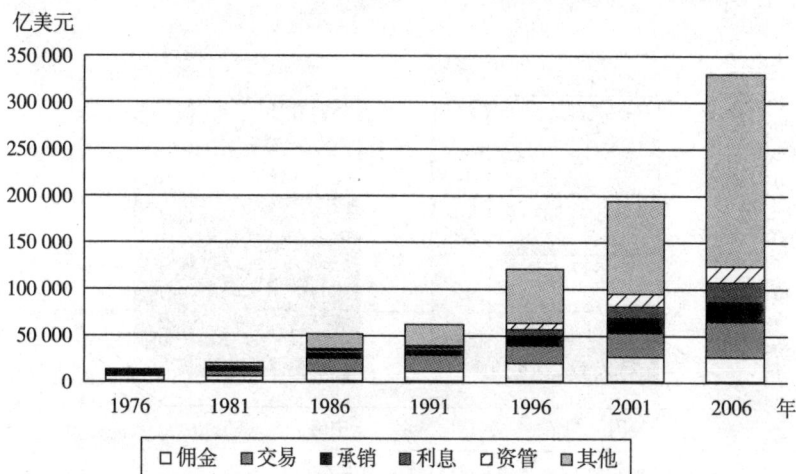

数据来源：SEC、国泰君安证券研究所。

图3 美国投资银行业收入趋势及收入结构（绝对值）

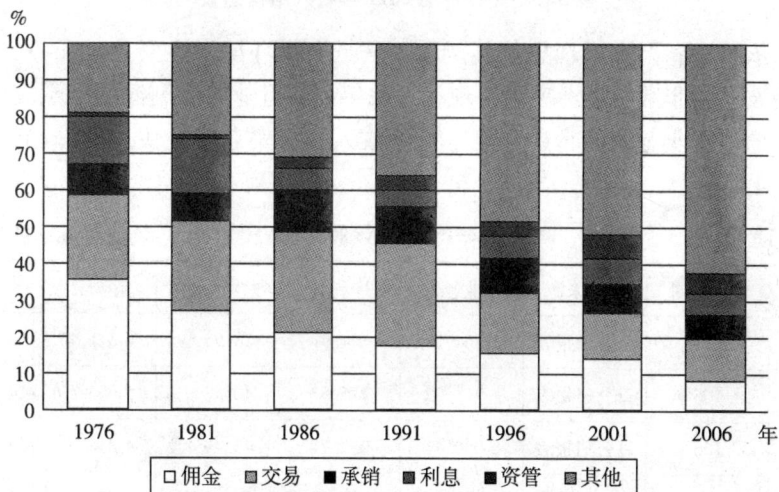

数据来源：SEC、国泰君安证券研究所。

图4 美国投资银行业收入趋势及收入结构（相对值）

二、国内券商近年收入与利润变化显示业务结构单一和转型与创新的压力

（一）盈利波动性大，收入利润率持续下降

近几年来，虽然证券公司业务范围在扩大，收入来源在增加，但仍处于从通道业务向投资服务转型的过渡阶段，尚未摆脱对经纪、自营等少数单项

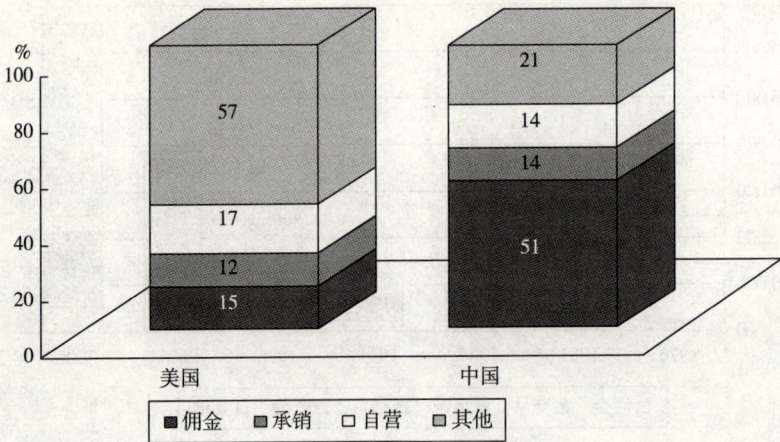

数据来源：SEC、中国证券业协会、国泰君安证券研究所。

图 5　中美证券业 2011 年收入结构比较

业务的依赖，靠天吃饭现象依然严重。一旦市场环境发生变化，证券公司经营业绩波动会非常明显。突出体现在近几年证券行业收入利润的剧烈波动上。此外，随着行业竞争的日趋加剧，行业收入利润率总体呈快速下降趋势。具体见表1。

表1　　　　　　　　　　　　近几年行业收入利润情况　　　　　　　　单位：亿元

年度	券商数量	数据来源	营业收入	净利润	收入净利率	净资产	平均 ROE
2011	111	母公司报表	1 364.01	394.91	28.95%	6 315.17	6.59%
2010	106	母公司报表	1 911.02	775.57	40.58%	5 663.59	14.77%
2009	106	母公司报表	2 050.41	932.71	45.49%	4 838.77	22.14%
2008	107	母公司报表	1 251.00	482.00	38.53%	3 585.00	13.22%
2011 年比 2010 年增减			−28.62%	−49.08%	−28.67%	11.50%	−55.38%
2010 年比 2009 年增减			−6.80%	−16.85%	−10.78%	17.05%	−33.30%
2009 年比 2008 年增减			63.90%	93.51%	18.06%	34.97%	67.46%

尤其是 2011 年以来，证券市场总体情况不容乐观，截至 2011 年年底，一级市场融资额依然很高，但结构性差异明显，与券商投行业务收入密切相关的股权 IPO 融资额同比下降43%，企业债公司债融资额尽管同比增长16%，但绝对规模仍然偏低（4 776 亿元）；二级市场单边下跌，上证综指

从年初的 2 808.08 点一路下跌降至 2 199.42 点，跌幅 21.68%，市场成交量明显萎缩，股票基金交易额 85.63 万亿元，较上年同期下降 22.8%。这种情况下，证券行业经营业绩同比明显下降，收入利润率持续下滑。根据从中国证监会 CISP 系统搜集整理到的数据，2011 年，11 家证券公司共实现营业收入 1 364 亿元，实现净利润 395 亿元，分别较 2010 年同期下降了 29% 和 49%。受 A 股市场下跌和经纪业务综合佣金费率同比下降①的影响，2011 年，行业代理买卖证券业务净收入和投资收益及公允价值变动损益合计等同比降幅明显，其中，代买卖证券业务净收入 688.87 亿元，同比下降 36.5%，投资收益及公允价值变动损益合计 185.35 亿元，同比下降 48.32%；利息净收入 193.94 万元，同比增长 24.34%，承销业务收入 197.31 万元，同比下降 15.01%。

从收入利润率情况看，2011 年行业净利润/营业收入的比为 28.95%，较 2010 年同期的 40.58% 减少了 11.63 个百分点，行业利润率持续下降。

（二）收入结构出现变化，代买卖证券业务净收入占比持续下降

近几年来，受经纪业务综合佣金费率持续下降的影响，证券行业代理买卖证券净收入占比逐年降低，投行业务收入占比总体呈增长态势，投资类收益（投资收益与公允价值变动损益合计）占比受市场环境变化明显波动。具体见表 2。

表 2　　　　　　　　　近几年证券行业收入构成情况　　　　　　单位：亿元

年度	代买卖证券净收入	收入占比	证券承销收入	收入占比	受托资管收入	收入占比	投资类收益	收入占比
2011	688.87	50.50%	197.31	14.45%	23.98	1.76%	185.35	13.60%
2010	1 084.90	56.77%	232.15	12.15%	21.83	1.14%	358.62	18.77%
2009	1 428.61	69.67%	124.74	6.08%	27.24	1.33%	277.23	13.52%
2008	881.74	70.48%	95.99	7.67%	22.86	1.83%	72.08	5.76%
2011 年比 2010 年增减	−36.50%	−11.05%	−15.01%	18.93%	9.85%	54.07%	−48.32%	−27.53%
2010 年比 2009 年增减	−24.06%	−18.52%	86.11%	99.72%	−19.86%	−14.01%	29.36%	38.79%
2009 年比 2008 年增减	62.02%	−1.15%	29.95%	−20.71%	19.15%	−27.30%	284.63%	134.67%

---

①　尽管 2011 年行业综合佣金费率降幅开始趋缓，但 2010 年行业佣金费率总体呈持续下滑态势，因此 2011 年行业综合佣金费率仅 0.080%，同比下降了 16.18%。

近几年来，随着经纪业务竞争的日趋激烈，行业综合佣金费率持续下降，尤其是 2010 年以来，随着新设营业部的开闸，降幅也逐渐增大。截至 2011 年年底，综合佣金费率仅 0.080%，较 2007 年下降了 43.78%。具体见表 3。

表3　　　　　　　　　近年证券行业综合佣金费率情况　　　　　　单位：亿元

年度	代买卖证券净收入	股票基金权证交易量	综合佣金费率	较年初下降
2011	688.87	862 970.37	0.080%	−16.18%
2010	1 084.90	1 139 232.65	0.095%	−20.01%
2009	1 428.61	1 199 946.90	0.119%	−7.47%
2008	881.74	685 257.90	0.129%	−9.39%
2007	1 546.67	1 088 503.19	0.142%	

注：综合佣金费率＝代买卖证券净收入/股票基金权证交易量。

（三）金融同业竞争日趋激烈，客户保证金明显下降

近几年来，券商客户保证金现金部分的日均规模均在万亿元上下，每年被动实现的息差收入约 120 亿元。

表4　　　　　　　　　近几年券商客户保证金期末余额

年度	2011 年年底	2011 年 6 月	2010 年	2009 年	2008 年
客户保证金合计（亿元）	6 818.38	8 506.15	12 270.45	13 739.24	6 969.25

数据来源：根据中国证券业协会公布信息和 CISP 系统数据整理。

如今，这万亿元规模的客户保证金市场，正成为商业银行与证券公司肉搏的战场。日前，招商银行推出证券保证金认购理财产品无疑刺激了券商的神经。投资者无须划转自己证券保证金账户里的资金，直接实现以证券保证金账户资金购买理财产品的操作。值得一提的是，招商银行该项功能只提供单向的划转，如果购买理财产品失败或者赎回理财产品，那么资金不会自动退回证券保证金账户，而是保留在存款账户。目前市场上，除招商银行推出的上述理财产品外，多家商业银行的通知存款业务，就是与券商客户签订协议，在获得客户授权后，在每天股市收盘且完成资金清算后，自动将闲置保证金划入理财账户，投资于债券或货币市场，然后在次日开盘前，保证金和当期结算利息将自动转回客户证券账户，客户可获得3%左右的年化收益。商业银行此举将"蚕食"本属于券商的每年 120 亿元息差收入。此外，信托产品发行挤占理财市场（见表5）。

表5　　　　　　　**2011 年前三个季度理财产品发行情况**

项目	2011 年 1～9 月		2010 年全年	
	发行数量（只）	发行规模（亿元）	发行数量（只）	发行规模（亿元）
信托产品（Wind 不完全统计）	3 081	3 746	2 573	2 807
阳光私募（Wind 不完全统计）	619	224.25	730	273
银行理财产品（普益财富数据）	14 365	133 500	9 958	70 000
合 计	18 065	137 470	13 261	73 079
券商集合理财产品	82	593.96	99	830.05

三、美国投资银行业代表性投行业务结构的进一步分析

　　创新的发展促进了美国投资银行业的分化，经过六十余年的快速发展，高盛、摩根士丹利、美林、嘉信理财等脱颖而出，成为具有全球影响力的著名国际大型投资银行。现选取特征最为显著的高盛、美林、嘉信理财为案例进一步分析。

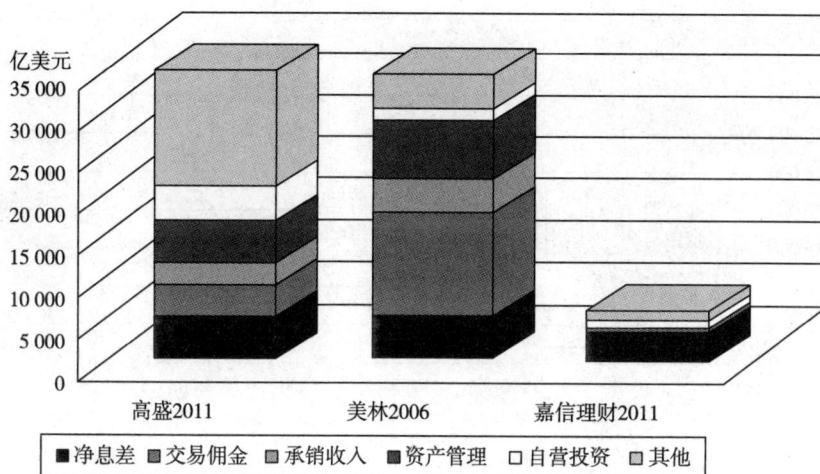

数据来源：公司年报、国泰君安证券研究所。

图 6　高盛、美林、嘉信理财收入结构比较（绝对值）

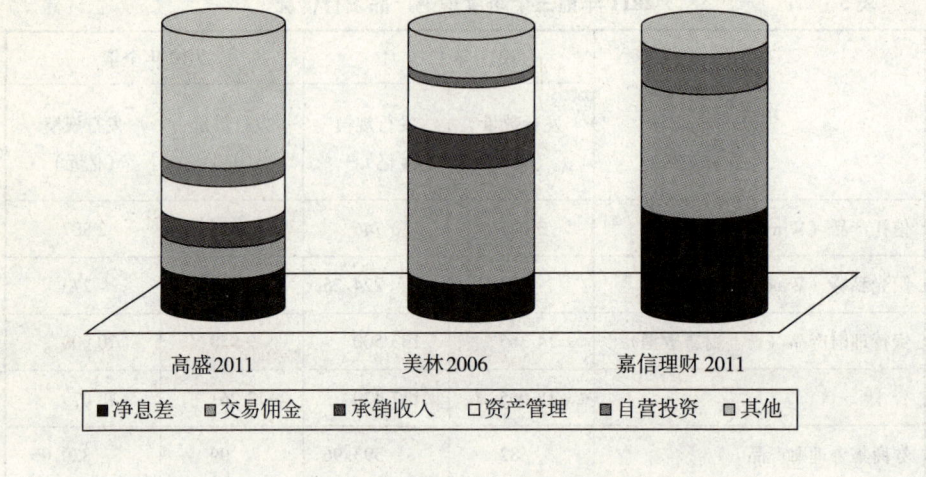

数据来源：公司年报、国泰君安证券研究所。

图7 高盛、美林、嘉信理财收入结构比较（相对值）

从图6和图7来看，从事高端客户服务的高盛，其创新与机构业务收入占比很大。从综合性很强的美林来看，佣金和资产管理成为最主要业务。从以低端为主的嘉信理财来看，佣金和息差构成其主要来源。

（一）高盛的最大亮点在机构业务和另类投资等其他创新业务地位突出

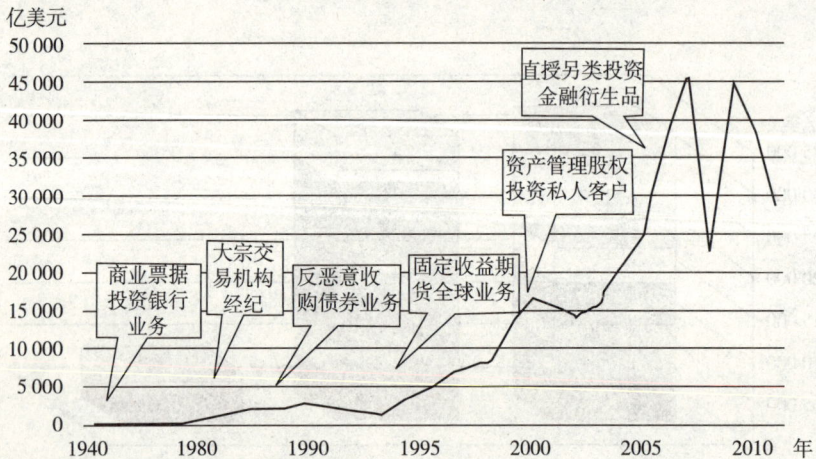

数据来源：彭博、国泰君安证券研究所。

图8 高盛各阶段重点业务

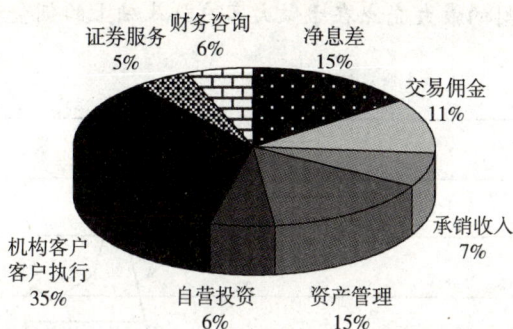

数据来源：公司年报、国泰君安证券研究所。

图9　高盛2011年业务结构

（二）美林的最大亮点在于基于财富管理的佣金和资产管理收入

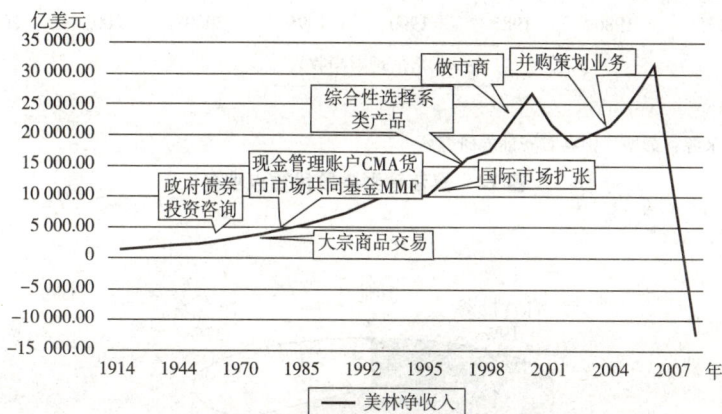

数据来源：彭博、国泰君安证券研究所。

图10　美林各阶段重点业务

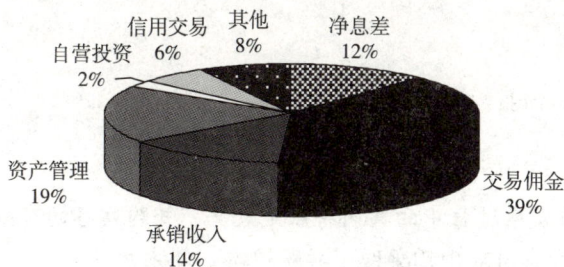

数据来源：公司年报、国泰君安证券研究所。

图11　美林2011年业务结构

（三）嘉信理财的最大亮点在于做大客户群基础上的佣金和息差收入

亿美元

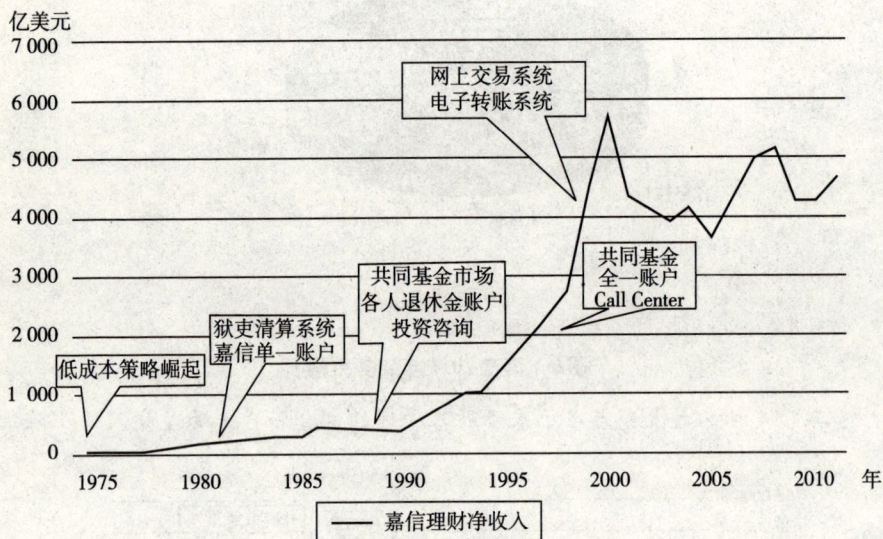

数据来源：彭博、国泰君安证券研究所。

图 12　嘉信理财各阶段重点业务

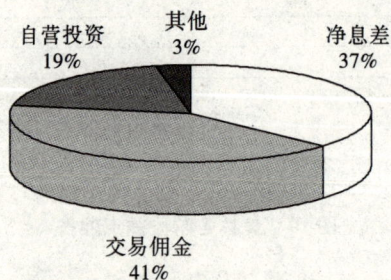

数据来源：公司年报、国泰君安证券研究所。

图 13　嘉信理财 2011 年业务结构

（四）公司发展过程中的共同特点是兼并、并购战略的有效执行

三家公司发展过程中均采取了并购战略。具体如下：

表 6   **高盛的并购战略**

年度	并购对象	目的
1981	收购 J. 阿朗公司	进入外汇交易、大宗商品交易的新领域
1992	成立 GS 资本合作投资基金	开设资本投资业务
1999	5.31 亿美元收购赫尔贸易公司	增加渠道、拓展投资领域等
2000	63 亿美元收购 Spear. Leeds&Kellogg（纳斯达克第三大做市商）	加强做市商业务、清算运营及信息技术

表 7   **美林的并购战略**

年度	并购对象	目的
1963		兼并 C. J. Devine 公司进入政府证券业务领域
1969	收购 Lionel D. Edie 公司	开始货币管理与咨询业务
1970	收购 Goodbody 公司	增强市政债券业务实力
1970	收购一家加拿大投资银行和经纪公司	大力拓展国际市场
1972	与一家金属公司合资设立子公司	开展商品交易业务
1974	收购家庭生命保险公司	进入保险业
1995	收购 Smith New Court PLC 公司	进入英国证券市场
1996	收购 Hotchkis 公司和 Wiley 公司	扩展资产管理业务
1997	收购英国 Mercury Asset Management	扩展资产管理业务
1998	收购日本山一证券	进入日本证券市场
1998	购买泰国主要投资银行 Phatra Securities Company 51% 股权	进入泰国市场
1998	兼并 Midland Walwyn 股份公司（加拿大最大的综合证券公司）	进入加拿大市场
1999	收购了网上实时交易软件开发公司——D. E. Shaw	加强网上交易技术和设备配置
2000	收购纳斯达克市场第三大券商 Herzog Heine Geduld	重振做市商地位
2006	与黑石合并设立资产管理公司，美林持股 49.8%	成为全球规模最大的资产管理公司

表8   嘉信理财的并购战略

年度	并购对象	目的
1981	金斯莱（Kingsley）	扩张规模
1981	波伊（Boye）	
1981	索斯伍德（Southwood）	
1981	莱特曼交易服务公司（Letterman Transaction Services）	
1981	里奇维公司（Ridgeway）	
1991	收购美国场外交易的主要做市商 Mayer & Schweitzer	成为资本市场 LP
1995	收购香港折扣经纪商 Sharelink	打入香港市场
1999	收购加拿大当地券商，设立加拿大中心	进入加拿大市场
2000	收购美国信托	定位中上层投资者
2000	收购网路交易公司 Cyber Corp	扩充下游交易终端
2011	换股以约 10 亿美元收购 Options Xpress Holdings Inc（OXPS）	加强股票期权与期货在线交易

四、美国投资银行业务结构的进一步比较与特点分析

从行业总的实力来看，中国券商明显较小，与中国经济的总体规模和实力的国际地位极不匹配。中国所有券商的收入与利润总和比不上一家大的美国投资银行（见图4）。中国前 5 大证券公司与嘉信理财比差距更为明显。

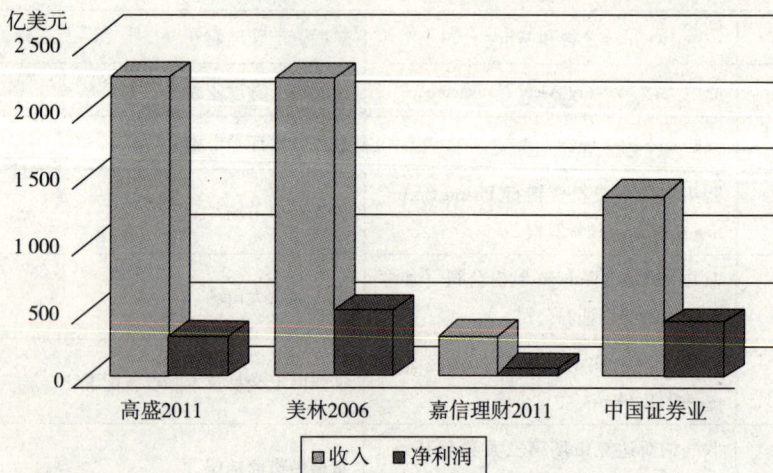

数据来源：公司年报、中国证券业协会、国泰君安证券研究所。

图 14 高盛、美林、嘉信理财与我国证券业比较

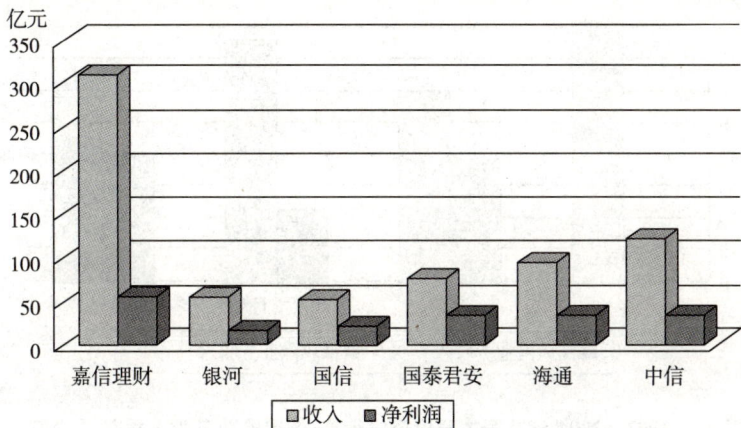

数据来源：公司年报、国泰君安证券研究所。

图 15　嘉信理财与我国前 5 大证券公司比较

从图 14、图 15 和前面有关分析可以发现，美国国际投行的盈利方式具有以下特点：

1. 业务收入来源多元化，虽然收入来源比重的分布不均衡，但各项业务收入大都在 10% 以上，就整体而言，低风险业务贡献高于高风险业务。除高盛因佣金资料残缺外，美林、高盛和摩根士丹利等美国国际投行的业务收入来源是多样化的，但各项业务收入并不平衡，除美林和摩根士丹利的业务收入来源相对比较均衡（不过分偏倚某一项业务收入）外，高盛的收入来源分布呈明显的偏态，自营交易收入达 40% 左右。值得关注的是，各大投行收入的大部分来源于经纪、投资银行和资产管理等低风险业务（如图 16 所示，其中雷曼兄弟已经倒闭），可见，稳健经营是美国各大投行多年的经营之道、生存之本。

稳健经营并非指各大投资银行不从事或少从事高风险业务，实际上它们往往根据风险和收益的对比来确定高风险业务的风险变化情况，从而进行高风险业务的动态调整。如 2003 年以来美国经济摆脱了自 2001 年衰退后较长时期的低迷复苏阶段，走上了强劲的复苏之路，2003 年和 2004 年经济增长都保持在 3% 以上，企业利润、居民收入增长等重要指标回复或接近繁荣期平均水平。经济的复苏推动了美国股市的发展，股指连续上升，高盛和摩根士丹利均纷纷通过将自有资金投向股票、债券、金融衍生产品和外汇交易等领域而在自营业务上赚取了大量利润。但在 2008 年前后的债券等金融危机中，美

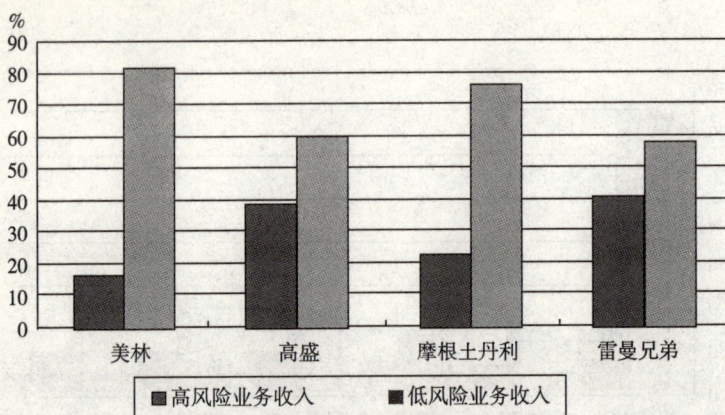

图16　1997—2004 年美国主要投资银行高/低风险业务收入贡献（均值）

林、高盛等受到了短期的巨大冲击，雷曼兄弟则永远倒下了，显示出衍生产品等系统性风险来临时美国投资银行的抗系统性风险的能力也有明显的局限。

2. 发挥业务优势，进行差异化经营。各大投资银行在保持业务收入多元化的同时，坚持"有面有点"的原则，通过扩大优势领域的市场占有率，提高利润，实行差异化经营。如图 17 所示，高盛等在投资银行和自营交易上有优势，摩根士丹利在资产管理方面有优势，美林则在综合经营上以经纪和资产管理业务见长。

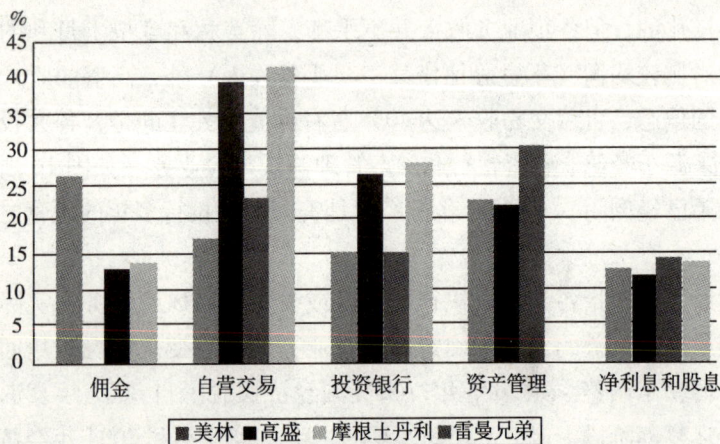

图17　1997—2004 年美国主要投资银行业务收入贡献（均值）比较

这种差异化经营的特点，则是由各投资银行的发展战略决定的。美林证券的综合经营能力较强，各品种业务比较均衡，但在经纪业务、资产管理业务上比较有优势。事实上，美林证券是华尔街具有最为均衡业务架构的投资银行。其原因在于，美林的目标是把自身打造成一个能够提供全方位金融服务的综合性的巨型券商，并从 20 世纪 60 年代开始就先后采取了一系列的手段，广泛拓宽自身的业务空间。如 1963 年，美林兼并了 C. J. Devine，进入政府证券业务领域；1969 年，收购 Lionel D. Edie 公司，把触角伸向了货币管理与咨询业务；1970 年，收购在市政债券业务上有很强实力的 Goodbody 公司，同年还收购了一家加拿大投资银行和纪纪公司，开始大力拓展国际市场；1972 年，美林与一家金属公司合资开展商品交易业务；1974 年，收购了家庭生命保险公司，进入了保险业；1996 年和 1997 年，又分别接连收购了 Hotchkis and Wiley 公司和英国的 Mercury Asset Management，使美林公司管理下的资产在 1997 年超过 Morgan Stanley Dean Witter 公司；2000 年 6 月，美林收购了纳斯达克市场第三大券商 Herzog Heine Geduld，使美林在纳斯达克市场的排名从第六位跃升到第二位，取代了嘉信理财的位置。在美林，经纪业务长期担纲公司第一大收入来源，来自经纪业务的收入仍然占公司收入的 1/4 左右，其次是主要交易收入和资产管理收入接近，投资银行收入所占比重最低。高盛是全球历史最悠久、经验最丰富、实力最雄厚的投资银行之一。它旨在为全球成千上万个重要客户，包括企业、金融机构、国家政府及富有的个人，提供全方位的高质量金融服务。投资银行业务和自营业务是高盛的两大优势业务，即使在全球经济不景气的 2002 年，高盛参与的并购咨询交易金额仍高达 2 621.44 亿美元，从财务顾问那里获得了 14.99 亿美元的收入，超过其承销业务，占投行业务收入的 51.16%。2004 年，高盛的全球收入达到创历史纪录的 211 亿美元，净收入达 46 亿美元，比 2003 年分别增长了 28% 和 52%。其中，2004 年高盛投资银行集团获得 33.74 亿美元的净收入。尤其是近年来，除 2008 年金融危机期间外，高盛的广义自营业务成绩显著，对公司净收入的贡献都在 60% 以上。摩根士丹利的强项是资产管理业务，其资产管理和服务收费的收入所占比重却比较稳定，资产管理收入占其净收入的比重维持在 27.31% ~ 36.47%，即使在经济不景气的 2001 年和 2002 年，该比例也分别为 31.93% 和 36.47%。这与其大力开拓资产管理市场的努力分不开的。摩根士丹利在 1997 年 5 月兼并了 Dean Witter 公司，获得了 9 946 人的专业账户经理和 1 020 亿美元的管理下的资产。二者的合并起到了优势互补的协同作用：前者主要为公司、政府和机构服务，后者则集中于家庭和个人投资者身上。这一市场的开拓使得摩根士丹利能够在资产管理方面获得全方位的发展，熨平资产管理市场结构波动对该项收入的影响。可见，随着专业化分工的日益细化，国际上大型的投资银行在努力开拓多种业务的同时，也都在坚守各自的核心领域，不断强化自己的优势禀赋，力争在这一领域成为全球霸主，以此带动其他业务的拓展。例如，有些公司注重资产管理业务，围绕投资理财、投资咨询展开业务；有些公司注重股权投资业务，不断开拓与之相关的高收益的股权投资，如对私人权益资本市场的投资等。

五、美国投行盈利模式的成功因素对我国券商发展与转型的启示

（一）制度变革和经营环境的宽松是国外投行盈利模式转化和成功的外因

美国投资银行经历了混业经营、分业经营、佣金自由化、放松管制、金融自由化、危机后再强化监管等阶段，每一次的制度变革和经营环境的改变，既给投资银行带来了创新的压力，也带来了创新和发展的空间。1929 年以前，美国实行混业经营，投资银行大多由商业银行所控制。由于是混业经营，很少有投资银行考虑资本的风险，投资银行业务大多数集中在证券承销和证券交易上，很少有创新业务出现，这一阶段的盈利主要来自证券承销和经纪两项业务。

1929 年到 1933 年爆发了世界历史上空前的经济危机，纽约证券交易所的股票市值下跌了 82.5%，从 892 亿美元下跌到 156 亿美元，1930—1933 年美国共有 7 763 家银行倒闭。1933 年美国国会通过了著名的《格林斯—斯蒂格尔法》，金融业分业经营模式以法律条文加以规范，美国的投资银行业才开始走上了平稳发展的道路。

1975 年，美国政府取消了固定佣金制，实行佣金自由化。佣金自由化对美国投资银行的经营行为产生了重大的影响：佣金自由化后，各投资银行围绕价格的激烈竞争导致佣金收入急剧下降。有资料显示，佣金制度改革对投资银行的致命影响在于使绝大部分投资银行丢失了三分之二以上的佣金收入，为此，各投资银行不得不通过开拓新业务、创新金融产品等方式来开辟新的收入渠道。这时期出台的新金融产品主要有金融衍生工具、MMF、综合账户、指数基金、垃圾债券和 CMA。

20 世纪 80 年代美国放松对市场和机构的管制，大批投资银行机构整合，竞争力增强。而且随着政府金融管制的放松和证券化的推进，与证券化相关的新产品也不断涌现，如抵押担保证券（MBS）、资产担保证券（ABS）等，使金融产品创新进入了新的高潮。与此同时，业务创新也成了 20 世纪 80 年

代各投资银行共同瞄准的利润来源，其中企业并购是各大投资银行的抢手业务，期间，有的投资银行还涉足过桥贷款与垃圾债券等商业银行业务。通过这些产品创新和业务创新，投资银行获取了巨额的利润。

20 世纪 90 年代，随着网络的快速发展和电子商务的兴起，网络证券商也应运而生，美国对外证券投资也迅速增加，而且由于金融自由化、国际化程度的日益加深，金融业务分割日益模糊，竞争也日趋激烈，美国国会于 1999 年 11 月 14 日通过了《金融服务现代化法案》，取消了 1933 年以来严格禁止商业银行从事政府债务以外的证券承销等投资银行业务的规定，引导银行从事多元化经营以增强其营运效率及竞争力，这给投资银行带来了很大的竞争压力，促使它们不断进行产品创新、业务创新，提高盈利能力。

目前，美国对投资银行经营资格的管理采用注册登记制，对投资银行的设立关闭、其他行业兼营证券业务以及业务范围都没有限制，不仅如此，美国证券业还不断推动跨国界、跨时区交易，甚至结合成全球性的交易系统，进行 24 小时交易，这种证券市场的国际化不仅分散了投资银行业经营的风险，也大大扩大了其盈利空间。

中国证券监管已经进入新的时期，证券公司实际的资产负债率几乎为零，证券公司的内部管理与合格水平已经大幅提高，同时又面临着银行与保险信托的激烈竞争，放松管制的客观条件已经具备。

（二）严格加强风险管理，是国外投行盈利模式取得成功的内因

制度变革和金融管制放松的过程，是各大投资银行竞争加剧，产品及业务不断创新的过程。但创新就有风险，尤其是 20 世纪 90 年代以来，随着信息技术的发展和金融衍生工具的日新月异，投资银行业的风险迅速增大，因此，各大投资银行在不断进行创新的同时，通过建立有效的风险管理体系来加强风险管理。

美林证券的风险管理理念是风险控制比风险识别和风险评估更重要。它认为，承担风险是美林证券核心业务的组成部分，在从事各种业务活动的过程中，美林证券都会面临市场风险、信用风险、流动性风险、经营风险等，因此，成立全球流动性和风险管理机构（Globleal Liquidity and Risk Management Group，GPLR）来确保风险被正确识别、监测和管理，并为了达到这一目标，美林证券制定了一个风险管理程序，确定公司的风险承受水平，以确保将公司的风险损失控制在事先确定的限度内。在风险控制技术中，美林证券大量使用技术工具来防范风险，包括风险点值系统、风险数据库、交易限制监管系统和交易系统访问。不仅如此，美林证券还认为，健康的公司治理

和监督以及雇员的职业道德是有效控制风险的核心。因此，它不断加强公司内部监管，监管标准框架包括主要由董事会监管的各项政策、程序及组织结构构成。

高盛的经营思想是充分承受风险，获取合适的利润，增强竞争优势，所以，风险控制是公司最重要的使命之一。为此高盛建立风险控制体系，制定风险控制程序，监督和控制各项业务活动的风险裸露头寸。各项业务的风险控制必须上报公司风险控制委员会。风险控制委员会批准交易风险参数、公司和业务部门的风险承受水平、检查每个业务单位的市场风险承受限度、批准已被选定的新兴市场和业务部门的市场风险限度、批准主权信用风险限度、根据信用评级确定信用风险承受限度、检查各种风险分析方案的结果。根据公司总的风险承受限度，各业务部门的风险控制委员会制定本部门的市场风险限度。根据每项业务风险限度，业务部门经理分配每个交易小组的风险限度，每个交易组长是控制这项风险限度的第一责任人。公司财务部每天监控公司和各业务部门的风险承受限度，如果发现有违反风险承受限度，立即报告风险控制委员会。高盛公司的风险控制技术更突出 VaR 值的运用，也使用其他风险分析方法，保证公司承受的风险是可控的。

摩根士丹利成立了由公司大部分高级管理人员组成的风险委员会，负责制定整个公司风险管理的策略及考察与这些策略有关的公司业绩。风险管理委员会下设几个专门的风险管理委员会，以帮助其实施对公司风险活动的检测和考察。此外，这些风险委员会还考察与公司的市场和信用风险状况、总的销售策略、消费贷款定价、储备充足度和合法实施能力以及经营和系统风险有关的总体框架、层次和检测流程。会计主任、司库、法律、协调和政府事务部门及市场风险部门，都独立于业务部门，协助高级管理人员和风险管理委员会对公司风险状况进行检测和控制。另外，公司的内部审计部门也向高层管理人员汇报，并通过对业务运营领域的考察，对公司的经营和控制环境进行评价。公司经常在每个管理和业务领域聘用有经验的专家，以有效实施公司的风险管理监测系统和操作规程。随着对不断变化的和复杂的金融服务业认识的提高，公司不断检讨风险管理策略和操作规程，使其不断完善。

不容忽视的是，这些投资银行加强风险管理，是由其发展压力的内在需求使然，而根源则在于决定投资银行为谁服务、由谁管制、风险收益如何分配等制度安排的公司治理结构的完善。正是这种权益明晰的公司治理结构，才会从制度上使各大投资银行以股东利益最大化为经营目标，内在地产生对风险管理的强烈需求。这些大投资银行公司治理结构的完善之处表现在以下几方面：（1）股权结构分散、集中度较低、流动性高。有资料显示，摩根士丹利的机构投资者股东持股比重为54%，分散在1822个机构投资者手中；美林证券的机构投资者股东持股比重为63%，分散在1260个机构投资者手中。（2）董事会兼有决策和监督两大职能，董事长兼任CEO，外部董事尤其独立董事占有重要地位，内部董事在董事会中也身居要职，董事会下设审计委员会、薪酬委员会、提名委员会，协助其进行经营决策并行使监督职能。（3）信息披露制度完善。美国的证券立法对包括投资银行在内的上市公司信息披露作了较详细的规定。公司的重大信息必须披露。

（三）完善公司法人治理结构，奠定证券业持续发展的制度基础

依照国际投资银行的经验，积极推进符合条件的券商上市，无疑是最快捷和最有效的方式。合规券商上市成为公众公司后，必须进行强制性信息披露，定期公开披露公司的治理结构、经营状况、经营成果，并及时对影响公司经营状况的重大事项进行披露。因此上市将使券商面临证券市场、普通投资者和证券监管部门的三重监督，强大的市场机制和监管力量将促使券商进一步完善公司治理结构，合法、规范运作，赚取"阳光利润"，实现可持续发展。事实证明，券商上市有利于迅速扩充资本金、增强抗风险能力，也有利于建立、健全和完善法人治理结构、内部控制制度、风险监控体系、激励约束机制等，从根本上实现经营机制的转换，确立符合开放环境下证券业基本属性的经营规范。

（四）券商要在竞争中不断进行创新，在创新与稳健经营之路上实现有效地结合

券商盈利模式的核心是业务和产品的创新，因此券商要围绕着这两方面来做文章，一方面要对原有的服务性业务进行重新改造，使其升级，同时要开展新的业务；另一方面又要不断地创造新的金融服务产品，以扩大服务范围，增加服务对象，从而提高核心竞争力。

证券行业本身是一个高风险的行业，而创新又必然会带来各种各样的风险。因此，我国券商在进行业务创新和产品创新时，一定要学习和借鉴国外投行先进的风险管理方法，建立健全券商内控制度和操作流程，加强风险管理。通过建立完整的风险管理体系，运用VAR分析法、应力分析法、场景分析法等来对可能存在的风险进行识别和度量，使得风险和收益能够相对称，以确保将公司的风险损失控制在事先确定的限度内。应根据资产结构优化和

流动性原则，合理安排资产各组成部分的规模，并与相应期限的负债在数量上相匹配，而且要利用各种衍生工具进行套期保值和规避风险，通过资产组合管理，提高资产的流动性。我国的券商在过去的十几年里片面追求规模的扩大，盲目追求发展，忽视了证券市场可能存在的风险，忽视了对风险的控制，从而导致其在市场下跌时出现了行业性亏损的局面。券商们应吸取教训，牢固树立起稳健经营的理念，避免重蹈覆辙。

（五）建立长效的激励机制、彻底解决代理人风险问题

美国投资银行基本上是私营企业或合伙企业。股东与代理人之间的代理成本与风险相对较少，管理的决策效率相对很高。重大决策基本不需要大股东或其主管部门审批。而目前中国证券公司基本以国有控股为主，管理层和主要骨干基本没有股权，代理人机会风险很大，人才竞争成本增加。股东的利益在于长期股权的保值增值和现金分红，而管理层的利益主要在奖金和薪酬，二级市场投资者的利益在于股票差价，各方的利益取向不同，日常运作与管理者必然存在矛盾与效率低下等问题。建立管理层持股与激励机制非常有助于证券公司的长远发展。

（六）发展战略应走差异化和专业化

高盛等美国投资银行的成功重要原因在于差异化战略——从客户定位、产品定位、业务定位等。而我国证券公司的发展战略90%以上基本都是相同的，业务结构相同、产品种类相同、队伍结构相近、客户定位相同、战略目标相近。整个行业同质化竞争非常严重。证券行业转型首先要明确战略方向与目标。这需要各个证券公司结合自身的特点与优势，重新制定有差异化的战略，只有这样才能在众多的竞争对手中脱颖而出，成为国际一流的投资银行。

（七）主要业务的转型方向可借鉴20世纪中后期美国主流投资银行的转型之路

经济业务转型可结合自身特点分别区域特色化、低折扣网络规模化、交易通道投资顾问和财富管理化。即中小券商和经纪业务专业券商不一定要进行财富管理或走投资顾问这条战略方向。投资银行业务可以在行业类别、规模大小、股权与债券的取舍、并购与承销等多个方面进行转型选择。资产管理业务可在客户定位、产品定位等方面建立自己的特色。品牌融资融券业务应结合自身的净资本规模和客户结构制定符合主流客户群的产品定位。自主投资业务战略应结合自身的专业优势在是否保留自营、是否进行股权投资及如何进行专业化股权投资等方面进行转型与定位。产品创新等业务，各公司

应结合自身特点和风险管理水平进行战略性的突破选择。衍生产品业务是综合实力很强的证券公司的产品转型的必然选择，但在具体战略执行中也应注意差异化定位和个性化设计。

参考文献

［1］李连三：《中美证券业券商业务收入对比》，载《资本市场杂志》，2002（12）。

［2］庄心一：《关于我国证券公司发展问题的若干思考》，载《中国证券业研究》，2003（4）。

［3］吴晓球、陈启清：《中国证券业：发展与未来》，载《经济理论与经济管理》，2004（1）。

［4］何诚颖、陈东胜：《开放条件下中国券商盈利模式研究》，载《全景网》，2004 - 02 - 09。

［5］陶鹏春：《全球三大券商 MGM 研究》，载《国信证券综合研究所研究报告》，2005 - 09。

［6］王如龙：《构建券商新盈利模式战略取向》，载《国际金融报》，2003 - 10 - 21。

［7］张海龙：《我国券商盈利模式特征分析与风险防范》，载《天水师范学院学报》，2003（12）。

［8］吴志峰：《我国券商盈利模式的转型：内涵拓展与创新》，载《上海金融》，2004（4）。

［9］徐丽梅：《我国券商盈利模式构建》，载《经济理论与经济管理》，2005（1）。

［10］陈峥嵘：《回归中介本色寻求新的定位》，载《上海证券报》，2005 - 09 - 05。

［11］李光：《券商走出困境的理性思考》，载《金融理论与实践》，2005（5）。

［12］国研报告：《境外券商盈利模式借鉴》，载《国研网》，2005 - 08 - 26。

［13］谢百三：《证券市场的国际比较》，北京：清华大学出版社，2003。

［14］王玉霞：《中国投资银行论》，北京：中国社会科学出版社，2005。

［15］田美玉、鲍静海：《投资银行学》，南京：东南大学出版社，2005。

［16］庞介民：《证券公司风险监控研究》，北京：中国财政经济出版

社，2005。

    ［17］美林、高盛、摩根士丹利、雷曼 1997—2004 各年年报。

    ［18］国泰君安证券研究所 2012 年有关券商研究报告。

    ［19］兴业证券计划财务部有关 2011 年证券公司财务分析报告。

券商股权开放问题研究及国际比较

第六组组员：西部证券何方、中国金融期货交易所贺军、
兴业证券胡平生、安信证券王晓荷、招商证券赵斌、中信证券赵雪芹

我国证券市场起步于20世纪90年代初，法律体系和监管架构都不完善。我国证券公司作为证券市场的参与主体，其股权制度和公司治理具有新兴市场和转轨经济的特征，具体表现在：股权结构相对集中；国有股份占支配地位，外资受到严格准入限制；个人持股较少，内部持股几乎为零；流通股比例较低。证券公司的股权制度对其运行效率和业绩具有重大影响。研究美国、欧洲等拥有世界一流证券公司的发达国家券商股权制度及其运行效率，对于我国建设国际化一流券商具有重要的参考和借鉴意义。

一、我国券商股权制度的现状

（一）我国券商股权制度的监管框架

《公司法》和《证券法》是证券公司股权制度的基础。我国2006年修订

颁布的新《公司法》为证券公司（有限责任公司和股份有限公司）的设立、公司治理、股份发行、转让以及股东的权利都作出了原则性的规定。《证券法》则对证券公司的设立、经营管理、证券从业人员的资格、从业规范都作出了规定。我国证券公司目前的股权制度建立在两大法律基础上，并进一步受到行政法规和部门规章的具体约束。

行政法规和部门规章对证券公司的管理作出了进一步规范。国务院和中国证监会颁布了一系列对证券公司的组织设立、经营管理、公司治理、股权制度和从业人员进行监管的行政法规和部门规章。其中，行政法规有国务院 2008 年 4 月颁布的《证券公司监督管理条例》，部门规章包括证监会颁布的《证券公司治理准则》、《关于加强上市证券公司监管的规定》、《关于证券公司变更持有 5% 以下股权的股东有关事项的通知》、《外资参股证券公司设立规则》、《证券公司行政许可审核工作指引第 10 号——证券公司增资扩股和股权变更》等。

表 1   我国规范券商股权制度的法律框架

法规名称	法规性质	颁布时间	相关内容
公司法	法律	2005 年 10 月	
证券法	法律	2005 年 10 月	
证券公司监督管理条例	行政法规	2008 年 4 月	第十四条　任何单位或者个人有下列情形之一的，应当事先告知证券公司，由证券公司报国务院证券监督管理机构批准： （一）认购或者受让证券公司的股权后，其持股比例达到证券公司注册资本的 5%； （二）以持有证券公司股东的股权或者其他方式，实际控制证券公司 5% 以上的股权。 未经国务院证券监督管理机构批准，任何单位或者个人不得委托他人或者接受他人委托持有或者管理证券公司的股权。证券公司的股东不得违反国家规定，约定不按照出资比例行使表决权。
证券公司治理准则（试行）	部门规章	2003 年 12 月	第六十六条　证券公司经理层人员、董事、监事或员工持有或控制本公司股权，应当事先取得中国证监会的批准，并向公司股东会报告。

续表

法规名称	法规性质	颁布时间	相关内容
关于加强上市证券公司监管的规定（2010年修订）	部门规章	2010年6月	一、IPO和再融资行为涉及变更持有证券公司5%以上股权的股东、实际控制人的，还应当同时报送相关股东资格的审核材料。 二、上市证券公司进行重大资产重组，同时涉及变更持有证券公司5%以上股权的股东、实际控制人的，应当同时提交相关股东资格审核材料。 三、上市证券公司应当根据《证券公司监督管理条例》有关规定在章程中载明，任何单位或者个人未经国务院证券监督管理机构批准，持有或者实际控制证券公司5%以上股权的，应当限期改正；改正前，相应股权不具有表决权。
关于进一步加强证券公司监管的若干意见	部门规章	1999年3月（现已废止）	单个股东直接或者间接向证券公司投资的总金额不得超过该证券公司注册资本的百分之二十，但是国有资产代表单位，综合类证券公司、信托投资公司设立专门从事证券业务的子公司除外。
关于证券公司变更持有5%以下股权的股东有关事项的通知	部门规章	2006年6月	证券公司变更持有5%以下股权的股东，不需报中国证监会审批，但应当事先向注册地证监局报告，并说明以下事项： （一）股权变更的情况； （二）股权受让方的基本情况、工商营业执照、股权结构；股权受让方应逐层追溯披露股东的股权背景，直至最终权益持有人； （三）股权受让方与证券公司其他股东是否存在关联关系； （四）股权变更是否导致证券公司主要股东、实际控制人发生变化。
外资参股证券公司设立规则（2007年修订）	部门规章	2007年12月	境外股东持股比例或者在外资参股证券公司中拥有的权益比例，累计（包括直接持有和间接控制）不得超过1/3。

续表

法规名称	法规性质	颁布时间	相关内容
证券公司行政许可审核工作指引第 10 号——证券公司增资扩股和股权变更	部门规章	2010 年 10 月	（一）存在控股股东或者实际控制人的证券公司，证券公司的控股股东，以及受证券公司控股股东或者实际控制人控制的股东，自持股日起 60 个月内不得转让所持证券公司股权；其他股东，自持股日起 36 个月内不得转让所持证券公司股权。 （二）不存在控股股东或者实际控制人的证券公司，股东自持股日起 48 个月内不得转让所持证券公司股权。持有证券公司 5% 以上股权的股东应当净资产不低于人民币 2 亿元，最近 2 个会计年度连续盈利（可以扣除非经常性损益后的净利润为依据）。因为股东发生合并、分立，或者国有产权无偿划转导致证券公司股权变更，入股股东成立不满 2 个会计年度的，应当自成立以来累计盈利。

资料来源：根据公开信息整理。

（二）中国券商股权制度的基本特征

我国证券市场起步于 20 世纪 90 年代初，法律体系和监管架构都不完善。我国证券公司作为证券市场的参与主体，其股权制度和公司治理具有新兴市场和转轨经济的特征，具体表现在：股权结构相对集中；国有股份占支配地位，外资受到严格准入限制；个人持股较少，内部持股几乎为零。这些特征制约了我国证券公司的公司治理和经营效率。

表 2　　　　　　中国前十大证券公司（按资产计）股权结构概况

公司名称	资产总计（万元）	第一大股东持股比例	前三大股东持股比例	前十大股东持股比例	第一大股东性质	流通比例
中信证券股份有限公司	15 317 767.03	20.51%	35.72%	42.03%	国有法人	75.70%
海通证券股份有限公司	11 541 309.75	5.87%	15.70%	36.09%	国有法人	63.40%
华泰证券股份有限公司	11 346 282.35	24.42%	40.72%	70.96%	国有法人	52.70%
国泰君安证券股份有限公司	10 726 009.76	23.81%	56.24%	73.25%	国有法人	26.18%
广发证券股份有限公司	9 594 658.01	21.12%	53.75%	77.40%	国有法人	62.00%
招商证券股份有限公司	9 535 873.24	28.78%	52.93%	80.36%	国有法人	—
中国银河证券股份有限公司	9 431 845.99	99.89%	99.95%	100%	国有法人	—
中信建投证券股份有限公司	6 810 430.46	45%	93%	100%	国有控股	—
申银万国证券股份有限公司	6 614 934.03	37.23%	59.39%	82.96%	国有法人	—
国信证券股份有限公司	6 486 974.34	40%	90%	100%	国有法人	—
平均		34.66%	59.94%	75.91%		55.52%

资料来源：中国证券业协会，Wind。

1. 我国证券公司股权集中度较高。

通过对 2011 年我国总资产前 10 大的证券公司股权结构进行分析可以发现，其第一大股东、前三大股东、前十大股东持股比例平均达到 34.66%、59.94%、75.91%。股权的集中还表现在股东人数极少，大部分综合类非上市券商的股东都不超过 50 家，部分券商股东数量不足十家。其中，如银河证券、中信建投证券、国信证券等券商的第一大股东持股比例高达 40% 以上，前十大股东持股比例接近 100%。

表3　　　　　　　　　我国证券公司股权集中度统计

证券公司	第一大股东持股比重（%）	前五大股东持股比重（%）
上市券商平均	26.2	56.16
统计券商平均	40.41	74.25

资料来源：根据中国证券业协会 2011 年数据整理。

2. 我国证券公司股权流动性较差。

我国前十大证券公司平均股权流通比例仅为 55.52%。该流通比例是按照总股本扣除内部员工持股、战略投资者持股、国有股等之后的流通股除以总股本计算得到的。我国证券公司股权的流动性是比较差的。一方面，我国大部分证券公司都没有上市，非上市券商的股权转让一般通过产权交易所挂牌进行，交易流程复杂，交易机制不透明，交易时间长，且需要经过严格的审批。例如《关于加强上市证券公司监管的规定（2010 年修订）》规定，上市证券公司进行重大资产重组，同时涉及变更持有证券公司 5% 以上股权的股东、实际控制人的，应当同时提交相关股东资格审核材料。《关于证券公司变更持有 5% 以下股权的股东有关事项的通知》规定，证券公司变更持有 5% 以下股权的股东，不需报证监会审批，但应当事先向注册地证监局报告，并说明以下事项：（一）股权变更的情况（二）股权受让方的基本情况、工商营业执照、股权结构；股权受让方应逐层追溯披露股东的股权背景，直至最终权益持有人（三）股权受让方与证券公司其他股东是否存在关联关系（四）股权变更是否导致证券公司主要股东、实际控制人发生变化。同时，证监会对于证券公司股东转让所持股权也设有严格限制。《证券公司行政许可审核工作指引第 10 号——证券公司增资扩股和股权变更》规定：（一）存在控股股东或者实际控制人的证券公司，证券公司的控股股东，以及受证券公司控股股东或者实际控制人控制的股东，自持股日起 60 个月内不得转让所持证券公司股权；其他股东，自持股日起 36 个月内不得转让所持证券公司股权（二）不存在控股股东或者实际控制人的证券公司，股东自持股日起 48 个月内不得转让所持证券公司股权。证监会对于证券公司股东资格也有严格的规定：持有证券公司5%以上股权的股东应当净资产不低于人民币2亿元，最近2个会计年度连续盈利（可以扣除非经常性损益后的净利润为依据）。因为股东发生合并、分立，或者国有产权无偿划转导致证券公司股权变更，入股股东成立不满2个会计年度的，应当自成立以来累计盈利。这些严格的限制政策和复杂的审批流程极大地影响了非上市证券公司股权的流动性。

而上市的18家证券公司股权结构中，国有法人持有的限售股比例仍然较高，这部分股权的流动性较差。非限售部分的股权流动性相对较好。但是由于我国目前只有18家证券公司上市，证券公司行业作为一个整体而言，股权的流动性是比较差的。

3. 我国证券公司第一大股东以国有法人或国有控股为主。

通过对表2的分析可以看出，我国总资产前10大的证券公司第一大股东均为国有独资或国有控股企业。事实上，我国109家证券公司中，第一大股东为民营企业的仅有国金证券、民生证券、德邦证券、湘财证券、新时代证券、银泰证券六家券商。

我国证券公司起始于旧的计划经济体制，根据发起人性质的不同，其产生背景可分为：（1）由国家级的专业银行或保险公司等金融机构发起设立股份公司或全资子公司；（2）由地方金融机构入股或出资组建的股份公司或全资子公司；（3）由地方财政系统组建的证券经营机构，如上海证券和湘财证券等；（4）全国性的信托投资公司和地方金融机构所属的信托投资公司，如中信证券、光大证券等。因此，我国证券公司的股权结构均以国有股权为主。由于国有股东的所有者又使得国有股权的控制权实际上掌握在其代理人手里，这本身就产生了委托—代理关系，形成"内部人控制"现象。

总结来看，我国证券公司的所有制形式具有明显的国有特点。国有股东的所有者缺位又使得国有股权的控制权实际上掌握在其代理人手里，这本身就产生了委托—代理关系，形成"内部人控制"现象，从而对证券公司的激励机制和治理结构产生负面影响。

4. 在我国目前证券公司监管框架下，外资受到严格的准入限制。

我国法律目前对外资入股中国证券公司有较为严格的限制，例如规定境外股东持股比例或者在外资参股证券公司中拥有的权益比例，累计（包括直接持有和间接控制）不得超过1/3（最近证监会宣布将该比例提高至49%），且不得拥有控股地位。

5. 我国证券公司股东大多为机构法人，管理层基本不持有股权。

在我国目前监管框架下，证券公司的管理层持有公司股权存在明显的法律障碍。因此，目前除中信证券外，其他所有证券公司都没有制定对管理层的股权激励计划，管理层也没有持有公司的股权。

（三）中国券商股权对内开放的现状

在我国目前监管框架下，券商股权对内（主要是指公司管理层和员工）开放存在较大障碍。我国目前监管框架对证券公司管理层和员工持股的法律规制主要来自《证券法》、企业国有产权法律制度和上市公司股权激励法律制度三个方面。

首先，《证券法》对证券从业人员持有或买卖股票作出了禁止性规定。《证券法》第四十三条规定：证券公司工作人员在任期或者法定限期内，不得直接或者以化名、借他人名义持有、买卖股票，也不得收受他人赠送的股票；任何人在成为前款所列人员时，其原已持有的股票，必须依法转让。《证券法》的这一规定从法律上否定了上市证券公司管理层和员工直接或委托他人代持公司股票的可能性，从而使得上市公司无法对员工进行股权激励。

其次，企业国有产权法律制度对管理层持股制定了一系列法律约束。我国大部分证券公司属于国有或国有控股企业，向管理层转让股权受到企业国有产权法律制度的刚性约束。2005 年国资委颁布《企业国有产权向管理层转让暂行规定》，中小型国有及国有控股企业的国有产权可以向管理层转让，而大型国有及国有控股企业的国有产权暂不向管理层转让。我国部分证券公司，如国泰君安证券、申银万国证券、银河证券等均属于此处"大型国有控股企业"，管理层暂时无法通过公开竞买的方式拥有公司股权。当然，国资委指出，这里的"国有产权向管理层转让"与管理层股权激励属于不同的概念，"大型国有及国有控股企业的国有产权暂不向管理层转让"的规定并不禁止该类企业对管理层实行股权激励政策。

最后，上市公司股权激励法律制度对上市证券公司管理层持股作出了规定。2005 年 12 月，中国证监会颁布《上市公司股权激励管理办法》。该办法规定，股权激励计划的激励对象包括上市公司的董事、监事、高级管理人员、核心技术（业务）人员及公司认为应激励的其他员工，但不应包括独立董事。上市公司不得为激励对象依股权激励计划获取有关权益提供贷款以及其他任何形式的财务资助，包括为其贷款提供担保。非经股东大会特别决议批准，任何一名激励对象通过全部有效的股权激励计划获授的本公司股票累计不得超过公司股本总额的 1%。2006 年 9 月，国资委、财政部发布《国有控股上市公司（境内）实施股权激励试行办法》进一步明确了国有控股上市公司的特殊规定：股权激励对象原则上限于上市公司董事、高级管理人员以及对上市公司整体业绩和持续发展有直接影响的核心技术人员和管理骨干。高级管理人员薪酬总水平应参照国有资产监督管理机构或部门的原则规定，依据上市公司绩效考核与薪酬管理办法确定。

总之，证券公司，尤其是上市证券公司管理层持有公司股权存在实质性的法律障碍。上市证券公司管理层由于不得持有和买卖股票，也就无法享有公司的股权激励。非上市证券公司在向管理层转让股权时，要考虑到公司是否属于"大型国有及国有控股企业"，如果是，则不能向管理层转让公司股权。上市公司股权激励法律制度限制了管理层所能享有的股权激励数额（1%）。这些规定都给证券公司股权向管理层开放造成了实质性的法律障碍。

股权对内开放不足导致券商公司治理出现一系列问题，主要表现在员工激励机制不足和管理层受行政命令导向两方面。证券公司无法像其他行业一样对公司管理层和骨干员工进行股权激励，而只能以传统奖金形式对员工进行奖励。奖金与股权激励相比更侧重于对管理层和员工短期业绩的奖励，容易导致管理层和员工为提高短期业绩而牺牲公司长远发展前景的行为。同时，由于管理层薪酬与其创造的股东财富（股价）并无直接关系，中小股东利益易受侵害。

（四）中国券商股权对外（民营资本和境外投资者）开放的现状

1. 民营资本进入证券行业并没有政策层面的障碍。2001年11月，证监会出台《关于证券公司增资扩股有关问题的通知》（后于2008年废止），明确证券公司增资扩股属于企业行为，凡依法设立的证券公司均可自主决定是否增资扩股，中国证监会不再对证券公司增资扩股设置先决条件。这在客观上为民营资本参股证券公司打开了闸门，民营资本开始进入证券业。至2003年左右，以民生证券、德恒证券、德邦证券、新时代证券、新华证券、恒信证券、中富证券、富友证券等为代表的民营证券公司达到近20家。国务院于2010年颁布的《国务院关于鼓励和引导民间投资健康发展的若干意见》中提出，允许民间资本兴办金融机构，鼓励民间资本发起设立金融中介服务机构，参与证券、保险等金融机构的改组改制。因此在政策层面，民营资本进入证券业并不存在类似对外资的限制政策。

2. 民营资本主要通过两种方式进入证券公司：（1）通过新设证券公司方式进入。如2003年5月，由复星产业投资控制下的豫园商城及沈阳恒信国资经营公司等5家公司共同出资组建了德邦证券。（2）参股（或控股）进入已有的证券公司，例如中国泛海、东方集团对海通证券的投资、雅戈尔集团对中信证券的投资等，都是以较低的比例参股证券公司；周正毅的"农凯系"

资本在 2002 年进入大通证券、富友证券时，都通过其关联公司投资，实质上取得了对证券公司的控制权。

3. 民营资本控股证券公司面临众多隐性障碍。尽管监管层对民营资本进入证券业并未设置政策限制，但是由于我国监管机制不完善，自从 2003—2004 年德恒证券、恒信证券、中富证券等民营公司因挪用客户保证金等问题被托管经营后，民营资本在证券行业的发展受到明显的"所有制歧视"。在现有证券公司增资扩股时，公司原股东选择增资对象的考虑因素包括新股东能否为公司带来管理水平的改善、客户关系的加强以及专业能力的提升。民营资本在这些方面不具备明显优势，加之此前民营证券公司暴露的高风险，监管机构对民营资本入股证券公司也持有谨慎态度。截至 2012 年初，在我国 109 家证券公司中，第一大股东为民营企业的仅有国金证券、民生证券、德邦证券、湘财证券、新时代证券、银泰证券六家券商。

表4　　　　　　　　　　　目前民营证券公司一览

证券公司	控股股东	控股股东背景
国金证券	九芝堂股份有限公司	涌金系
民生证券	中国泛海控股有限公司	泛海系
德邦证券	兴业投资	复星系
湘财证券	新湖控股有限责任公司	原名浙江新湖创业投资有限公司，发起人黄伟、李萍于 2000 年设立
新时代证券	包头市绿远控股有限公司	属于私营有限责任公司，位于内蒙古自治区包头市金融大厦三楼 305～308 号，主营企业资产管理；资本运作；企业收购策划运作等
银泰证券	香港嘉鑫控股集团	为香港公司，主要从事钢铁贸易

资料来源：根据中国证券业协会网站公告及其他公开资料整理。

4. 境外股东持有证券公司股权比例不得超过 49%，持有上市证券公司的股权不能超过 25%。《外资参股证券公司设立规则》明确，境内、外股东共同出资设立外资参股证券公司，境外股东直接持有和间接控制的股权比例不超过三分之一。境内股东应当有一名是内资证券公司，且其持有外资参股证券公司股权的比例不低于三分之一。将外资参股证券公司境外股东的条件，从原来的境外股东限于证券经营机构，放宽到金融机构和一般机构投资者，并将境外股东持续经营年限从原来的 10 年以上降低为 5 年以上；取消了外资参股证券公司组织形式为有限责任公司的限制。境外股东持股比例或者在外资参股证券公司中拥有的权益比例，累计（包括直接持有和间接控制）不得超过 1/3。对于境外股东参股上市证券公司则有更严格的规定，单个境外投资者持有（包括直接持有和间接控制）上市内资证券公司股份的比例不得超过20%；全部境外投资者持有（包括直接持有和间接控制）上市内资证券公司股份的比例不得超过25%。在最近中美战略经济对话结束后，中国政府已经宣布外资参股中国证券公司的股权上限提高至49%。

5. 合资证券公司的业务牌照受到严格限制。《外资参股证券公司设立规则》规定外资参股证券公司可以经营股票、债券承销与保荐、外资股的经纪和债券的经纪及自营。合资证券公司不能经营 A 股的经纪业务。原来内资证券公司的 A 股经纪业务，一旦接受外资参股，成为"外资参股证券公司"时，就必须依法清理并结束 A 股经纪业务。目前 10 家合资券商中，只有中金公司、瑞银证券、中银国际证券、华欧国际证券（后更名为财富里昂）和光大证券由于其特殊历史背景得以经营 A 股经纪业务。

（五）中国券商股权制度的运行效率实证分析

1. 研究变量及数据来源。

本文通过利用 Wind 提供的中国 17 家上市证券公司的资料，从中提取出下列指标。

表 5　　　　　　　　　**中国券商股权制度回归分析指标设定**

净资产收益率	股权激励金额	人均薪酬（取对数）	总资产（取对数）	资产负债率	前 5 大股东持股比例	内部员工持股比例	国有股比例

资料来源：Wind。

选择以上变量的逻辑：股权制度的效率可以通过某种特定股权状况对公司净资产收益率的相关性或贡献度来反映。通过回归分析，找出反映证券公司股权结构、公司治理的数据指标对于公司业绩（ROE）的相关性和显著性，并由此推断我国目前券商股权制度的效率高低。例如，如果证券公司净资产收益率（ROE）与国有股股东持股比例呈负相关，则说明国有股一股独大的局面不利于提高证券公司的业绩，那么我国证券公司国有股现状对于证券公司业绩而言是无效率的。选择"人均薪酬（取对数）"作为解释变量进行回归分析的目的是为了检验目前我国券商薪酬制度的合理性：如果该变量的回归系数为正数，则说明目前券商薪酬制度对于提高公司业绩是有促进作用的；反之亦然。虽然我国目前除中信证券外，证券公司均不存在内部持股和股权激励，但本文仍然将"股权激励金额"和"内部持股比例"加入解释变量，以便与后文研究美国券商股权激励制度时进行对比。

总资产、资产负债率两项指标主要是作为控制变量。由于金融服务业具有明显的规模效应，总资产越高的企业往往盈利能力也越强。金融企业一般均通过大量利用财务杠杆提升盈利能力。因此总资产和资产负债率两项指标必然可以解释净资产收益率的变化。将这两项指标纳入解释变量有助于提高回归分析的显著性。

表6　　　　　　　　　　　我国17家上市证券公司数据一览

公司名称	净资产收益率	股权激励金额（取对数）	人均薪酬（取对数）	总资产（取对数）	资产负债率	前5大股东持股比例	内部员工持股比例	国有股比例
长江证券	4.28	0	5.14	4.02	59.8	42.95	0	40
招商证券	13.9	0	5.32	4.98	64.2	62.36	0	46
中信证券	16.0	3.1	6.09	5.17	41.5	38.79	0.21	31
光大证券	6.93	0	5.14	4.64	49.5	74.65	0	67
方正证券	2.12	0	5.21	4.42	45.0	57.42	0	49
广发证券	8.06	0	5.43	4.89	58.8	62.93	0	62
国元证券	3.78	0	5.3	4.35	34.6	61.35	0	66
海通证券	7.12	0	5.51	5.00	51.3	22.99	0	24
宏源证券	8.95	0	5.29	4.33	66.6	68.33	0	66
华泰证券	5.4	0	5.44	4.93	61.1	54.48	0	60
东北证券	4.6	0	5.16	4.10	75.3	70.05	0	69
国海证券	4.0	0	5.38	4.05	75.4	62.44	0	52
山西证券	4.05	0	5.43	4.12	53	72.68	0	78
国金证券	7.38	0	5.5	3.95	63.37	69.75	0	70
东吴证券	4	0	5.49	4.20	53	45.51	0	58
西南证券	2.5	0	5.36	4.25	44.1	63.66	0	78
兴业证券	5.03	0	5.49	4.34	60.9	43	0	49

资料来源：Wind。

2. 回归分析及讨论。

利用Excel对我国17家证券公司数据进行多元回归分析，得到结果如下。

表7　　　　　　　　　中国券商股权制度回归分析结果

回归统计	
Multiple R	0.841436
R Square	0.708015
Adjusted R Square	0.432824
标准误差	3.148359
观测值	17

资料来源：Wind，Excel分析整理。

表 8 　　　　　　　　　　中国券商股权制度回归分析结果

	Coefficients	标准误差	t Stat	P－value	下限 95.0%	上限 95.0%
Intercept	－101.192	40.98929	－2.46874	0.033176	－192.522	－9.86212
股权激励金额（取对数）	－2.48102	2.386497	－1.03961	0.323006	－7.79846	2.836429
人均薪酬（取对数）	17.46459	7.997643	2.183717	0.053906	－0.35527	35.28445
总资产（取对数）	3.399111	2.681783	1.267482	0.233702	－2.57627	9.374495
资产负债率	－0.07311	0.088648	－0.82476	0.428743	－0.27063	0.124406
前 5 大股东持股比例	0.341103	0.151641	2.249415	0.048228	0.003226	0.678979
内部员工持股比例	0	0	65 535	—	0	0
国有股比例	－0.30402	0.143969	－2.11171	—	－0.62481	0.016763

资料来源：Wind，Excel 分析整理。

从回归统计结果中可以看出，Multiple R 数值为 0.8414，说明以上模型能够较好地反映证券公司 ROE 的影响因素。人均薪酬（取对数）的系数为 17.46，t 统计量为 2.18，在 95% 置信水平下显著。这说明在我国目前实施股权激励存在法律障碍的情况下，提高人均薪酬的确能够对证券公司的业绩产生积极影响。前 5 大股东持股比例指标的系数为 0.3411，t 统计量为 2.24，在 90% 置信水平下显著。这说明在中国目前的环境下，证券公司股权集中度的提高有助于公司经营业绩的提高。这可以理解为，当证券公司股权集中度提高时，股东对管理层的决策与监管动力得到加强，有利于解决股东与管理层利益不同而导致的委托—代理问题。但是国内外研究文献表明，公司股权集中度与公司治理的有效性呈倒 U 形，股权过于分散或集中都不利于公司治理效率的提高。当股权过于集中时，会形成大股东利用自己对上市公司的绝对控制权损害中小股东利益。因此，相对集中的股权结构被认为是合适的。

国有股持股比例系数为 －0.3040，t 统计量为 －2.11，在 95% 置信水平下显著。这说明国有股比例的提高会对公司经营业绩产生负面影响。（矛盾）股权分散与集中对于公司治理来说哪种更优，国内外的研究结果不尽相同。我国证券公司股权问题的根本在于同股权结构相适应的股东的性质及其行为方式。我国证券公司股权结构的显著特点是股权高度集中（这点与德日模式类似），但是集中于国有性质的机构，国有控股权在证券公司股权结构中具有垄断地位。一方面，大股东容易干预、操纵经营者行为，甚至与经营者合谋损害小股东利益，形成"超强控制"；另一方面，国有股东的虚化又使得国有股权的控制权实际上掌握在其代理人手里，这本身就产生了委托—代理关系，形成"内部人控制"现象。这就可以解释此处得到的"国有股比例提高对于公司业绩产生的负面影响"的结论。而这一结论与"股权集中度提高对于公司业绩的正面作用"相结合，则说明股权集中在非国有性质的机构有助于提高公司业绩，这一点可以从德日证券公司的运营实践中得到验证。

由于我国证券公司中只有中信证券存在管理层持股，因此由上述模型无法判断管理层持股对公司业绩的影响程度。此处股权激励金额的系数显著为负，说明中信证券采取的股权激励措施并未发挥其应有的作用。事实上，中信证券的股权激励方案能否实施一直存在重大疑问。

2005 年 7 月，中信证券在股改方案中首次提出股权激励方案。2006 年 9 月，中信证券发布股权激励计划。该计划提出，暂存于中信集团股票账户下的总量为 3 000 万股中的 2 216.31 万股将成为公司首次股权激励计划第一步实施方案的来源股，其中 465.7 万股用于管理层股权激励，1 750.61 万股用于公司其他业务骨干股权激励。股票由中信集团账户过户至激励对象个人股东账户。股份转让价格以上一期经审计每股净资产价格为初次转让价格，锁定期满时，股票市价超过初次转让价格部分，由原股东与激励对象按财政部批复的原则共享。股权激励计划股票锁定期 60 个月。受让股份的员工必须签署承诺书，承诺自股份过户至本人名下之日起，无权自由转让，在股票锁定期之后方可自由转让。激励股权锁定期间内，激励对象若因自身原因离职、辞职或被公司解职、除名，其持有股份由公司收回，另行处理。

中信证券此次股权激励计划存在诸多问题。例如《国有控股上市公司（境内）实施股权激励试行办法》规定，股权的授予价格应不低于股权激励计划草案摘要公布前一个交易日的公司标的股票收盘价和前 30 个交易日内的公司标的股票平均收盘价的较高者，而中信证券股份转让价格以上一期经审计每股净资产价格，远低于《办法》要求；其次，该股权激励方案突破了《证券法》规定的证券公司工作人员不得直接或者以化名、借他人名义持有、买卖股票的要求。

鉴于此，中信证券此次股权激励的实施面临重大的法律障碍，很难发挥类似于其他行业上市公司股权激励的效果。因此，在本文的回归分析中才会出现股权激励金额的系数显著为负的情况。

在本文的下半部分，我们将通过研究美国证券公司股权制度的面板数据模型分析管理层持股对公司业绩的影响。

二、国际券商股权制度的对比研究：历史发展、法律规制、运行效率

不同的市场经济国家由于各自的经济发展道路、社会文化传统和政治法

律制度的不同，其证券业经过长期发展和制度演变，形成了不同的证券公司股权结构和治理机制，公司治理的有效性也存在差异。目前国际证券公司的股权制度模式主要分为英美模式和德日模式。两种模式在股权集中度、公司治理等方面具有显著差异。

（一）英美模式和德日模式股权制度的特点

1. 英美模式。

机构投资者股东持股比重较高。在美国五家最大的投资银行高盛、摩根士丹利、摩根大通、花旗集团、美国银行以及英国最大的两家全能银行巴克莱集团和汇丰控股的股权结构中，机构投资者平均持股比例达到64%，最高者如高盛达到了76.58%。另一方面，在这些银行持股的机构投资者数量平均达到1 159家，如摩根大通有1 894家机构投资者作为其股东，持有76.54%的股权。这说明单个机构投资者持股数量是非常少的。

表9 英美投资银行股权结构一览

公司名称	总市值（亿美元）	机构投资者个数	机构持股比重	前5大股东持股比重	员工持股比重	外资比例	流通股比例	最近三个月平均日成交量（万美元）
高盛集团	573	1 105	76.58%	25.88%	1.54%	33%	86.4%	640
摩根士丹利	350	784	52.13%	42.03%	0.16%	54%	70.5%	2 561
摩根大通	1 611	1 894	76.54%	19.31%	0.55%	36%	99.5%	3 249
花旗集团	993	1 281	63.08%	20.03%	0.15%	48%	99.8%	4 400
美国银行	901	1 478	53.54%	16.13%	0.05%	57%	100.0%	28 297
巴克莱集团	421	662	52.10%	31.90%	14.55%	89%	76.2%	8 143
汇丰控股	1 613	908	37.52%	18.94%	0.08%	92%	99.9%	3 598
平均		1 159	64%	25%	2.44%	46%	91%	7 829

资料来源：Bloomberg，统计日期截至2012年4月22日。

股权集中度较低。从表9还可以看出，英美投资银行股权是非常分散的。上述投资银行前5大股东平均持股比例仅为25%，而中国前十大证券公司第一大股东平均持股比例就达到了34.66%。摩根士丹利前5大股东持股比例最高，但也只有42.03%。美国银行前5大股东持股比例最低，仅为16.13%。投资银行庞大的市值被数量众多的机构投资者分散持有，这是英美券商股权结构一个鲜明的特征。

股权流动性高。上述英美投资银行股权平均流通比例达到91%。该流通比例是按照总股本扣除内部员工持股、战略投资者持股、国有股等之后的流通股除以总股本计算得到的。在 2008 年金融危机中英美两国政府向投资银行大量注资买入股票，在短期内造成上述投资银行股权结构中出现较高比例的国有股。但是在 2010 年后，随着银行盈利能力的恢复，政府逐步将其持有的银行业股票向私人出售。目前各大银行已基本不存在国有股权。对比中国证券公司股权流动性，中国前 10 大证券公司平均流通股比例仅有 50%，且第一大股东均为国有性质。

公司管理层和员工均持有一定比例股权。上述英美投资银行管理层和员工平均持股比例为 2.44%。在内部持股比例最高的巴克莱集团，管理层持有 12.53% 的股权，员工通过员工持股计划（ESOP）持有 2.02% 的股权。作为薪酬激励计划的一部分，其他银行也均通过 ESOP 或其他形式授予管理层和员工一定比例的股票。与之形成对照的是，中国证券公司除中信证券外均没有任何形式的员工持股和管理层股权激励计划。

2. 德日模式。

实行德日模式的证券公司主要分布在欧洲大陆如德国、瑞士、荷兰以及东亚的日本等大陆法系的国家。德日模式下的证券公司股权制度在股权安排、激励机制等方面具有与英美模式不同的特点。

德日模式的证券公司一般为法人交叉持股。由于这些国家的法律对于金融机构的交叉持股没有限制，因此德日模式的证券公司交叉持股非常普遍。交叉持股主要有两种形式：垂直交叉和环状持股。前者是以母子公司的关系自上而下进行持股。后者是同一企业集团内部各公司之间相互持股，以密切彼此之间的业务联系。日本金融机构间的法人持股具有交互相叉、环形渗透的特点，若干个相互持股的金融机构形成了一个关系密切的关系网，相互支持、相互依赖，形成了特色的交叉持股制。由于德国银行间允许相互持股，并且银行可以代替其他股东行使投票权，因此德国银行间的相互持股现象也十分突出。法人间的交叉持股现象使得日本和德国证券公司的股权稳定性高，而流动性偏弱，大股东控制力强。

德日模式的证券公司没有普遍实行股权激励。日德公司普遍重视对员工的长期激励，特别是日本的年功序列制和终身雇佣制在相当长时期内能够发挥对经理层和员工的激励作用。在德国，银行监事会主要负责决定执行董事会成员薪酬的多少以及构成情况。最近几年来，为了加强对高管人员的长期激励，德日证券公司也开始推行股权激励计划，但是目前在其高管人员薪酬中所占比例不大。

德日模式的证券公司股东对管理层的监督更为主动。在英美模式的投资银行治理结构中不存在监事会，但是在德国，证券公司除董事会外必须设立监事会，作为公司股东、职工的利益代表和监督机构。在日本，长期的经济发展过程中形成了以银行为主体的金融体系，银行往往作为证券公司的大股东对其行使监督权（这样的银行在交叉持股关系中称为主银行，例如住友银行是住友财团下 21 家直系公司和 70 多家旁系公司的主银行）。在盈利情况良好的情况下，银行只是作为"平静的商业伙伴"而存在。但如果公司盈利开始下降，主银行由于所处的特殊地位，能够很早就可以通过往来账户、短期信贷、与公司最高管理层商业伙伴的长期个人交往等途径获取信息，及时发现问题。如果情况继续恶化，主银行就可以通过召开股东大会或董事会来更换公司的最高领导层。

表 10　　　　　　　　英美模式与德日模式证券公司股权制度对比

	英美模式	德日模式
股权结构	股权高度分散，强流动性	股权相对集中，德国大多是大银行直接持股；日本则是公司间环形交叉持股，主体银行不直接持股，但对企业有实际控制权。
董事会结构	不设立监事会，监督职能由董事会履行，外部董事所占比例较高。董事会首要作用是监督和评价经理层工作。	股东大会下设董事会和监事会，分管决策和监督。成员一般内部产生，外部董事占比很低。强调内部约束和法人的监督作用。
激励机制	激励手段多样化，采用工资、奖金作为短期激励，同时普遍运用股票期权等多种金融工具作为中长期激励。	经理报酬主要是年薪而非股票和期权。

资料来源：西部证券。

英美作为世界投资银行业的发源地，经历上百年的竞争、淘汰和发展，目前拥有世界上最为成熟完善的证券公司和投资银行。因此在下文我们主要以英美券商的股权模式进行对比研究。

（二）英美券商股权制度的历史发展

1. 有限合伙制阶段。

有限合伙制是历史上英美投资银行（证券公司）最常采用的组织形式。有限合伙制投资银行自 19 世纪末在美国出现以来一直是证券行业的主流组织形式。一直到 1999 年高盛公司首次公开发行上市，这种形式的投资银行才基本被股份制公司形式代替。这种组织形式的企业将所有权与管理权合二为一，普通合伙人既是企业的出资人，也是企业的管理者，对企业的负债承担无限连带责任。而有限合伙人（可以是法人或自然人）则只作为出资人，不参与企业日常经营管理，对企业的负债承担有限责任。有限合伙企业中普通合伙人的出资额占比较少，大部分资金由有限合伙人提供。这种形式的企业组织解决了证券公司的资本来源，同时也对经营者具有较为有效的激励机制。

有限合伙制对证券公司管理层激励与约束机制较为有效。在有限合伙制投资银行中，有限合伙人提供大约99%的资金，分享约80%的收益；而普通合伙人则享有管理费、利润分配等经济利益。管理费一般以普通合伙人所管理资产总额的一定比例收取，大约3%。而利润分配中，普通合伙人以1%的资本最多可获得20%的投资收益分配。丰厚的利润分享机制激励管理层（普通合伙人）不断为公司努力工作创造业绩。在另一方面，由于管理层同时也是企业所有者，并且承担无限责任，因此在经营活动中能够自我约束、以更为审慎的态度开展证券业务。有限合伙制的组织形式有效解决了证券公司的委托代理问题，普通合伙人在这种机制下为公司长期发展勤奋工作，并且能够将风险控制在适当范围内，不至于为博取短期收益而将公司暴露在巨大风险之下。

2. 股份公司制阶段。

股份公司形式是当前英美投资银行的主流组织形式。1970 年 Donaldson，Lufkin & Jenrette 公司首次公开发行上市，成为美国第一家上市股份公司形式的投资银行。1971 年 Merrill Lynch 上市揭开了大型投资银行上市的浪潮，并一直持续到 1999 年高盛改制成为股份公司并公开发行上市。目前华尔街大型投资银行（Bulge Bracket）基本都已经以股份公司形式上市，只有规模较小的精品投行（Boutique Investment Bank）还坚持以有限合伙制形式进行运作。

首先，股份公司形式解决了有限合伙制企业资本金来源的压力，为投资银行迅速扩大规模提供了资本支持。在投资银行主要以证券经纪、财务顾问为主营业务时，有限合伙制的组织形式尚可以为企业提供足够的资本金支持，但是随着金融市场不断走向自由化，投资银行不断向综合化、大型化发展，并逐步拓展证券自营交易、资产管理、承销（并且以包销方式为主）等现代业务时，有限合伙制组织形式所能为企业提供的资本就捉襟见肘了。开展证券自营交易、资产管理和承销业务需要投资银行以雄厚的资本金作支撑，而有限合伙制企业的合伙人数量有限，资本规模不可能在短时间内迅速扩张，从而限制了投资银行的发展。改组为股份公司并发行上市可以为企业迅速募集巨额资金，为投资银行做大做强提供了资本支撑。

其次，有限合伙制企业合伙人承担无限责任的压力促使管理层向股份制转变。随着英美在 20 世纪 70 年代末开始推行自由放任的监管理念，金融市场和金融机构的杠杆化程度日益提高，金融衍生产品等创新业务规模不断扩大，投资银行为争夺证券承销业务也不断向客户做出风险较大的"包销"承诺。这些都导致投资银行业务风险程度与日俱增。对合伙企业债务承担无限责任的普通合伙人越来越倾向于改组为股份公司，从而可以降低自身承担的公司债务风险。

最后，有限合伙制企业所能激励的员工范围有限。有限合伙制投资银行可以参与企业利润分享的只有少数合伙人。绝大部分普通员工需要经过漫长的工作年限才可以被提升为合伙人，在此之前均不能参与分享公司高速发展的收益。而股份制公司在上市后，可以对管理层和骨干员工授予股票期权等激励措施，大大扩展了激励的范围和力度。因此股份制公司投资银行对人才更有吸引力，这也是迫使投资银行逐步放弃有限合伙制而转向股份制公司形式的原因之一。

（三）英美券商股权制度的法律框架

美国的证券公司分为两种：全能型银行和证券经纪商。前者主要包括摩根大通银行、高盛、摩根士丹利、美国银行、花旗银行等业务覆盖投资银行、证券自营交易、直接投资、资产管理、商业银行等的大型金融机构。而后者主要是一些开展证券经纪和销售业务的中小规模的证券公司。在下文中，为避免混淆，我们用"投资银行"或"银行"指代前一种机构，用"证券公司"代指第二种机构，"券商"是全行业的统称。

1999 年 11 月，美国总统克林顿签署正式颁布了以金融混业经营为核心的《金融服务现代化法案》（Gramm - Leach Financial Services Modernization Act），打破了以《格拉斯—斯蒂格尔法》为基础的分业经营金融体系，鼓励银行、证券公司和保险公司的混业经营，提供一站式金融服务的全能型银行重新占据了美国金融业的主流地位。2008 年 9 月，在金融危机中幸存的美国最后两家大型投资银行高盛和摩根士丹利宣布转为银行控股公司（Bank Holding Company），并接受美联储监管。同时接受美联储监管的还有花旗银行、摩根大通银行、美国银行等。因此，美国目前的大型投资银行均以银行控股公司或金融控股公司的形式运作。在研究美国证券公司股权制度，首先就要对美国银行业股权制度的法律框架进行分析。

迄今为止，美国对证券业和银行业进行监管的法律体系包括：

表 11   **美国证券业监管法律体系**

法律名称	核心内容
Securities Act of 1933	以证券首次发行为主要监管对象，对证券发行上市、销售、交易等行为作出规范
Securities Exchange Act of 1934	成立证监会（SEC）对证券市场进行监管，对证券经纪商、证券交易行为作出规范，保障投资者可以获得公开透明的资料
Investment Company Act of 1940	详细规范了投资基金组成及管理的法律要件，为投资者提供了完整的法律保护
Bank Holding Company Act of 1956	对银行控股公司作出定义并由美联储进行监管，对外国投资者投资银行控股公司进行规定和限制
International Banking Act of 1978	确立了给予外资银行"国民待遇"的原则，即对本国银行适用的权利和限制同样适用于外资银行。如，外资银行同本土银行一样，可以选择联邦特许或州特许。通过 IBA 法，美国国会授权货币监理署（Comptroller of the Currency）向外资银行的联邦分行及代理颁发牌照
Foreign Bank Supervision Enhancement Act of 1991	该法规定外资银行如欲在美设立任何代表处、分行或代理，设立或收购任何商业贷款公司，均须经美联储批准。美联储在评估外资银行的申请时，必须考虑提出申请的外资银行在国外是否从事银行业务，在其母国是否受到全面、综合的监管，亦即在并表基础上的全面监管
Gramm – Leach Financial Services Modernization Act of 1999	该法授权金融控股公司从事全方位的金融业务，包括银行、证券、保险、共同基金、商人银行及其他业务。外资银行同样可以成为金融控股公司，从而可以在美国从事通常被称为"全能银行"的各种业务活动
Foreign Investment and National Security Act of 2007	授权美国政府下属的跨部门机构"美国外国投资委员会"（CFIUS）负责对外国政府控制的实体收购美国公司的活动进行审查
Dodd – Frank Wall Street Reform and Consumer Protection Act of 2010	建立一个全新的金融稳定性监管委员会，该委员会将与美联储展开合作，监督大型银行提高资金基础，并对其实施杠杆限制，要求大型银行剥离对冲基金业务

资料来源：美国证监会（SEC）网站。

    以上法律构成了如今美国证券业和银行业的监管基础。美国大部分银行和证券公司都是私人创办并拥有。由于美国是传统的自由市场经济国家，法律严格保护私有产权和私营经济的自主性和完整性，证券公司和银行业的股权对私人是完全开放的。又由于美国证券监管法律并不禁止证券从业人员买卖、持有股票，而是主要通过严格的信息披露制度、规范的信息隔离制度（中国墙）和严厉的违规惩罚制度对从业人员的内幕交易行为作出监管，投资银行管理层持有本公司的股票并无任何法律障碍。因此，证券公司和银行业的股权对包括管理层和员工在内的私人是完全开放的。

在银行业股权对外开放方面，《银行控股公司法案》（*Bank Holding Company Act of* 1956）、《国际银行法案》（*International Banking Act of* 1978）、《外国银行监管促进法案》（*Foreign Bank Supervision Enhancement Act of* 1991）以及《外国投资和国家安全法案》（*Foreign Investment and National Security Act of* 2007）对外国投资者投资美国银行业股权进行了规定。纵观这些法律中与外国投资者相关的条款，可以发现美国对外商投资银行业没有绝对禁止的规定，但是存在较多限制性规定，如限制外国投资者持有的银行股权比例、要求外国投资者持有股权比例每上升5%时必须报美联储进行审批、要求银行对外国投资者持有的股权比例作出披露等。

在证券公司股权对外开放方面，美国没有明确的限制外资进入的法律条文。外资对证券公司的准入机制与美国本土机构基本相同。

对比中国和英美证券公司、投资银行股权结构的基本特征可以发现，我国证券公司股权结构在股东构成、股权集中度、流动性和内部持股比例方面与国外一流投资银行均存在显著差异。这些差异的主要原因是，我国证券公司和证券市场具有与西方国家不同的发展历史，并形成了较为严格的监管理念。国情、市场与监管理念的不同使得英美国家投资银行股权对内开放和对外开放的程度大大高于我国证券公司。

（四）英美券商股权对内开放的现状

由于美国是传统的自由市场经济国家，法律严格保护私有产权和私营经济的自主性和完整性，证券公司和银行业的股权对私人是完全开放的。又由于美国证券监管法律并不禁止证券从业人员买卖、持有股票，而是主要通过严格的信息披露制度、规范的信息隔离制度（中国墙）和严厉的违规惩罚制度对从业人员的内幕交易行为作出监管，投资银行管理层和员工持有本公司的股票并无任何法律障碍。因此，证券公司和银行业的股权对包括管理层和员工在内的私人是完全开放的。

基于这样的监管制度，为了更好地激励管理层和员工工作并招揽人才，英美投资银行和证券公司大多制订了不同形式的股权开放计划。这些计划包括员工持股计划、向员工授予限制性股票、出售可转换公司债、股票期权制度等。这些计划在股票来源、获得成本、持有收益等方面均有所不同。

推行员工持股计划（Employee Stock Ownership Plan, ESOP）。员工持股计划的一般做法是：加入持股计划的高级管理层和员工，自与证券公司签约起每月向信托公司支付储存一定数额的购股储存金。该购股储存金不需经理人来按期交付，而是通过设立独立的外部信托基金会从员工的薪水中扣取约定金额，再加上本公司拨备的专门作持股奖励用途的补助金一并转给信托公司。由信托公司购买本公司的股票（从二级市场购买或认购公司发行的新股），信托基金负责保管管理层和员工的股份。在一定锁定期内，管理层和员工不得随意出售公司股票。参加员工持股计划的管理层和员工均成为公司股东，享有表决权和分红权等股东权利。

股票期权制度（Stock Option）。股票期权是以股票为标的资产的期权合约，即赋予高管或员工在未来一定时间内或在某一特定日期以一定价格认购本公司股票的权利。它是一种权利而不是一种义务，高管或员工既可以依照事先约定的条件有偿购买本公司股票，也可以选择放弃行使权利。该激励方式的特点是，管理层获得股票期权的成本较低或没有成本，且持有股票期权不需要承担股价下跌的风险（股价下跌时，管理层可以选择不行权）。

向员工授予限制性股票（Restricted Stocks）。限制性股票激励是向激励对象授予一定数量公司股票，限制期内，在持有或者转让方面受到一定限制（如要求为公司服务满一定时间），或是在某些普通股东权利方面受到一定限制（如投票权）；限制期结束后，激励对象持有股票，享有完整的转让权、分红权和表决权等。该激励方式的特点是，持有限制性股票的管理层和员工可以在持有期内享受公司股票分红，在限制期结束后又可以获得股票增值出售带来的利得。此外，很多公司还向员工授予限制性股票单位（Restricted Stock Units, RSU）。限制性股票与限制性股票单位的区别在于，前者在授予日给予员工限制性股票，但后者则是在结算日给予员工股票或现金。

授予股票单位（Stock Units）。股票单位价格与股票公允价值一致，但是不含有投票权。一般的限制性股票单位拥有分红权，并且在员工服务期满后以股票形式与其结算。股票薪水单位（Stock Salary Units）和现金结算限制性股票单位不含有分红权，并且在期末以现金形式与员工结算。业绩表现限制性股票期权拥有分红权，在期末按照一定的业绩标准以股票或股票与现金混合的形式与员工结算。

向员工出售可转换公司债（Convertible Bonds）。可转换债券是证券公司发行的一种债务凭证，其持有人可以在规定的期限内，按事先确定的条件，将债务转换为公司的股票。如果债券持有人没行使转换权利。证券公司则按期支付债务利息，并在债务到期时清偿本金。因此，可转换债务是一种具有债务和股票双重性质的金融工具。即使在证券公司破产的情况下，向高管或员工发行的可转换债也优先于证券公司其他债务偿付。因此，可转换公司债具有极大的激励作用。

股票增值权制度（Stock Appreciation Rights, SAR）。股票增值权是指银行授予激励对象在未来一定时期和约定条件下，获得规定数量的股票价格上升所带来收益的权利。被授权人在约定条件下行权，上市公司按照行权日与授权日二级市场股票差价乘以授权股票数量，发放给被授权人现金。享有股票增值权的激励对象不实际拥有股票，也不拥有股东表决权、配股权、分红权。股票增值权不能转让和用于担保、偿还债务等。每一份股票增值权与一股股票挂钩。每一份股票增值权的收益＝股票市价－授予价格。股票增值权的有效期各公司长短不等，一般为授予之日起6～10年。与股票期权相比，股票增值权不要求管理层行权时购买公司的股票，因而不会对公司股本形成摊薄效应。

虚拟股票制度（Phantom Stocks）。虚拟股票是指公司授予激励对象一种"虚拟"的股票，激励对象可以据此享受一定数量的分红权和股价升值收益。如果实现公司的业绩目标，则被授予者可以据此享受一定数量的分红，但没有所有权和表决权，不能转让和出售，并在其离开公司时自动失效。在虚拟股票持有人实现既定目标条件下，公司支付给持有人收益时，既可以支付现金、等值的股票，也可以混合支付等值的股票和现金。根据虚拟股票持有者的获利方式，可以将其分为股利收入型、溢价收入型、市场价值型三类。虚拟股票与股票期权的差别在于：（1）相对于股票期权，虚拟股票并不是实质上认购了公司的股票，它实际上是获取企业的未来分红的凭证或权利。（2）在虚拟股票的激励模式中，其持有人的收益是现金或等值的股票；而在企业实施股票期权条件下，企业不用支付现金，但个人在行权时则要通过支付现金获得股票。（3）报酬风险不同。只要企业在正常盈利条件下，虚拟股票的持有人就可以获得一定的收益；而股票期权只有在行权之时股票价格高于行权价，持有人才能获得股票市价和行权价的价差带来的收益。

在美国投资银行和证券公司界的实践中，限制性股票（或限制性股票单位）、股票期权、员工持股计划是最常用的三种股权激励方式。下面以美国银行（Bank of America Corporation）为例分析管理层股权激励在实践中的操作。

（五）美国银行（Bank of America）管理层股权激励分析

根据美国银行2012年年报披露，该公司目前设计有多项股权激励计划。根据受益人的不同，分为关键员工股权计划（Key Employee Stock Plan）、关键助理股权计划（Key Associate Stock Plan）以及美林员工股权计划（Merrill Lynch Employee Stock Compensation Plan）等。公司在2012年2月共发行了1.22亿份股票用以支付员工2011年的股权激励。

关键员工股权计划。该计划为员工提供如限制性股票、限制性股票单位（Restricted Stock Unit，RSU）和股票期权等激励内容。公司在2002年12月向部分关键员工授予了有权购买2.6亿份股票的10年期期权。截至2011年12月31日，仍然有2.1亿份期权在外流通。除此之外该计划目前没有其他激励事项发生。

关键助理股权计划。该计划为员工提供如限制性股票、限制性股票单位（Restricted Stock Unit，RSU）和股票期权等激励内容。限制性股票单位到期后，公司以现金或股票方式向员工进行结算。截至2011年12月31日，该计划向受激励的员工共授予了11亿份股票。在2011年该计划向部分员工支付了1.93亿份限制性股票单位，其中1.26亿份在到期后将以普通股股票形式结算。

美林员工股权计划。美国银行在2008年收购美林证券（Merrill Lynch）后，承担了后者的股权激励计划。2011年公司授予了约800万份限制性股票单位，这些限制性股票单位将在三年内等额支付。截至2011年12月31日，该计划共授予了2 000万份限制性股票单位。

表5列示了2011年美国银行核心高管的股权激励情况。从中可以发现该公司的高管股权激励以股票单位为主。美国银行的限制性股票单位分为现金结算（Cash - settled）、依业绩结算（Performance - contingent）和按期兑现（Time - vesting）三类。其中现金结算限制性股票单位按照授予日之后的每个月第15个交易日的公司股票收盘价向激励对象进行现金支付；依业绩结算限制性股票单位是按照授予日之后每个季度末核算的资产收益率（ROA）表现向激励对象进行支付，支付的形式为40%现金和60%股票。按期兑现限制性股票单位主要向Gary G. Lynch一人支付，形式为三年支付等额的股票。

表12 **2011 年美国银行高管股权激励情况**

高管姓名	Beneficial Ownership				
	股票和限制性股票	期权和权证	累计股权	股票单位	合计
Mukesh D. Ambani	14 896	—	14 896	—	14 896
Susan S. Bies	83 043	—	83 043	—	83 043
Frank P. Bramble, Sr.	111 680	—	111 680	53 060	164 740
Virgis W. Colbert	52 556	—	52 556	9 064	61 620
David C. Darnell	159 027	663 750	822 777	981 367	1 804 144
Charles K. Gifford（3）	313 489	—	313 489	62 498	375 987
Charles O. Holliday, Jr.	81 833	—	81 833	—	81 833
D. Paul Jones, Jr.	76 843	—	76 843	—	76 843
Monica C. Lozano	3 000	—	3 000	53 614	56 614
Gary G. Lynch	91 198	—	91 198	710 214	801 412
Thomas J. May（4）	34 503	—	34 503	100 646	135 149
Thomas K. Montag（5）	1 532 849	2 102 216	3 635 065	2 191 366	5 826 431
Brian T. Moynihan	485 987	746 667	1 232 654	1 477 026	2 709 680
Charles H. Noski	21 000	—	21 000	585 823	606 823
Donald E. Powell（6）	88 150	—	88 150	26 367	114 517
Charles O. Rossotti	39 929	—	39 929	72 600	112 529
Robert W. Scully（7）	130 216	—	130 216	—	130 216
Bruce R. Thompson	275 069	142 957	418 026	1 902 319	2 320 345
所有高管累计	3 815 913	3 717 890	7 533 803	9 221 441	16 755 244

资料来源：美国银行 2011 年年报。

表13 **部分高管享有的股票单位一览表**

高管姓名	限制性股票单位	股票薪水单位	现金结算限制性股票单位	业绩表现限制性股票单位	股票单位合计
David C. Darnell	—	76 974	—	904 393	981 367
Gary G. Lynch	710 214				710 214
Thomas K. Montag	—	166 544	125 787	1 899 035	2 191 366
Brian T. Moynihan		95 305	228 302	1 153 419	1 477 026
Charles H. Noski	—		—	585 823	585 823
Bruce R. Thompson	609 179	—	101 887	1 191 253	1 902 319
所有高管累计	1 717 648	338 823	455 976	6 331 145	8 843 592

资料来源：美国银行 2011 年年报。

（六）英美券商股权对外资开放的现状

1. 银行业的限制措施。

美国法律对于境外资本入股银行业有一系列限制。根据美国美国政府问责局（Government Accountability Office）进行的研究，美国没有任何一项法律对外商投资在某行业进行的投资作出完全禁止性规定，但是存在较多限制性规定。这些限制包括直接限制和间接限制。

直接限制是指限定外资在美国银行业中所占的股权最高比例，或投资前要求获得政府审批、限制外资入股的企业在美国的商业活动、要求披露外资在企业所占股权等。法律包括《银行控股公司法案》（*Bank Holding Company Act*）、《国际银行法案》（*International Banking Act*）和《外资银行监管促进法案》（*Foreign Bank Supervision Enhancement Act of* 1991）。在该监管框架下，外国投资者只有在获得美联储董事会（Federal Reserve Board）批准后才可以收购美国银行业公司的股权。《银行控股公司法案》（*Bank Holding Company Act*）规定，如果外国投资者收购银行业股权超过25%，该投资将提交美联储董事会进行审批，同时美联储董事会有权限制该银行控股公司所能从事的非银行业务的类型。

《银行控股公司法案》（*Bank Holding Company Act*）的规定。该法案规定，如果一家银行收购美国银行股权达到或超过25%，该项收购必须获得美联储的批准。同时，该银行将成为银行控股公司接受美联储的监管。如果收购比例不足25%，则该银行不必申请成为银行控股公司。但是该银行不得在被收购方单独或与其一致行动方占据控股地位。如果收购比例超过10%但不足25%，该银行必须在收购之前向监管当局（美联储）提交《银行控制权变更预告》（*Change - in - Bank - Control Act Notice*），监管当局有权依据谨慎性或其他原因否决该项收购。除此之外，如果一家外国银行在美国设有分支机构、代理或商业借贷公司，那么在其收购任何一家美国银行或银行控股公司的5%以上股权前必须获得美联储的批准。

除获得监管机构的批准外，收购一家美国上市银行或银行控股公司的股权之前必须要获得被收购方董事会和股东大会的批准。收购方要向被收购方全体股东提供详细描述该项交易以及交易双方财务和业务信息的披露文件。在向被收购方股东提交该文件之前，文件必须经过美国证监会审核批准。美联储原则上负责所有涉及美国银行业收购的监管，但是在某些州，州政府和监管机构也会要求对收购进行审核。

外资收购美国银行的审核要求。《银行控股公司》法案规定，任何欲收购美国银行股权的外资银行必须向美联储提出正式申请，详细披露收购方的财务、业务、管理层和母国监管状况。在收购方成为银行控股公司时，需要向美联储提交 FR – Y1f 申请表格。在外资银行收购美国银行或非银行业务时，须在该事项发生 30 日内向美联储提交 FR – Y – 10f 表格。美联储在审批时需要考虑交易双方的财务、资本金和业务状况。同时，"9·11"事件后美国颁布《爱国者法案》规定，美联储在审批时还必须考虑收购方银行的反洗钱措施是否执行到位。美联储可以在下列情况下否决该项交易：该外资银行在其母国没有受到全面监管（comprehensive supervision on a consolidated basis）；收购方没有向美联储提供充分、有效的信息。

未经美联储批准，银行控股公司不得从事非银行业务。但是，《金融服务现代化法案》（Gramm – Leach Financial Services Modernization Act of 1999）规定，银行可以通过选择成为金融控股公司以开展证券承销、交易、自营等业务。该法案规定了成为金融控股公司的标准，即该外资银行必须证明其美国子公司是"资本充足的"（well capitalized）和"完善管理的"（well managed），并且满足《社区投资法案》（Community Reinvestment Act）的要求（该法案要求银行应当为低收入社区居民服务）。

间接限制是指以维护国家安全为名对外资投资美国重要银行作出的限制。1950 年通过的国防生产法案（The Defense Production Act of 1950）和 2007 年修正的外商投资和国家安全法案（Foreign Investment and National Security Act of 2007［Section 721］）要求总统和外商投资委员会（Interagency Committee on Foreign Investment in the United States，CFIUS）针对外商投资对美国国家安全造成的影响进行评估。如果评估认为某项投资有可能威胁国家安全，总统和外商投资委员会有权进行否决。

2. 证券公司业的规定。

美国对外资券商的准入要求与对国内券商的要求基本一致。美国对券商市场准入的注册要求主要体现在以下三个方面：（1）对净资本额的要求。SEC 要求券商在任何时候都能保持足够的流动资产，以便经营出现问题时满足客户的清偿需要。券商必须根据他们经营证券品种的不同按一定比率来保持一个最小的净资本水平。例如，有客户开立账户的券商一般需保持净资产水平在 25 万美元或总借记额 2% 中的最大值，而无客户开立账户的券商的净资本水平要求就小得多。（2）对从业人员资格的要求。美国对券商的从业人员有一系列的资格约束条件，包括必须通过 SRO 证券资格考试等。很多证券从业人员都参加更加综合的"Series 7"考试，如果从业人员涉及特定种类的证券如市政债券、期权交易等，可能还需要参加专门针对这些领域的考试。证券公司内部的不同人员都必须通过一定的资格认证考试，不管是内部管理人员还是负责专门接收客户交易指令的助理交易员，在上岗之前都必须参加专门的考试，而且这些专门的考试都以通过"Series 7"考试为前提。（3）对券商风险防范能力和客户利益保障措施的要求。SEC 要求券商建立防范风险的内控制度，并采取措施保护客户的资金安全和妥善管理客户托管给券商的各种证券。SEC 对于券商还有其他一些要求，如：保存全面准确的台账和交易记录、对客户的私人金融信息保密、接受监管机构的检查、积极参与反洗钱等。

券商申请注册时必须按照 SEC 的要求提供全面、真实和准确的信息。如果 SEC 发现申请有下列三种不适法情况，可以拒绝注册：（1）申请资料不完整。（2）申请者不具备从事证券业务的道德和精神水准。判断标准是先前有无证券犯罪，被发禁止令、吊销资格，申请者有无从事非诚信或道德证券交易活动。（3）申请者不具备从业资格。包括申请者的职业培训、经验、证券交易知识等。

外资券商在美国注册需要履行一系列审批程序。（1）注册成为一个或多个自律性组织（Self – Regulatory Organizations，SRO）的会员。（2）注册成为证券投资人保护协会（the Securities Investor Protection Corporation，SIPC）的会员。（3）满足州政府证券监管机构的其他要求。（4）券商从业人员已经通过相关的资格认证考试，满足 SEC 规定的资格要求。（5）向 SEC 提交注册申请（按 BD 表的格式，表主要包含券商、负责人、董事和员工的背景和其他信息，见 SEC 网站 www. sec. gov），等待 SEC 对其注册申请的最终审批。

综上所述，外资券商在美国经营证券业务与其国内券商的要求基本一致，美国法律对于外资并购国内券商股权也没有特殊的限制性规定。例如，2010年 11 月中国工商银行从法国巴黎银行（BNP Paribas）手中以 1 美元的象征性价格收购了美国富通证券（Fortis Securities）的一级交易商（dealer）服务部。虽然这个公司的客户只有 75 个，但是工商银行希望通过这次收购建立其在美国证券市场的立足点。

（七）美国券商股权制度的运行效率实证分析

1. 研究变量及数据来源。

本文使用 Capital IQ 数据库提供的美国投资银行及经纪商（Investment banks and brokerage firms）行业 43 家上市公司的数据，从中提取中下列变量。

表14　　　　　　美国券商股权制度的运行效率回归分析变量列表

被解释变量				解释变量			
净资产 收益率	股权激励 金额的 对数	员工薪酬 的对数	总资产的 对数	资产 负债率	前五大 股东持股 比例	内部员工 持股比例	国有股 比例

资料来源：Capital IQ，以上数据均为2010财年。

　　选择以上变量的逻辑：股权制度的效率可以通过某种特定股权状况对公司净资产收益率的相关性或贡献度来反映。通过回归分析，可以找出反映证券公司股权结构、公司治理的数据指标对于公司业绩（ROE）的相关性和显著性。在解释变量中，股权激励金额的对数、内部员工持股比例和前五大股东持股比例反映了券商股权对管理层和内部员工开放程度以及股权分散程度。但需要注意的是，Capital IQ 中提供的股权激励金额主要是对高级管理层及董事会成员所享有的股权。内部员工持股比例则是一个可以更广泛地反映股权对内部（包括管理层和员工）开放程度的指标。员工总薪酬的加入是为了检验现金报酬总额是否会对净资产收益率造成显著影响。

　　总资产、资产负债率两项指标主要是作为控制变量。由于金融服务业具有明显的规模效应，总资产越高的企业往往盈利能力也越强。金融企业一般均通过大量利用财务杠杆提升盈利能力。因此总资产和资产负债率两项指标必然可以解释净资产收益率的变化。将这两项指标纳入解释变量有助于提高回归分析的显著性。

　　2. 回归分析及讨论。

　　利用 Excel 对43家美国证券公司数据进行多元回归分析，得到结果如下。

表15　　　　　　美国券商股权制度的运行效率回归分析结果

回归统计	
Multiple R	0.523724
R Square	0.274287
Adjusted R Square	0.129144
标准误差	140.4392
观测值	43

资料来源：Capital IQ，Excel 分析整理。

表 16　　　　　　　　美国券商股权制度的运行效率回归分析结果

	系数	标准误差	t Stat	P－value	下限 95.0%	上限 95.0%
Intercept	－143.551	86.96162	－1.65074	0.107737	－320.093	32.99006
股权激励金额的对数	－11.8561	13.01287	－0.91111	0.368471	－38.2736	14.5614
员工薪酬的对数	0.07565	7.587535	0.00997	0.992102	－15.3279	15.47916
总资产的对数	23.80755	11.0733	2.149997	0.038546	1.327562	46.28753
资产负债率	－1.5593	0.838271	－1.86014	0.071286	－3.26108	0.14248
前五大股东持股比例	1.644677	2.006474	0.819685	0.417943	－2.42868	5.718035
内部员工持股比例	1.222105	1.095023	1.116054	0.272003	－1.00091	3.445119
国有股比例	0	0	65 535	—	0	0

资料来源：Capital IQ，Excel 分析整理。

　　观察上述回归分析结果可以发现，该项股权激励金额、员工总薪酬、前五大股东持股比例的 t 统计量均小于 1，即在 95% 置信水平下，这些变量不显著。而总资产、资产负债率、内部员工持股比例的 t 统计量均大于 1，即在 95% 置信水平下，这些变量在解释净资产收益率时具有显著性。

　　这项结果告诉我们，为高级管理层和董事会成员提供薪酬激励的股权激励对公司净资产收益率的提高具有一定负面作用，但是这种作用并不显著。当前美国券商对高级管理层提供巨额股票期权等激励措施，但是这些措施对公司经营业绩的提高并无很明显的促进作用，在很多时候反而成为诱使管理层采取激进冒险的经营策略的原因，这一现象在 2008 年金融危机前尤为明显。因此，美国证券业有必要反思向高管人员提供巨额股权激励方案的政策是否明智。

　　提高员工薪酬对公司净资产收益率的提升的促进作用也极不显著。员工薪酬数额作为对其短期工作业绩的一种奖励，只能在一定时间内激励员工为公司业绩努力工作。由于现金发放的薪酬无法将员工的工作目标与公司长期增长相匹配，员工薪酬因素并不能显著影响公司业绩的长期增长。

　　而增加内部员工持股比例则对公司效益的提高具有显著促进作用。这说明，大力实施员工持股计划（ESOP）等能够大范围提高员工股权的措施，比给予少数高级管理人员巨额股权激励更能够提升公司效益。员工持股计划将广大中低层骨干员工的利益与公司长期增长目标紧密结合在一起，能够大幅提高中基层员工的工作积极性，从而促进公司业绩的长期增长。

　　由于美国证券业均为私人成立运营，国有股比例均为零，因此国有股比例在回归分析中系数为零。

三、中外券商股权制度的运行效率对比

我们在上文中分别对中国和美国证券公司股权制度对其经营业绩的影响做了面板数据分析。通过对美国证券公司股权制度的面板数据回归分析，我们认识到主要为高级管理层和董事会成员提供薪酬激励的股权激励对公司净资产收益率的提高具有一定积极作用，但是这种作用并不显著。提高员工的薪酬总额对公司净资产收益率的提升的促进作用也不显著，而增加内部员工持股比例则对公司效益的提高具有显著促进作用。

通过对中国证券公司股权制度的面板数据回归分析，我们认识到证券公司股权集中度的提高有助于公司经营业绩的提高；国有股比例的提高会对公司经营业绩产生负面影响。由于我国上市证券公司实施股权激励存在重大法律障碍，中信证券一家公司实施的股权激励方案很难达到其应有的效果。在这种情况下，提高人均薪酬的确能够对证券公司的业绩产生显著积极影响。由于我国大部分证券公司上市时间太短，我们目前仍然缺乏足够多的有效数据来考察人均薪酬在长期对证券公司业绩的影响，因此人均薪酬在长期能否持续有效促进业绩提高是值得怀疑的。

综合国内外证券公司股权制度对其经营业绩的分析结果，我们得到以下推论：

1. 中美证券公司的数据均表明，提高股权集中度有助于促进公司业绩的增长。

2. 我国证券公司国有股比例的提高对于证券公司业绩的增长具有显著负面作用。

3. 在我国目前证券公司实施股权激励和员工持股存在重大法律障碍的情况下，员工（现金）薪酬成为对证券公司业绩影响较大的因素。但对比美国证券公司的数据，员工薪酬对公司业绩的影响并不显著。结合"委托—代理"理论，我们有理由认为人均薪酬在长期内能够持续有效地促进公司业绩提高的可能性很低。

4. 美国证券公司的数据表明，为高级管理层和董事会成员提供薪酬激励的股权激励对公司净资产收益率的提高具有一定负面作用，但是这种作用并不显著。

5. 美国证券公司的数据表明，增加内部员工持股比例则对公司效益的提高具有显著促进作用。

在上述5点推论的基础上，我们可以讨论我国证券公司目前股权制度的

效率问题。我国证券公司目前股权制度的基本特征是：股权集中度较高、股东以国有法人或国有控股为主、管理层和员工基本不持有股权、基本没有任何股权激励措施。由推论 1 可知，我国目前证券公司股权集中度较高的状况是有益于提高其经营效益的。推论 2 告诉我们，国有股比例上升对于证券公司业绩具有负面影响。因此，我国目前证券公司股权结构中国有股一股独大的局面不利于其经营业绩的提升。推论 4 说明目前美国证券业为高管提供的巨额股权激励并不能显著促进公司业绩增长。由推论 5 可知，我国目前证券公司股权不允许员工持有的现状非常不利于券商业绩的提高。综合来看，我国证券公司股权制度在国有股比例、员工持股比例方面均需要进行改革，才能缩小与美国等拥有世界一流投资银行国家的差距。

表 17　　　　　　　　　　**中美证券公司股权制度比较**

	中国	美国	对证券公司业绩影响
股权集中度	高	低	正面
国有股比例	高	无	负面
管理层股权激励	无	普遍实行	负面但不显著
激励方式	以现金方式为主	以股权激励为主	—
员工持股比例	无	普遍存在	正面

四、对改进我国券商股权制度的建议

根据上文的分析结果，我国证券公司股权制度改革需要突破国有股比例和员工持股问题两大方向。本文据此提出以下具体建议，供监管部门在制定改革政策时参考。

1. 国有法人和国有资产管理单位应减持其证券公司股权，通过引进境内外战略投资者改善证券公司管理水平，大力促进券商国际化。对于上市证券公司而言，其国有股东可以通过二级市场向境外一流投资银行或国内有实力的机构投资者出售一定比例的国有股权，所获溢价用于充实社保基金。引入的境内外战略投资者应致力于改善公司管理、经营水平，促进国际化证券公司建设。与此同时，应当大力促进未上市证券公司上市融资，扩大资本实力，做大做强，并通过上市减持国有股权，引进境内外战略投资者。对于其他非上市证券公司，可以通过与境外一流投资银行或国内有实力的机构投资者建立合资券商的方式，将国有股权降低到一定水平。

2. 修改《证券法》关于证券从业人员持有或买卖股票的规定，完善证券市场内幕交易监管机制。本文建议我国监管部门参考美国、中国香港等发达市场关于证券从业人员内幕交易的监管机制，将监管理念从"围堵"向"疏导"进行转变。建议解除对证券从业人员持有、买卖股票的禁止性规定，并通过建立严格的信息披露制度、规范的信息隔离制度（中国墙）和严厉的违规惩罚制度对从业人员的内幕交易行为作出监管。这样就可以消除对证券公司建立员工持股计划最大的法律障碍。

3. 修改并完善《企业国有产权向管理层转让暂行规定》关于大型国有或国有控股企业股权向管理层转让的规定。国资委制定并颁布《企业国有产权向管理层转让暂行规定》的时间距今已有 7 年，其中很多规定已经明显不符合目前国有及国有控股企业股权管理的实践。国资委在颁布该《暂行规定》时要求，中小型国有及国有控股企业的国有产权可以向管理层转让，而大型国有及国有控股企业的国有产权暂不向管理层转让。而国内很多大型证券公司，如国泰君安证券、银河证券等均属于"大型国有及国有控股企业"。这些企业的管理层无法通过公开购买的方式获得企业股权。建议修改该《暂行规定》，明确大型国有及国有控股企业的国有产权向管理层转让的程序及定价方法。只有这样，大型国有证券公司才能建立管理层持股及员工持股计划，从而在更大范围内有效地激励员工和吸引海内外人才。

4. 在目前的监管框架下，建议有条件的证券公司可以通过以"虚拟股票"或"股票单位"的形式建立员工持股计划。该计划将员工持股计划（ESOP）与虚拟股票或股票单位结合，授予管理层或骨干员工一定数量的虚拟股票或股票单位，并规定加入持股计划的高级管理层和员工，自与证券公司签约起每月向信托公司支付储存一定数额的购"股"储存金，再加上本公司拨备的专门作持股奖励用途的补助金一并转给信托公司。由信托公司购买本公司的"虚拟股票"或"股票单位"。在一定锁定期（可以规定为 3～5 年）内，管理层和员工不得出售或转让公司"虚拟股票"或"股票单位"。在锁定期内，加入该持股计划的管理层和员工不享有投票权，但可以享有分红权。在锁定期结束之后，该"虚拟股票"或"股票单位"可以转换为公司股票（若届时国家政策允许从业人员持有股票），但持有人也可选择以现金方式进行结算。这种形式的员工持股计划好处是，员工不必实际持有股票，但持有获取企业"未来"股票的凭证或权利，从而避开了现行监管框架下禁止证券公司员工持股的规定。由于该计划赋予员工的是在较长时间（3～5 年）后获得公司股票的权利，员工因此获得了充分的激励为公司业绩的长期增长而努力工作。该计划与股票期权激励的区别在于：（1）该计划赋予员工在锁定期内收取公司股票红利的权利，但股票期权持有人并不能获得红利。（2）

加入该计划的员工在持有期内虽然没有持有股票，但是每月支付的购"股"储存金（加上公司拨备的专门作持股奖励用途的补助金）应相当于公司股票的公允价值。而员工在认购股票期权时支付的是期权价格，非股票价格。总之，在虚拟股票员工持股计划中，员工持有的份额与股票非常相似，但是由于没有投票权，在法律上与公司股票又有实质性差异。

参考文献

［1］王驰：《我国证券公司股权激励问题研究》，2008。

［2］吴佳丽：《我国证券公司股权结构与公司业绩的实证研究》，2010。

［3］陈兆松：《我国证券公司股权结构与公司治理效率研究》，2008。

［4］刘春华：《中国证券公司治理探讨》，2008。

［5］唐芙：《金融开放条件下我国证券公司治理研究》，2008。

［6］姚旭东、胡建绩：《证券公司持续上市背景下实行管理层持股的思考》，载《经济纵横》，2008（10）。

［7］卢骏、曾敏丽：《金融混业经营趋势下我国证券公司的治理结构及其发展策略》，载《金融市场》，2011（10）。

［8］上海证券交易所研究中心：《英国资本市场和证券服务业开放情况研究》，2006。

［9］United States General Accounting Office：*Implementation of the Foreign Bank Supervision Enhancement Act of* 1991，1996.

［10］Pricewaterhouse Coopers LLP：*Regulatory Guide for Foreign Banks in the United States*，2006.

［11］Proskauer Rose LLP.：*Regulation of Non – U. S. Broker – Dealers Doing Business in the United States*，2008.

赴英资产管理业务高级研修班

The SAC-ICMA Program of Asset Management Practice

英国资产管理业务：现状、趋势及启示

第一组组员：华融证券高鹤、国泰基金范恩洁、东海证券刘化军、
长江证券范红宇、光大证券谢锋、中投证券黄武祥

一、英国资产管理业务简况

英国是世界资产管理行业的中心，拥有数量巨大的国内和国外客户。截至 2010 年 12 月，整个英国资产管理行业管理的资产规模约为 3.9 万亿英镑。而英国投资管理协会（Investment Management Association，IMA）一份针对英国资产管理行业 2010—2011 年的调查报告显示，在过去的 10 年中，IMA 统计在册的资产管理规模从 1 949 亿英镑增加到 5 715 亿英镑，这个数据在 2012 年 4 月底超过 6 000 亿英镑，达到 6 073 亿英镑（见图 1）。可以明显地看出，由于金融危机，2008 年英国资产管理行业的发展也受到了很大的负面影响。

英国资产管理行业中机构化的比例非常高，机构客户资产占了总量的 80%，其中最大的一块是退休金（占比 34%），其次是保险资金（24%），然

121

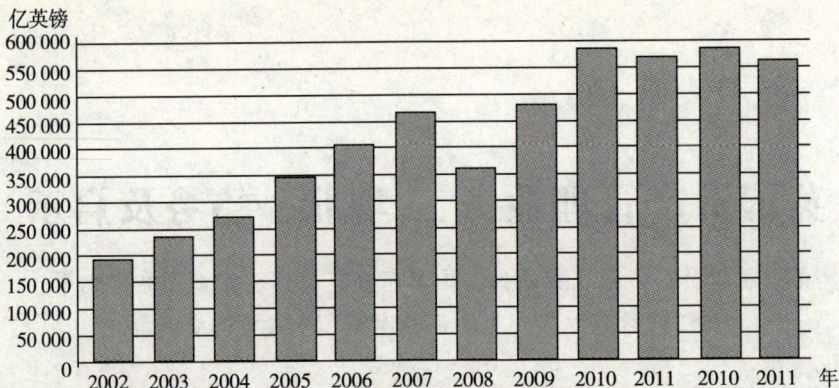

亿英镑

数据来源：IMA 网站。

图1 过去10年 IMA 资产管理行业的规模变化情况

后是零售客户，零售客户以21%的占比成为第三大客户群体，个人客户大约占总资产的2%，其他类型的客户资产比较复杂，难以区分，主要包括信托资产等。此外，从2005年开始，保险公司的资金占比出现了一定的下降，2005年保险资金占比达到了31%，而其他类型的客户资产出现了一定程度的上升。

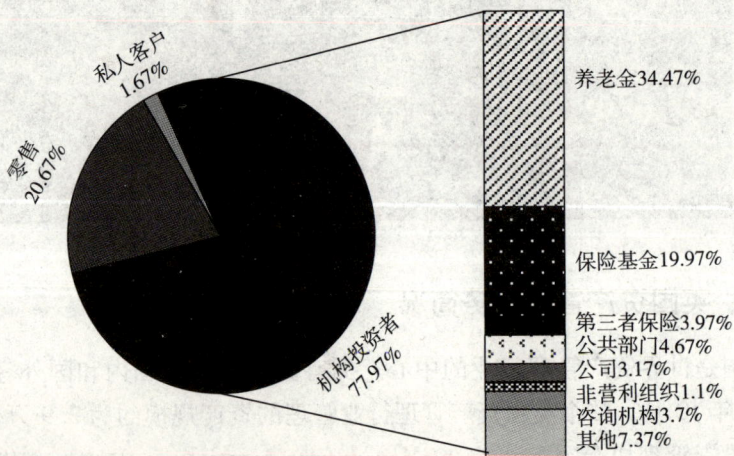

数据来源：Asset management in the UK 2010—2011。

图2 英国资产管理行业的客户类型

英国大部分的资产管理公司都集中在伦敦，当然也有很多公司在苏格兰。据估计，大约14%的资金规模由在苏格兰的资产管理公司管理，而苏格兰的资产管理公司又主要集中在爱丁堡，像其他的英国同行一样，大部分苏格兰的资产管理公司在海外也有很多分支机构。

英国大部分资产管理公司都脱胎于商业银行和保险公司，历史悠久。经过多年发展，整个资产管理行业的商业模式是非常清晰的。他们给零售客户、机构客户以及私人银行客户提供服务，但是不同的业务之间防火墙非常清晰。目前，英国最大的 10 家资产管理公司分别是黑石投资管理公司、英国法律综合投资管理公司、道富环球投资管理公司、M&G 投资管理公司、JP 摩根资产管理公司、英杰华投资管理公司、苏格兰寡妇投资伙伴有限公司、标准生命人寿投资管理公司、施罗德投资管理公司和远见投资管理公司。他们都具有如下特征：（1）他们都有庞大的海外客户资产，他们的主要投资管理团队都在英国。（2）这 10 家公司里面只有 2 个是独立的资产管理公司，其他的 8 个都是属于保险公司、零售银行、投资银行或者托管银行。

几乎所有的资产管理公司都投资权益类股票资产、固定收益类资产。另外这些公司在对冲基金方面大约投资了 300 亿英镑，这大约占了英国所有对冲资金总资产规模的 16%。

二、英国资产管理业务产品发展的现状及趋势

在英国资产管理行业中，虽然权益类资产仍是大部分客户投资组合的重要部分，但越来越多的公司考虑的是如何去帮助客户对冲那些风险资产，以满足投资者在全球经济低迷时期的新需求。如图 3 所示，过去 10 年中权益类产品每年度的规模增长状况跟资产管理行业比较一致，而固定收益类产品的规模则在逐年扩大。总体而言，近年来英国资产管理业务发展呈现投资方法越来越多样化、主动型投资逐步让位于被动型投资、越来越注重投资者教育以及风险控制、服务收费模式由产品端向客户端转变等特征。

首先，投资的方法越来越多样化。由于欧洲近十年主要股指涨幅均较少，低于预期的回报率与高昂的费率削弱了投资者对基金的信心。因此，对冲技术、量化投资等手段在资产管理中运用越来越多。这些基金在绝对回报和费用低廉等方面相对于单位信托基金具有优势，相对更加对投资者有吸引力。

值得一提的是，和美国及部分欧洲国家不同，英国资金从单位信托基金流向对冲基金、ETF 的情况还不甚明显，在 2009 年和 2010 年，英国单位信托基金甚至还净流入了大约 290 亿英镑新资金。但这并不阻碍多样化的技术在英国资产管理行业中运用越来越广泛。

其次，在英国，被动型投资渐成趋势。虽然相较于美国，ETF 在英国市场发展一直较为缓慢，但近年来增速却在提升。如英国管理规模最大资产管理公司黑石投资管理公司旗下 ETF 产品在英国的规模出现了超过 70% 的

百万美元

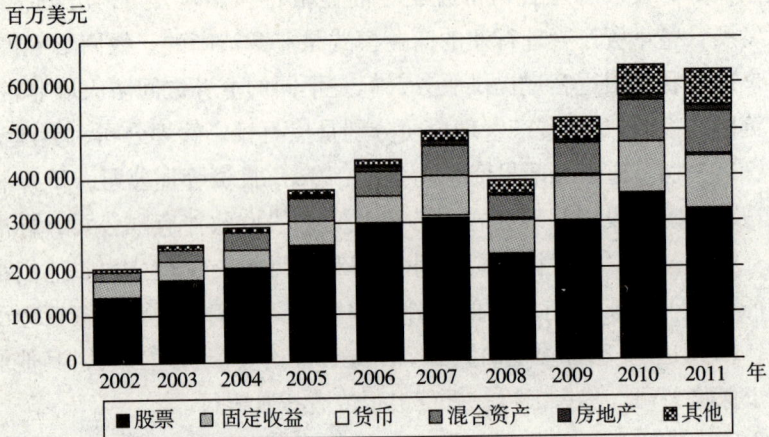

数据来源：IMA 网站。

图 3　过去 10 年不同类型资产的规模变化情况

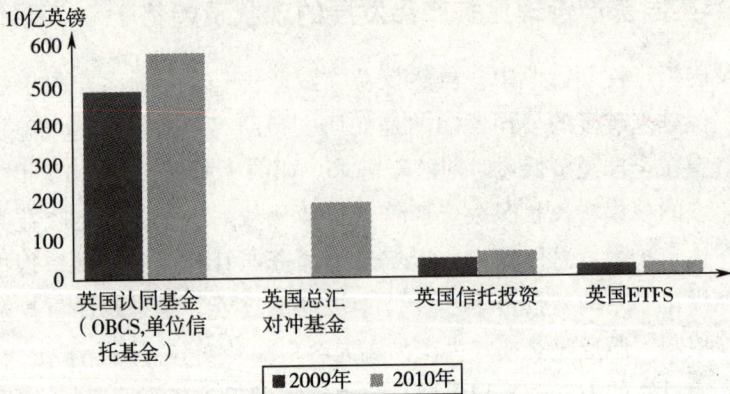

数据来源：Asset management in the UK 2010—2011。

图 4　2009 年和 2010 年英国 4 类基金类型的规模情况

增长。

　　在资金总规模未能大幅度增长，金融活动降杠杆的趋势下，收入增长越来越来困难，因此主要的方向是通过降低成本来提升利润水平。由于指数化投资符合这一要求，加上投资透明度较高，投资标的的特征非常鲜明，这些特点都极大化迎合了市场的需求，应用变得越来越广泛。如前所述，英国资产管理行业中机构化的比例非常高，这些机构超额收益的来源，很大程度上在于资产管理机构在各类债券（国债及垃圾债）、各类市场的指数基金、大宗商品、衍生产品等多种投资池的进行配置组合。

再次，投资者教育及风险控制是重中之重。英国市场机构化比例较高，对投资者的教育比较充分，通过一整套完善的流程，从对投资者的风险分类、对投资者风险厌恶程度的了解、对投资品的风险揭示、对投资的咨询建议等，进行专业而详细的沟通。同时针对不同的客户需求，提供不同的投资配置建议，以规避未来可能的损失。当然，以上措施同时也是建立在对客户完善的数据库管理和服务平台基础上，这也是国内证券资产管理行业同海外资产管理最大差距之一。

英国资产管理公司非常重视风险控制，一家资产管理公司所有部门中往往发展最多、最快的就是风险控制部门，而且在英国的资产管理公司中风险控制部门被认为是至高无上的部门。但是，对风险控制的重视并非等同于风险控制部门凌驾于业务运作之上，而是对业务运营的有效辅助和推动。

最后，也是非常重要的一点，就是英国资产管理行业产品销售收费模式在 2013 年将发生重大变革，产品销售将由向产品提供方收取佣金转向直接向客户收费。英国资产管理业务的出发点都是客户需求，围绕客户的资产状况，零售银行、投资银行、第三方理财顾问等都可以提供全方位的资产管理服务，并已建立了比较成熟的体系。近两年，伴随投资方式、客户需求、市场环境、产品创新等各层面的变化，资产管理行业的收费模式也在发生改变。之前资产管理机构的费用是向产品提供方以收取一定比例的佣金体现，但可能产生道德风险和损害，目前这种情况正在改观。从 2013 年开始，资产管理服务将采用直接向客户收费的模式，收费方式可以是按时计费，也可以是按年度收费或按规模收费，但必须按"为客户提供服务就向客户收费"的原则进行，而不再向产品提供方收取佣金，这种收费模式的变革宗旨就是要完全体现出以客户利益为导向，以克服产品销售过程中的道德风险，损害客户利益的行为。

表 1 是 IMA 分别于 2006—2007 年和 2010—2011 年两个时间段对英国资产管理行业调查的结果，该调查结果也同样反映出了一些英国资产管理行业近年来较为明显的趋势：包括资产管理机构更加明确以客户需求为导向，资产管理公司正在采取不同配置方式来帮助客户实现投资目标等。

表 1 　　　　　　　　　　　英国资产管理行业调查结果

2006—2007 年调查结果	2010—2011 年调查结果
投资对于 α 和 β 的追求出现越来越大的分化	随着 ETF 市场的成长，α 和 β 的分化加剧
主动管理人更加聚焦于在资产类别上获取 α 收益，行业更加体现精准化和专业化	市场越来越认识到专业化管理的有限性，对不同类别产品间的资产配置兴趣显著增加

续表

2006—2007 年调查结果	2010—2011 年调查结果
客户关注更广泛的投资对象，如对冲基金，基础设施，商品，私募股权等	客户对另类资产类别的兴趣持续增加
对冲基金与单位信托基金（如绝对回报类产品的需求渐增）、零售和机构的产品需求都有所趋同	趋同化现象不只存在投资技术和投资对象等方面，还出现在 UCITS（可转让证券集合投资计划）等产品工具中
负债问题推动了负债驱动型产品的应运而生，以帮助养老金计划更好地处理资金困难	负债驱动型产品持续大幅增长，资产管理公司和投资顾问向受托人提供的服务直面更多激烈竞争
越来越多资产管理公司转型为制造商，把风格鲜明的产品提供给具有"组装功能"的专业商，由后者提供给终端客户	"平台"越来越成为主要的销售载体，如何为客户提供专业的产品导购日益重要

三、对中国资产管理业务的启示及建议

启示一：尽快放松对国内资产管理机构投资领域的限制。如前所述，在英国资产管理行业中，投资的方法越来越多样化，对冲技术、量化投资等手段在资产管理中运用越来越多，以取得绝对回报，降低费用，而英国机构投资者的超额收益也主要来自于大类资产配置。在国内，随着金融产品种类的持续发展，现金、债券、股票、衍生产品、商品、农产品甚至土地之间的资金流动对于市场的反身性影响也在加强，而国内资产管理机构目前投资领域主要仍以股票投资和债券投资为主，对于另类资产的投资和量化投资方法的应用仍然在很大程度上受到法规监管的限制和约束，这将使得国内资产管理机构难以满足客户对绝对投资收益及费用低廉的需求，进行将制约国内资产管理业务的发展。

启示二：创造促进被动投资型产品发展的良好环境。在英国被动型投资已渐成趋势，指数化投资成本低廉，投资透明度较高，投资标的鲜明，能够有效满足投资者资产配置的需求。在国内，一方面产品仍然以主动管理型为主，但难以跑赢业绩基准，不能满足客户需求的问题越来越突出，另一方面资本市场的各类指数仍然有待系统化科学化。这些都意味着，我们需要创造环境，推动被动投资型产品的发展。

启示三：投资者教育是资产管理业务长期发展的关键核心。资产管理业务了解客户的需求是关键。了解客户、了解客户可接受的风险程度，从而对不同类别的大类资产进行相应的配置，这就有效地规避了未来潜在的净值损

失给客户带来的困扰，因为这样的损失可能在客户所能够接受的范围之内，这样也就规避了客户的流失。而国内目前进行投资者教育的困难在于，散户比例较高，各类散户风险偏好有所不同，对于投资的理解也有所不同，因此变动的频率往往较大。对不同风险偏好的客户进行分类并有效地进行针对性的管理应该是一种可行的方法。

启示四：保证销售适当性的关键在于制订正确的激励约束机制。针对资产管理产品销售环节所可能产生的道德风险和损害客户利益的行为，自2013年起英国资产管理行业将按照"为客户提供服务就向客户收费"的原则，产品销售将由向产品提供方收取佣金转向直接向客户收费，如何为客户提供专业的产品导购日益成为英国资产管理业务的重心所在。随着国内投资方式、客户需求、市场环境、产品创新等各层面的变化，国内资产管理行业产品销售收费模式也存在着需要发生改变的内在要求。为谁服务就向谁收费，可能是保证资产管理产品销售适当性的有效手段。

总而言之，目前国内资产管理业务和国外同行还存在一定差距，这当然和我们发展的历史较短和经历的市场波动经验较少有关。但为了尽快地赶上甚至超越海外的发展水平，则需要我们对现有的一些制度进行优化甚至对一些顶层的制度进行系统性的创新，从这个角度来看，金融创新的活动不会停止，并将持续地激励国内资产管理业务的发展。

如何利用低风险产品发展券商资产管理业务

第二组组员：东吴证券马震亚、宏源证券李祥琳、长城证券金鉴、
华夏基金刘磊、中天证券娄涛、长江证券杨广伟

一、券商资产管理业务发展历程

券商资产管理业务是指证券公司根据有关法律、法规和投资委托人的投资意愿，作为管理人，与委托人签订资产管理合同，将委托人委托的资产在证券市场上从事股票、债券等金融工具的组合投资，以实现委托资产收益最大化。主要包括：定向资产管理业务、集合资产管理业务、专项资产管理业务。其中，集合资产管理业务的发展远远领先于其他两项业务，是目前券商资产管理规模的主要组成部分。

券商资产管理业务始于1996年的大牛市，于1999年的"5·19"行情火热发展。但在发展初期，由于操作不透明、信息披露不充分、监管力度不强等因素的存在，最初的资产管理业务成为券商的一种变相拆借融资的途径。

券商挪用客户委托资金进行自营、"坐庄"等事件时有发生，券商资产管理业务逐步陷入一片混乱。2003 年年底证监会公布了《证券公司客户资产管理业务试行办法》对定向资产管理业务、集合资产管理业务和专项资产管理业务做出总体规定，但为时已晚。2004 年起，南方证券等违规券商相继爆出因受托理财出现巨额亏损，证监会于 2004 年 9 月底叫停该业务。2004 年 10 月证监会发布《关于推进证券创新活动有关问题的通知》明确规定在集合资产管理业务开展初期证监会仅允许创新试点类证券公司试行办理此项业务，待积累一定经验进一步完善后再逐步扩大范围。

经过一系列整治后，证监会于 2005 年 2 月 23 日批准"光大阳光集合资产管理计划"的设立申请，这是中国证券市场有史以来经证监会审核批准的第一个集合资产管理计划。首只券商集合理财产品的推出标志着券商资产管理业务将在产品、服务、营销等方面开始全面转型。随后获批的广发证券集合资产管理计划"广发理财 2 号"率先于 2005 年 3 月 28 日正式宣告成立，成为国内证券公司正式成立的第一个集合理财计划。

根据投资方向是否被限制，券商集合理财产品分为限定性和非限定性两种。限定性券商集合理财产品主要是考虑到投资风险的因素，对其投资品种的比例进行限制。一般来说，其投资对象主要限定货币市场基金、现金、国债和企业债券等固定收益类资产，而投资于权益类证券和股票的比例不超过20%，收益能力不是很高，但风险相对偏低，比较适合于追求稳定收益的投资者选用。限定型产品包括债券型和货币市场型两种。非限定性券商集合理财产品是指投资方向不固定，除了可以投资上述固定收益类资产以外，还可以投资股票、可转债、封闭式基金和 ETF 等资产，可以根据相关投资品种的趋势进行灵活运作，尽可能追求最大化收益。该类型产品的收益率取决于券商的管理水平，其较为适合追求高风险、高收益的投资者选用。在非限定性产品中，主要包括股票型、混合型、FOF 和 QDII 产品四种。

在券商集合理财产品发展初期的试点阶段，证监会严格限定了办理集合资产管理业务的证券公司范围，仅允许已通过评审、成为可从事相关创新活动试点的证券公司试行办理此项业务。因此在此后三年，券商集合理财产品保持着每年十只左右的发行速度，在券商理财领域缓慢试水，可以说券商集合理财产品的发展错过了 A 股市场的繁荣期。

从平均成立规模来看，2005—2012 年，全部集合理财产品的平均成立规模为 8.38 亿份，且呈逐年下降趋势。

截至 2012 年 5 月 23 日，存续的券商集合理财产品共 321 只，资产管理规

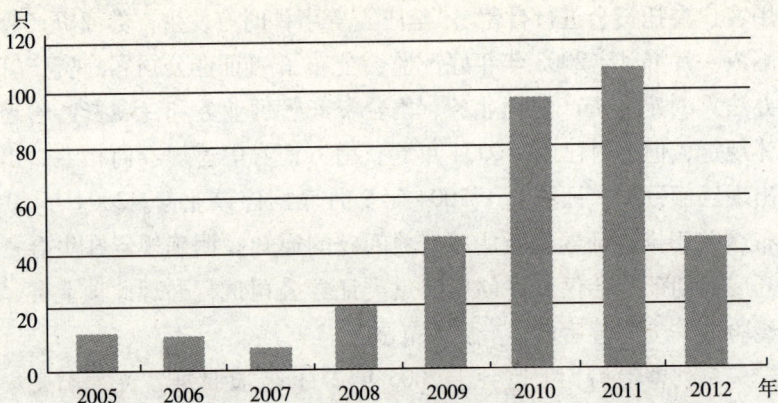

数据来源：Wind 资讯，统计截至 2012 年 5 月 23 日。

图1　券商集合理财产品发行数量

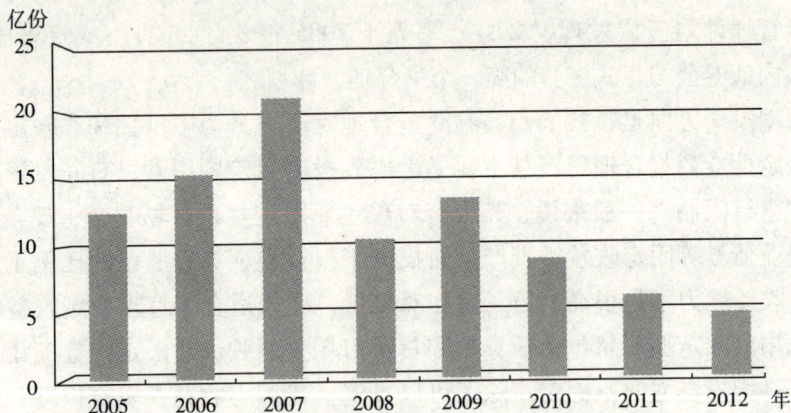

数据来源：Wind 资讯，统计截至 2012 年 5 月 23 日。

图2　券商集合理财产品平均发行规模

模合计为 1 236 亿元。其中：限定性券商集合理财产品 57 只，资产规模为 250 亿元；非限定性券商集合理财产品 264 只，资产规模为 986 亿元。

二、券商集合理财产品规模落后的原因分析

截至 2011 年年底，国内基金、证券、银行、信托、保险等行业各类理财产品规模合计约 6.6 万亿元，相当于个人储蓄存款 35 万亿元的 19%。其中，银行理财产品、公募基金规模分别位居第一位、第二位，而券商集合理财产品规模明显落后，甚至低于私募基金。

（一）受限于产品审核制，错失牛市机遇

从投资范围上看，券商集合理财产品与公募基金最为相似，而前者规模不

亿元

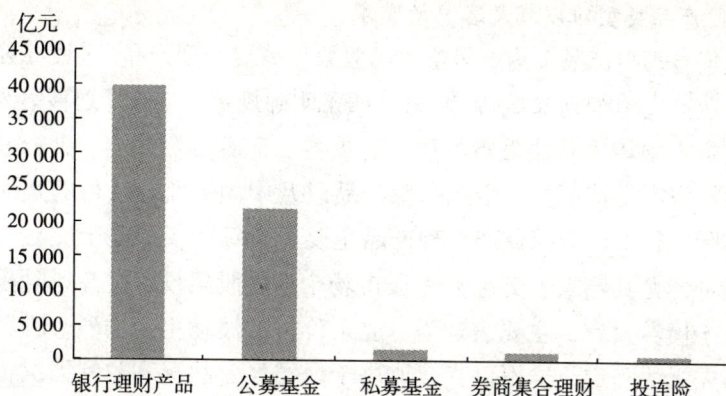

注：投连险规模截至 2011 年第三季度末，其余为 2011 年年底。

图3　各理财产品规模

及 1 500 亿元，后者已逾 2 万亿元，这与券商集合理财产品错失牛市发展良机密切相关。在 2005 年到 2007 年的一轮大牛市行情中，公募基金顺势站稳了脚跟，规模迅速从 3 000 多亿元上升至超过 3 万亿元。而券商集合理财产品受限于证监会的审批制，新产品数量严重稀缺，错失了机遇。目前中型基金管理公司的规模在 200 亿元左右，而券商资产管理规模最大的也不过 200 亿元。

如图 4 所示，2005—2007 年公募基金发行规模不断攀升，而券商集合理财产品发行规模停滞不前。

亿元

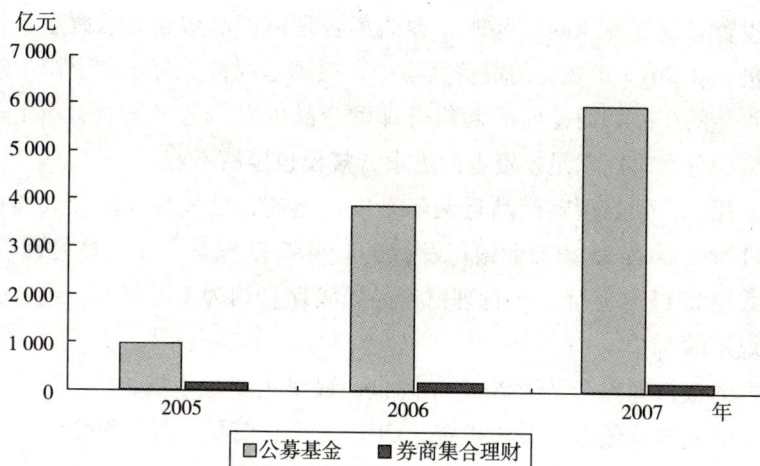

资料来源：Wind 资讯，银河证券基金研究中心。

图4　公募基金与券商集合理财产品发行规模

（二）产品类型难以满足客户的需求

券商集合理财产品多为高风险型的股票型或混合型产品。《证券公司集合资产管理业务实施细则（试行）》第十四条明确规定，集合计划募集的资金应当用于投资中国境内依法发行的股票、债券、证券投资基金、央行票据、短期融资券、资产支持证券、金融衍生产品以及中国证监会认可的其他投资品种。在实际执行中，券商资产管理产品主要投资标的仅局限于交易所与银行间市场品种，尤其侧重于交易所 A 股市场个券。股票投资是高风险投资，其风险远大于债券投资，主要表现为：股票价格的波动更为剧烈；股息与红利的多少事先无法确定，这不仅直接取决于公司经营状况和盈利情况，而且还取决于公司的分配政策；在企业破产清算时分配次序列后。除具有股票市场的一般风险之外，A 股市场还具有独特风险，即对投资者保护水平较差。在制度设计上，A 股市场过分注重实体经济的融资功能，忽视对投资者利益的保护，发行价较高，但分红率极低。相比之下，信托业务可以横跨货币市场、资本市场、实业领域，产品投资范围包括银信合作、房地产与证券三方面，较券商资产管理业务及基金行业投资范围远为宽泛，因而与国民经济发展的联系更为密切。而券商资产管理产品范围仅局限于交易所与银行间市场，尤其侧重于交易所 A 股市场。一旦 A 股市场持续走弱，则资产管理产品规模高风险特性凸显，规模自然停滞不前，甚至缩小。

如图 5 所示，超过 80% 的产品为股票型和混合型。在 2005 年至 2007 年的牛市投资者偏好高风险产品时，券商集合理财产品数量无法跟上，错失了发展良机。在 2010 年之后的震荡熊市中，投资者风险偏好逐渐下降，纷纷寻求稳定收益的产品，而此时券商集合理财产品的发行数量虽然有所上升，但产品类型的分布难以满足投资者的需求，规模也停滞不前。

与之相比，银行理财产品近两年来发展迅速，已成为规模最大的理财产品。2011 年，共有 85 家商业银行发行了 17 463 款理财产品，募集资金 17 万亿元。截至 2011 年年底，银行理财产品规模存量约为 4 万亿元，约占公众理财市场规模的 61%。

国内的银行理财产品于 2002 年问世，最早主要是信贷、票据类产品，后来逐渐发展到挂钩债券、股票投资、QDII 资产、商品工具乃至衍生产品的产品。2006 年后，银行理财产品呈现爆发式增长。

三、通过开发中低风险产品发展券商资产管理业务

错失牛市机遇与产品类型难以满足投资者需求是券商资产管理规模停滞

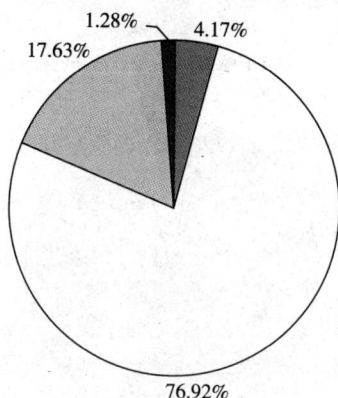

资料来源：Wind 资讯，数据截至 2012 年 5 月 23 日。

图 5　券商集合理财产品类型分布

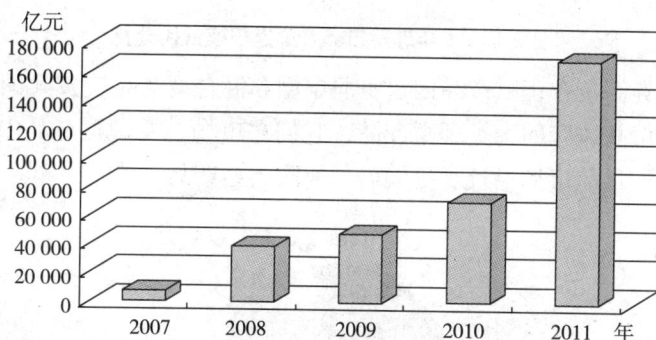

资料来源：银监会年报。

图 6　银行理财产品发行规模

不前的众多原因中的两个，前者是市场环境，取决于多方面的因素，而后者可以通过改善产品设计来解决，相对可行。券商要想实现资产管理业务的成功转型，必须以产品为导向，加强资产管理业务的产品开发和创新，实现投资理财产品的多样化，努力将资产管理业务由过去不规范条件下的"高风险、高收益"模式向规范条件下的"低风险、低收益"模式过渡。

（一）低风险产品市场容量分析

因国内社保体系仍在完善之中，国内居民的高风险投资欲望并不强烈。如图 7 所示，超过 9 成的国内投资者资金投向为存款。其他三类主要理财产品投向中，保险投资因"保障为主、收益为辅"的中低风险投资策略而占据领先位置。

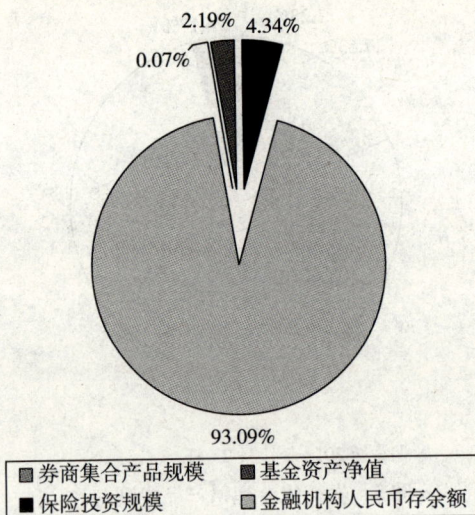

2.19%　4.34%

0.07%

93.09%

■ 券商集合产品规模　■ 基金资产净值

■ 保险投资规模　■ 金融机构人民币存余额

图 7　2011 年理财市场各渠道规模占比分析

基金和券商集合理财产品因自身股票型和混合型产品较多（图 8、图 9），整体上属于偏高风险的大类理财产品，它们在市场主要理财产品中占比最低。这可以说明，目前市场投资者更偏好低风险类型产品。

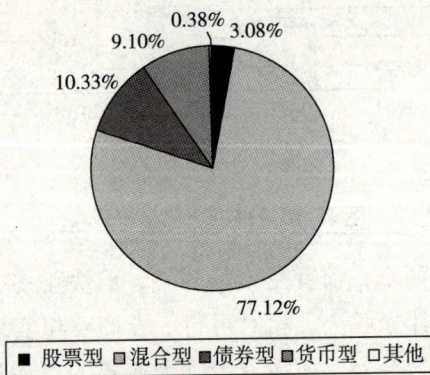

0.38%　3.08%

9.10%

10.33%

77.12%

■ 股票型　■ 混合型　■ 债券型　■ 货币型　□ 其他

图 8　不同类型券商集合计划净值比较

2011 年，通胀上行，负利率持续恶化，资金加速离开银行体系，进入理财产品、地产信托、高利贷和民间市场。根据普益财富的统计，2011 年银行理财产品发行规模达 16.49 万亿元人民币，主要投资于债券、货币市场工具、银行信贷类资产、票据资产等，产品期限普遍较短（3 个月以内），年化收益率稳定在 4%～6%。与之相比，固定收益类信托收益更高，年化收益率也稳

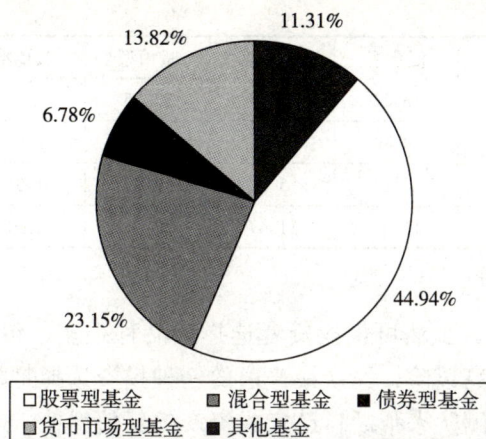

图9　不同类型基金资产净值比较

定在7%～12%，但流动性受限，锁定期一般在1～3年。虽然在收益率、产品期限上，2011年受到客户欢迎的银行理财产品与固定收益信托有较大的差异，但两者的共同点在于提供的收益率都相对稳定，在一定风险范围内可以预期。

目前我国的人民币储蓄存款余额达34万亿元，财富管理的群体最大的就是存款客户，如果有一个产品在一年之内收益稳定超过存款利率，那其竞争力是非常强的，正如2011年需求巨大的银行理财产品。

（二）低风险的集合理财计划市场需求量更大

具体到券商集合理财计划单一产品中来分析，虽然投资股票通常比投资货币产品等低风险品种能获得更高的收益率，但在投资市场上，风险与收益是对等的，普通居民通常对数以千计的股票品种无所适从，降低风险成为理财首选。除了家庭居民外，经济萧条时期的企业也将大量需求较银行存款高的收益而风险低的短期理财产品，以满足企业利用闲置自有资金来提高资金使用效率的愿望，等待经济的复苏以增加向实体经济的资金投入量。

从表1中可以看出，2007—2011年债券型和货币型集合理财计划平均发行份额要高于股票型、混合型的相对较高风险的产品平均发行份额，说明市场对低风险的集合理财计划认可度更高。

表1　　　　各年不同类型的新发行集合理财产品平均发行份额　　单位：亿元

年度	股票型	混合型	债券型	货币型	其他型	新成立产品合计
2007		21.30	21.30			
2008		6.04	17.32		3.72	10.30

续表

年度	股票型	混合型	债券型	货币型	其他型	新成立产品合计
2009		13. 22	12. 23	52. 55		13. 31
2010	5. 60	9. 84	10. 71	11. 23	3. 07	8. 61
2011	7. 49	6. 17	5. 62	7. 47	1. 94	5. 96
平均	6. 54	11. 31	11. 47	23. 75	2. 91	11. 89

数据来源：Wind 资讯。

在美国也同样，虽然可供投资者选择的品种很多，包括股票、基金等。相对于股票投资的高风险，民众最普遍的一种投资选择是购买共同基金，这可以让专业的投资团队来帮助自己完成资产的保值增值，通过投资组合来实现投资的多元化，以分散投资风险。共同基金受到青睐的一个重要原因是它能够回避投资股票的高风险。调查表明，42%受调查的共同基金持有人表示，因为股市波动风险太大，他们选择更安全的共同基金。

当前全球经济不振，通胀形势严峻，这种情况或将在未来较长一段时间内持续，股票市场趋势性投资机会难现，股指波动加大，投资机会或主要以波段性的机会为主。在此背景下，有较大资金安全性的低风险产品将体现出整体优势，成为当前市场中备受关注的投资选择。

（三）发展低风险产品将是券商资产管理业务的未来趋势

1. 经营压力迫使券商发行低风险产品增加盈利点。

疲弱的股市行情使得券商的自营业务盈利的不稳定性增加，券商经纪业务也日渐入不敷出，随着网上交易占比的逐渐提高，券商降低经营成本的空间越来越小。如果券商新设营业部的圈地步伐仍不放缓，伴随着佣金率继续下滑，经纪业务的盈利能力将会越来越低，会使得各券商倍感生存压力纷纷调整发展战略。与之形成明显对比的是，大批银行理财产品却在疯狂吸金。此时，券商必须以敏感的市场反应来迎接调整，主推货币、债券等非股票型理财产品来迎合客户的投资需求。

2. 规避高风险产品收入受二级市场波动影响。

券商集合理财产品中高风险产品占比过大，当市场低迷时，高风险新产品发行难度较大，无法带来新的收入增长点；此外，产品均以收取业绩报酬作为收入的重要来源，弱势股票市场中存续期产品也无法产生盈利贡献。由此导致证券公司资产管理行业发展与二级市场的表现高度相关，疲软的二级市场将使得券商失去大量客户源，导致行业举步维艰。在关系到生死存亡之际，低风险产品不能说是券商起死回生的良药，却必定成为各券商收入的新增长极。

3. 低风险产品提升券商收入水平。

按照投资者适当性要求，根据客户认知能力、投资偏好及风险承受能力，监管部门对集合计划和定向资产管理的允许投资范围是区别对待的，主要面向中小客户的集合计划，为适应客户风险承受能力较弱的特点，产品整体上风险较面向高端高资产客户的定向产品风险要低。在可获取数据的部分上市券商当中，集合理财产品单位规模收入要大于定向产品，说明低风险的集合产品边际收益更可观。数据倾向将引导券商对低风险产品发行的投入力度。

表2　　　　资产管理产品单位资产的净收入情况（收入/资产规模）

券商	2010 年		2011 年	
	定向	集合	定向	集合
广发证券	2.35%	2.53%	2.69%	1.28%
中信证券	0.08%	1.01%	0.06%	1.34%
华泰证券	0.74%	1.34%	0.77%	1.28%
光大证券	0.54%	2.08%	0.76%	2.79%
海通证券	0.01%	1.61%	0.01%	0.90%
招商证券	0.27%	0.83%	1.54%	1.27%
宏源证券	0.01%	1.61%	0.01%	0.90%
平均	0.57%	1.57%	0.83%	1.39%

数据来源：公司网站、公司年报。

4. 监管风险要求券商大力发展低风险产品。

随着未来国内社会保障的加强，居民储蓄率的降低，银行存款之外的投资品种将逐渐成为国内居民的投资主流。理财观念的深入人心，从国外的经验看，各金融监管部门势必强势介入，要求投资品种的发行机构加强对客户的风险约束。

为了规避金融监管风险，金融机构在发行产品时必然要倾向于低风险产品，既满足客户产品需求，又减少了金融风险事故的概率。

（四）券商资产管理可开发低风险产品满足投资者需求

券商在资产管理上要构建一个完善的金字塔产品线结构，塔基主要由低风险、稳收益型产品为主，比如现金管理工具、保本产品、对冲产品等。

1. 现金管理工具。

在现金管理市场中，银行一直以来占据主导地位，一方面是活期存款，另一方面是各银行所发行灵活的超短期人民币理财产品。该类理财产品的资金主要投向银行间市场信用级别较高、流动性较好的金融工具，风险相对较低，适合作为短期资金的管理工具。收益率与流动性兼得，吸引了很多投资者把灵活期限理财产品作为了现金的替代产品，在投资的空窗期、在股市投资的闲暇，都可以把资金转入到灵活期限的理财产品中，为资金获得额外收益。

其次就是基金公司推出的货币市场基金。2011 年在银行理财产品火热发行的同时，货币市场基金也获得了众多投资者的青睐，7 日年化收益率不仅远高于活期存款，甚至远高于 1 年期定期存款，跑赢通胀。与此同时，货币基金一般 T 日赎回，资金 T + 1 日即可到账，流动性好。截至 2011 年年底，货币市场基金总规模近 3 000 亿元。

2011 年年底，券商集合理财产品开始涉足现金管理市场。2011 年 11 月，信达证券推出"现金宝"，其管理模式是，在不影响投资者正常的证券交易前提下，为投资者闲置资金提供的一种增值服务，即在每日交易结束后，券商将对账户闲置的资金进行"抓取"，为客户闲置资金获得更高收益。据介绍，参与"现金宝"的投资者在签约后，系统每日便会自动执行信达"现金宝"集合资产管理计划。参与价格为每份人民币 1 元，首次参与金额起点为人民币 5 万元，追加金额为人民币 1 万元的整数倍，单一账户持有上限为 1 000 万份。与银行理财产品相比较，券商"现金宝"产品的突出优势在于，在证券账户中即可自动操作，不需要投资者将资金在证券账户和银行账户之间进行划转，更加便捷和省心。在投资者进行签约后，券商系统将根据证券交易和账户资金情况，自动参与或退出，而且参与产品的资金可随时用于证券交易，不影响证券投资的操作。信达"现金宝"一季报显示，集合理财计划的实际管理规模，已从成立之初（2011 年 11 月 8 日）的 1.797 亿元，迅速扩张至12.464 亿元，增幅接近 7 倍。

2. 保本产品。

马斯洛的需求理论指出，人的需求是分层次的，分别为生理的需要、安全的需要、感情的需要、尊重的需要、自我实现的需要。体现在投资上，投资者的理财需求也是分层次的，如有安全的需求、获利的需求、稳定的需求、灵活的需求等。对于购买低风险产品的投资者而言，其基本需求是保障资本安全，在此基础上再寻求一定的收益。目前，国内理财产品上的保本理财产品主要有公募的保本基金、银行的保本理财产品、分红险等。

根据现行规定，券商集合理财产品允许在合同中加入"有限责任补偿"

条款。即券商作为产品管理人，可动用部分自有资金参与到集合理财计划中，这部分资金不超过整个集合理财计划管理规模的5%（不能超过2亿元）。投资者在推广期认购集合理财计划，赎回时如果集合理财发生亏损，将先由券商投入该理财产品的自有资金对其进行补偿，直到管理人投入的自有资金用完为止。这种方式在业内通常被称为"隐形保本"。从表面上来看，券商集合理财的这项条款设计对投资者确实有一定吸引力，但在实际过程中，由于券商最多只能投入5%，一旦集合理财净值跌幅过大，仍然不能达到保本效果，所谓的"隐形保本"只有象征意义。若能取消券商自有资金参与不得超过2亿元的绝对数额限制，单个集合计划参与比例限制由"计划成立规模的5%"调整为"不超过计划总份额的20%"，则对于券商资产管理存在两种变化：一是当集合理财计划净值大幅下挫时，可动用自有资金申购，给予投资者信心；二是能设计出更有吸引力的"隐形保本"产品，便于在发行阶段就做大规模。

3. 对冲产品。

在中国相对复杂的投资环境中，大多数投资者都存在牛市涨了市场没赚钱，熊市跌了市场却无法避险套利的困惑。2010年4月16日国内沪深300股指期货正式上市交易，意味着在A股市场对冲产品的市场被打开。同时伴随着融资融券业务的推出以及ETF、分级基金等各类交易型工具越来越多，券商资产管理应加大力度开发对冲产品。

对冲套利产品主要有两个特点：一是市场中性，即利用股指期货，融资融券等对冲市场风险，达到投资组合的市场中性，以提高投资的性价比，即单位风险的收益率。二是对冲套利，即灵活运用多种对冲套利策略，积极发现和捕捉因市场波动及定价不有效性带来的价差机会，以求获得与市场收益无关的绝对收益。

相比之下，债券基金风险较小，预期收益较低，适合对股票市场有熊市预期、风险容忍度较低的投资者；主动股票型基金、ETF、指数基金等相对收益产品风险较高，适合对股票市场有牛市预期的投资者；对冲产品是在相对确定的风险下追求获取相对确定的收益，追求投资性价比，预期收益高于债券基金，风险介于债券基金与主动股票型基金、ETF、指数基金之间，适合追求投资性价比的高净值的人群。

中低风险的"绝对收益类"产品补充了权益和债券风险收益中间的空当，满足投资人风险管理和资产配置的需求，在未来有很大发展空间。在引入对冲机制之后，形成真正的"市场中性"，这种稳定的绝对收益，对高净值客户颇具吸引力，适合作为券商集合理财产品开发。

四、券商应加强低风险产品的发展

在竞争激烈的理财市场中，券商集合资产管理产品的规模较小，究其原因，低风险投资标的的缺乏是不可忽视的重要因素。

在近期举行的创新大会中，相关部门已拟定《关于推进政企公司改革开放、创新发展的思路与措施（征求意见稿）》，明确了证券业下一阶段发展的"路径图"，计划出台措施支持行业创新，包括提供券商理财类产品创新能力，加快新产品新业务创新进程等。在投资标的方面，券商集合产品又有所扩展，如银行间产品更加丰富。展望未来，随着低风险投资标的的增加，势必会吸引客户资金从其他理财渠道向证券公司回流，改变券商资产管理业务停滞不前的局面。但是由于券商传统的投资品种大多限制在股票、场内债券等，低风险产品的投资能力和销售渠道仍需继续增强。

（一）投资能力的加强

目前各券商投资人员多以股票投资为主，对银行间等低风险产品的投资人员储备不足，对于金融行业来说，合格的人才队伍才是其成功的关键。投资人员应该根据每个产品的特点及客户的风险偏好，制定不同的投资策略及收益目标，并根据最新市场动态，及时调整投资组合，以尽可能达到风险低、收益大的效果，保证把客户的利益和需要放在第一位，才能更加快捷地促进低风险产品的深入人心。

（二）销售渠道的加强

首先，在现有产品的基础上，创新理财产品，提升服务层次，做好市场细分与市场定位，更好地为客户提供风险差异化服务。其次，要着重培养一批具有扎实专业知识和极高综合素质的销售经理，协助客户的货币资产在储蓄存款及证券、保险、资产管理产品等理财投资领域合理流动，满足客户的不同风险产品需求。最后，在产品的不断创新中，还应重新建立一套从业人员自律性的行业标准，防控风险，维护客户利益，提升理财服务的水平。

英国资产管理业务经验及
对中国资产管理业务发展的启示

第三组组员：东吴证券陈强、银河基金刘风华、浙商证券刘俊、
国联证券华立辉、华鑫证券赵恒、中国证券业协会吴佳

　　英国是一个金融大国和金融强国，具有深厚的金融历史底蕴和强大的金融服务体系。其首都伦敦聚集了 500 多家外国银行，每日外汇交易量高达 6 300多亿美元，管理着全球 4 万多亿美元资产，是当之无愧的世界金融中心之一。

　　英国金融行业采取混业经营的模式，资产管理的产品投资范围非常广泛，可极大提高客户组合的资产配置效果。同时，多层次的金融投资机构构成了其互为补充的综合服务体系，进一步满足了客户资产管理的多元化需求。英国的全方位产品结构体系和多层次的综合服务体系，奠定了其资产管理业务的基础，值得中国资产管理业务在下一阶段的发展中进行重点学习与借鉴。

一、英国资产管理产品的特点及对国内的启示

（一）英国资产管理产品的特点

英国资产管理产品的种类很多，各种风险等级的产品都十分丰富，能够满足各类客户的需求。这些资产管理产品具有如下一些特点：

1. 被动管理型产品逐步增多。

从英国最近数十年的资产管理发展趋势看，主动管理型产品所占的市场份额逐步下降，而被动管理型产品份额则逐渐上升。同时，主动管理型产品已经逐步放弃了追求超额贝塔收益的策略，而追求超额的阿尔法收益。其背后的原因较为复杂，如多年来主动管理型产品业绩未能胜出而收费较高，板块轮动选择的难度很大，准确率远远低于个股选择等。

2. ETF 类产品极其发达。

英国的资产管理产品中，ETF 类产品最近几年获得了极大的发展，市场份额很高。这种情况的出现，一方面与其在交易所上市、流动性较好的特征相关，也与 ETF 的丰富性有关。由于英国投资者面对全球投资市场，投资的可能性无限大，因此资产配置的过程最为关键，在业绩分析中表现出来的重要性也最高。他们既可以投资美国、英国、欧洲大陆或者新兴市场的股票和债券，也可以投资石油、黄金、农产品等大宗商品。在这种情况下，一般的投资者乃至中小型机构都没有能力也没有必要去细选品种，他们只需要决定股票、债券和商品的比重，再决定国别、货币和具体商品类别，随后就购买相应的 ETF 即可。相应地，ETF 第一层次可分为股票型、债券型和大宗商品型，在此之下又可以分为各类股票指数、债券指数、各类商品、各个国家市场等。

3. 重视债券类资产的配置。

英国的资产管理产品重视对固定收益类资产的配置，尤其是金融危机之后，债券类资产受到高度重视。同时，在债券类资产中，很多产品尤其是对冲类产品，还对垃圾债券予以高度重视。垃圾债券（Junk Bond）其实是个有误导性的名字。事实上它只是指没有被评级机构颁发投资等级的公司债券，一般由商业信用能力未获普遍认可的中小企业、新兴企业以及有违约记录的公司发行。根据高风险、高收益的原则，这类债券收益率高于投资级别的公司债，用来补偿其信用风险和流动性风险。事实上，从本质上来说，股票是最垃圾的债券，处于所有债券的最底层，承担最多风险，也获得最多的收益可能性。因此，抛弃垃圾债券这个名字所带来的偏见，投资者应对于这类资

产极为重视，因为它们是中低风险、中等收益的良好投资标的。

4. 重视对冲技术的运用。

英国资产管理产品重视对冲技术的使用，甚至很多产品本身就是对冲类产品。所谓对冲，是指追求绝对回报、采用风险对冲手段、投资多种金融工具、使用杠杆的一类投资方式。这类产品面对富人市场，起点较高，监管较松，2008 年之前采取 2% + 20% 的费率结构。但它不是时时刻刻对冲全部风险，否则就是无风险无收益。它只是阶段性的对冲，或者对冲某种风险，但仍然承担了很大的目标风险。对冲产品采取的策略主要包括：多空对冲策略（Long Short Strategy）、全球宏观对冲（Global Macro Hedge）、风险套利（Risk Arbitrage）、量化交易（Quantitative Trading）等。

（二）国内券商资产管理业务产品创新的启示

1. 大力发展固定收益业务。

随着经济增长速度的下降，国内的货币增长速度和通货膨胀速度也将随之下降。此时将迎来债券市场发展的极好机会。从供给来说，更多企业将使用直接债券融资工具，来降低财务成本。因此，债券市场的广度和深度会得到显著的提升，各类期限和各种风险等级的债券都会出现。从需求而言，大量的客户将意识到债券能同时提供中等的收益、中等的流动性和较低的风险，与银行定期存款相比将具有明显的优势。券商资产管理业务应该借此机会，大力发展固定收益业务，包括现金管理业务。

2. 资产管理业务实现账户的支付功能，发行贷记卡和借记卡。

当前普通客户资源集中在银行的原因在于银行账户的日常支付、现金功能，为了方便，客户将大量的闲余资金放在银行账户中，并频频造访银行，为银行提供了销售机会。而事实上，券商账户，包括经纪业务账户和资产管理账户，由于有资产作为抵押，完全可以发行贷记卡，并在还款期之前自动赎回高流动性的产品，自动还款。在客户账户有高流动性现金产品或者现金的情况下，券商应该发行借记卡，允许客户实现 ATM 取款及消费。只有这样，才能吸引客户把账户完全从银行转移到券商，并配置不同期限、不同风险的产品，从而既获得投资收益又能够满足日常的支付和消费需求。

3. 大力发展被动管理型产品。

近年来，国内投资界也认识到，长期来看主动管理的收益率未必优于被动管理。因此基金公司发行了大量的指数基金和 ETF 产品。但就券商资产管理而言，目前还基本没有。事实上，这块业务反而是券商资产管理具备潜在优势的业务。原因在于，当前券商资产管理由于规模小、投研实力弱，在与基金进行主动管理竞争时，很难取得认识上的和事实上的优势。但被动管理则不同，基金和券商资产管理没有大的差别，都是复制指数而已，但券商资产管理可以采用其他多种手段，比如自有资金参与、提供保护垫等方法来提高产品的吸引力。券商资产管理既可以发行普通的指数型产品，也可以争取以发行 ETF 的方式来提高产品的流动性。尤其是后者，随着 QDII 的推出，国内投资者面临的投资范围也在逐步扩充，而正如上文提及的一样，投资范围越广泛，资产配置就越重要，ETF 也越有市场。

4. 推动结构化产品的发行。

投资者的收益率需求和风险承受能力千差万别，投资管理人必须以此为依据设计产品。在满足投资者需求的多样性方面，结构化产品能够发挥很大的作用。国内基金公司在这方面已经做了很多探索，分级基金既有股票型的，也有债券型的；既有开放式的，也有封闭式的；既有主动管理的，也有被动管理的；既有上市的，也有非上市的。券商资产管理在这方面也应该迎头赶上，既要充分利用基金界现有的经验，也要有所突破和创新。券商拥有业内最为庞大的研究人员队伍，应该让其充分发挥聪明才智，设计开发新型的结构化产品。

5. 加强对冲类产品的研究与发行。

国内股指期货交易如火如荼、国债期货已经进入仿真交易阶段，后续备兑权证等其他衍生产品也可能逐步推出。同时，融资融券业务已经扩展到大部分券商，转融通也已箭在弦上。在这种情况下，券商资产管理可以充分利用现有的金融衍生工具来设计开发风险对冲型产品，可称为券商资产管理产品"对冲基金化"。具体策略包括：多空策略、数量化交易策略、事件驱动策略、套利策略等。这些交易策略在当前的国内证券市场中刚刚起步，但从国际市场经验来看，其交易量占比和市值占比将会迅速的扩大，券商资产管理必须抓住时机切入。

二、英国资产管理服务体系及对中国的启示

（一）英国资产管理服务体系梳理

英国资产管理业务的范围非常广泛，从事资产管理业务的机构也呈现多元化的特征。具体来说，可以提供全方位资产管理服务的机构主要有综合性银行、私人银行及独立理财师三种类型。该服务体系对相关人员的素质要求非常高，包括全面理解各种金融投资工具的风险收益特征及投资组合理论，同时具有与客户建立起密切关系的能力。

1. 独立理财师（Independent Financial Adviser）。

独立理财师的定义：理财师以合伙制的形式成立独立的第三方理财机构，自身不提供任何投资产品，而是凭借良好的专业技能，为客户提供专业的理财建议和服务。由于其自身利益的独立性及高素质的专业性，得到了越来越多客户的青睐，据统计，英国独立的金融理财师规模已达 2 万人。

英国资产管理的收费制度在之前一致采取"佣金制"，即资产管理机构向客户提供产品投资建议后，可以向客户所购买产品的提供方（provider）收取一定的佣金（一般 5%）作为报酬。但由于其对客户不透明，且存在较大利益输送空间，导致理财产品隐性收费过高，损害了客户利益。从 2013 年开始该制度将被明令禁止，资产管理服务的收费必须采取按时计费或按资产规模收费两种模式，直接向客户收取。这将改变原有以产品为中心的资产管理服务体系，建立起以客户利益为导向、提供高质量服务为中心，向客户提供最符合客户利益的产品和服务的新体系，大大拓宽了独立理财师的业务拓展空间。

其所能提供的投资范围非常广泛，涵盖了各个领域：（1）投资，包括股票、基金、投资级债券。（2）养老金。（3）人寿保险。（4）抵押贷款。（5）税务规划。（6）房地产规划等。

经营模式与客户来源：主要与律师行和会计师行进行合作，而不是与银行展开合作。由于英国高收入人群在工作和生活过程中涉及大量的法律和会计事务，需要频繁征询律师和会计师的专业意见，因此律师与会计师手中掌握了大量高资产客户资源与第一手信息。独立的第三方理财机构通过与律师行与会计师行的合作，可以高效率地获取高资产目标客户的信息。由于 IFA 独立的利益身份，律师行与会计师行也更愿意对其进行推荐。由于客户对律师和会计师有较强的信任感，对于其推荐的独立理财机构会给予高度重视，获取业务的机会大大增加。与此同时，由于理财业务中也涉及大量的法律和会计业务，这也为律师行与会计师行提供了新的潜在业务机会，能形成业务上的共赢格局，实现良性循环。

2. 综合性银行。

对于一般客户，主要提供大众化的简单理财服务，主要业务范围有一般账户（Normal Account），住房抵押贷款（Mortgage），小额度家庭贷款（Loan），低额度透支信用卡（Credit Card）等。对一般客户群体中的差异化理财需求，综合性银行主要在上述四项服务的基础上进行细分和标准化设计，但是总体来说，产品相对简单，个性化服务较少，客户只能在有限的产品中进行选择。

对于高净值客户，则提供较多的个性化理财服务，尤其是家庭年收入在 10 万英镑以上的客户。对该类客户提供的投资类产品和保险类产品大幅增加，包括高额住房贷款，退休理财金账户离岸交易账户，股票基金账户，对冲基金账户、高息债券账户等。综合性银行会根据对客户风险偏好的详细划分，在一揽子的理财产品中进行个性化的定制。

很多综合性银行有其集团旗下的资产管理公司和投资银行，这些资产管理公司和投资银行会凭借强大的集团优势开发和创造覆盖各大领域的多元化金融投资产品。其后，需要将这些产品通过理财服务人员分销给客户。

在综合性银行提供理财服务的人员称为捆绑理财师（Tied Financial Advisers），主要为高净值客户进行专业化服务。与独立理财师相比，捆绑理财师的收入由其受雇的银行支付，因此倾向于向客户推荐受雇银行发行的投资工具和理财产品。但近年来，为了更好地绑定客户的差异化理财需求，TFA 也开始更多地向客户推荐符合客户真实需求的其他银行或投资机构发行的产品，部分银行的 TFA 给其客户推荐的资产组合中最少只包括 25% 本公司提供的产品，体现出更多以客户利益为中心的导向，有利于留住高净值客户。

在客户开发流程方面，前台部门会将开办一般业务高净值客户的信息传递给对应的 TFA，由理财师与客户接洽，进一步拓展理财业务合作空间，提供全方位的理财服务，有必要时由专门的产品设计部门设计定制化的产品满足客户不同的风险收益特征的理财需求。

3. 私人银行。

英国私人银行的资产管理业务侧重于对高净值客户的资产管理，私人银行有其不同的客户定位，相对于北欧（主要是瑞士）的超高端客户定位，英国私人银行的客户定位相对低一些，一般客户资产规模要求在 50 万英镑以上。主要为客户提供授权资产管理（Discretionary Investment Management），投资范围涵盖全球股票、固定收益产品、衍生产品（结构化产品、对冲基金、PE、商品）、现金等。其收费模式大多是只收取管理费，并不提取业绩报酬。

其客户涵盖企业主、养老金、信托、遗产继承、避税、投资移民等领域。近年来，英国私人银行资产管理业务在俄罗斯和华人的高净值客户中较受欢迎，尤其是投资移民业务。

与前面两种机构通过理财师与客户交流不同，私人银行对高净值客户的资产管理服务往往采取投资经理（Wealth Managers）负责制，即每个客户都有一个直接对应的投资经理，直接与客户打交道。私人银行的资产管理业务往往需要有一支自身的研究团队，对各资产类别进行跟踪和覆盖。除了对本国市场的重要股票直接覆盖外，其他类别的资产往往都通过购买投资于该类资产的各种专项投资基金来实现。

私人银行往往可以对客户的差异化的需求可以做到更为细致和全面的"量身定制"服务。以一家有超过 200 年历史的英国私人银行 Brown Shipley 公司为例，其将客户的投资目标分为 Cautious、Income、Balanced、Growth、Dynamic 五大种类（图1、图2），并进一步对客户的风险偏好、时间期限、投资限制、税收安排等各方面做出最合理的定制化服务。而且，私人银行还可以根据客户不同的风险收益特征需求，将自身的投资团队分成不同的小组，每个小组都有自己的"投资决策委员会"制度，定期对客户的资产组合进行分析讨论，以便在最快的时间、最为有效地满足客户的差异化需求。

在客户获取上，私人银行有专门的客户经理进行客户挖掘和拓展，通常通过组织高尔夫活动、参加游艇俱乐部、老客户推荐等方式进行，也有部分私人银行与独立理财师（IFA）进行双赢合作。

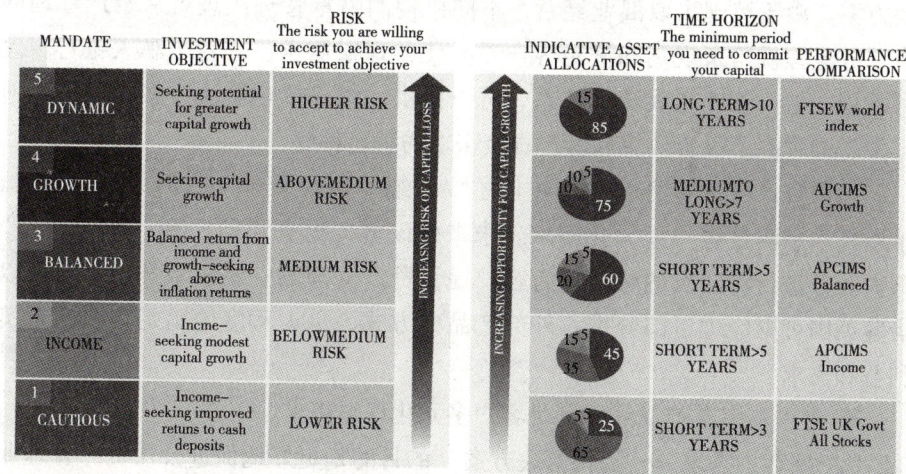

资料来源：Brown Shipley 公司宣传资料。

图1　基于投资目标和风险的客户分类

资料来源：Brown Shipley 公司宣传资料。

图2　基于不同时间期限客户的资产配置建议

（二）对国内券商资产管理业务服务体系的启示

通过对英国资产管理服务体系的梳理和分析，国内券商资产管理业务服务体系可以从"深度挖掘客户真实理财需求—从全视角业务范围提供一揽子解决方案—完善产品线满足客户资产配置需要"三个方面，构建起多渠道、多形式的综合服务体系，淡化对传统渠道的依赖。

1. 将对客户真实理财需求的深度挖掘能力作为资产管理业务的出发点。

英国资产管理业务均以客户需求和利益为基本出发点，从产品体系到服务体系的构建均充分反映了这一点。因此，深度挖掘客户的真实理财需求成为一切资产管理业务的出发点。英国资产管理机构均构建了完善的客户真实需求的调查过程，通过全方位体系化的流程，能较为真实地反映客户的真实投资目标、风险、投资期限的差异化需求。

在英国私人银行 Brown Shipley 的案例中，其建立了完善的客户问卷调查流程体系，通过三十页左右的详细"事实调查问卷"可以在 3 个小时左右的时间内，从投资目标、风险、期限、投资限制、税收规划等方面综合反映客户的真实理财需求，见图1和图2。同时，由于监管在金融危机后大幅加强，对客户的分类越精细和科学，日后可能产生业务和法律纠纷的风险点也就越少。涉及纠纷时，对客户"详尽的事实调查"是重要的免责记录。

2. 围绕全视角的财富管理范围，提供个性化解决方案。

在深度挖掘客户理财需求后，接下来应该给客户提供一揽子的综合性解决方案。由于英国采取混业经营，不同机构的财富管理经理可从资产管理的全业务流程视角来规划和满足客户差异化的理财需求，涵盖了私人银行、理财规划、组合管理三大流程体系，可以提供一站式的全解决方案，这极大地提资产管理高了投资效率和客户真实需求的满足程度。

国内资产管理业务范围构建仅主要围绕"组合管理"展开，效率低下、难以高水平满足客户差异化需求。未来应该将"财务顾问"和"组合管理"两大业务进行深层次的融合，为客户提供资产管理的一站式服务。甚至可以借鉴英国理财经理可部分推荐外部产品的方式，更大程度地满足客户的真实利益和需求。

3. 进一步完善产品线，满足客户多元化理财需求。

"挖掘客户需求——提供解决方案"的目的是更好地促进公司资产管理业务的发展。英国资产管理业务中非常重要的一个基本出发点就是从资产配置的角度来满足客户中长期差异化理财的理财需要，这对资产管理业务的产品线支持提出了较高要求。此外，在欧洲大陆部分主要经济体养老金的配置比重中，债券占据了主要位置。

国内券商资产管理业务基础较为薄弱，产品线范围不全，主要集中在权益类投资方面，不能满足不同经济环境下客户差异化的理财需求。与此同时，渠道范围更广、机制更灵活的银行和信托则凭借健全的产品线和差异化的产品定位极大地满足了新形势下客户的理财需求。因此，下一阶段券商应进一

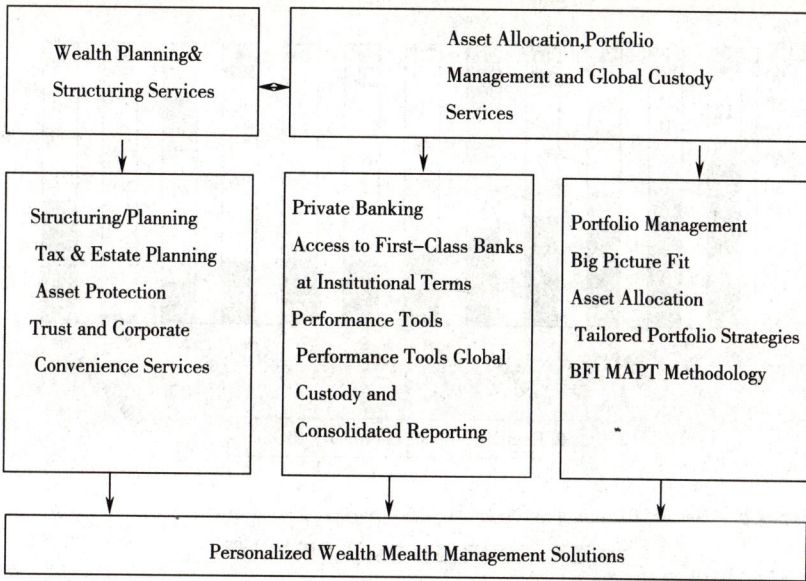

```
┌─────────────────────┐    ┌──────────────────────────────┐
│ Wealth Planning&    │    │ Asset Allocation,Portfolio   │
│ Structuring Services│◄──►│ Management and Global Custody │
│                     │    │ Services                     │
└─────────────────────┘    └──────────────────────────────┘
```

Structuring/Planning	Private Banking	Portfolio Management
Tax & Estate Planning	Access to First–Class Banks	Big Picture Fit
Asset Protection	at Institutional Terms	Asset Allocation
Trust and Corporate	Performance Tools	Tailored Portfolio Strategies
Convenience Services	Performance Tools Global	BFI MAPT Methodology
	Custody and	
	Consolidated Reporting	

Personalized Wealth Mealth Management Solutions

资料来源：The Asset Management Industry, Brian Scott – Quinn, 2012。

图3　财富管理个性化解决方案的流程

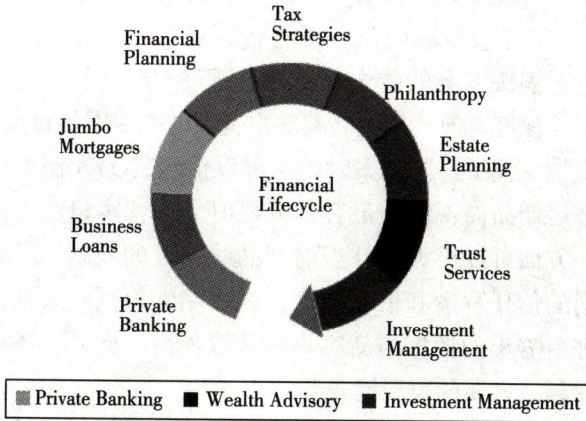

資料来源：The Asset Management Industry, Brian Scott – Quinn, 2012。

图4　财富管理的全视角业务范围

步完善自身产品线，或凭借其全产品覆盖一揽子解决方案的能力，或凭借其差异化定位满足特定细分领域客户需求的能力，满足客户的差异化理财需求。

4. 构建多渠道、多形式的服务体系，淡化对传统渠道的依赖。

从英国的经验来看，社会老龄化导致居民理财需求大幅上升。同时，居民的主动理财意识理财和差异化、细分化特征都呈现持续增加的态势。英国

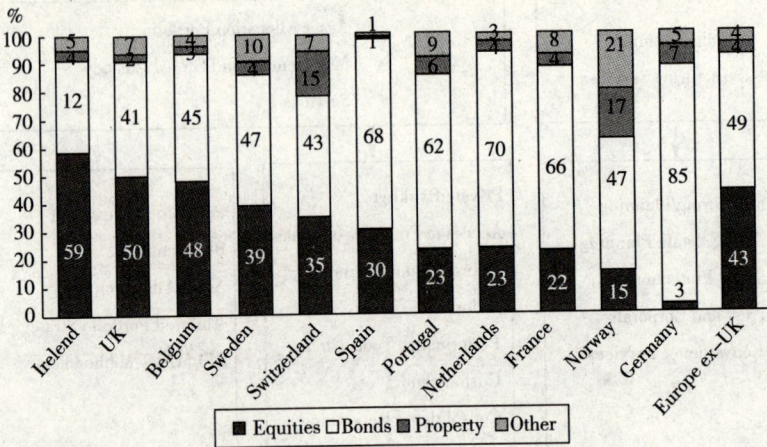

资料来源：Mercer 2010 European Asset Allocation Survey，November 2010。

图5　欧洲各国养老金资产配置比例

多渠道、多种形式的服务体系较好地满足了这一趋势的变化，给中国下一阶段资产管理业务服务体系的构建提供了良好的借鉴意义。

中国券商资产管理业务可以借鉴英国IFA的模式，将"资产管理部"与"财富管理部"或与"投资顾问"业务进行深度融合，提升能满足客户各项理财需求的一揽子解决方案的能力。还可以通过与律师行、会计师行等中介机构的双赢合作，深度有效地挖掘高端客户资源，减少对银行渠道的依赖。

在给客户提供一揽子解决方案时，还可以借鉴其TFA制度中以客户利益为中心，在本公司产品尚不能满足客户需要时，推荐客户购买其他公司的理财产品。这样一方面可以极大弥补当前产品线不足的问题，另一方面还可以增加客户对公司的信任程度和依赖程度，客户粘性得到较大加强，有望极大拓展客户深度理财需求的挖掘与新客户的获取能力。此外，还可以建立不同理财机构之间双赢或多赢的盈利模式。

在客户的挖掘和管理方面，还可以借鉴英国私人银行通过各种高端民间组织，如高尔夫俱乐部、游艇俱乐部、高端私人会所等更为有效地寻找潜在客户，提高客户开拓效果。同时，在定向客户的管理上，当定向客户数量足够多时，也可以借鉴英国私人银行将投资人员根据客户不同风险收益偏好分类的方法，更快捷、有效地满足不同类型客户差异化的理财需求。

证券公司资产管理产品创新方向选择

第四组组员：兴业证券李劲松、浙商基金范吴成根、
招商证券张卫华、广发证券钟鸣、民族证券李媛、长江证券杜建平

一、证券公司资产管理行业现状

截至 2011 年年底，资产管理行业中银行理财产品规模已经达到 8 万亿元，保险公司可运用资金余额 5.5 万亿元，信托公司资产规模 4.8 万亿元，阳光私募资金总规模 1 600 亿元，券商资产管理规模 1 400 亿元，基金公司资产管理净值 2.1 万亿元。

纵观整个资产管理行业，从绝对规模来看，券商资产管理劣势明显，在整个市场中占比较小，而银行、保险、信托、基金等管理机构已经获取了大部分市场份额。从增速上来看，近 10 年保险和基金的复合增速为 36% 左右，银行理财产品增速在 40% 以上，信托得益于其在产品设计和资金运用上的多样化，在近 5 年的复合增速为 56% 左右。

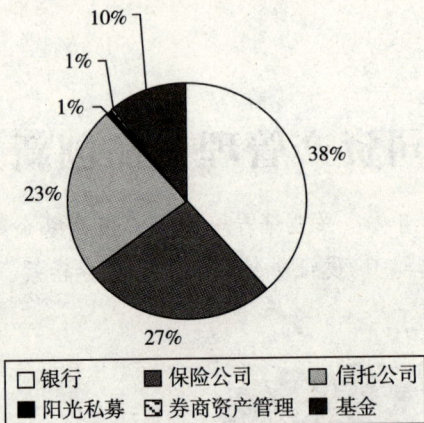

图1　2011 年年底资产管理行业规模构成

其中，信托从 2008 年起利用杠杆化经营，借道银信合作渠道，依靠贷款类银信合作产品。由于银行变相调整信贷结构大量转移信贷到表外，以规避信贷监管，信托便借此搭上了"顺风车"，获取了丰厚的利润，出现了 2010 年井喷式增长的局面。同时，借力于宏观政策调控房地产企业，房地产企业在被严格控制信贷的情况下，资金压力剧增因而转向信托产品融资。通过 2010—2011 年大量发行房地产信托产品，信托行业得以"坐收利差渔利"而迅速将规模做大。

基金行业的爆发式增长则集中在 2005—2007 年。基金抓住了证券市场 2007 年的大牛市机会，管理的资产规模迅速从 2005 年年底的 4 691 亿元增长到 2007 年年底的 3.28 万亿元，规模增加了 6 倍，年均增长率达到了 233%。

相比之下证券公司的资产管理行业由于经营范围被限定在二级市场和债券市场，在这个狭窄的产品市场中又受到政策限制无法和公募基金竞争因此发展比较缓慢，总体规模较小。

与公募基金发展的比较：从 2006—2011 年的公募基金及券商资产管理的规模发展来看，基金公司规模的爆发式增长出现在 2006—2007 年的大牛市时期，从 2005 年年底的 4 600 亿元左右发展到 2007 年年底的 3.3 万亿元。而券商资产管理却错失了这段黄金时期，2006—2007 年新发规模仅为 200 亿元左右。此后虽然在 2009 年出现较快增长，但错过 2006—2007 年大牛市，使得券商资产管理被公募基金远远抛离。

表1 历年基金和集合理财产品数量和规模情况对比

产品类别	2005 年	2006 年	2007 年	2008 年	2009 年	2010 年	2011 年
存续期产品数量比较　数量：只							
公募基金	218	308	346	439	557	704	914
券商资产管理	2	22	26	40	81	179	275
存续期产品规模比较　资产净值：亿元							
公募基金	4 691	8 564.61	32 755.90	19 388.67	26 695.44	24 972.49	21 879.79
券商资产管理	37.2	296.05	783.48	441.36	968.79	1 347.21	1 326.69
历年新发基金和集合理财产品规模情况对比　亿元							
公募基金		4 123.63	6 116.45	1 900.20	3 797.83	2 912.60	2 831.06
券商资产管理		180.14	205.00	156.30	651.93	830.05	642.87

资料来源：Wind 资讯。

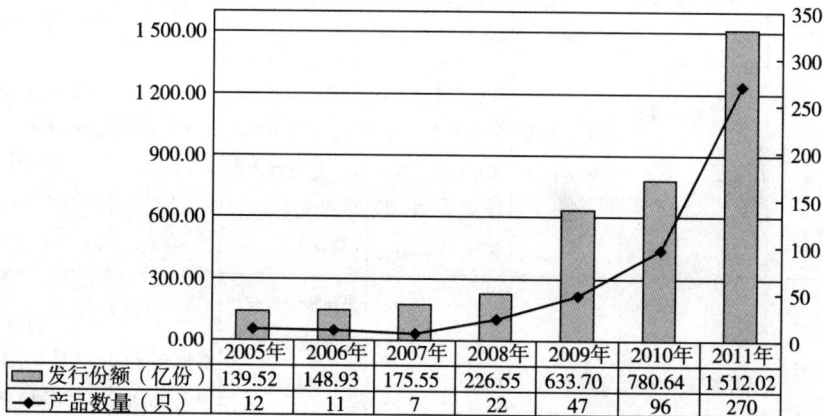

	2005年	2006年	2007年	2008年	2009年	2010年	2011年
发行份额（亿份）	139.52	148.93	175.55	226.55	633.70	780.64	1 512.02
产品数量（只）	12	11	7	22	47	96	270

资料来源：Wind 资讯。

图2　2005—2011 年券商集合理财产品数量和规模增量情况

　　探寻背后的原因是证券公司资产管理虽然在理论上拥有经纪、投资银行、直投等与投资相关多条业务线。但在发展上远远落后于各方面最为类似的公募基金，也落后于其他理财产品，主要的客观原因在于券商资产管理在监管方面面临着更多的监管约束和限制，劣势尽显。

153

表2 资产管理行业监管要求比较

项目	银行理财	信托公司	券商资产管理		基金公司	
理财产品	境内一般固定收益产品和结构型产品，代客境外理财	信托计划	集合资产管理计划	限额特定理财产品和定向资产管理业务	公募基金	专户理财（一对一和一对多）
监管机构	中国银监会		中国证监会			
发行批准	报备	报备	审批	限额特定理财产品：审批定向资产管理业务：报备	审批	报备
投资范围	除二级股票市场外的其他品种（但借道信托可以实现）	无限制	中国证监会认可的投资品种	中国证监会认可的投资品种	中国证监会认可的投资品种	中国证监会认可的投资品种（含商品期货）
投资限制	无限制	无限制	—	—	—	—
份额设置	可以设计分级份额	可以设计分级份额	不可设计分级份额	不可设计分级份额	可设计分级份额	可以设计分级份额
参与金额起点	5万元	通常，每份100万元以上	限定性集合计划起点为5万元；非限定性集合计划起点为10万元	限额特定理财产品起点为100万元；定向资产管理业务起点为100万元	1000元	一对一专户业务起点为3000万元；一对多专户业务单个客户参与起点为100万元
成立与存续条件	无限制	无限制	1亿元	限额特定理财产品起点为1亿元；定向资产管理业务起点为100万元	募集金额不少于2亿元	一对多专户业务参与人数2人以上，参与金额3000万元以上
投资者数限制	无限制	自然人不超过50人，单笔委托金额在300万元以上的不受限	2人以上	限额特定理财产品：2~200人	不少于200人	一对多专户：2~200人

续表

项目	银行理财	信托公司	券商资产管理		基金公司	
公开宣传	可以公开宣传	禁止公开宣传	禁止公开宣传	禁止公开宣传	可以公开宣传	禁止公开宣传
推广机构	发行银行	银行、信托	证券公司及有客户资金存管关系的银行	证券公司及有客户资金存管关系的银行	具备资质的销售网点均可	具备资质的销售网点均可
收益承诺	可以保本保收益	不承诺收益	不得作保本保益承诺	不得作保本保益承诺	可以运作保本基金	不得预测收益
推广费用	无规定	无规定	不得在存续期内列支与推广活动相关的费用	不得在存续期内列支与推广活动相关的费用	根据合同约定，可在存续期内列支与推广活动相关的费用	根据合同约定，可以在存续期内列支与推广活动相关的费用
后台系统	无限制	无限制	只能采用中等公司系统作为TA	只能采用中等公司系统作为TA	可以采用自建TA作为注册登记人	可以采用自建TA作为注册登记人

二、资产管理行业的发展空间依然很大

根据央行发布的《2011 年中国金融稳定报告》，截至 2010 年第三季度，我国住户部门金融资产达到 48.2 万亿元，同比增长 17.4%。从人均水平看，这一金融资产规模仍处于较低水平。按期末汇率折算，2010 年第三季度末，我国居民人均持有金融资产仅为 5 361 美元，而美国、英国、德国、日本四国人均持有金融资产分别为 14.7 万美元、10.8 万美元、7.7 万美元和 13.6 万美元。和发达国家相比，我国居民的金融投资中储蓄占比仍然较高，权益类投资占比仍不高。

表 3　　　　　　　　　　　中国居民金融资产分布表

年份		1978	1985	1986	2004	2005	2006	2007	2008	2009	2010 年第三季度末
金融资产		380.2	2 524	517 083	180 369	209 083	251 600	335 495	342 870	410 869	481 727
现金	绝对额	169.6	790.2	7 041.6	17 820	19 945	22 469	25 211	28 622	31 982	34 735
	比重	44.6	31.3	13.6	9.9	9.5	8.9	7.5	8.3	7.8	7.2

续表

年份		1978	1985	1986	2004	2005	2006	2007	2008	2009	2010年第三季度末
存款	绝对额	210.6	1 622.6	38 520.8	129 575	150 551	171 737	181 840	228 478	26 8650	308 066
	比重	55.4	64.3	74.5	71.8	72	68.3	54.2	66.6	65.4	64
证券	绝对额		106.4	5 714.3	15 190	14 399	23 945	58 311	25 139	49 997	60 041
	比重		4.2	11.1	8.4	6.9	9.5	17.4	7.3	12.2	12.5
国债	绝对额		106.4	4 206.3	6 293	6 534	6 944	6 707	4 981	2 623	2 847
	比重		4.2	8.2	3.5	3.1	2.8	2	1.5	0.6	0.6
股票	绝对额			1 508	8 897	7 865	17 001	51 604	20 157	47 374	57 194
	比重			2.9	4.9	3.8	6.8	15.4	5.9	11.5	11.9
证券投资基金份额	绝对额				1 905	2 449	5 618	29 716	17 011	8 383	7 638
	比重				1.1	1.2	2.2	8.9	5	2	1.6
证券客户保证金	绝对额				1 339	1 566	3 128	9 904	4 760	5 695	4 197
	比重				0.7	0.7	1.2	3	1.4	1.4	0.9
保险准备金	绝对额		4.8	4 316	14 113	18 315	22 680	27 097	37 831	46 226	54 540
	比重		0.2	0.8	7.8	8.8	9	8.1	11	11.2	11.3
金融机构理财产品	绝对额				—	—	—	—	—	—	12 776
	比重				—	—	—	—	—	—	2.7
结算资金	绝对额				−77	23	17	0	0	0	0
	比重				−0.04	0.01	0.01				
其他（净）	绝对额				504	1 835	2 005	3 415	1 030	−64	−267
	比重				0.28	0.88	0.8	1.0	0.3	−0.02	−0.06

资料来源：中国人民银行《2011年中国金融稳定报告》。

以美国2006年的数据为例，在美国居民的资产构成中，有62%为金融资产，38%为有形资产（以房地产为主）；而在金融资产中，基金保险占到43%，而存款只占16%；在基金保险中，养老基金占65%，共同基金占35%，两者的投资以上市公司的股权为主；在不多的存款里，有相当一部分是货币市场基金。由此可见，在美国居民的资产构成中，基金保险占据了很大的比例。

在我国居民金融资产中，股票、基金及保险资产仅占25%，总体权益类资产的占比仍然较低，且和美国居民主要通过共同基金和养老基金投资权益类资产相比，国内居民个人投资股票的占比仍较高，未来将会逐渐被机构专业化理财所替代。

三、资产管理客户结构的不同决定了国内国外资产管理业务模式的巨大差异

截至2011年，我国资产管理的总体规模达到了20.1万亿元，其中以证

券市场为主要标的的资产管理的规模约为 3.5 万亿元（包含了私募、券商资产管理、基金和保险可运用资金）相对应的 A 股市场规模 22 万亿元，B 股市场 295.33 亿元。相比之下，2011 年深圳证券交易所的数据显示目前 A 股市场的账户结构中持股账户的 99.83% 是个人投资者，而欧美国家的投资者结构中是以机构投资者为主，以英国为例，其资产管理客户结构中机构客户资产占了总量的 80%，其中最大的一块是退休金（占比 34%），其次是保险资金（24%），而个人直接投资的大约仅占投资者总资产的 2%。

　　不同的投资者结构使得国内和成熟市场的投资行为和投资理念有巨大的差异。个人投资者占绝对优势的情况下，使得交易规模与整体市场比值偏大。图 3 清晰地显示出国内的上海证券交易所和深圳证券交易所换手率均位于全球最高水平，而国有股占比较小的深圳证券交易所活跃度更是远超上海证券交易所。

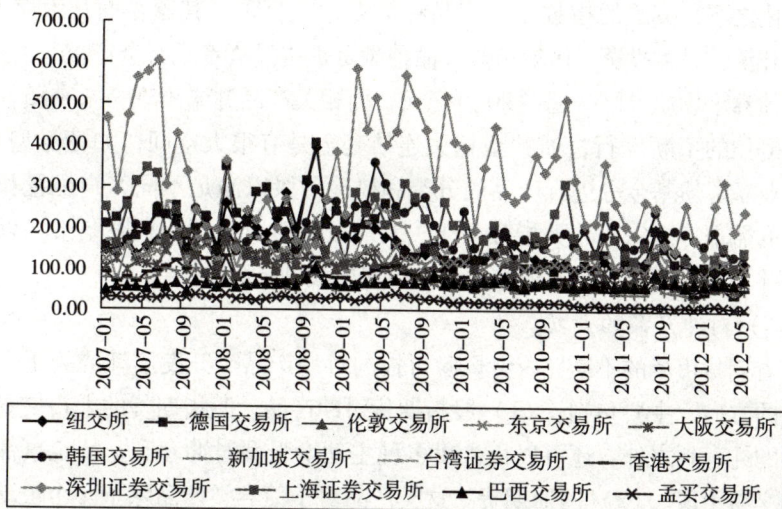

图 3　各个市场股票换手率比较

　　个人投资者占比较大，在其专业知识的缺乏和风险偏好度偏高的背景下，导致了整体的投资理念以战胜市场为核心，投资行为以交易频繁，投资范围狭窄依赖于交易差价获取盈利为特征，而成熟市场的机构投资者的投资行为主要是以持有为主，其投资理念是获得和风险相匹配的收益，换言之是通过分散持有规避风险以获得和市场相匹配的收益率，其组合中依赖于不同投资品，不同的区域分布规避系统性的风险。

四、证券公司资产管理产品创新方向

　　从长期来看，我国的投资结构正在由个人投资者逐步向机构投资者占主体的方式转变。随着机构投资者的主力——养老金和企业年金的投资逐渐市场化，机构投资者的话语权必然是逐步增加，这种形式的变化也直接引导着未来证券公司资产管理的方向逐步由单一的战胜市场向风险收益相匹配转变，而实现风险收益相匹配的目标，必然使得未来的投资逐步由现在的主动管理型向被动配置型转化，配置型资产需要：（1）投资品种的多样化。（2）通过长短投资周期的匹配实现流动性和收益的最大化。

（一）指数连接型产品的丰富化

在欧美发达国家，过去十年成长最快的资产管理产品是指数化的产品。其兴起的核心是在单一投资品种的市场其长期投资收益是平均化的趋势，同时通过指数化的形式将投资品种的波动性风险进行了系统化，避免了单一标的风险的不可控性。而国内现在的指数连接型产品相对缺乏，而且大都集中在股票市场。相比之下，英国的指数连接产品种类多达数百种，其覆盖面从大宗商品，债券，外汇，另类投资，区域指数等品种满足机构投资者进行资产配置的需求。我国的债券市场规模已经超过20万亿元，而相关产品并未出现，未来随着中小企业私募债的不断发行，债券型相关连结基金是有很大空间，如债券型ETF，中下企业私募债基金等进行产品的分类和风险分级以满足不同客户配置和相对高收益的需求，大宗商品类指数ETF，大宗商品的波动周期和股票市场以及债券市场并不相同，能够很好地补充现有市场的波动风险。

（二）对冲产品的开发

随着期货市场的不断完善，风险可控的对冲产品类开发逐渐成为了一个未来发展的方向，主要包括：（1）股指期货对冲产品。股指期货的上市交易，除了单项的纯套利之外，还可以衍生出多种主动增强型对冲套利，特定事件套利等多种交易手段。（2）国债期货。这类产品对于债券类产品除了一个被动持有之外也使得债券市场的风险和收益得到了一个区分。（3）数量化交易产品。

（三）长久期的资产证券化类产品

现有实体经济运行中，存在着企业或者金融机构在运行过程中对资金的渴求，而信贷，债券因为受政策的限制，发行方式过长等因素导致了现有的实体经济对资金的渴求无法满足。而通过资产证券化，通过抵押，股权投资等方式，利用证券公司在投行，经纪，资金，客户资源等方面在风险可控的背景下对标的公司进行投资以满足客户低风险确定收益，或者长久期股权投资等多样化的需求。

打造全业务链　突破创新瓶颈

第五组组员：长城证券曾贽、海富通基金王志青、
银泰证券周祖栋、光大证券王卫民、兴业证券徐京德、安信证券饶砚琴

金融本质是价值交换，是不同时间点、不同地区的价值在市场中的交换。金融本身并不创造价值，而是通过将未来收入贴现的方式来赚钱。那么，从这一角度而言，金融机构最重要的角色应该是"价值交换中介"。

纵观目前资产市场中的各个参与者：银行、信托、证券公司、基金公司、保险公司，都在不同程度上承担着"价值交换中介"的角色，其中，证券公司具备全业务链的综合平台，因此，证券公司通过打造全业务产业链来实现并强化"价值交换中介"的角色、突破创新瓶颈，具备先天的优势。

一、国内资产管理行业现状

（一）银行、信托公司理财业务在2011年的爆发式增长
1. 资产管理规模。

根据西南财大信托与理财研究所和普益财富联合发布《2011 年度银行理财能力排名报告》，2011 年我国银行理财产品的发行明显提速。全年发行数量为 22 441 款，较 2010 年上涨 100.58%；发行规模为 16.99 万亿元人民币，较 2010 年增长 140.99%。无论是产品发行数量还是产品发行规模，其同比增速均大幅超过 2009 年和 2010 年。

根据信托公司年报数据，截至 2011 年 12 月 31 日，我国信托资产规模达 48 114.38 亿元。全年净增长 17 709.83 亿元，增长率达到 58.25%，其中，新增信托资产超过 3.17 万亿元，到期的资金量为 1.40 万亿元。而在 2010 年初，我国信托总资产仅 15 005.70 亿元，两年时间，规模增长超过 3 倍。

2. 资产投向。

从银行理财产品的运作方式看，2011 年，资金面持续紧张和加息预期的市场环境不断推高银行理财产品，尤其是短期银行理财产品的预期收益率。为了保护传统存贷业务和增加中间业务收入，各大银行纷纷建立资产池。银行通过在资金池中的期限错配、资产回购、内部利润转移等多种手段以达到理财产品短期限、高收益的要求。

资金池的运作主要为客户提供债券类和组合投资类产品。2010 年，债券类产品和组合投资类产品数量 7 640 款，2011 年这一数据达到 16 020 款。各家商业银行将债券、贷款、票据等打包成理财产品，通过压缩表内资产以获取业务发展空间和流动性支持。

从信托产品的运作方式来看，信托在 2011 年的投向包括房地产、艺术品、票据、股票质押等。2011 年所有信托产品的平均年化收益率高达 9.11%，其中房地产信托产品更是达到了 10.06%。前两个季度，新增信托资产投向近 40% 都涌向房地产。受监管影响，进入第三季度之后房地产呈明显下滑趋势。随着房地产信托发行放缓，部分信托公司已经向艺术品、票据、股票质押等领域寻求突破。继而矿产信托，艺术品信托又异军突起，到了第四季度，票据信托又成"新秀"。

（二）**证券公司资产管理业务在 2011 年的发展窘境**

2011 年，62 家已开展资产管理业务的证券公司共推广发行 109 只产品，设立 112 只产品。其中 62 只产品为混合型产品，占新设立产品总量的 55%。

股票市场与债券市场的双重下挫导致产品募集规模普遍缩水。2011 年第一季度至第四季度，集合产品成立 12 只、20 只、18 只和 21 只产品，募集规模分别为 174 亿份、205 亿份、145 亿份和 85 亿份，平均募集规模呈现直线下降的趋势。2011 年年底，券商集合理财产品共 281 只，与 2010 年相比，新增产品数量超过 50%，而资产净值为 1 345 亿元，略低于 2010 年年底。

（三）证券公司资产管理业务的发展瓶颈

与其他同业相比较，证券公司资产管理业务所受到的监管政策最为严格。自 2004 年 2 月，监管机构重启证券公司资产管理业务以来。为了防止证券公司再次重蹈挪用客户资金的历史覆辙，证监会制订了严格的证券公司资产管理业务规则，这一做法在资产管理业务初期发挥了重要的作用，有效地防范了风险，也为证券公司资产管理业务的发展积累了丰富的运作经验。

但从今天来看，初期阶段的相关规则已经不能完全适应证券公司资产管理业务的发展需求。与同业相比，证券公司资产管理业务受监管政策的束缚较多，主要表现如表 1 所示。

表 1　　　　　　　　　　金融机构产品监管政策

项目	商业银行	信托公司	证券公司		基金公司	
理财产品	境内一般固定收益产品和结构型产品，代客境外理财	信托计划	集合资产管理计划	限额特定理财产品和定向资产管理业务	公募基金	专户理财（一对一和一对多）
监管机构	中国银监会		中国证监会			
发行批准	报备	报备	审批	限额特定理财产品：审批　定向资产管理业务：报备	审批	报备
投资范围	除二级股票市场外的其他投资品种（但借道信托可以实现二级股票市场的投资）	无限制	中国证监会认可的投资品种	中国证监会认可的投资品种	中国证监会认可的投资品种	中国证监会认可的投资品种（含商品期货）
投资限制	无限制	无限制				
份额设置	可以设计分级份额	可以设计分级份额	不可以设计分级份额	不可以设计分级份额	不可以设计分级份额	可以设计分级份额

161

续表

项目	商业银行	信托公司	证券公司		基金公司	
参与金额起点	5 万元	通常，每份 100 万元以上	限定性集合计划起点为 5 万元；非限定性集合计划起点为 10 万元	限额特定理财产品起点为 100 万元；定向资产管理业务起点为 100 万元	1 000 元	一对一专户业务起点为 3 000 万元；一对多专户业务单个客户参与起点为 100 万元
成立与存续条件	无限制	无限制	1 亿元	限额特定理财产品起点为 1 亿元；定向资产管理业务起点为 100 万元	募集金额不少于 2 亿元	一对多专户业务参与人数 2 人以上，参与金额 3 000 万元以上
投资者数限制	无限制	自然人不超过 50 人，单笔委托金额在 300 万元以上的不受限制	2 人以上	限额特定理财产品：2~200 人	不少于 200 人	一对多专户：2~200 人
公开宣传	可以公开宣传	禁止公开宣传	禁止公开宣传	禁止公开宣传	可以公开宣传	禁止公开宣传
推广机构	发行银行	银行、信托	证券公司及有客户资金存管关系的银行	证券公司及有客户资金存管关系的银行	具备资质的销售网点均可	具备资质的销售网点均可
收益承诺	可以保本保收益	不承诺收益	不得作保本保收益承诺	不得作保本保收益承诺	可以运作保本基金	不得预测收益
推广费用	无规定	无规定	不得在存续期内列支与推广活动相关的费用	不得在存续期内列支与推广活动相关的费用	根据合同约定，可以在存续期内列支与推广活动相关的费用	根据合同约定，可以在存续期内列支与推广活动相关的费用
后台系统	无限制	无限制	只能采用中登公司系统作为 TA	只能采用中登公司系统作为 TA	可以采用自建 TA 作为注册登记人	可以采用自建 TA 作为注册登记人

从国际视野看，美国市场对于私募基金的监管最为全面和完善。在美国，根据《投资公司法》有关条款成立的可以豁免注册登记的基金，即为私募基金。这些基金没有投资对象的限制，没有运用杠杆和佣金的限制。通过上表中各项资产管理业务的对比可以看到，证券公司的资产管理业务虽被定位为"私募"，但受到的制度限制反而最为严格。

与银行相比，证券公司也具备多样化的综合业务平台，但证券公司并未像银行一样充分利用综合业务平台来实现财富管理人的功能。从银行理财产品的类型来看，产品投向涵盖货币市场、信贷资产、银行承兑汇票、外汇、资产收益权、信托计划等；从银行的客户需求来看，银行行业经历了几十年的发展之后，积累了庞大的客户数量、多样的客户需求，充分挖掘和满足客户需求，成为银行理财迅速发展的原动力。

与信托公司相比，证券公司资产管理业务的综合业务实力更加强大，不仅能够替代信托公司的通道角色，而且能够凭借专业的投研实力提供有竞争力的投资业绩。以2011年为例，信托账户在大多数业务类型中实现的作用仅仅是业务的载体，信托公司的角色是业务中介，这样的业务模式同样支撑信托公司在2011年实现了几何级数的增长。

二、打造全业务产业链的可行性分析

以美国券商资产管理业务的发展历程为鉴，以投资顾问和资产管理为核心的财富管理业务是行业发展的引擎。证券公司的业务平台包括：经纪、投资（包括境内与境外）、保荐、承销、直投、研究、资产管理。在综合业务平台基础上，可行的全业务产业链包括：

（一）打造大营销业务平台

海外证券公司的资产管理业务实质上是经纪业务和资产管理业务的集合体。经纪业务按照客户资产规模的大小进行分类，小客户利用自助交易或者在投资顾问的指导下进行投资，机构及其他大客户由证券公司进行单独账户管理。

目前，国内各大券商也正在积极构建自己的投资顾问团队，在佣金大战严重影响经纪业务收入的情况下，寻求其他增值服务带来的增量收入。投资顾问的引入，聚集客户群的同时也为资产管理业务积累了客户源。同样地，投资银行部门的回头客也是资产管理业务客户的来源之一。积累足够的客户数量，并满足客户多元化的金融理财需求，是资产管理业务占据市场份额的首要前提。

（二）强化"金融中介"功能

从证券公司内部而言，证券公司具备多样化的业务牌照，与普通投资者相比，具备更加丰富的投资项目来源与信息。例如，利用资产管理业务平台参与投行项目、直投项目为投资银行客户提供市值管理服务等。

从证券公司外部而言，证券公司应该加强与银行、信托的合作。在目前国内金融业分业管理的政策环境下，证券公司、银行、信托公司各有优势，互为客户可以形成共赢局面。三方合作、建立战略联盟，能够为客户提供一揽子、无缝连接的综合服务。

（三）丰富资产管理业务类型

以美林证券为鉴，其资产管理业务开展得非常灵活：他们发挥金融集团的优势，不仅在资产管理公司内进行，同时还常常依托集团内的其他子公司进行宣传、管理，扩大了资产管理业务的范围。用这种方式进行资产管理，不仅能够为资产管理公司带来业务上的收益，而且能为集团内的其他子公司带来客户关系，两者相互影响、相互促进，也有利于投资银行、经纪业务的开展。同时美林的资产管理业务也得到了丰富，如代客管理资产、代客进行组合投资、代客管理流动资产、代客管理营运资本、代客管理现金等。

而国内证券公司规模相对普遍较小，组织结构相似，虽专门设置了资产管理部从事资产管理业务，但是公司内各部门各自为政，不能整合资源，发挥公司的整体力量。资产管理类型也显得非常单一，基本上就是代理客户进行投资，对象也一般是风险较大的股票市场、收益较稳定的债券市场、基金市场。

以此为鉴，证券公司资产管理业务部门应定位为集投资管理与客户服务为一体的部门。前台实行财务管理顾问制度，负责收集整理并满足客户的各种投资需要，然后制订相应的投资计划；后台实行投资管理制度，根据投资产品类型进行相应的投资操作。

三、打造全业务产业链的可行途径

（一）打破监管限制

美国资产管理业务创新潮的最大动因包括：一是传统证券经纪商遭遇了基于互联网服务的新兴证券经纪商的强大竞争，市场份额大幅度丧失，迫使它们开发新的投资品种夺回市场份额；二是主流的共同基金已经进入了成熟期，平均收益在过去几年中大为降低，这也使投资者不得不考虑寻找新的突破口；三是在经过了近十年的经济繁荣期后，美国现在已经拥有了庞大的富裕阶层，他们对个性化的投资需求越来越大，这种需求也要求证券公司开发出新的产品。

与之相比，目前我国的证券公司资产管理业务除了上述的困境之外，还有一个最主要的障碍，就是规则的限制。欧美国家对金融创新实行鼓励的政策，法律无明文限制即视为许可，给产品的开发者很大的创新空间；在国内，法律没有明文允许的，即为非法的，留给券商产品开发的空间却很小。在这样的大背景下，证券公司资产管理业务打造全业务产品链，突破创新瓶颈，首先需要监管层放开业务规则限制，创造风控可控的、宽松的创新环境。

（二）全业务产业链的风险控制

加强信息披露。简单地通过建立不同业务之间的防火墙来防止利益输送并不能完全避免客户权益受损，而严格的防火墙又妨碍了客户享受多样化的理财服务。因此，通过信息披露的方式来增强证券公司管理业务的透明度，增加客户的信任，是证券公司资产管理业务持续发展的基础。

加强投资者教育。在经历了资本市场的多次大幅涨跌之后，投资者开始逐渐成熟，但是，与发达国家相比较，还存在较大差距。通过加强投资者教育，使得投资者对自己的风险承受能力和投资偏好有一定的认识，从而使财富管理人为其提供适合的财富管理服务。

完善内部控制制度。在打造全业务产业链的过程当中，新的创新业务模式和产品会不断推出，新的风险也将产生，因此更加完善的内部控制制度应紧跟业务创新的脚步。

如何发挥低风险产品在扩大券商
资产管理规模中的作用

第六组组员：东兴证券银国宏、华夏基金方瑞枝、
中航证券陈天虹、招商证券余淼、上海证券周侃、
长江证券柳祚勇、中国证券业协会刘建秋

一、问题的提出

在目前市场态势下，整个券商资产管理行业普遍面临着管理规模难以大幅提升的问题，就某种程度而言，造成目前这一困局的原因除了与固有的客户结构存在短板有关之外，更多的是与资产管理行业自成立以来一直专注于权益类产品有关。尽管权益类产品利润率要远高于低风险类产品，但在经济结构调整、A股市场中短期难以出现趋势性上升行情背景下，权益类产品不仅增量客户难寻，而且存量客户亦在不断流失，其直接结果必然是资产管理规模难以有效提升。而事实上，很多公募基金已将主战场转移至固定收益市

场，通过加大低风险产品的发行力度，不仅有效提升了管理规模，而且在目前市场格局下通过为客户实现远高于定期存款的收益率，从而为公司创造了较好的品牌效应。

反观券商资产管理行业，或许是吸取了上一轮大牛市期间因普遍缺乏产品而导致错失行业发展良机的教训，目前绝大部分券商依然在权益类集合计划上进行着高成本的扩张，在单只发行规模普遍偏小、维护成本过高、增收不增利态势下，券商资产管理部门普遍承受着远高于其他业务部门的压力；在这一略显尴尬的现实背景下，很多券商被迫将扩大资产管理规模的重任聚焦于低风险产品身上，借助于中国证券业协会提供的本次赴英国和国内外同行进行沟通和学习的良机，结合平时的工作实践，我们拟对如何发挥低风险产品在扩大券商资产管理规模中的作用的这一课题进行如下阐述。

二、低风险产品的类型

通常意义上，我们所指的低风险产品主要包括债券类产品、货币类产品以及套利类产品等形式，从目前券商资产管理所涉足的低风险产品来看，上述三种类型在不同的券商分别都有所涉及。部分券商由于在资产管理业务开展之初就将此类低风险产品定位在较突出的地位，这使得其目前在行业内无论从规模还是从业绩表现上来看都占据了先发优势。

债券类产品无疑是低风险产品的主要类型，在资产管理业务开展初期，基于完善产品链的考虑，绝大部分券商都有类似的产品发行，但由于此类产品客户来源结构大部分还是以营业部客户资源为主，即便是银行客户资源较多的产品，也仅仅是因为券商花费了很大的营销成本，从保有量来看效果也并不是太好，这使得债券类产品的总体规模呈现出不断萎缩的态势，我们认为，造成这一格局的主要原因在于：市场现存的券商债券类产品难以给投资者一个稳定的收益率预期。试想一下，如果券商债券类产品平均年收益率稳定在5%以上，那么这种产品无论是对银行渠道，还是对营业部渠道客户而言，都将具备一定吸引力，而事实上，目前市场上的伪债券类产品不胜枚举，打着低风险的旗号干着高风险的活，这使得此类产品的收益率波动幅度较大，难以取信于客户。

货币类产品本质上具有比债券类产品风险更低的属性，业内率先发行此类产品的当属华泰证券，而近期信达证券亦发行了以客户保证金为载体的类似产品。与货币基金不同，券商货币类产品从成立之初就饱受质疑，由于受银行间市场参与力度不足、杠杆比例难以放大等因素制约，市场对此类产品收益率预期不高，吸引力有限。事实上，此前的货币类产品大多以打新为主，随着新股申购收益率的下降，规模也呈持续萎缩之势，目前的保证金类货币产品由于客户资金来源较为稳定且规模较大，因而受到券商的普遍关注。

套利类产品并非新的产品类型，早在权证存续之时，各券商的衍生产品部几乎都从事过类似业务，随着资产管理业务的兴起，作为低风险产品的一种类型，兼具噱头效应的此类产品曾一度为券商营销提供良好的卖点，但从运作情况来看，投资业绩也不尽如人意，一些套利类产品开始以新股和债券投资为主，以求获取较为稳定的收益。不过，值得注意的是，随着股指期货的产生，量化和对冲策略开始大受券商青睐，借助于模型的套利类产品开始逐步呈现在投资者面前，但从目前运作情况来看，相对于传统投资类型产品而言，此类产品尚没有显示出明显的优势，而从国外经验来看，或许只有在经历一个相对较长的时间段之后，其追求绝对收益、长期内超越指数的特点才能显示出来。

三、目前券商资产管理在发展低风险产品方面的不足

近年来，中国的金融决策层一直致力于构建一个更为完善的金融体系，以增强金融系统的运行效率和抗风险能力，而个中之意必定包含大力发展直接融资市场，尤其是债券市场。股市与债市的大幅扩容给两个市场带来了截然不同的投资机会，供给的大幅增加在打压股市的同时，亦使得债券发行收益率上升与可投资品种增加，低风险产品确定性投资机会的优势开始显现出来。然而，尽管面临着良好的利用低风险产品来扩张管理规模的机遇，但当券商真正开始致力于低风险产品的开发时却面临着诸多方面的不足。

（一）人才储备不足

遵循着原有的发展思路，大部分券商资产管理部几乎将全部的投研力量集中在权益类产品运作过程中，低风险产品运作存在着严重的人才储备不足问题。很多券商往往在发行低风险产品时将原有的权益类投研人员直接定位于投资主力，若放在之前券商集合资产管理计划难以进入银行间市场的情形这种情况尚可以理解，但在此类产品越来越依赖于银行间市场时，场外和场内市场的不同运作方式使得人才储备不足这一问题变得更为严重。而对于量化和对冲策略而言，很多券商直接依赖外援，通过引进国际人才来开展类似业务，由于内部人才难以有效跟进，这也成为券商持续开展类似业务的一大软肋。

（二）制度约束

制度约束集中表现在两个方面，即外部监管约束和内控制度约束。外部

监管约束之前更多地体现在市场准入约束，以券商集合资产管理计划为例，银行间市场的大门直到 2009 年才被开启。目前外部监管约束更多地体现在投资品种范围的延伸以及是否可以进行正回购操作等方面，随着券商创新大会的召开，来自于外部监管的约束有大幅放松之势，从而为券商低风险产品扩容创造了良好的制度环境。内控制度约束集中体现在证券公司内部风险管理部门对于前台业务活动的监控约束方面，近期私募债的发行如火如荼，其所具备的配置价值十分明显，但对绝大部分券商集合资产管理计划而言，却难以将其纳入投资组合，2011 年城投债风波之后，AA 评级构成了很多券商投资债券品种的最低门槛，而来自于内控制度方面"一刀切"的做法，对券商发展低风险产品构成了一定的制约。

（三）研究能力与风险识别能力有待进一步提高

低风险产品或市场研究能力的薄弱在券商资产管理行业表现得比较突出，由于团队人员配备较少，低风险产品的投资主力往往还身兼交易员或其他职责，这导致其精力有限、较难从事有深度的低风险市场研究工作，与股票市场运作规律有所不同，低风险市场对宏观经济研究的能力要求较高，一个出色的债券类投资经理除了在市场上有良好的人脉资源外，还必须具备良好的宏观经济研判能力，从目前行业态势来看，行业内具备这种研究能力的较少。与研究能力相关的另外一个值得关注的问题是风险识别能力的欠缺，随着信用债的规模逐步增大，违约风险迟早会有爆发的一天，风险识别能力变得越来越重要，此前，买方机构分别构建了自己的风险评估体系，而反观券商，目前绝大部分尚没能形成较为完整的信用债评级标准，投资过程中更多地依赖外部评级机构，并辅之以一些定性的认识，导致在信用债投资过程中面临着潜在的违约风险，这也是为何券商风控部门不肯在投资品种评级方面作出让步的原因。

四、如何发挥低风险产品在扩大券商资产管理规模中的作用

在对低风险产品类型及目前券商在开展低风险产品业务上面临的不足进行阐述后，我们拟针对这些不足提出一些改进建议，以期对自身及同行提供一些建设性的意见。

（一）增加人员配备，加强团队建设，明确分工与考核体系

任何一块业务都有其存在的道理，近年来，市场的变化使得当某一市场的机会来临时若在仓促间去构建投资团队，效果注定不会太好，而且很有可能砸掉好不容易建立起来的品牌；同时，鉴于经济结构调整的长期性以及金

融市场发展的趋势，低风险市场提供投资机会的持续性要远强于权益市场，因此，对于目前尚在致力于或已经致力于低风险产品的券商资产管理而言，面对人才储备不足的现实，应从增加人员配备、加强团队建设、明确分工与考核体系等方面来加以改进。

就人员配备与团队建设而言，可以参考基金公司的运作模式，通过设立固定收益小组或量化小组的方式，至少配备一名投资经理、一名交易员和一名研究员。分工与考核体系方面，实行投资经理业绩负责制，以投资业绩作为投资经理年终考核指标；研究员由于兼具后备投资经理的使命，具体职责体现在对宏观经济进行前瞻性研究、对市场和品种进行跟踪等方面；交易员具体负责场外市场询价、寻找交易对手、及时汇总成交与持仓情况的职责。

（二）让客户形成稳定的收益率预期

近年来，权益市场波动剧烈，股票类产品业绩相当不稳定，"去年前三，今年倒数"的现象屡见不鲜，更让客户难以接受的是，一直宣称以绝对收益为诉求的券商资产管理权益类产品很多已大幅跌至面值以下，而反观低风险类产品，尽管每年净值增长率不高，但依然实现了绝对收益，在后期的运作过程中，如果能让客户形成稳定的收益率预期，则此类券商资产管理产品无论对营业部客户还是对于银行渠道而言都有较大吸引力。

结合自身在产品运作过程中的经验，在与客户沟通和交流过程中，我们不止一次地感受到客户对此类低风险产品的要求其实并不高：在保本前提下每年实现高于1年期定存的收益率，而如果能每天看到产品净值都有小幅增长则更好。如果说这一目标在去年因为银行理财产品大规模冲击而没有任何吸引力，那么随着银监会对票据和信托类业务的大规模清理，如果这一目标能至始至终得到有效实现，年复合增长率足以对客户构成较大吸引力。

以上仅是我们在本次赴英国学习过程中和国内外同行进行交流，并结合平时的工作实践得出的一些有益启示，希望能对我们今后开展低风险业务有所帮助。值得说明的是，在本次赴英国交流过程中，我们不止一次地感受到在一个成熟金融市场下，任何一个投资机构若能连续每年获得超过5%左右的回报已是一个了不起的投资业绩，而这一点，是否值得目前中国券商资产管理行业去追寻呢？或许，低风险产品是一个答案。

赴加证券公司风险管理业务高级研修班

The SAC-CSI Risk Management Program
for Securities Companies

加拿大银行风险管理体系之启示

第一组组员：长江证券董腊发、首创证券周桂岩、方正证券曹磊、中原证券王秀娟、中信建投证券王俭、中国证券业协会曹永强

2012 年 6～7 月，中国证券业协会举办赴加证券公司风险管理业务高级研修班。通过此次培训，学员们近距离感受了国际优秀金融机构先进的风险管理理念、专业的风险控制能力和精准的风险计量工具，同时我们深切感受到，虽然国内证券公司的风险管理水平近年来已有较大幅度的提高，与国际优秀金融机构在风险管理上的差距正在慢慢缩小，但实质性的差距依然存在。本文根据培训班的授课内容和案例实践，以加拿大皇家银行风险管理体系为例，介绍分析了加拿大金融机构在风险管理体系和技术方面的领先优势，结合国内证券公司的风险管理现状，思考其对国内证券公司风险管理水平提高的启示。

一、加拿大皇家银行风险管理机制简介

以加拿大皇家银行为代表的几家大型加拿大金融机构都有着上百年的历

史，拥有成功的风险管理经验，凭借稳健的经营理念、健全的风险管理体系和先进的风险管理技术，在历次金融风暴中能独善其身、屹立不倒，特别是在始于2008年的全球金融危机中有上佳表现，被全球经济论坛评为全球范围内最健康的银行，稳定性位居全球第一位。加拿大银行缘何能一枝独秀，其秀于何处？通过学习加拿大金融机构的代表——加拿大皇家银行（Royal Bank of Canada）的风险管理体系，我们认为同其突出的抗风险能力及其风险管理的几大特点密不可分。

（一）全面风险管理的原则、体系和框架

1. 风险管理原则。

加拿大皇家银行综合考虑利润收益、业务决策、责任授权、信用商誉、服务客户等方面与风险管理的关系，制定全面风险管理的原则，在此基础上构建集团风险管理体系和框架，其风险管理机制全部围绕相关原则运行，具体包括：

把风险偏好与业务策略、分散风险、风险定价、监督控制及风险转让等结合起来，有效平衡风险和回报的关系。

共担风险管理责任，在银行集团风险管理部和其他部门的督导和监察下，业务部门负责对其所管理的业务进行主动管理。

在对产品、交易和其他业务活动进行严格评估的基础上，基于对风险的理解和把握来作出业务决策。

为保护信誉，要严格避免从事与银行价值、行为守则或政策相悖的业务。

通过了解客户来确保所提供的服务是合适的，并能为客户所理解，以实现对客户的专注并降低银行的风险。

在整个机构内运用判断和常识管理风险。

通过全面风险管理原则的制定，加拿大皇家银行确保了集团全面战略经营发展的各个层级、各项业务、各方主体均与风险管理联系起来，为集团风险管理机制的运行定好基调。

2. 风险管理体系。

加拿大皇家银行风险管理体系由四个层次组成的：第一层，由董事会、风险以及其他委员会构成；第二层，由集团执行团队和集团风险管理委员会构成，通过建立"高层声音"（tone at the top），指一个公司高级管理阶层对这个公司诚信、价值观与竞争力、管理哲学与运营风格、权责分配、政策与流程、员工的水平和技能、高层管理者的指示）对公司的战略及其执行负责；第三层，由首席风险官协同集团风险管理、合规和财务部门构成；第四层，由银行业务、保险业务、国际业务、资本市场业务以及财富管理业务等业务部门构成，详见图1。

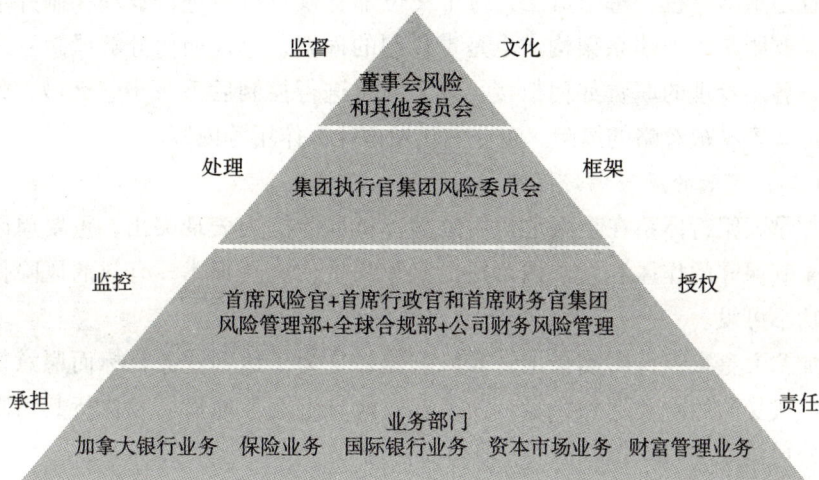

图1 加拿大皇家银行风险管理体系

3. 风险管理框架。

加拿大银行均有健全的风险管理框架，涵盖了对银行经营活动中信用风险、市场风险、流动性风险、运营风险、声誉风险等主要风险的监控、评价和管理。在此管理框架中，董事会及其专业委员会、经营管理层、风险管理相关部门和所有业务部门均被赋予了各自的风险管理职责，公司的风险管理政策得以正确地落实执行，真正体现全面风险管理的理念。

具体而言，加拿大皇家银行的风险管理框架和政策包含五大方面：

（1）企业的风险管理框架：提供一个从整个企业范围内去监测风险、发现风险、评估风险、报告风险、控制风险的框架。其中风险偏好框架是对风险管理框架的支持。

（2）特定风险类型的框架：阐述了每个不同的特定风险类型和相应的风险管理机制以及主要的政策和职责。

（3）企业的风险政策：详细地陈述了每个不同部门、不同业务对员工的基本要求及员工应遵守的政策。

（4）"多重风险"的企业风险管理政策：管理企业活动中的风险，包括产品审批、压力测试、风险限额、风险审核、审核权限、不同的风险管理模型等。

（5）不同业务分支和后台支持部门特定的政策与程序的建立：管理业务

和后台支持部门在其运营过程中所遇到的特定风险。

加拿大皇家银行的风险管理架构，按照行业规范指南确定并且经常性、常规性地重新审视，每个员工、每个岗位都有权对风险进行管理控制并承担责任，其既是组织体系架构，也是责任制的框架，包含如何分解风险管理的责任，各层管理的职责如何衔接，某个岗位进行控制后下一步怎么做，如何控制那些容易被忽略的风险，企业文化发挥什么作用等内容。

（二）有效的风险偏好框架

加拿大银行体系在金融危机中的整体抗风险能力表现突出，重要原因之一在于其保守的作风和对国内市场的高聚集度，究其根本，有效的风险偏好框架功不可没。

加拿大皇家银行明确指出，其风险偏好是为了达到业务目标而愿意接受且能够接受的风险类型和数量。为了有效地自上而下地贯彻和执行其风险偏好，公司建立了风险偏好框架，具体方法为：

定义风险容忍度，确定在监管约束下公司承担风险的能力。

建立和定期确认企业的风险偏好。企业的风险偏好由一系列驱动因素和自我约束组成，驱动因素指为了企业的经营目标所必须接受的、产生财务回报所需的风险，自我约束指公司自身希望接受的约束。

设定风险限额和测度，以确保相关的风险动态保持在企业的风险偏好之内。

定期计量和评估公司风险水平，保持所有业务暴露的风险和既定的风险偏好相符合，并确保在风险水平超越风险偏好之前采取适当的行动。

集团管理高层清晰定义出银行的风险偏好，将风险偏好细化成一系列风险限额，约束业务部门所承担的风险，指导风险管理部门的日常工作。通过设置风险限额，可以实现两个目的：一是将业务部门的风险行为控制在公司董事会和高级管理层确定的风险容忍度范围内；二是明确风险行为过程中关键任务的管理责任，并为审批或执行风险行为中的交易提供标准。

加拿大皇家银行董事确定的风险偏好为：维持公司"AA"或以上评级，保持资本充足率在评级机构和监管的阈值以上，对压力事件保持低风险暴露，保持盈利的稳定性，确保健全的流动性和资金风险管理，保持遵守健全的监管合规风险和操作风险，保持不比同业平均水平高的风险水平。

集团风险管理部根据公司业务特征和风险水平，设计符合公司风险偏好的一套业务风险限额体系，此限额一经公司高层认可，具有内部强制执行力，用于有效控制各项业务开展工作中的风险行为。

业务部门有责任严格执行公司对其下达的各项风险限额，同时风险管理部门对所有业务和资产组合实施公允价值计量的风险监控，对可能超限额的交易进行审批，定期评估业务风险水平是否符合公司的风险偏好。

通过有效的风险偏好框架，公司董事会的风险偏好得到明确描述，并通过业务风险限额得以落实执行，同时通过持续的监测和评估，及时对超越限额的情况进行处置和调整，确保业务风险随时在公司的风险容忍范围内，使公司高层随时准确地掌握整体风险水平。

（三）精细化的分类风险管理方法

加拿大银行均按照风险类型实施分类管理，各大类风险基本都能做到在全球范围内所有业务的跨市场、跨币种、跨资产组合的综合管理，同时在分类基础上实施不同的管理方法。

加拿大皇家银行将其面临的主要风险分为信用风险、市场风险、流动性风险、操作风险、法律和监管合规风险、保险风险、声誉风险、战略风险以及其他风险。针对最主要的信用风险、市场风险、流动性风险，加拿大皇家银行均分别从识别、计量、管理、政策、流程、限额、报告等方面，制定了详细的风险管理措施。

1. 信用风险。

加拿大皇家银行通过充分识别，认为其所面临的信用风险主要来源于直接债务人（如发行人、债务人、交易对手、借款人或投保人）违约，或次要债务人（如担保人、再保险公司）违约，主要通过以下方法平衡信用风险和收益：

确保信贷质量不会随规模增长而下降。

通过适度的交易、相关性管理和资产组合管理，分散信用风险。

使用信用风险评级和评分系统等信用风险评估或评级方法、策略和工具。

采取合理的信用风险定价。

应用一致的信用风险敞口的计量测度。

采取预防性或尝试性的控制措施，缓释信用风险。

通过获批的信用风险缓释技术将信用风险转移给第三方，包括对冲活动和保险。

实时持续的信用风险监测和管理。

在计量信用风险和巴塞尔框架下的监管资本时，加拿大皇家银行的主要方法为：高级内部评级法（AIRB）和标准化，均已获得 OSFI（the Office of the Superintendent of Financial Institutions）的认可，其中 AIRB 法适用于大部分信用风险敞口。

董事会及其委员会、集团执行层和集团风险委员会和其他风险管理委员会协同工作，建立并维护信贷风险框架，确立相关管理政策、流程和程序及风险限额。通过信用风险相关报告，董事会、集团风险委员会和高管们随时能够掌握公司的信用风险概况，提示风险变化趋势信息和重要的信用风险问题，以便公司采取必要、适当的控制措施。

针对不同资质的客户或交易对手，公司制定了详尽具体的信贷管理政策，明确要求在一定情况下必须有第三方担保、提供质押品等信用风险缓释措施。同时明确信用衍生产品作为信用风险管理工具，可以用于降低行业集中度风险或单一客户信用风险暴露。

2. 市场风险。

加拿大皇家银行认为其所面临的市场风险可以分为交易市场风险和非交易市场风险，交易市场风险主要来源于其在场外和交易所市场进行的现货、远期、期货和期权市场交易活动，以及结构化的衍生产品交易，非交易市场风险主要来源于其资产/负债构成。

加拿大皇家银行利用 VaR、敏感度分析和压力测试等工具，评估其全球范围内市场风险的趋势，提示高级管理层规避风险变动的不良趋势。公司使用经过得到 OSFI 认可的（VaR 为基础）内部模型法，计算大多数的外汇、利率、股票、大宗商品和信贷交易交易头寸的市场风险，针对该模型设置了回溯检验的机制。此外，公司使用敏感性分析和压力测试的方法，评估极端市场情景下的风险暴露。

董事会根据集团审批风险管理部提供的市场风险限额建议，并向高级管理层进行授权。集团风险管理部下属的市场交易信用风险部，建立市场风险政策和限额，开发和维护各种市场风险计量评估方法和系统，独立监督交易市场风险管理活动。首席风险官（CRO）和其他高管通过全公司的市场报告，了解 VaR、压力测试等指标是否符合董事会批准限额。交易平台、投资组合和业务部门层面，监控名义规模、期限和总体风险等方面的限额。

3. 流动性风险。

加拿大皇家银行从结构（长期）流动性、战术（短期）流动性和应急流动性三种视角，评估和管理其流动性风险。

（1）结构（长期）流动性风险

公司使用现金资本和其他结构性的指标，关注全部资产和负债之间有效到期日的不匹配情况，评估和控制资产负债表风险。公司据此进行长期筹资战略的考虑。

（2）战术（短期）流动性风险

公司将加拿大元和外币的净现金流量限额，运用到各种压力阶段的关键短期时间跨度（从隔夜至九周），给总的需要对冲的风险暴露分配调整限额，并通过对冲活动来评估公司的短期流动性风险暴露，分配单笔限额。净现金流量反映了已知和预期的所有可支配的资产、负债和表外业务的现金流量状况。

（3）应急流动性风险

应急流动性风险是突发压力事件对资金流动性的影响。公司财务部维护和管理公司的流动性应急预案，指导公司应对流动性危机。公司成立包括来自主要业务部门的相关专家组成的流动性危机小组，定期举行会议，完善压力测试的机制并评估公司应急流动性风险水平。

二、对国内证券业风险管理工作的启示

与加拿大金融机构风险管理水平相比，国内证券公司的风险管理能力依然存在实质性差距，在风险管理理念、文化建设、专业水平、数据积累、团队建设等方面仍较薄弱，有待进一步完善。

（一）加强风险文化建设，提高风险管理机制的运行效率

就基本原则、体系框架、管理方法而言，国内证券公司较加拿大金融机构可谓"形似而神不似"。相似的风险管理组织架构，为何运行效果差距如此显著？风险管理文化异也。我们认为，国内证券公司可以从以下几方面，借鉴和学习加拿大金融机构风险管理文化的先进之处。

1. 树立正确的风险管理理念。

加拿大银行的主流风险管理理念是：风险管理不是将风险最小化甚至消除风险，也不是预测未来，而是将在可承受风险内的收益最大化。风险是威胁和机遇的"双刃剑"，企业生存的前提就是做好风险和收益的平衡，在风险偏好下通过风险带来收益的多少来衡量可承担风险的大小，即高风险、高回报，低风险、低回报；控制风险是必需的，但对风险的过度厌恶将限制利润的增长。加拿大银行在制定战略时，采用同时考虑业务发展和风险管理，追求风险和回报之间平衡的方式，使公司的风险管理目标与经营目标保持高度一致。

目前，国内许多金融机构的员工甚至高管对风险管理工作尚存在不正确的认识，比较典型的观点就是"风险管理是限制业务的"，这种将风险管理和业务目标割裂甚至对立起来的观点，还具有相当广泛的市场。当证券公司的

风险管理理念不能正确认识到风险和收益之间的关系时，要么可能面临过度厌恶风险，风险控制过严，业务发展受限的困境，公司发展过于保守，动力不足，要么可能陷入过度追求业务发展，忽视风险管理，经营风险超出可承受范围的险境，公司发展过于激进，抗风险能力弱。风险管理体系相同，在不同风险管理理念的引导下，运行效果却可能大相径庭。因此，借鉴加拿大金融机构的风险管理理念，结合中国金融市场的成熟程度和监管背景，树立正确的风险管理理念，将是国内证券公司风险文化建设的重要内容之一。

2. 充分发挥"高层声音"在风险管理框架中的作用。

加拿大银行在高层均设有专业风险管理机构，例如加拿大皇家银行在董事会和集团执行层都设有风险委员会，履行风险管理体系框架中制定企业风险战略等相关职能。

董事会和高级管理层在风险管理体系框架中，负责构建企业的风险文化，为企业风险文化建立基本基调；确定企业的风险偏好；制定风险管理的组织结构；为企业在各层次上配置充分的风险管理资源；制定与风险偏好一致的公司发展战略，并为公司战略发展建立基调，保证其原则、过程、授权、资源、责任和上报的有效性等。

国内证券业普遍存在董事会和高级管理层对风险管理参与度不够的问题，由于风险管理部门与公司高层在风险战略和策略方面缺乏沟通制度安排和机制，很多工作只能由风险管理职能部门自下而上地推动，相关制度执行起来往往面临不同程度的困难和阻力，风险管理讨论问题的层面较低，未能对业务风险形成有效制衡。伴随着一系列创新制度的出台，证券业正逐渐从传统业务时代步入快速创新发展阶段，各类风险的复杂程度将大大增加，发挥"高层声音"在证券公司风险管理工作中的作用，将显得更为迫切和重要。

国内证券公司可以在监管部门的推动和引导下，学习加拿大银行的经验，提高董事会和高级管理层在风险管理工作中的参与程度，通过高层声音，将公司的风险文化基调传导到基层，逐步培养全公司范围的风险文化，通过权衡战略目标和风险水平，确定公司的风险偏好，并在此基础上确定各项业务的主要限额，从而确保公司风险水平与战略发展目标的一致，进而从根本上防止风险外溢。

在证券业全面创新发展的大背景下，充分发挥"高层声音"在风险管理工作中的作用，不仅能使董事会和董事会各专业委员会在股东大会的授权范围内更好地发挥各自的风控职责，在董事会与经营层之间建立起良好的信息沟通和反馈机制，而且由于公司高层对风险管理承担最终责任，还有利于风险管理资源的整合和配置，有利于各种风险管理制度和标准得到严格执行，更好地平衡业务发展和风险管理的关系。

3. 强化业务部门管理风险的一线职责。

加拿大银行的风险管理框架中，业务部门是风险的承担者，负有业务风险管理的直接责任。业务部门必须在其开展业务过程中，确保业务策略与企业风险文化、政策保持一致，并在业务规模、产品类型、交易方式等方面，严格执行公司为其设定的风险限额，利用具有对冲、缓释等功能的风险管理工具，确保业务风险水平符合公司风险偏好。在其权限范围内，充分识别、深入了解、有效管理业务风险。同时，业务部门作为风险管理的一线部门，有责任及时、全面、准确地报告风险。

国内许多证券公司的员工甚至高管对风险管理工作仍然存在片面的认识，业务部门往往认为"风险是风险管理部门的工作，出了问题与自己无关"，在运用公司风险资源开展业务时，没有意识到证券公司是管理风险的，其业务收入来自管理风险的报酬，对于各自在业务中应承担的风险管理职责也缺乏认识，甚至在平时不接受风险管理部门意见，拒绝和风险管理部门的合作，一旦发生风险事件，又会质疑风险管理部门没有为其控制好风险。即使公司的风险管理体系、制度、流程等均已基本建立，若业务部门没有积极配合和落实，相关机制也会很难发挥应有的效果。因此，国内证券公司应重视业务部门的自控职能，注重业务和风险管理培训，使员工掌握正确的业务技能，使其知晓可接受的标准和正确的业务操作，了解和熟悉业务相关的风险，意识到管理好风险对整个公司的重要性，真正做到风险管理和业务规模的平衡。

强化"业务部门是管理风险一线"的风险管理理念，使前台业务部门在自身业务范围内开展业务，并在作为利润中心的同时对业务造成的风险承担第一性的风险责任。这样的风险理念作为风险文化的一部分，在国内仍需要反复强化。

（二）构建稳健高效的运营体系

1. 运营体系是风险管理的基础。

在金融危机中，加拿大银行体系成功地应对了危机导致的清算和结算挑战，成本控制能力的表现也相当出色。高效的运营体系确保了所有业务均能得到直通式的快速处理，效率削减了成本，同时提高了公司应对风险的能力。

近年来蓬勃发展的资本市场使国内证券公司的业务类型及业务范围得以快速增长，但其运营管理水平并没有同步提升。虽然三年综合治理期间证券公司集中处置了一批历史遗留问题，从业人员合规经营的意识也有所增强，但若不改变既有的营运模式，新的业务隐患还将不断滋生和累积。

借鉴加拿大银行的成功经验，国内证券公司应全面梳理业务流程，制定各业务岗位的操作规范和业务标准，并建立起与业务发展现状相适应的运营管理体系，增强证券公司的应变能力和风险抵御能力。

以证券经纪业务为例，随着营业网点的快速扩张，大量新员工被充实到业务一线，却要面临日益复杂的业务操作，如何有效控制操作风险将是证券公司的最大挑战。证券公司可以选择构建集中运营管理的模式，主要思路包括：特殊业务集中操作，分支机构员工主要负责处理简单的常规业务，将操作复杂但发生频率低的特殊业务集中至总部安排业务能手操作，这样既降低了分支机构员工误操作的风险，也提高了其操作效率；业务操作每日稽核，总部管理人员利用电子档案系统和业务查询系统，对柜面人员的日常业务操作进行稽核，及时发现并处理当天产生的差错；建立运营质量管理模型，对过往业务差错的类型、频率进行模型化分析，找到典型业务风险可量化识别的特征并制订相应的管控措施，检讨业务流程的固有缺陷并及时调整完善等。

目前许多证券公司都在积极探索业务创新，不少创新业务的复杂程度甚于传统业务，且一旦出现差错，其对客户及证券公司造成的损害也大于传统业务，因此对基础业务操作准确度的要求更加严格。如果没有稳健高效的营运管理体系提供支撑，业务创新尤如建立在沙滩上的高楼。从这个意义上讲，证券公司运营体系是风险管理的基础，其营运管理能力也决定了业务创新的空间。

2. 注重业务数据的积累。

先进的风险计量技术的基础是对业务信息（产品信息、客户信息、交易信息等）的长期积累。国外大型银行普遍建立了集中的数据中心，在为业务系统提供支持的同时，满足中后台部门产品定价、客户评级、风险计量等工作的要求。风险计量的理论基础是统计意义上的规律性事件，金融机构通过分析自己的业务数据，能够判断出在大概率下的损失程度。数据的完整性、真实性和充足程度，直接影响判断的偏差程度。

国内金融机构期望提高专业风险计量能力，首先要从积累业务信息做起，扎扎实实做好基础工作，珍惜每一个客户信息、产品信息、交易信息，逐步完善集中的数据中心，为将来实现专业风险计量、业务绩效风险调整等精细化管理工作做准备。

（三）提高风险管理的专业水平和量化能力

加拿大银行在风险管理工作方面，都表现出极高的专业性，尤其在风险评估特别是对风险的定量计量方面，其领先优势显著。由于掌握了准确计量风险的能力，加拿大银行对各种复杂产品的定价能力、对业务绩效的风险评价、对各项业务的风险资源分配等工作，均能做到精准。加拿大银行通过普通应用各种专业风险计量模型，完成各类复杂金融产品、各种不同类型交易风险的准确计量。这些模型都是基于成熟的或公认的金融理论，使用数理方法建立的，其在准确性等方面表现，甚至直接影响银行每笔交易可能的盈亏水平。由于模型的重要地位，国外大型银行往往会自行设计内部模型，以求领先于同业，进而在业务中获取相对优势。例如加拿大皇家银行在评估其最主要的信用风险时，对大部分业务采用了高级内部评级法（AIRB），对批发信贷资产的内部评级细分到多达22个等级。为了确保模型正常运行，公司还设有专门团队，对模型进行专业维护和跟踪验证。

反观国内，证券公司的主要监控重点仍较多地集中在操作风险方面，且管理方式也是以定性为主，定量评估和分析不够。在思考如何借鉴加拿大银行先进的计量方法和模型时，我们既要考虑到国内证券市场发展程度和监管理念与加拿大存在较大差别这个大背景，同时又要看到，随着中国证券业全面进入"创新落地"的发展阶段，市场风险、信用风险、流动性风险等方面的新增风险点将是国内风险管理人员面临的挑战，引入精细化的风险评估模型和数量化的风险监控工具是必然趋势，也是证券公司提高风险管理水平的需要。

三、加强专业团队建设和人才培养

专业的风险管理工作需要专业的团队来完成。加拿大银行的普遍做法是在总部层面设置风险管理部门，内部再细分为多个专业团队，分别负责拟订全球业务风险管理政策、开展全球业务风险的监测、评估和报告、组织交易层面的限额审批和监控等工作。加拿大皇家银行的集团风险管理部是首席风险官（CRO）领导的团队，在总部和全球各大区域中心共有300多名雇员，分布在合规管理、风险政策及资产组合风险管理、大中型企业信用审批、私人及商业客户信用审批、理财风险、私人银行、保险及精算、市场及交易信用风险管理等团队。风险管理团队在专业分工和整体协作的基础上，使风险管理工作得以不断专业化和精细化，风险控制越来越缜密，风险计量越来越精准，整体风险管理效能充分发挥。

随着国内证券业全面进入创新阶段，创新业务和创新产品不断推陈出新，证券公司的风险管理工作将面临新的挑战。风险管理的复杂程度加大，迫切需要熟悉业务、富有经验的专业管理人才，迫切需要提升员工知识水平和综合素质，使风险管理团队与业务发展的风险管理需求相匹配。国内证券公司可以通过邀请国内外富有经验的高级风险管理管理人员讲座，选派风险管理人员参加培训，前往其他公司学习管理经验等方式，增进与业内同行的经验交流，及时更新员工知识结构，了解风险管理的最新形势，使员工的风险管理水平与市场和业务发展保持同步。

结合加拿大银行的成功经验和先进方法，反思国内证券公司的风险管理现状，我们需要学习和借鉴的方面很多，能够着手改进和完善的地方也很多。

作为中国资本市场的重要角色，国内证券公司当前正面临快速变革创新发展的时期，市场交易品种将极大丰富，结构化产品、衍生产品将迅速扩容，交易形式也会推陈出新。创新背景下，证券公司面临的风险将呈现不同以往的复杂特征，能否更准确地把握业务风险、在复杂的交易获得适当的风险回报，决定了证券公司能否在新一轮竞争中把握先机。因此，国内证券公司在产品创新、业务创新过程中，应致力于构建完善的风险管理体系，提高风险管理技术，强化复杂金融产品的风险定价能力和准确计量风险的能力，将风险管理水平提升到一个新的层次。

加拿大金融业信用风险管理
实践及对我国证券业的启示

第二组组员：兴业证券郑苏芬、安信证券黄军书、
广州证券王毅、国信证券汤庆文、兴业证券夏锦良

信用风险管理作为证券公司风险管理的重要组成部分，在我国还缺乏完整的理论支持和足够的实践经验。中国证券业协会组织的"赴加证券公司风险管理业务高级研修班"为我们提供了学习研究加拿大金融业风险管理体系和信用风险管理实践经验的机会，有助于分析我国证券公司相关业务存在的信用风险，并探讨和研究我国证券业务信用风险管理策略。

一、加拿大金融业信用风险管理实践

（一）加拿大金融业风险管理体系

加拿大金融公司以风险金字塔来直观显示风险管理的组织架构。从图 1 中可以看出，加拿大金融公司的风险管理组织架构层级分明，职责明确，流

程清晰。从风险管理的层级看，金字塔由高到低分别为监督层、决策层、执行层，各自履行风险监督、风险决策和执行风险政策的职责，高层负责确定风险偏好和风险管理机制，培育风险管理文化，自上而下层层传导；业务部门经营风险并承担风险责任，自下而上接受风险管理、控制与监督。从风险管理流程看，前台业务部门是风险管理的第一道关口，根据业务范围及权限开展业务并作为风险责任的承担者；风险管理部门是风险管理的第二道关口，对业务部门可能产生的各类风险等进行管理、控制和报告；内部审计部门是风险管理的第三道关口，发挥最后防线的作用。加拿大银行的风险管理部门具有充分的独立性、垂直性和权威性。如业务部门和风险部门发生矛盾时，风险管理部门有否决权。风险管理部门的人力资源管理也非常独立，自行决定内部人员的聘任、考核与任命等，这种独立的人事管理权限其运行独立性和权威性。

加拿大金融公司根据风险的可控性对风险进行分类，如图2所示。控制力度最强的风险处于金字塔最下层，包括信用风险、市场风险、流动性风险和保险风险。中间层分别是操作风险、声誉风险、战略风险、监管和法律风险以及竞争风险，处于最上层的是系统性风险。此外，由于盈利的波动性产生的商业风险、由于风险管理大量使用模型而产生的模型风险日益显现。经营活动中的信用风险、市场风险、流动性风险以及操作风险是日常风险管理的核心，系统性风险、战略风险被充分重视，声誉风险在安然事件后被进一步强调增加风险分类的概念界定。

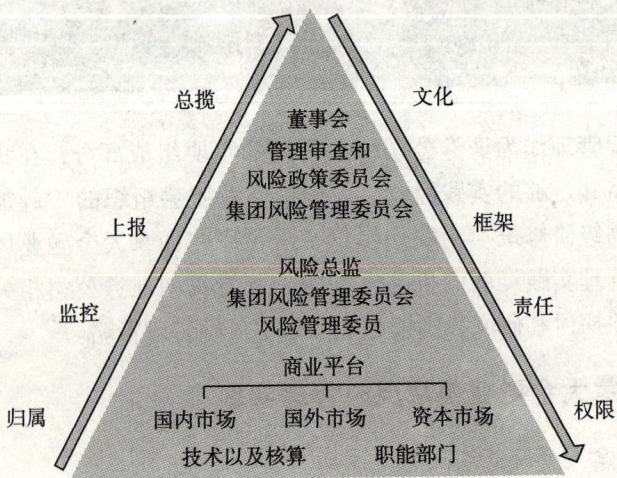

图1　加拿大金融公司风险管理组织构架

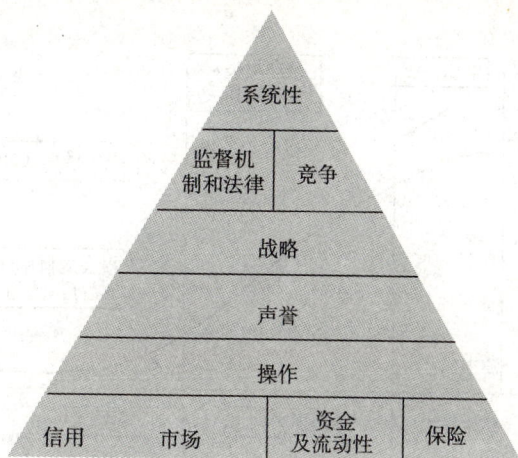

图 2　加拿大金融业风险类别

（二）信用风险管理的主要内容

1. 信用风险的定义。

（1）普通定义

信用风险指因借款人（或债务人）及交易对手违约而导致的风险，又称违约风险。随着风险计量技术的发展和银行资产流动性工具的开发和运用，实践中，银行不仅关注信贷资产是否违约这一显著的恶化状况，同时也关注信贷资产质量的连续性变化。当资产评级下降导致信贷资产的市值降低时，银行不得不面临损失的风险，这类风险属于信贷利差风险。

信用风险可分为三个层次，一是交易层次，与单笔的金融交易相联系；二是交易对手或发行人层次，产生于一个交易对手或发行人的全部交易中；三是资产组合层次，与市场主体和全部交易对手以及发行人的全部交易相联系。

（2）统计学含义

从统计学角度认识信用风险，可以为信用风险的量化提供可能。大量观察信贷资产的损失分布，可得到图 3，与市场风险损失的正态分布不同，信用风险损失呈现长尾的不对称分布，其损失分布则要复杂得多。首先是信用风险的损失分布为非对称分布，难以用容忍度损失均方差的倍数的简单乘积来测算。再就是信用风险损失分布图右侧存在一个无限延伸部分，即"肥大的尾巴"，这个肥尾使得极端损失和其出现的可能性都难以量化。估算不经常出现也不易观测到的极端损失是一个很大的挑战。无限延伸部分与巨大的损失及其出现的极低概率联系在一起。容忍度的一个极小的变化就会引起损失的极大改变。

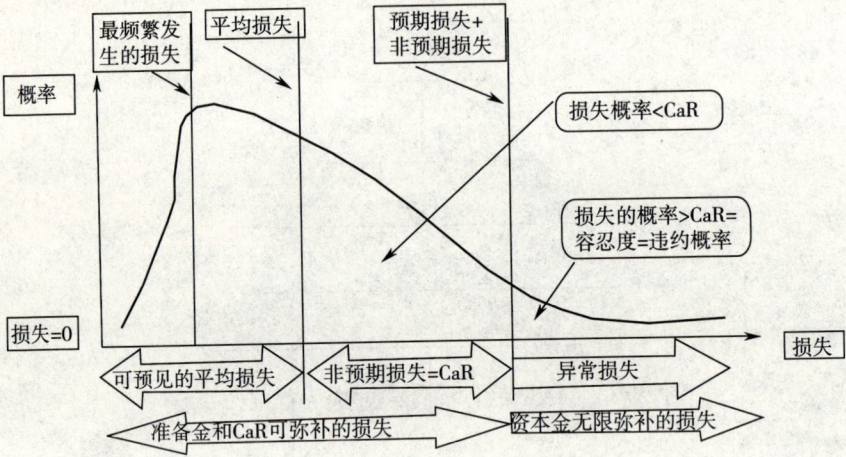

图3　信用风险损失分布

图3中横轴代表损失，由圆点越往右边损失越大；纵轴是损失发生的概率，越往上损失发生的可能性越高。图中纵轴右边第一条竖线代表最频繁发生的损失，这种概率最高，但金额通常不大，往右第二条竖线代表可预见的平均损失，即损失的期望值，这部分损失应该由拨备来弥补，计入银行的当期损益。第二条和第三条竖线之间那部分，代表非预期损失，是指偏离预期值（可预见损失值）的损失，此时准备金已经发生缺口，超过准备金的这部分损失一出现就要由资本来弥补，这一资本的概念就是风险资本（Capital at Risk，CaR），即经济资本（Economic Capital，EC）。非预期损失的取值根据不同的容忍度要求而变化，在不同的容忍度要求下，不可预见损失的大小也不同。第三条竖线再往右的部分代表异常损失，是指超过最大不可预见损失的损失。这种情况的发生将导致银行的违约。由于发生异常损失的概率很低，因此不能以统计手段测量出它的具体数值。只能利用压力测试，通过主观判断在极端情况下的损失，也属于非预期损失的范畴。

通过以上分析可得出如下结论：

商业银行的信用风险可定义为银行经营管理活动中由于不确定因素影响而导致的损失的可能性，损失分为预期损失及非预期损失。

预期损失（Expected Loss，EL）指银行从事某项业务所产生的平均损失，可以通过对银行损失的历史数据统计得出。预期损失是发生概率相对较大的损失。银行对预期损失通过定价和损失准备提留弥补。银行要精确计算经济资本，前提条件之一是将预期损失计入银行的营运成本，作为正常的财务成本影响银行当期收益。

非预期损失（Unexpected Loss，UL）指银行实际损失超过上述平均损失以上的损失，它是对预期损失的偏离标准偏差（standard deviation）。非预期损失需要由银行的风险资本来抵御。非预期损失发生的概率不能完全从历史统计中得出，它带有一定的主观判断和政策性。非预期损失将消耗银行资本，并影响银行的长远发展，实践中构成银行真正的风险。

2. 信用风险管理的主要内容。

信用风险管理的主要内容包括：风险识别、计量、监督、控制和调整五类。

（1）风险识别

风险的识别是指通过统一的标准分析确定可能导致风险的因素的行为。风险识别的主要目的是使用统一标准来提供风险因素以进行风险衡量。对各类风险敞口进行分类，确定各类敞口对应的关键风险因素及评级标准，并对各类数据进行准确定义，是精确风险计量的基础及前提。风险识别包括以下四方面内容：风险敞口的分类、信用等级评定、风险分类，以及数据层面定义。

（2）风险计量

风险的计量是指通过制订统一标准来测算及比较所有的授信风险，将风险的可能性进行量化，得到由于某些风险因素而导致在给定收益的情况下损失的数额或在给定损失的情况下收益的数额的行为过程，包括制订什么样的标准和方法来量化风险、对风险因素和可能的损失及收益进行评价等内容。风险计量是风险管理的基础。没有风险的精确计量，就无法保证资本充足率对风险的敏感性，也就无法达到巴塞尔协议提出的"资本要敏感地反映风险"的目标。

（3）风险监督

风险的监督是指商业银行在授信业务的全流程中对风险因素进行全方位的检查、反映的行为过程。风险监督可分为以下三个方面：一是对风险的来源进行监督，如对客户及其关系网络，以及对信贷资产组合进行多层次、多角度的动态分析和反映；二是对风险产生的环节进行监督，如对授信业务流程中的关键点（风险点）的监督；三是对风险进行事前的预警和事后的分析总结。

（4）风险控制

风险的控制是指商业银行通过制订风险政策、组织授信业务流程的管理和实施限额监控、贷款定价等手段，进而达到锁定损失和收益的行为。包括对收益及损失两方面的控制，任何盲目增加收益的行为都可能导致损失的扩大；反之，过分强调损失或不允许损失的发生也会限制收益的取得。

（5）风险调整

风险的调整其实质就是要求商业银行在经营中考虑风险的成本——资本回报，以资本约束资产的扩张。即，以资本的数量多寡决定资产规模的大小；以资本的价值取向决定资产结构的组合。风险调整包括两个方面的内容：一是对授信发生后、客户违约前的一些潜在风险通过风险缓释技术加以化解，例如通过贷款证券化等投资组合管理模式调整信贷资产组合，主要是客户违约前的一些虚拟的管理。二是指风险调整收益。风险调整业绩用"风险调整的资本收益率（Risk Adjusted Return On Capital，RAROC）"表示，是指商业银行通过某种测量方法对银行不同部门、产品和客户间的收益情况和发生损失的可能性进行比较，以达到对银行经营情况进行科学的衡量。风险调整收益的目的：一是报告不同经营部门、行业、产品和客户直接的收益和损失可能性，并将其与盈利性目标进行比较；二是对风险（授信产品）进行定价；三是根据风险状况，在不同经营部门、行业、产品和客户直接分配风险资本（CAR）。

（三）加拿大皇家银行信用风险管理实践

1. 风险管理的原则。

在确保业务开展的同时，实现在风险偏好框架下的风险与收益适当平衡。

风险管理覆盖全行的每一个角落，包括所有层面和全部业务领域，风险观念贯彻于全行每个人的思想之中和行动之中。

风险管理的组织保障是内化于各个业务部门的风险管理机构，并且全行的风险管理独立于业务部门，自成体系。

设立风险控制委员会，由该委员会负责引导、强化跨部门和交易的风险管理，并对全行风险状况有最终的判决权。

董事会和监事会对全行的风险管理负最终的责任。

2. 风险管理的组织结构。

加拿大皇家银行的风险管理遵循"全面风险管理"的原则，以总行和业务条线为主，采取"大总行、小分行、业务线管理"的管理方式，董事会集团风险委员会对集团进行整体风险管理，下设风险管理部。集团风险委员会向董事会风险委员会进行汇报，银行经营平台的各业务线也有相应的风险管理部门。其风险管理组织结构如图4所示。

董事会提供监督和开展其风险管理的任务主要是通过其风险管理委员会，审计委员会，公司治理与公共政策委员会（CG 与 PPC）和人力资源委员会的组成。风险管理委员会的责任是确保风险管理功能。集团风险委员会由高级管理团队组成和领导，全行的风险监督作用主要是通过集团风险委员会执行，负责确保整体风险状况与战略目标和风险偏好的一致性；制定有持续、适当和有效的风险管理流程；对风险管理过程进行监督。

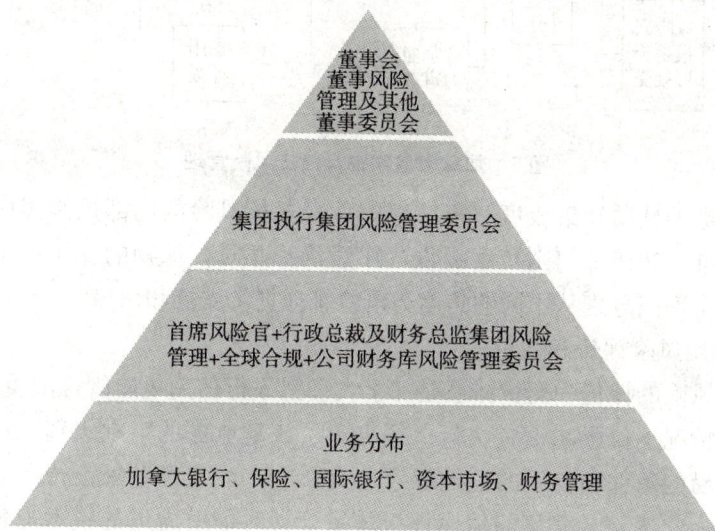

图 4　加拿大皇家银行风险管理组织结构

加拿大皇家银行风险管理的流程遵循其风险管理组织原则，进行风险部门的统一管理，在风险管理部门中设有信用风险管理部、市场风险管理部、操作风险管理部、合规部等专业风险管理部门，集中进行全面的风险管理。与其他银行相比，加拿大皇家银行的风险管理流程更为细化，这种精细的风险管理流程恰好能对其"大总行、小分行、业务线管理"的风险管理架构进行有力的补充和支持。加拿大皇家银行风险管理流程的特色也是主要体现在信贷风险的管理上，从其信贷风险管理流程图（图 5）中可以看出，风险管理的各项审查、检验巧妙地贯穿于整个信贷业务流程中，相关的风险管理不留任何"死角"。

加拿大皇家银行风险管理的原则之一就是保持风险控制的独立性，这种独立性不仅表现在风险控制要独立于市场开拓，还表现在程序控制、内部审计和法律管理这三个方面。公司的内控部门、审计部门和法律部门都独立于集团事业部和风险管理部门而运作。内控部门负责对风险进行量化并验证风

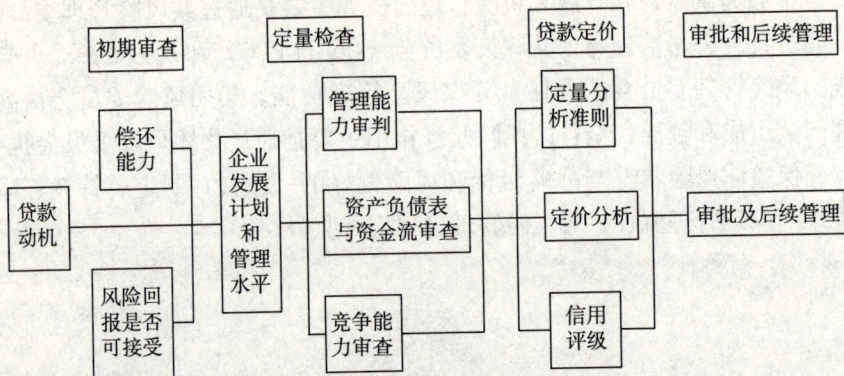

图 5　加拿大皇家银行信贷风险管理

险相关数据的性质和集成度；审计部门负责复核风险的内部控制程序是否符合内部标准；法律部门则负责提供法律建议，并对担保物的安排和净值提出意见。三个部门分别从不同的角度为风险管理提供支持和保障。

3. 信用风险评价和衡量。

信用风险的评价和衡量体系是加拿大皇家银行信用风险管理的重要基石。风险评估情况不仅影响信贷决策，还决定了该笔业务的审批级别，对业务的条款、交易的条件和贷后的监控程序也有影响。加拿大皇家银行十分重视这项工作，为此建立了完整的信用评级体系。同时借助先进的技术力量，对风险评级实行量化和动态管理，为风险评级的准确性提供了可靠的依据。20 世纪 90 年代以后，加拿大皇家银行运用 RAROC 模型对信用风险进行评价和衡量。RAROC 模型的简化公式表达为：以银行的收益减去经营成本，再减去风险成本为分子，以经济资本为分母。分子表示银行的经营成果必须减除预期风险，分母表示银行还必须使资本覆盖预期风险。RAROC 模型技术既不是排斥风险，也不是追求零风险，它通过科学的方法鼓励银行更有力地扩张。此外，加拿大皇家银行除了运用 RAROC 等风险模型进行内部评级外，还充分利用穆迪和标准普尔等评级机构的外部评级结果对客户的评级进行调整，以便得出正确的结论。

4. 信用风险授信审批管理。

加拿大皇家银行的授信审批实行个人负责制，依靠经验丰富且专业化的信贷审查审批人员和信用风险监测分析人员来管理信用风险。由于加拿大皇家银行将授信审批权限授权给个人，因此在审批流程上显得快捷、高效。首先，在权限内的授信项目，一般都有业务部门或分行直接送交有相应权限审批人审批，审批人员的权限较高，这种授权审批的模式就减少了贷款项目层层上报对时效性产生的不利影响。其次，通过与客户长时间的交往，对客户有了深入了解，关系比较持久稳定，这使银行有充分的时间和机会来了解客户，甚至客户一个电话就可以申请授信。最后，发达可靠的外部资信中介机构能够及时有效地提供关于客户的外部评级、违约、诉讼等情况，这就减少了对客户评估、调查所需要时间。

5. 信用风险监控。

加拿大皇家银行的信用风险监控主要依托于其强大的信息化技术。加拿大皇家银行通过信息系统对信用风险进行科学的预测和跟踪监测，定期对所办理业务进行风险监测，并定期进行压力测试，对信用等级下降、风险增大或有不利倾向的业务，适当提高监测频率，必要时将通过信用衍生产品转移或其他手段降低该业务的风险，以减少或避免损失。

二、我国证券公司相关业务面临的信用风险分析

随着证券行业对外开放和券商创新业务（产品）的发展，证券公司的业务范围拓宽，面临的信用风险也日趋复杂。与市场风险相比，信用风险收益分布左偏，违约清偿往往涉及大量的法律程序；同时，信用风险不易分散，对冲工具相对单一且市场流动性较差，极端情况下非但不能提供信用保护，反而会扩大资本损失。从风险爆发的严重程度来看，市场风险的爆发或许会酝酿一次金融风暴，而信用风险一旦点燃，往往会导致违约沿着产业链和担保链蔓延，引发投资者的恐慌和市场风险与信用风险的叠加共振，最后极易演变为一次危机，其持续时间更长，冲击强度更大。

相比于加拿大金融业，中国证券公司面临的信用风险有一定的区别。首先，加拿大金融业是混业经营，面临各种各样的信用风险，而中国金融业务是分业经营，中国证券公司业务相对单一，面临的信用风险较小，并没有诸如贷款之类信用风险较大的业务。其次，加拿大市场场外业务比较发达，而场外业务面临的最大风险就是信用风险，因而加拿大金融公司在场外业务中面临较多的信用风险；而中国市场场外业务相对不发达，而且商业银行是主要参与者，证券公司参与场外业务交易较少，面临的信用风险也较少。最后，衍生产品是信用风险产生的温床，加拿大证券衍生产品市场高度发达，各种衍生产品层出不穷，加拿大金融公司面临的衍生产品中的信用风险也较多；中国的金融衍生产品市场发展时间较短，衍生产品种类少，且证券公司参与较多的是场内衍生产品（如股指期货等），信用风险很小。从证券公司的业务来看，投资银行、证券投资、信用交易、直接投资等，都面临信用风险，不同

业务所面临的信用风险从形式上来看存在着较大的差异。

（一）我国证券公司信用风险产生的原因

我国证券公司的信用风险主要源于证券公司与交易对手的信息不对称导致的逆向选择。由于我国良好的信用环境正在建设过程中，对信息披露的法律约束还不够严格，交易对手容易隐瞒自身的资信情况，造成证券公司掌握的信用资料不足。除了上述因素外，还有一些我国现有体制下的特殊原因：

1. 缺乏自我约束机制和风险防范意识。

我国证券公司大部分是在国有控股基础上发展起来的，对客户的信用等级考虑较少，对客户的违约风险重视不够，证券公司自我约束的机制和风险防范的意识不足，经营中的盲目性、投机性倾向比较明显，使其难以真正形成完善的风险管理架构，收益与风险不对称。

2. 信用风险管理体制不完备。

我国证券监管部门比较重视证券公司合规性管理，尚未建立起以风险监管为主导、以同业监督和内部控制为基础、以社会监督为补充的全方位的风险监管体系。作为行业性自律组织的证券业协会，对市场参与主体的诚信管理时间还不长；证券交易所尚未建立完善的上市公司诚信档案和信用管理系统，其一线监管作用有待发挥。

此外，我国证券公司内部控制制度建设还缺乏系统性，对内部控制的认识、研究尚需提高。

（二）证券投资业务信用风险分析

证券投资相关信用风险包括债券发行人的信用风险以及交易对手信用风险。

1. 债券投资的信用风险分析。

债券投资的信用风险指的是所投资债券得发行人出现违约、拒绝支付到期本息，从而导致资产损失和收益变化的风险。主要受到债券发行人的经营能力、盈利水平、事业稳定程度以及规模大小等因素影响。

2. 交易对手的信用风险分析。

债券撮合交易、回购交易、场外衍生产品交易等业务中存在交易对手违约给证券公司带来损失的信用风险。

撮合交易中涉及两个交易对手，因此其信用风险可分为两类：上家违约和下家违约。上家违约会造成证券公司无法提供足够的债券卖给下家。这时虽然可以向中国外汇交易中心暨全国银行间同业拆借中心申请取消交易，但必然会给证券公司造成不良影响。下家违约会造成证券公司被迫持有从上家买来的债券，这样会造成证券公司被动承担由于利率变动带来的市场风险，并可能会造成证券公司被迫持有证券而使自营头寸超过监管部门的规定。另外，如果撮合交易中采取 T+1 结算模式，可能存在利率变化等情况，从而面临更大的下家违约风险。

回购分为正回购和逆回购。正回购指融资方以一定规模债券作抵押向融券方融入资金，并承诺在未来特定日期再购回所抵押债券的交易行为；逆回购指融券方向融资方购买有价证券，并承诺在未来特定日期将有价证券卖给融资方的交易行为。在银行间市场从事债券回购，其信用风险在于回购到期时，融资方未按照回购协议约定的买回质押债券。如果对手方违约，而所质押债券的市场价格大幅下跌，则融券方将承受较大的损失。

场外衍生产品交易与场内交易相比，由于缺少中央结算公司等降低信用风险的制度安排，信用风险尤为突出。由于衍生工具交易"零和博弈"的性质，交易对手双方各自盈亏必然各有正负，当证券公司所持组合价值为正时，交易对手存在违约动机，从而将证券公司暴露在信用风险中。

（三）信用交易业务信用风险分析

现阶段证券公司信用交易业务包括融资融券业务、证券购回业务和期货经纪业务。信用交易是在证券交易中引入信用机制，在第三方信用的介入下，通过保证金的杠杆作用，放大投资者用做投资的现金和证券数量，以完成证券信用交易的行为。

1. 融资融券业务。

在融资融券交易中，证券公司以自有资金（证券）或依法筹集的资金（证券）融给客户使用，可能会面临到期客户不能偿还，甚至对其质押证券平仓后所得资金还不足偿还的信用风险，证券公司可能会因此遭受一定的资产损失。造成融资融券出现信用风险的主要原因有：

第一，客户征信调查制度与标准制订不合理，或征信调查过程不适当，无法确保征信审核内容的合规性、完备性、充分性和一致性，造成征信结果与客户资信实际情况出现偏差，从而导致授信额度不合理。

第二，融资融券保证金比例或可充抵保证金证券的折算率过高或担保物具有瑕疵，可能导致对其质押证券平仓后所得资金无法足额偿还融资款的信用风险。

第三，维保比例预警线过低，可能造成客户穿仓风险加大，证券公司将面临穿仓后客户不能及时追加担保物的风险。

第四，证券公司通过技术手段对信用交易业务进行集中监控，能够及时查询各项风险控制指标，客户信用资金账户和信用交易账户的资金余额及变动情况、证券市值及其变动情况；每个账户的质押比例、警戒线和平仓线等；但如果客户在从事融资融券交易期间，信用资质状况下降，而证券公司未能在动态监控中及时掌握客户资信的这一变化，信用风险会在此时产生。

2. 证券购回业务。

证券购回交易包括约定式购回和质押式购回，属于创新业务。其业务过程与融资融券业务较相似，产生信用风险的原因也与融资融券业务相似。但证券购回业务中由于向客户融出的资金由客户自由支配，其信用风险程度要高于融资融券业务。

3. 期货经纪业务的信用风险。

期货合约属于信用品种，以较低比例的保证金承诺未来的交易。期货业务信用风险是指在交易对手由于各种原因难以履行合约时，交易的另一方将不得不承担信用风险，丧失依据期货合约可以得到的收益。

期货的结算体系是由四个期货交易所充当所有投资者的交易对手，它是所有买方的卖方和卖方的买方，其中心职责是负责期货交易的最后结算业务，确保合约到期交割或未到期以前平仓，这样整个股票指数期货交易的信用风险就全部转嫁到交易所。结算中心通过建立的一系列制度、措施，使整个市场的信用风险下降。但信用风险并未完全消除，当市场出现剧烈波动时，结算中心为降低信用风险所设计的各类保证性资金可能被耗尽，结算中心作为所有交易者的交易对手发生信用危机，从而系统性的信用风险将爆发。

对于证券公司控股的期货子公司而言，所面临的信用风险主要是保证金交易带来的，即投资者实际支出的金额只占其购买的期货合约价值的一小部分。具体而言，当客户在进行期货交易时，不利行情导致客户风险度（风险度＝持仓保证金/客户权益）提高，需要追加保证金或降低仓位；如果此时客户不能及时追保或平仓，则公司有职责进行强行平仓；但如果期货行情波动剧烈，如连日以跌/涨停板开盘直至收盘，公司挂出的强行平仓指令无法成交，便会造成穿仓。一旦穿仓、弃仓现象普遍出现，可能导致证券公司破产倒闭。

（四）直接投资业务信用风险分析

证券公司通过设立直投子公司形式从事直接投资业务，直接投资业务的信用风险主要表现为交易对手的风险。在直接投资操作中，投资公司一般持有不超过30%的股权，虽然在董事会中拥有一票否决权，但仅作为财务性的投资者出现，严格控制企业发展方向，对日常经营活动过问不多，也不能时刻监视公司的运作发展。这使得企业管理层更容易投为了谋取自身效用最大化，与投资者的目标产生偏差，从而侵蚀投资者的利益。企业经营者由于急功近利和从事一些高风险的获利项目，未按承诺将资金用于发展业务导致业绩下滑，最终未能实现直接投资目标。信用风险一般出现在管理者素质不高或者管理机制不够完善的企业，当出现这种情况时，投资者和经营者的利益不相一致，公司将不能实现预期的投资收益。

（五）中小企业私募债业务面临的信用风险分析

目前中国证监会正大力推动证券公司中小企业私募债券业务的发展。按照国内监管要求，中小企业私募债券发行主体为中小企业，具有非上市公司非公开发行的特点，是完全市场化的信用债券品种。发行主体为中小企业，对发行人没有净资产和盈利能力的门槛要求。由于融资主体具有资产实力弱、经营风险高等特征，中小企业私募债风险不容忽视。

中小企业私募债业务面临的风险包括承销过程中面临的风险和投资业务中面临的风险。其中投资业务面临的风险与债券投资风险相同，这里主要指承销业务中面临的信用风险。

据惠誉数据，美国高收益债（垃圾债）的长期违约率均值为 5.1%，2009 年国际金融危机时曾高达 14%，发行人的信用状况直接影响着发行结果。而不同于其他类型的公募债券，定向发行的中小企业私募债采取备案制而非审批制，这就意味着投资者要承担更大的投资风险。国内投资者风险识别能力参差不齐，如果发行主体出现信用事件，还本付息困难，投资者可能会血本无归，作为发行承销商也将面临较大的声誉风险。这就需要公司在目标发行人甄选、项目立项、产品设计、增信措施安排、项目内核、持续督导、信息披露等做好充分的信用风险管理与安排等。

三、加拿大信用风险管理实践对我国证券业的启示

（一）对证券公司信用风险管理策略的启示

1. 建立信用风险数据库。

由于信用风险涉及的业务及内容较多，信用风险数据库不能只设计一个通用的数据库，而要根据实际情况建立侧重点不同的数据库。例如个人客户信用风险数据库、机构客户信用风险数据库、债券发行主体信用风险数据库和企业资质信用风险数据库等。

个人客户信用风险数据库主要面向经纪业务相关的个人客户。个人客户信用风险数据库主要从客户风险承受能力和风险承受意愿两个方面考察客户

的信用等级。主要收集的指标有客户年收入、投资年限、投资倾向、日均资产、信用记录、资产周转率等。

机构客户信用风险数据库主要面向经纪业务相关的机构客户、承销询价机构、银行间市场交易对手。机构客户信用风险数据库从机构资本实力和信用记录两个方面来考察。主要收集的指标有资本充足率、核心资本充足率（针对银行）、资产负债率、与公司交易记录等。

债券发行主体信用风险数据库主要面向信用债券发行主体。债券发行主体的信用主要从机构偿债能力上来分析，主要收集的指标有总资产、总债务、短期债务、经营活动现金流、净利润、EBITDA、速动比率、应收账款周转率、外部机构信用评级等。

企业资质信用风险数据库主要面向所承销或股权投资的企业。对企业资质的考察与对债券发行主体的考察类似，但更关注的是企业的盈利能力，其偿债能力放到其次考虑。主要收集的指标包括发行人财务指标、税务及银行系统内的资信水平、发行人及其大股东、董事、监事、高管的资信水平等。

2. 量化分析信用风险。

在信用风险数据库收集较完善以后，就可以基于数据来量化分析信用风险。市场风险模型早在 20 世纪 60 年代便已经非常成熟了，而以结构化模型和简约化模型为代表的现代信用风险模型一直到 20 世纪 90 年代才初具雏形。

传统的信用风险定性分析模型主要是专家分析法和信用评级法。专家分析方法根据自身条件对贷款人进行信用风险分析。信用评级法是对评级对象的相关债务在其有效期内及时偿付的能力和意愿的评估，是对信用风险的综合评价。这两种方法属于定性分析法，难以遵循一样的准则，造成信用评估的主观性、随意性和不一致性。

多元判别分析法是从若干观测对象的变量值（财务比率）中筛选出能提供较多信息的变量并建立判别函数，使推导出的判别函数对观测样本分类时的错判率最小。Z 分模型和 ZETA 模型正是基于此。Z 分模型和 ZETA 模型具有比较准确的预测能力，但在实际应用中有一定的局限性。由于它以财务指标为基础，所以它仅适用于有准确财务数据的公司。而且模型假设分析过程中的变量呈线性关系，而现实中的经济因素往往是非线性的，因而也会降低其预测结果的准确度。

Logit 法也是采用一系列财务比率来预测公司破产或违约的概率，然后根据银行或投资者的风险偏好程度设定风险警界线，以此对分析对象进行信用风险评估和管理。该模型同样对财务数据的真实性要求较高。

近年来，新一代金融工程专家利用建模技术和分析方法提出了一批信用风险定量模型。目前比较常用的有 Credit Metrics 模型、KMV 模型、Credit Risk + 模型和 Credit Portfolio 模型。

Credit Metrics 模型是一种信用在险值（Credit VAR）模型。其主要计算方法是以客户信用评级为基础，根据历史信用评级等级变化矩阵计算不同转移概率下贷款的价值，最后根据得到的这一系列信用等级组合概率及相应的价值，求出损失期望均值和 VaR 值。Credit Metrics 模型已经成为信用风险计量领域最为主流的方法之一。

KMV 模型将企业负债看做是买入一份欧式看涨期权，即企业所有者持有一份以公司债务面值为执行价格，以公司资产市场价值为标的欧式看涨期权。如果负债到期时企业资产市场价值高于其债务，企业偿还债务；当企业资产市场价值小于其债务时，企业选择违约。KMV 模型适用于上市公司的信用风险度量，该模型不要求有效市场假设，因此该模型在我国这样的弱有效市场更有效果。

Credit Risk + 模型是应用保险经济学中的保险精算方法来计算债务组合的损失分布。该模型是只考虑债务人对债券或贷款是否违约，因而任意债权人的债务价值是固定不变的，它不依赖于债务发行人信用品质和远期利率的变化与波动，并且假定每笔债务是独立的，债务组合违约次数的概率服从泊松分布。该模型通过对贷款组合的损失进行分组汇总，得到整个贷款组合的损失概率分布，最后利用 VaR 方法求出债务的经济资本。

Credit Portfolio 模型是由麦肯锡公司从宏观经济环境的角度来分析债务人的信用等级迁移，开发出的一个多因素信用风险度量模型。其基本观点是违约概率和变动概率与经济相关联。当经济条件恶化时，降级和违约增加，当经济状况好转时恰恰相反。该模型通过多元统计计量模型来模拟宏观经济状态，然后将经济状态与协同的条件违约概率和评级迁移概率对应起来，并以此为基础求出资产组合的损失分布。

3. 有效对冲信用风险。

在对信用风险进行量化之后，需要对风险进行有效管理。管理信用风险的方式之一就是采用金融工具对冲信用风险。对冲信用风险的交易是在公司与第三方之间进行的。通过信用风险对冲交易，公司可以继续扩大业务量，同时又能避免陷入信用风险过度集中的不利处境。目前要准确评估信用衍生工具对金融市场的影响还为时过早，但可以肯定的是，这一市场确实起到转移规避风险的作用。

利用期货和期权等衍生产品进行风险对冲是进行股票等交易性资产组合管理的重要实现手段，而类似的方法在传统的信用组合管理中很难得到应用，其主要原因在于传统信用产品的流动性差。自 20 世纪 90 年代以来，信用市场的流动性大大增强，贷款销售、资产证券化交易和信用衍生产品市场发展迅速，金融机构用于对冲信用风险和调整信用组合的工具大大增加，信用风险对冲是信用组合管理在市场上最重要的实现机制。

国外金融机构通过信用衍生产品转移规避信用风险。信用风险对冲技术运用的载体是信用衍生产品。信用衍生产品是指以贷款或债券的信用状况为基础资产的衍生金融工具。目前在美国最常用和最具流动性的信用衍生工具分别是：信用违约掉期，其次是总收益率掉期和抵押化负债义务，这三者共占信用衍生市场份额的 70%；其他信用衍生产品还有资产掉期、信贷利差掉期和信贷连结债券等。

目前在我国属于信用衍生产品并不多见，而且适合我司进行风险对冲的只有信用风险缓释工具（Credit Risk Mitigation，CRM）这一种。银行间交易商协会公布的《银行间市场信用风险缓释工具试点业务指引》创设了一种信用衍生产品，即信用风险缓释工具。信用风险缓释工具是指信用风险缓释合约、信用风险缓释凭证及其他用于管理信用风险的简单的基础性信用衍生产品，即可交易、一对多、标准化、低杠杆率的信用风险缓释合约（Credit Risk Mitigation Aggrement，CRMA）和信用风险缓释凭证（Credit Risk Mitigation Warrant，CRMW），被业内认为是中国对世界信用衍生产品市场的一个创新，类似于国际上的 CDS。信用风险缓释工具是指信用风险缓释合约、信用风险缓释凭证及其他用于管理信用风险的简单的基础性信用衍生产品。

信用风险缓释凭证（Credit Risk Mitigation Warrant，CRMW），是指由标的实体以外的机构创设的，为凭证持有人就标的债务提供信用风险保护的，可交易流通的有价凭证。买入信用风险缓释凭证（CRMW）的银行的交易对手方需要买入信用风险缓释合约（CRMA）。

对信用风险缓释凭证（CRMW）的创设机构是需要监管核准的，在国外的创设机构不但不需要监管核准，而且多数情况下是未能签署主协议的那些机构，基本上这类交易很少；指引中设计的 CRMW，卖掉它则能马上全部转移风险，能够避免多米诺骨牌效应，能降低像金融危机那样的系统性风险发生。

2010 年 11 月 5 日，中债信用增进投资股份有限公司与中国工商银行股份有限公司签署贷款信用风险缓释合约交易确认书，正式达成了以银行贷款为标的的"信用风险缓释合约"交易，共 7 笔，合计名义本金 5 亿元人民币，期限小于等于 1 年。这是我国第一笔贷款信用风险缓释合约。

4. 重视证券行业征信系统的建设。

建议由证券监管部门授权，证券业协会主导，证券交易所协助，证券公司参与，共同构建中国证券行业的征信系统，倡导诚信文化，降低信用风险。

（二）对证券公司相关业务信用风险管理操作的启示

从中国实际情况来看，中国证券公司面临的信用风险包括债务人风险和交易对手风险。这里的交易对手不仅指买卖金融工具的交易对手，也包括上市公司和直接投资目标公司。因此，在当前中国市场衍生产品不够发达的情况下，证券公司可以首先建立内部信用评级和准入机制，对债务人和交易对手进行评级，并根据环境的变化，适时调整评级内容和结果，并根据结果量化信用风险。等到衍生产品市场成熟以后，再选择适当的工具进行风险对冲。

以中小企业私募债发行信用风险管理为例，可采取一系列内部控制和管理措施，防范和化解中小企业私募债券承销项目运作过程中可能涉及的信用风险。具体可以从以下几点着手：

1. 项目立项。

证券公司应建立完善公司相关私募债发行业务政策与风险政策，包括公司内部私募债承销准入标准、风险容忍度、风险管理措施、内部信用评级等。通过内部评级系统及专家判断等定性方法对目标发行人建立准入标准，通过筛选，将不符合立项标准的、发行主体内控不完善、还款能力不足、存在历史违约记录等剔除，设立红线，严格执行。试点期间，可选择规模较大、盈利较好、外部评级较高的企业作为发行人（如可设定目标发行人净资产需在 1 亿元以上，且最近 1 个会计年度盈利，有一定的增信措施等）。

2. 项目内核。

公司按照相关法律、法规的规定，建立风险内核机制，通过恰当的工作程序，对中小企业私募债项目进行整体质量评价和风险评估，重点关注发行主体的经营情况、财务状况、风险管理水平、信用增级措施、信息纰漏、证券公司尽职调查情况等，从源头上把控住发行人的信用风险。

3. 存续期管理。

结合宏观经济、金融政策和行业运行变化情况，证券公司应对发行人和提供信用增进服务机构的经营管理、财务状况、债务融资工具信息披露、募集资金用途、公开市场信息等情况进行跟踪。并根据持续督导过程中或发行人信息披露发现以下问题建立风险关注池，进行重点信用风险把控。通过现场或非现场的风险调研与排查，准确掌握发行人风险状况及偿债能力，并根据风险状况要求发行人采取进一步的信用风险保障与预警。进入风险关注池的选择标准为：

主要经营、财务指标出现不利变化，出现延期支付利息等情况。

内部管理架构或高管人员出现重大变动。

主体或债项跟踪评级级别下降，或评级展望调至负面。

未按时披露财务信息或未及时披露重大事项。

未按约定使用募集资金等。

公司对风险关注池实行动态管理，对于池内发行人经风险排查确认其偿债能力不会受到影响的，应及时调整出池。在池发行人数量原则上应不少于存续期内发行人数量的40%。

4. 风险排查制度与压力测试。

公司建立定期或不定期的风险排查制度，形成定期风险排查报告，对已承销的中小企业私募债风险整体性的分析。对于公司认为应该重点关注的项目，应通过压力测试，测算发行人在遇到假定的小概率事件等极端不利情况下可能发生的损失；如经评估，风险事件对发行人还本付息可能带来严重影响的，应制定信用风险处置预案。

尽管我国证券业与其他金融业分业经营，金融衍生产品不足，场外市场也刚起步，但是，随着我国金融改革的深化和证券行业创新步伐的加快，金融衍生产品也会根据投资者风险对冲需要逐步增加。未来对证券公司而言，合规管理将进入常态化，全面风险管理能力将影响证券公司发展的稳定性和发展的速度，加拿大金融业丰富的风险管理实践经验给我们提供了很好的借鉴意义。

参考文献

［1］Royal Bank of Canada 2011 Annual Report.

［2］The Bank of Nova Scotia 2008 Annual Report.

［3］An Overview of Risk Management at Canadian Banks, by Meyer Aaron, Jim Armstrong, and Mark Zelmer.

加拿大新产品评估经验介绍及启示

第三组组员：东吴证券张剑宏、海通证券杜洪波、华融证券钟凌、
中国民族证券牟敦忠、广发证券冯显敏、中国证券业协会王惠娟

在经过了综合治理和股票市场近年的快速发展之后，国内证券公司的传统经营模式已近极限，业务同质竞争激烈，大者不强，小者不弱，传统业务都在承受收入增长放缓和成本刚性上升的双重煎熬，遭遇发展瓶颈。如何摆脱传统业务日趋激烈的竞争，寻求新发展模式的突破，已成为各家证券公司共同面临的重大问题。随着监管机构关于"加强监管、放松管制，释放行业创新发展活力"信号的释放，预期后续各项创新业务将陆续推出或加速发展。

2012年5月7~8日召开的全行业创新大会在深入分析行业现状的基础上，提出了全行业创新的基本目标，即"以防范化解风险为基础，以保护投资者合法权益为出发点，以提高证券公司服务资本市场和实体经济的能力为目的，以提升行业核心竞争力为手段，坚持市场化、国际化、法治化的改革方向，加快多层次资本市场体系建设和证券公司对内对外开放进程，不断增

强证券公司的资本市场中介功能和服务水平，实现证券行业与经济社会和谐共进可持续发展"，并围绕上述目标提出了振奋人心的"创新十一条"。

会后，各证券公司采取了一系列措施大力推动创新业务的开展，各业务单元的创新活力被极大地激发出来。但随之而来的问题是：多年来以经营传统业务为主的证券公司，如何进一步培养应对创新业务、开发创新产品的能力？如何对新产品、新业务进行风险评估？

经过在加期间的学习、研讨，我们对上述问题形成了初步的认识，现汇报如下：

一、新产品的定义

开展对新产品的评估，首要是对新产品进行定义，即证券公司应当建立书面的指引，清晰、具体地定义新产品包括哪些内容及具有可操作性的决策程序。指引还应包括在什么情况下，对一个现有产品的修改需要比照新产品来进行审批、授权。

对于定义新产品，按照加拿大的经验，需要考虑的因素有：

该产品是否在以前仅出售给机构客户，而现在推介给零售客户。

该产品的风险特征、产品结构以及成本费用等是否有别于现有的产品。

该产品是否需要改变现有的运作支持体系，是否对现有的营销方式产生明显变革。

该产品是否已经在其他地区、以其他货币形式推销给相应的客户。

该产品是否会导致新的利益冲突的出现。

上述要素并未穷尽判断一个产品是否为新产品的所有要素。券商不能简单地认定产品与市场上其他企业或者竞争者已经有的产品"相似"而没有必要进行再审查。有境外机构的经验表明，当企业不确定是否需要对新产品进行审批时，最佳实践是慎之又慎，转而对现有产品（无论该产品是否由该企业销售）进行改良，再比照新产品进行审批。需要注意的是，对于创新产品从概念设计到最终推出，公司内部会建立一套标准化的正式流程，并严格按照此流程对创新产品进行审批。

二、新产品发展的几个阶段

金融产品的创新经历了一个从融资需求到投资与风险管理需求驱动再到当前财富管理驱动的演进过程，产品创新可以分为四个阶段：

（一）20世纪60年代以规避税收与政府法规为主的创新

几乎每个国家的所得税都发展到了这样的一个阶段：政府已做到或力图

做到对不同的收入来源按不同税率征税。税率的区别表现在资本收益和劳动所得、利息和股息、股息和资本利得、个人收入和公司收入、企业收益分配和收益留成、本国收入和国外收入等诸多方面。由于多种原因，特别是为了挫败纳税人设计出的一些成功的创新活动，政府（或者更恰当地讲，是那些希望获得保护和好处的各种利益集团）往往更愿意不断地改变税率结构，从而造成了国内各种税率之间的差异被改变，并为金融创新提供了新的机会。在这个阶段，应运而生的产品有可转换债券、可赎回债券、可转让存款单等。

（二）20 世纪 70 年代以适应全球化和管理风险需要的创新

20 世纪 70 年代产品创新的动力主要来自于投资者日益增加的风险管理需求。随着 20 世纪 70 年代，西方各国受石油危机的影响，股票市场价格大幅波动，股票投资者规避股票市场风险的需求产生。1982 年 2 月，美国堪萨斯期货交易所（KCBT）开办首只股指期货品种——价值线综合指数期货的交易。之后期权、互换陆续推出，金融衍生产品在全球范围内迅速发展。这一阶段特别提款权、汇率期货、浮动利率债券、利率期货、指数基金等产品层出不穷。

（三）20 世纪 80 年代以管理和规避各种金融风险的创新

20 世纪 80 年代之后，仅仅转嫁风险已不能满足投资者的需要，新的金融产品被推出以满足人们防范利率、汇率等风险的需要。其中 20 世纪 80 年代初在美国出现的期权、股指期货以及期货期权等产品引领了全球金融衍生产品的快速发展，极大地促进了金融市场发展。债务保证债券、货币互换、利率互换、抵押担保债券（CMO）也在这个阶段开始登上历史舞台。

（四）20 世纪 90 年代呈现出面向财富管理的产品创新的特点

随着计算机技术的飞速发展，欧美证券市场和以亚洲为代表的新兴市场开始依据自身特点陆续推出金融创新产品。同时，海外市场之间形成了激烈的竞争格局，一些市场甚至抢先推出了基于他国标的的衍生产品合约。例如，新加坡交易所先于日本、中国台湾和中国大陆推出了日经 255 指数期货、台股期货和新华富时中国 A50 指数期货。在服务方面，设计金融服务方案是产品创新的重要方式，客户不仅成为产品和服务的接受者，更是理财方案的订购者。

（五）2008 年金融危机后，投资者越来越青睐较高资产收益率或较大资产安全性的产品

随着金融危机的爆发，人们对高风险产品产生敬畏心理，投资者越来越乐于购买可以获得较高的资产收益率和较大的资产安全性的新产品。与此同

时，监管与金融机构均加强了在新产品审核方面的力度，包括对审核内容的增加以及审核条件更加严格。

三、加拿大新产品评估的经验介绍

（一）新产品评估的组织架构及职责

根据加拿大新产品评估的经验，针对新产品评估主要涉及两个层面，一个是高级管理层面，一个是职能部门层面。高级管理层面主要由新产品委员会、运营委员会及风险管理委员会组成，职能部门层面则涉及合规、法律、风控、财务、结算、IT 等部门。新产品的发起部门，需要协调所有职能部门完成新产品设计中的所有细节，将力争"尽善尽美"的材料提交高级管理层的三个委员会进行审批，因涉及业务的不同，有时候还要增加参与评审的委员会。

相关职能部门的职责如下：

1. 在加拿大，新产品的驱动部门承担了几乎所有的工作，被称为"DRIVER"，新产品驱动部门负责新产品开发的几乎所有工作，并制作完成关于新产品评估的全套文件，文件一般会包括：（1）概述。（2）商机。（3）客户需求调查。（4）产品描述。（5）风险管理。（6）运营。（7）监管。（8）执行。（9）盈利预测等几个方面。

2. 上述文件在制作过程中涉及与职能部门有关的内容，当新产品驱动部门无法解决时，需要提交相关需求，由职能部门协助完成，职能部门按照部门职责各司其职地就合规、风控、法律、运营、结算、财务、IT 等方面的问题对新产品设计的各个环节进行审议和评估，直至相关的措施得到职能部门的认可（需签字确认）。在实践中，上述职能部门往往会建立新产品评估的审核小组，新产品经审核小组审核后，新产品驱动部门根据要求进行完善。

3. 新产品委员会、运营委员会、风险管理委员会负责从各自角度对上述新产品进行审议。

（1）新产品委员会负责审议该产品是否符合新产品的定义，是否有客户需求，是否能够盈利，多久产生回报等。

（2）运营委员会主要审议该产品的可操作性，IT、结算等方面能否支持，需要多长时间完成 IT 系统开发等。

（3）风险管理委员会主要审议该产品有哪些风险，是否满足公司的风险偏好，相关风险有无合理的控制措施以及监管许可方面的内容。

（二）新产品评估的流程

在加拿大，新产品的驱动部门承担了几乎所有的工作，其负责完成尽善尽美的产品材料，其中涉及需要其他部门协作的地方，需由其提出，并直至得到对方签署后的文件为止。

新产品评估的具体流程如下：

1. 明确该产品是否为新产品。

新产品提出后，新产品驱动部门比照公司内既定的一系列评价标准，判断该产品是否严格属于创新产品，一旦确定为创新产品，则进入创新产品的审核流程，否则就进入传统产品的审核流程。

2. 各相关部门对新产品进行初期审查。

在对新产品的初期审查阶段，由合规、风控、市场、运营支持等相关部门组成的审核小组从各自专业的角度提出各种各样的问题，新产品驱动部门则需要就这些问题进行详细解答，并据此完善产品设计。

3. 委员会对新产品进行正式审批。

只有在通过各相关部门初期审查之后，新产品才会提交到由公司高管组成的委员会进行正式审批，此时，该新产品驱动部门需要提交一份详细的书面报告并进行答辩，对于不确定性较大的复杂产品，委员会可做出附条件的批准。

4. 对新产品进行后续跟踪。

在新产品通过内部审批获准发行后，公司应有适当的后续跟踪机制对新产品的表现进行评估，并定期重新评估产品在当前的市场环境下是否仍然合适。

（三）新产品评估的要点

如本节第一点所述，各金融机构均有专门的评审机构对新产品进行评估，其成员包括各个职能部门的高管，其评估的方面包括以下内容：

1. 产品的合规性，即产品是否对现有监管要求提出挑战，是否碰触了现有监管条件下的灰色地带，针对上述情形的解决方案是否有效，或有无更优的解决方案。

2. 产品本身的风险是否已经过足够的压力测试，即在极端情况下，对公司和客户的风险有多大，对产品的风险等级如何认定。

3. 定价风险，即产品定价是否合理，既让客户能接受又可以为公司带来盈利。

4. 适当性销售原则下，该产品的客户群有哪些。

5. 产品风险揭示及相关法律文书是否已经把产品涉及的风险充分考虑在内。

6. 公司开发、销售该类新产品的风险有多大，相关风险是否已经得到足够的对冲，产品推出的盈利预测，是否值得去推这样一个新产品。

7. 产品推出如涉及 IT、运营、结算等方面的变动，是否会对现有业务造成影响，影响大小，成本收益是否匹配。

8. 产品是否太复杂，是否可以通过更简单的设计达到同样的效果。

9. 推介新产品的周期是否合理，项目从开发到推出，是否仍然是新产品。

10. 项目执行时间表是否合理。

四、对境内创新业务开展的借鉴意义

（一）监管部门设定基本原则，营造合理的监管环境，为金融机构的创新预留空间

监管机构通过"适当性原则"、"尽职调查要求"等大的监管框架，既形成了对金融机构的约束，使其在推进新产品开发时审慎考虑相关风险，又不失宽松地鼓励金融机构积极进取开展创新。由于是大的监管框架，给金融机构自主创新预留了较大的空间，各金融机构可以根据自身的风险控制要求进行产品创新。

（二）监管部门建立对新产品的后续跟踪机制，加强对违规的处罚力度

金融机构新产品推出市场后，监管部门会对金融机构进行监控。据了解，加拿大监管机构可通过统一的"STP"系统（称为直通系统）对券商实施直接的检查。同时，监管机构对金融机构违规的惩罚会十分严厉，导致金融机构对违规有较强的敬畏心理。

（三）推行并形成全行业的风险管理文化

加拿大拥有深层次的、相对保守的风险管理文化。2008 年的金融危机对美国金融机构的影响举世震惊，但与之毗邻的加拿大金融机构不仅幸免于难，还在 2008 年以后得到了较快的发展。同样，欧债危机蔓延全世界，但加拿大受到的波及影响较小。这与加拿大本身深层次的、相对保守的风险管理文化不无关系，而上述以监管原则为基础，以"可持续发展"为理念，稳步推进新产品、新业务开展的做法，无疑是其文化的较好诠释。

（四）鼓励以服务实体经济为目的的金融创新

历史经验表明，如果新产品不是为了服务实体经济的需求，而只是单纯地为了创造产品而创造产品的话，其生命力并不强，易导致泡沫破裂并影响整个金融环境。因此，应鼓励以满足服务经济为目的的金融创新，通过资本市场与实体经济的结合，互相促进。

（五）金融机构应当有管理场外市场的能力

新产品大多在场外市场发行，而由于场外市场缺乏透明度，对该类产品

的监管往往缺失，因而更考验金融机构对场外市场的管理能力。金融机构本身的风险管理文化、对场外市场的管理能力、风险偏好等，应成为许可其发展场外市场的考量因素之一。

（六）金融机构要建立职责明确的新产品评估审批机构，科学合理的审批流程、评估标准、培训制度

1. 应建立专司新产品审批的创新委员会。

创新委员会负责审批新产品、新业务的开展及相关授权。在创新委员会下，应由创新产品的业务归属部门，或由一个独立的创新产品审核部门发起并跟踪协调。

2. 建立新产品的审查批准政策和程序。

证券公司应对新产品从监管、风险管理和业务层面进行审查后再推向市场（包括发行或销售新产品），并采取适当的措施加强对这一过程的监督和监控。这一系列做法包括：

（1）建立新产品的认定标准

公司应当建立获得各方认可的关于"新产品"的定义，并建立标准化的协作、审批流程。就国内而言，新产品的概念与国外稍有不同。比如，根据现有情况，新产品包括由监管部门推动的新产品、经纪业务系统代销的新产品、公司自主研发的新产品等。

根据上述类别的不同，可考虑根据各公司实际制定审批流程，以提高效率。如，监管部门推动的创新，由创新委员会授权某部门作为牵头部门进行业务资格申报准备；经纪业务系统代销的新产品，可通过标准化的评估流程，在职能部门进行联席评审确定；公司自主研发的产品，则需要更高的风险对冲要求。

（2）建立一定程度的评估标准

虽然北美经验没有提供固定的审核新产品的模板，但鉴于新产品涉及的方面存在一定的一致性，比如，合规性评估、市场风险评估、信用风险评估、流动性风险评估、操作风险评估等各个方面必须全覆盖，因此，建议在各部门沟通一致的基础上，建立一定程度的标准化的评估底稿，在标准化评估完成后，根据各新产品的特性，再进行非标准化的审议，或两者相结合。

（3）建立新产品审查评估的程序

证券公司应当在制定的新产品评估制度中，明确提出新产品方案的书面性及其程序，并确定新产品方案的提出和审查的责任人员和部门及其职责分工和议事规则。

（4）建立评估审查过程的记录机制

证券公司应当对评估审查工作进行记录，重点记录适当性判断的内容、对产品销售的限制性要求、产品的风险、相关培训需求以及评估审查结论。以便向监管证明公司存在对新产品评估审查所要求的内部控制和监督制度，而且还可以作为公司对产品进行教育、培训和市场营销的依据。

证券公司的母公司或子公司对证券公司销售给客户的新产品进行评估审查的，证券公司应当参与评估并确保对评估和决策程序进行充分记录。但证券公司仍应就产品的适当性、市场营销材料以及培训合规监督人员和投资顾问等相关问题做出自己的决定。

（5）建立对新产品的后续评估机制

证券公司在产品得到批准后，应当确定对产品进行后续跟踪的适当层级与程序。后续跟踪的内容主要包括：对客户提出与产品有关的投诉和救济进行监控；持续对培训需求进行重新评估；对是否遵守了对销售产品的限制性要求进行监控；定期对产品的适当性进行重新评估。

3. 统一对新产品评估的认识。

新产品之所以为新产品，其可能代表了一定的客户需求以及一定的监管突破，这种监管突破既可以成就券商，也可能使券商面临风险。因此，在新产品评估过程中，相关的参与部门不是简单地肯定或者否定某一个新产品，而应该将认识提高至"提供最佳解决方案"的高度，即为了满足公司利益，妥善处理与现有监管框架之间的冲突，用"解决方案"代替单纯的评估，从而达到对新产品的评估按期推出新产品的目标。

4. 强化新产品培训制度。

证券公司应当明确对产品的特征和风险开展培训的内部层级、范围和方式，确保投资顾问和合规监督人员能够作出合适的适当性判断。

加拿大金融机构风险管理及启示

第三组组员：东吴证券张剑宏、海通证券杜洪波、华融证券钟凌、
中国民族证券牟敦忠、广发证券冯显敏、中国证券业协会王惠娟

一、加拿大金融机构风险管理

（一）基本概况

加拿大的金融业相对发达，其金融体系的稳定性和安全性居于世界前列。
1987 年银行法修改后，加拿大金融业开始混业经营，截至 2011 年年底，共有
在册证券公司 200 多家，其中：

1. 10 多家综合类券商。

有广泛的零售业务和专业的机构业务（其中，加拿大全国性的集团拥有 6
家折扣经纪商）。

2. 120 余家零售券商。

（1）40 余家全方位服务的经纪商：收入大部分来自零售客户服务，有自
己的前台和办公室（负责交易和结算、簿记和记录、报告、保管、资料存储、
清算）；

（2）80 余家零售介绍商：没有自己的办公室和后台，常使用"载体"公
司管理系统（侧重客户关系管理）。

3. 70 多家机构券商（有 20 余家国外券商）。

前 5 大公司总资产占比 70%，前 10 大公司总资产占比 84.4%。寡头垄断
的特性很显著，道理很简单，只有提供银行、保险、证券、信托等全面服务
的金融集团才能最大化的满足客户需求。

加拿大金融机构已形成寡头垄断之势。加拿大皇家银行 RBC、加拿大帝
国金融机构 CIBC、蒙特利尔银行 BMO、丰业银行 BNS、多伦多道明银行 TD5
大银行占有整个银行业 80% 以上的资产。上述 5 大银行还是全球金融业稳定

性的优秀代表。

表1 加拿大前5大金融机构概况

金融机构	总资产（亿加拿大元）	储蓄存款（亿加拿大元）	扣除储蓄存款的资产（亿加拿大元）	网点	员工（万人）
皇家银行	8 004	4 959	3 045	1 351	7.4
道明银行	7 732	4 700	3 032	1 153	8.5
丰业银行	6 597	4 609	1 988	1 030	7.7
蒙特利尔银行	5 380	3 170	2 210	924	4.4
帝国商业银行	3 875	2 442	1 433	1 100	4.2

注：数据截至2012年4月底，来源于各银行网站。

（二）加拿大金融机构风险管理理念及方法

1. 加拿大金融机构的主流风险管理理念。

加拿大金融机构普遍认为，风险管理是"管理风险"而不是"控制风险"，即不是将风险最小化，而是将在可承受风险内的收益最大化。他们认为，有效地做到风险与回报的平衡是确保业务成功的关键，而不是单纯地控制风险，对风险的过度厌恶将限制金融机构利润的增长。风险管理不是单一部门的责任，金融机构的各个部门要分担风险管理的责任，要做到各尽其责。所有的业务决策要建立在懂得风险的基础上，业务行为要与公司的价值保持一致、与雇员准则保持一致、与风险政策保持一致。

2. 加拿大金融机构风险管理的基本思路。

一是前台业务部门是风险的"拥有者"，在自身业务范围内开展业务，并在作为利润中心的同时对业务造成的风险承担第一线的风险责任；二是风险管理部门保持较强的独立性，制定风险管理政策，对业务存在的风险发表独立的风险意见，并具有对业务的最终否决权，对业务造成的风险承担尽职审查的责任；三是风险资本（即经济资本）的概念贯穿于各种业务经营活动和各种类型风险管理中，如资本金在承担风险的各部门、各产品间进行分配，它作为各业务线绩效评估的基础和主要组成部分，但并不能替代每类风险的具体管理。

3. 加拿大金融机构风险管理的组织结构及职责。

加拿大金融机构风险管理的组织架构一般为金字塔形，如图1所示。

其中，董事会、风险和审计委员会的职责：

（1）构建企业的风险文化，为企业风险文化建立基调；

（2）审定企业的风险偏好，包括资本风险、收益波动、市场占有率；

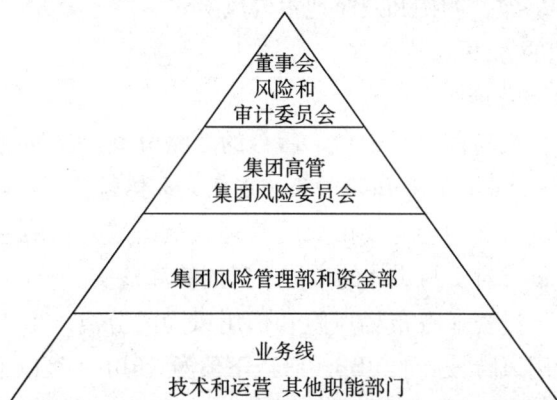

图1 皇家银行风险管理组织架构图（取自皇家银行年报）

（3）制定风险管理的组织架构，包括任务、责任和权限划分；

（4）确保企业在各层次上有充分的风险管理资源。

集团高管及集团风险管理委员会的职责如下：

（1）制定公司发展战略，确保与风险偏好的一致性；

（2）对风险部定义的风险偏好进行审查，并提交董事会进行审批；

（3）为公司战略发展建立基调，保证其原则、过程、授权、资源、责任和上报的有效性。

集团风险管理部和资金部职责：

（1）实施和维护完整的、全企业的风险度量、管理和报告的机制；

（2）实施包括所有业务部门，所有地区风险管理功能；

（3）建立一个完整的风险评估和风险批准的程序，包括全企业的风险政策和手续；

（4）建立指导方针与风险额度以确保适度的风险分散或多样化；

（5）优化风险与盈利的关系，包括整体投资组合和单一交易；

（6）与各业务部门合作，确认、理解、度量、缓解和监视其所承受的风险；

（7）确保业务部门对所承受的风险的拥有权和责任有明确的认识。

前台各业务线、运营和技术以及其他职能部门是风险的拥有者，属于银行经营平台，位于风险金字塔的最底层，其职责为：

（1）承担业务风险的责任；

（2）确保业务的策略与企业风险的文化、偏好及政策保持一致；

（3）在确定的风险管理体制下，确认、理解、缓解和管理所承受的风险；

（4）全面、一致、明确和及时地报告风险。

4. 风险管理的方法。

（1）市场风险管理

一是实行市场交易前台、中台、后台的严格分离。交易部门下面的不同的交易桌（Trading tables）是风险的第一责任人，执行公司风险管理的相关政策和限额。市场交易的中台主要由风险管理人员组成，风险管理部直接派驻人员在交易室，每天对交易头寸的市值进行测算和核实。

二是严格实行投资业务市场风险和信用风险的分离。由于加拿大金融机构基本不投资信用风险较高的 BBB + 级以下债券，BBB + 级以下债券的投资需要履行风险管理部门的信用风险审核程序，对认为信用风险较大的债券，资金和交易部门不得进行投资。在加拿大，由于债券价格波动导致的风险一律被认为是市场风险，交易对手风险被认为是信用风险。

三是采用 VaR（Value at Risk）、压力测试（Stress Testing）和情景分析（Scenario Analysis）等方法来计量市场风险。VaR 简单、有效，能使银行高管层及时、全面地了解整个银行面临的风险。但近几年，金融界越来越怀疑 VaR 在实际金融风险测量中的作用，尤其是在近期发生的摩根大通巨亏案例中尤为明显。摩根大通 2011 年年报中的平均 VaR 为 5 800 万美元，但在 2012 年第二季度却报告了超过 20 亿美元的亏损。因此，业界对将 VaR 作为衍生产品的恰当市场风险测评指标提出了质问。为弥补 VaR 方法的不足，加拿大金融机构多通过压力测试和情景分析来测算与市场相关因素发生了极端变化的情况下给银行带来的风险以及测试银行可以承受的风险，其中压力测试主要是模拟在发生历史上发生过的事件（如：1990 年海湾战争、2001 年"9·11"事件、2008 年金融危机等）的情况下银行的风险大小，情景分析则主要是模拟在发生历史上未发生过但确有可能发生的事件情况下银行的风险大小。此外，加拿大皇家银行金融集团副总裁、全球市场风险定量分析部董事总经理王勇先生预言，在不久的将来，VaR 将被预期亏损的概念所取代。

（2）信用风险管理

一是制定统一的信用风险管理政策，包括信用评定标准、信用缓解政策、信用审批政策、信用组合管理政策四个方面。由于加拿大场外市场发达，交易对手风险较为突出，因此，在信用风险管理方面，需要依靠经验丰富且专业化的信贷审查审批人员和信用风险监测分析人员。

二是鉴于加拿大场外市场高度发达，各项交易需执行严格的风险限额管理制度，即分别按照行业、地区、产品线、客户类别等设置相应的授信限额，对因金融机构在某一方面承受的信用风险实行监测以及总体控制。

三是使用风险资本对信用风险进行管理，即根据所办理业务的违约率（PD）和违约损失率（LGD），分别赋予相应的风险资本占用并计提相应的拨备。

四是定期对所办理业务进行风险监测，并定期进行压力测试（Stress Testing）和情景分析（Scenario Analysis），对信用等级下降、风险增大或有不利倾向的业务，适当提高监测频率，必要时将通过信用衍生产品、保险产品等转移或降低该业务的风险。

（3）操作风险管理

加拿大金融机构将操作风险定义为由不合适或不成熟的内部程序、人员及系统或内部事件造成的风险。加拿大金融机构目前仍普遍采取标准法来衡量操作风险。对于操作风险的管理，也仍以操作风险的识别、计量和报告为主。具体包括：风险及控制的识别及评价、控制评估、业务活动数据采集、关键风险指标监测、突发事件管理、风险分析与报告、情景分析、资本分配等。

（4）流动性风险管理

流动性风险管理分为两类，一类是市场流动性风险，即由于市场容量或市场活跃度的原因，导致金融机构持有的头寸难以变现的风险；另一类是资金流动性风险，即金融机构在不发生不可接受的损失的前提下，到期无法获取新增资产和支付到期负债所需资金的风险。一般意义上的流动性风险管理是指后者。加拿大金融机构定期通过实施资产负债管理（ALM），设立资产负债管理委员会，制订并适时修订流动性计划。通常而言，金融机构对流动性风险设定短期、中长期流动性解决方案。短期流动性解决方案主要是指日常通过持有一个具有流动性的资产投资组合，以此作为流动性来源，解决没有正常资金来源时的债务。中长期流动性解决方案则专注于动态资产配置策略在内的专注性投资组合策略，使用诸如在险价值和压力测试（包括信用价差）在内的高级风险测评对流动性风险进行管理。

（5）其他风险管理

其他风险管理主要是指声誉风险，即由于经营、管理及其他行为或外部事件导致利益相关方对金融机构负面评价的风险。声誉风险难以完全消除，但有"缩减"方法，加拿大金融机构的主要做法是实施严格的 KYC（了解你的客户）文化，制定并严格执行员工行为规则和道德，主要包括利益冲突、客户保密、销售实践、产品的恰当性、非法/不当支付、内幕交易等方面；并通过雇员的年度（书面）确认、标准化的披露、恰当的测试方法等因素来鼓励行为守则的合规。

二、加拿大金融机构风险管理对国内金融机构的启示

（一）文化及未来（Culture is future），应重视对风险管理文化的培养

加拿大金融体系的稳定性和安全性居于世界前列，其未受 2008 年金融危机及欧债危机影响的历史成绩令人瞩目，其中深层次的原因是文化。加拿大金融机构普遍认可的风险管理文化贯穿于监管体系以及金融机构业务开展的前台、中台、后台，融入业务之中，业务部门是风险管理第一责任人的理念得到广泛认可。文化的构建需要内外部环境的配合，从监管做起，从高层做起，通过持续的宣导、培训，深入每一个金融从业人员的内心。

（二）使用合适的工具管理各类风险

境外机构已经形成了成熟的风险管理方法，虽然对其中一些方法有所诟病，但在没有找到更佳方案之前，仍不失为境内金融机构借鉴的蓝本。国内金融机构应根据自身实际有选择地借鉴这些方法，构筑适合自身发展的风险管理策略。

此外，我国一些金融机构在多年实践中积累了丰富的业务管理经验，从 2009 年开始，国内银行已经尝试推出具有可操作性的业务操作手册、产品手册或者指南，指导业务开展的标准化。目前五部委推进的企业内部控制基本规范旨在通过查找企业各项业务、管理、运营中的风险点，并制定相应的控制措施，实时进行监控、定期进行评估，不失为上市券商开展操作风险管理的较好路径。

（三）细化和完善风险数据，进一步提高风险管理信息披露的质量

目前国内金融机构在风险管理信息披露上与国际先进金融机构尚有不小的差距，其中主要差距是在风险量化数据的披露上。建议国内金融机构进一步加快内部评级法的研究进程，进一步细化风险数据的积累要求，尝试在年报中披露部分已相对成熟的量化的风险管理成果，增强公众以及境外股东和有关中介机构对国内金融机构风险管理水平的信心。

（四）培养具有国际风险管理视野和熟悉国际风险管理技术的高层次风险管理人员

通过多年的对外交流和互动，目前国内金融机构对国际先进金融机构的风险管理架构已经基本了解和熟悉，但是对国际先进金融机构风险管理的具体技术和工具却仍然没有更多、更细致的了解。建议国内金融机构积极拓展培训渠道，培养一批能够系统性地掌握国外先进风险管理技术的专业人才，

并能够达到国际认证水平，如通过 FRM（金融风险管理师）和 CFA（金融分析师）等国际认证机构的资质认证，为国内金融机构业务国际化和机构国际化做好人员储备，以加快国内金融机构在具体经营管理细节上与国际先进金融机构管理水平的接轨速度。

加拿大金融机构金融衍生产品
风险管控经验及启示

第三组组员：东吴证券张剑宏、海通证券杜洪波、华融证券钟凌、
中国民族证券牟敦忠、广发证券冯显敏、中国证券业协会王惠娟

　　美国次贷危机引发的全球金融海啸余波未平，希腊债务①危机引发的欧元
危机又接踵而至。虽然危机的根源在于过度消费与人性的贪婪，但毋庸置疑，
投资银行对金融衍生产品的滥用和风险管理的不足、外部监管的缺失是危机
滋生与蔓延重要的因素。危机重创美欧银行业，重创全球经济，花旗、JP 摩
根、高盛、雷曼、汇丰等曾被顶礼膜拜的投行业翘楚纷纷跌落神坛。而与其
他欧美国家形成鲜明对比的是，身在北美大陆、同样金融衍生产品业务发达、
同样是开放经济体系的加拿大投行，在两次危机中却既没有蒙受大的损失、
丧失分红能力和求助政府注资，部分银行甚至逆势增长，其成功经验令全球
金融界瞩目。

　　当前，中国证券行业正在为突破发展的瓶颈，掀起业务创新的高潮。无
疑，金融衍生产品的发展将是其中的重要内容之一。金融衍生产品具有典型
的两面性，运用之妙，在乎一心！加拿大在金融衍生产品政府监管、企业风
控方面的成功经验，对当前中国证券行业开展金融衍生产品业务将具有很强
的实践与理论指导意义。

一、金融衍生产品及其两面性

　　金融衍生产品是指以货币、债券、股票等传统金融产品为基础，以杠杆
性的信用交易为特征的金融产品。金融衍生产品根据交易方法，可分为场内

---

　　① 希腊为了尽可能缩减自身外币债务，从而降低财政赤字率加入欧元区，与高盛签订了一个货
币互换协议（所谓设定汇率货币互换创新），要求希腊必须在未来很长一段时间内支付高盛高于市价
的高额回报，随着时间的推移，希腊的赤字继续恶化，进而引发欧洲主权债务危机。

交易和场外交易。根据产品形态，可以分为远期、期货、期权和互换四大类。根据原生资产分类，可分为股票、利率、汇率和商品（见表1）。

表1　　　　　　　　　　　金融衍生产品分类

标的资产	交易所交易产品		场外市场		
	期货类	期权类	互换类	远期类	期权类
股权	股指	股指期权	股权互换	脂指远期	股票/股指期权
	单一股票	股票期权			
利率	欧洲美元期货	欧洲美元期货期权	利率互换	远期合约	利率互换期权
债券	债券期货	债券期货期权	信用违约互换	债券远期	债券远期期权
信用	信用违约互换指数		信用违约互换总回报互换		信用违约期权
货币	货币期货	货币期权	货币互换	货币远期	货币期权
商品	WTI 石油期货	气候衍生产品	商品互换	商品远期	商品期权

金融衍生产品具有典型的两面性。一方面由于是保证金交易，具有高杠杆性，金融衍生产品的投机者承担着巨大的风险。因此，巴菲特称其为"大规模杀伤性金融武器"（Financial Weapons of Mass Destruction），著名的投资银行家 Felix Rotatyn 称其为"氢弹"（Hydrogen Bombs）。另一方面，金融衍生产品为市场参与者提供了便利，能够帮助投资者有效地对冲资产风险，降低借款人的融资成本，促成经济活动，为金融市场带来稳定性，从而推动经济的活跃与增长。2011 年年底，全球场外金融衍生产品的名义金额高达 705 万亿美元，相当于全球 GDP 的 10 倍，其中 9 成以上均为套期保值者。

二、加拿大金融衍生产品监管及风险管控经验

20 世纪 80 年代后期，加拿大金融行业实行混业经营后，主要投资银行逐步被银行控股。其银行不仅经营传统的商业银行业务，还通过控股证券、信托、保险、基金公司涉足证券、信托、保险与基金业务，目前加拿大六家最大的国内银行（皇家、道明、帝国、丰业、蒙特利尔、国家）控制了银行业总资产的90%，对加拿大经济的发展起着巨大的推动作用。危机过后，加拿大证券行业依然保持了较快的增长速度。根据加拿大投资业协会 IIAC（the Investment Industry Association of Canada）的统计数据，截至 2011 年年底，加拿大共有 201家证券公司，当年实现收入 161.36 亿加拿大元，实现净利润 20.36 亿加拿大元，

分别比2008年增长了9.6%和8.5%。而根据加拿大投行监管组织 IIROC（the Investment Industry Regulatory Organization of Canada）的统计，从2007年至2011年，IIROC 监管下的公司股票年交易量增长了75%，交易额增长了25%。加拿大实行混业经营模式，其监管与企业风控模式是建立在各类金融机构整合于银行一体基础上的，因此，我们考察其成功经验必须从整个金融业而不仅仅是投资银行的角度，这样得出的结论才能避免管中窥豹、有失偏颇。

（一）系统、审慎的金融监管体系

作为世界经济论坛评出的全球最稳健的银行系统和标准普尔公司评出的世界上最健康的银行系统，加拿大金融业的稳健发展首先应归功于监管部门的审慎监管。与州一级的监管部门占主流的美国不同，加拿大采用联邦和省两级平行监管体系，由全国性的金融机构监管署 OSFI（the Office of the Superintendent of Financial Institutions）和加拿大银行、存款保险公司、金融消费者保护局，共同构建了加拿大联邦金融监管体制的组织框架。作为央行，加拿大银行的责任是促进加拿大经济与金融的稳定和繁荣，主要职能包括：制定和执行货币政策、维护金融稳定、代理国库和发行货币等。银行和保险公司由联邦金融监管机构监管，证券公司由10个省和3个地区级的政府金融监管机构监管。监管分工上，联邦金融监管机构集中在风险体系方面，而省金融监管则集中在金融服务方面，从而形成了一套审慎、务实、富有弹性的金融监管体系。当然这个体系也有它的不足，证券行业缺乏全国统一的监管机构容易导致各地监管的主观性和监管差异引起的监管套利，当然也会降低监管的效率。因此，目前，加拿大关于成立全国性的统一证券行业监管的呼声已越来越高。加拿大金融监管采取规定与原则并重的方法，除了要求金融机构必须遵守监管法规，对法规没有明确的行为，则通过定性的监管原则进行约束，这样可以减少法规的制约盲点。加拿大实施比其他欧美国家更严格的金融监管，要求金融机构维持高于巴塞尔协议标准的资本充足率；对按揭率超过80%的房贷要求提供保险，并对获得保险的资格严加审查；加拿大规定银行的杠杆率不得超过20倍，而欧美商业银行普遍超过30倍。

（二）全能银行（Universal Bank）模式

全能银行模式实现了银行体系盈利的多样性与风险的分散性。加拿大采取全能银行的模式，即银行在全国设立分支机构，吸收机构及个人业存款，保持合理的存贷款比例，同时控股投行、信托、保险、共同基金等多业务子公司。在这种模式下，银行强调不同业务条线的优势互补，追求整体盈利能力，无论某一板块多么盈利，均不对其过分倚重。这种模式注重批发与零售业务平衡、资产与负债（吸收个人与企业存款，同时又对二者放款）平衡，投资银行资金来源不仅来自机构批发，也有零售存款，这种不过分倚重从资金市场批发获得资金的方式，避免了一旦资本市场上的融资能力出现问题便导致的流动性风险。这种模式注重传统的商业银行业务和现代投资银行业务平衡，不对抵押贷款进行过度证券化，不过分追求资产与负债的出表，强调业务风险的分散。

（三）独立自主，稳健增长的金融发展理念

加拿大地域辽阔，森林和矿产资源丰富，镍、锌、铂、石棉的产量居世界首位，铀、金、镉、铋、石膏居世界第二位。铜、铁、铅、钾、硫磺、钴、铬、钼等产量丰富。已探明的油砂原油可采储量约 1 768.8 亿桶，仅次于沙特，居世界第二位。森林覆盖面积达 440 万平方公里，占全国领土面积的 44%，淡水资源占世界的 9%。地广人稀，优越的自然条件给了加拿大人从容不迫、独立自主的底气。虽然加拿大和美国长期保持"伙伴关系"，1989 年的美加自由贸易协定和 1994 年的北美自由贸易协定又使两国经济一体化的程度更为加深，但在经济政策，金融监管体系与金融发展思路上，加拿大对同在北美大陆的超级强国美国，并没有盲目跟随。加拿大长期保持财政盈余，低通胀率（2% 以下），低外债率，拥有 G8 国家中最低的净负债与 GDP 比率。尽管加拿大金融机构实力不如美国，但加拿大的金融行业并没有"因循"美国的先进"经验"，而是坚持较为严格的金融监管制度，秉持稳健增长的发展理念，不过分追求利润的快速增长，重视企业发展的可持续性。这种曾被欧美银行调侃为过于保守的方式直到金融危机后才被西方发达国家所认同。

（四）健全的风险管理机构，对合规与风控高度重视的企业文化

以加拿大目前市值最大、资产最多曾被评为的"全球最稳健的银行"之一的加拿大皇家银行为例，企业内部从高管至业务第一线对合规与风控均予以高度尊重与认同，风险与合规控制融入整个组织机构（见图1），最上方为董事会，最下方为商业平台和职能平台，专门的风险管理部门位于中间，其职责是建立并协助实施风险政策。从上往下：董事会建立风险文化，集团委员会制定体制，并将权力委派给各个执行部门，最终各个部门要承担责任。从下往上：风险归各个业务平台所有，风险部门提供风险监视，并向董事会报告风险数量，董事会起监督作用。

（五）对资产证券化的审慎推进

由于加拿大银行必须向按揭贷款资产证券化产品的受让方支付由原始贷款资产产生的按揭利率，而不是像美国同行那样转手卖掉，将风险彻底转移。

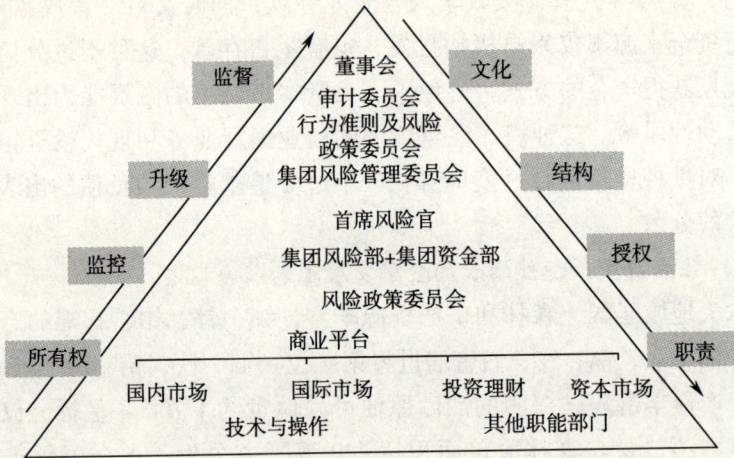

图1

此外，加拿大不允许金融机构采用杠杆从事卖空，也不得进行"裸空"交易；因此尽管高度发达二级市场的流动性为资产证券化产品转移与定价创造了便利，但加拿大银行业仍然倾向持有按揭贷款，而不是进行资产证券化。即使是采用证券化，其目的主要在于更好地管理流动性，而不是风险转移，因此不允许发放无追溯权的房贷。这样做的好处是银行业会自觉加强对实际贷款人及其还款能力的审查与后续监督，始终将原始贷款人产生的现金流作为第一还款来源。即使是到了2010年年底，加拿大银行业的融资结构中，存款占比70%，资产证券化占比30%，与4年前相比，证券化占比仅上升17%。

（六）先进的风险管理技术

加拿大银行业是在全球银行业中率先全面推行巴塞尔新资本协议（Basle II）的少数几个国家之一。以加拿大皇家银行RBC为例，其采用高级内部评级法进行信用风险、市场风险的计量，并在操作风险的计量上采用高级法来替代标准法。加拿大银行业的主流风险管理理念不是将风险最小化，而是在可承受风险的范围内实现收益最大化，因为过度厌恶风险会限制银行利润增长。当然，在实际操作中，加拿大银行业比一些发达国家更为保守，这与其风险偏好和业务差异是分不开的。由于风险的复杂性日益提高，信息技术越来越广泛地被运用到风险管理中，加拿大银行也更多尝试利用数理模型进行综合风险管理。基于不同的风险类型，加拿大银行风险管理主要包括信用风险管理、市场风险管理、流动性风险管理、操作风险管理等。

在信用管理方面，分散化投资是加拿大银行防范信用风险的第一道防线，即避免将资产集中在单一的借款人、行业或地区；对于债券发行人违约风险，采用单一实名制、部门限制和信用衍生产品等来规避；对于衍生产品的对手风险，则通过净额结算协议、抵押等手段规避。

三、对我国证券行业的借鉴意义

（一）理性看待金融衍生产品

金融从本质上而言就是管理风险的艺术，没有风险也就没有金融存在的必要。因此，金融衍生产品是魔鬼还是天使，关键在于是否运用得当。正如我们不能因为空难的惨烈而放弃飞行带来的效率一样，金融衍生产品的高风险性绝不意味着我们要因噎废食而拒之千里。相反，对于中国证券行业乃至中国金融业而言，我们要缩小与国际同行差距，实现中国金融乃至中国经济的崛起与超越，金融衍生产品是我们必须借助的工具。因此，证券行业现在要做的是充分发挥后发优势，在总结前车之鉴的基础上，设计合理的制度框架与管理模式，扬其长、避其短，在有效管控风险的基础上，进一步丰富国内市场金融衍生产品的品种，更好地服务实体经济。

（二）优化监管环境，统一监管，增加透明度

加强对金融衍生产品的监管，对于复杂的结构化产品必须制定统一的信息披露标准，提高其透明度。随着证券业资产管理业务管理标的扩大，适时将受托管理资产纳入表内核算，在拓宽证券行业融资渠道的同时，避免用短期负债来支撑长期资产。

（三）加快场外市场建设

场外市场又称柜台交易市场，是在交易所以外进行证券交易的网络。在一个成熟的资本市场，场外市场是多层次资本市场的基础。从欧美及加拿大的实践来看，场外市场金融衍生产品交易量远远超过交易所市场。从我国场外市场的发展来看，主要有以下几个组成部分，一是为国有企业改制、重组、产权交易需要而建立形成的全国200多家产权交易机构；二是代办股份转让系统，即原代办股份转让系统（旧三板）和中关村科技园区股份报价转让系统（新三板）；三是天津、上海、重庆等地成立的股权交易所；四是银行间市场。前三个市场存在的问题是多头监管、未形成全国统一市场；没有做市商或混合交易制度，效率不高；挂牌企业不多、缺乏转板机制，对主板市场贡献低，融资功能不畅等。而银行间市场受债券托管体制以及市场参与制度的制约，债券不能在交易所与银行间两个市场之间自由转托管，交易者不能在两个市场自由交易，无法通过不受市场限制的套利来均衡两市场间的差价，降低了整个债券市场运行的效率。在2012年1月召开的全国证券期货监管工

作会议上，中国证监会主席郭树清对于场外交易市场，要求以柜台交易为基础，加快建立统一监管的场外交易市场，为非上市股份公司提供阳光化、规范化的股份转让平台。从这个意义上说，推进场外市场建设，不仅能有效推动衍生产品的发展，解决广大中小企业金融服务难题，同时也有利于进一步完善我国多层次资本市场体系，提升资本市场服务实体经济的能力。

（四）进一步完善以净资本为核心的风险指标监控体系

两次危机后，全球金融监管机构进行了深刻反思，银行业 Basel III、欧盟保险业偿付能力 II（Solvency II），美国《多德—弗兰克华尔街改革与消费者保护法案》（*Dodd – Frank Wall Street Reform and Consumer Protection Act*），沃克尔规则（the Volcker Rule）的相继推出，美国消费者金融保护局 CFPB（the Consumer Financial Protection Bureau），欧洲银行监管机构 EBA（the European Banking Authority）等的相继成立，扩大监管的范围与提高监管严厉程度到了前所未有的高度。而对中国证券行业而言，要加快金融衍生产品的推进速度，却有待于放松现有的监管标准。众所周知，对金融行业实施严格监管的理论基础是金融业的高杠杆、高风险和风险巨大的外部性。而当前我国的证券行业经过综合治理之后，本身的杠杆非常低（甚至低于一般的生产型企业），客户资金的第三方存管及不保本、不保收益的资产管理业务得证券公司自身经营风险与客户资金安全是完全分离的。从这个角度来看，现阶段证券公司风险的外部性要远小于银行、信托及基金等行业，但从目前对证券公司净资本监管的要求却远高于上述行业，证券公司只能维持超低杠杆率，发展稳健，但失去了应有的活力。

从整体上看，我国证券行业现行风控指标设计思路非常合理，净资本主要针对表内业务风险，资本风险准备则既针对表外业务风险又进一步补充计量表内业务风险，而净资本必须高于资本风险准备的规定又很好地解决了二者的衔接。目前的问题在于，对现阶段的证券公司而言，风控指标值的设定过于严格。同时考虑到风险控制指标是整个证券行业风险管控体系中的一环而不是全部，三方存管、托管行制度以及投资者保护基金，税后利润强制提取交易风险准备和一般风险准备的规定，都已经为证券行业防范风险做了足够功课，因此建议进一步放宽日常的风险监管，这样才能为释放行业资本活力，进行金融衍生产品创新进一步创造条件。

（五）进一步放开证券行业可经营的业务品种

加拿大的经验表明，多业务品种不仅可以增加企业的利润同时还可以增强企业的抗风险能力。近年来，国内证券公司由于业务模式单一，长期靠天吃饭，加之传统业务竞争日益激烈，利润滑坡，发展速度已落后于其他金融企业。同时其他金融企业的不断创新，导致包括但不限于传统证券公司投资银行业务领域不断被银行、信托、小额贷款、保险等金融企业侵蚀。证券公司不得不面对"红海越来越红，蓝海无法进入"的窘境。与其他金融企业的客户相比，证券公司的客户风险偏好最强，对风险的理解与承受能力高，因此，证券公司以金融衍生产品为龙头开展业务创新有其天然的优势，在此基础上进一步放宽证券公司营业部产品销售的限制，使其成为综合化的销售终端，放宽证券公司自营业务品种，放宽证券公司资产管理标的资产，允许进入外汇、黄金、大宗商品甚至艺术品领域。从长远的角度看，一个行业最大的风险是不发展、被边缘化的风险，因此突破现有业务领域势在必行。

（六）建立健全风险管理机构，提高风险管理水平

工欲善其事，必先利其器，证券行业要大力推进金融衍生产品发展，必须提升现有的风险管理水平。一是建立首席风险官制度，从加拿大和其他发达国家金融企业的实践来看，合规风险通常被视为企业风险的一个类别，因此首席合规官通常置于首席风险官领导之下，而首席风险官通常属于高级管理层。而我国证券行业的实践是法律法规规定了首席合规官为高管成员，没有明确的首席风险官制度，各公司通常的实践是将二者集于首席合规官一身，体现了对合规工作的高度重视，但在实践中开展真正意义风险控制的券商并不多。二是建立健全券商风险管理机构，如图2所示，在对风险类别进行甄别与分析的基础上，实现对风险管理的全覆盖。三是要提高风险度管理的技术水平，建立动态的风险监控模型与系统，同时充分认识金融衍生产品风险控制模型的局限性，定期进行必要情景分析和压力测试。

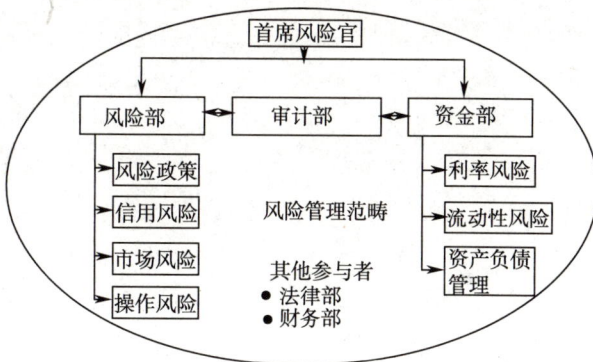

图2 风险管理部门分工图

当然从全球金融衍生产品的市场份额来看，摩根大通、美国银行、花旗、

高盛、汇丰5家投资银行代表了近98%场外衍生产品市场的名义额，这5家投资银行每年从场外衍生产品交易中获得近200亿美元的收入，所以从风险与收益是同一枚硬币的两面来看，加拿大投资银行亦损失了一些商业机会。但有所为，必有所不为。从金融衍生产品的高风险性和我国券商现阶段的发展水平来看，防微杜渐、防患于未然的加拿大经验更能为国内监管部门和证券企业所接受，因此更具有借鉴意义。

参考文献

［1］王勇：《风险管理实践》，2012。

［2］加拿大皇家银行2011年年报。

加拿大证券公司压力测试的实践与启示

第四组组员：中邮证券于晓军、宏源证券阳利、
东海证券刘清、中天证券张宗丽、中信证券周俊、国元证券林铁雷

一、加拿大证券公司压力测试的背景

20 世纪 80 年代，加拿大突破银行、证券、保险分业经营的框架，银行开始大举收购证券公司。到 1996 年，在 10 年的时间里，加拿大近 70% 的证券行业资产被银行收购。截至 2012 年 3 月底，加拿大共有证券公司 209 家，其中综合类证券公司 8 家，均为加拿大银行金融集团的一部分，其他绝大部分是为投资者个人服务的折扣经纪商。2007 年，前 10 大证券公司占全行业收入的 85%，其中前 4 大证券公司占收入的 70%。因此，加拿大主要证券公司压力测试是其银行金融集团压力测试的重要组成部分。了解加拿大证券公司的压力测试，必须了解加拿大银行金融集团的压力测试。

227

二、巴塞尔委员会关于压力测试的相关规定

2007 年秋，始发于美国的次贷危机逐渐演变成波及全球的金融危机乃至经济危机，促使各国金融当局采取相关措施稳定市场、恢复投资者的信心，并愈发重视对金融机构的风险监管及金融行业系统性风险的防范。作为一种前瞻性的风险管理机制，压力测试也因此愈益受到各国金融监管组织的重视和推广。2009 年以来，美国和欧盟先后对其银行业进行了大规模的压力测试，对市场稳定起到了一定作用。2009 年 5 月，巴塞尔委员会正式颁布了《稳健的压力测试实践和监管原则》，并将其作为应对金融危机的成果之一于 2010 年 11 月向在韩国首尔召开的 20 国集团峰会做了通报。因此，从国际背景来说，压力测试已经成为宏观审慎金融监管的一个重要工具。《稳健的压力测试实践和监管原则》主要针对业务复杂的大型银行。适用范围应与银行的规模、业务复杂程度以及银行可承受的整体风险水平相适应。银行应结合自身情况采用相关建议。其主要包括以下内容：

（一）压力测试的运用和风险治理的一体化

1. 压力测试应成为一家银行整体治理和风险管理文化的组成部分。压力测试应具备可操作性，因为压力测试相关分析结果应用于管理层决策，包括董事会和高管层做出的战略性业务决策。董事会和高管层的参与对压力测试的有效实施至关重要。董事会对压力测试整体项目负最终责任，高管层负责项目的实施、管理和监督。

2. 银行应开展压力测试，以便促进风险识别和控制，弥补其他风险管理工具的不足，改善资本和流动性管理，加强内部与外部的沟通与交流。

压力测试应独立于其他风险管理工具，如风险价值（VaR）和经济资本，并形成对其他风险管理工具的补充。

压力测试应成为内部资本充足评估程序（ICAAP）的组成部分。ICAAP 要求银行进行前瞻性压力测试，以识别可能对银行产生不利影响的事件或变化，压力测试也应成为识别、计量和控制融资流动性风险的重要工具，尤其在评估特定银行和市场范围内压力事件下银行的流动性状况和流动性缓冲资金充足性方面。

3. 压力测试应综合考虑银行内部各方的意见并采纳一系列不同的视角和技术。

4. 银行应制定书面的压力测试政策和流程。对项目的运作应进行恰当的文档记录。

5. 银行应有一个稳健、强有力的基础设施，具备足够的灵活性以便在适当时间开展不同精细度的、变化的压力测试。

6. 银行应定期维护和更新其压力测试框架，并定期独立评估压力测试项目的有效性、主要环节的稳健性。

（二）压力测试方法和情景选择

1. 压力测试应覆盖全行范围内各类风险和各个业务领域。银行应能有效地整合压力测试活动，以提供一个全行全面风险的整体法人情况。

2. 压力测试应该涵盖包括前瞻性压力情景在内的一系列情景，旨在充分考虑和体现系统范围内部的相互作用和反馈效果。

3. 应该针对可能产生巨额损失或声誉受损带来损失的事件开展压力测试。压力测试方案也应确定哪些情景会影响银行的存续（反向压力测试），从而可以发现潜在风险以及风险之间的相互作用。

4. 银行在整体压力测试方案中，应考虑同时来自融资和资产市场的双重压力以及市场流动性下降对风险暴露估值造成的影响。

（三）需要特别关注的领域

1. 风险缓释技术的有效性应接受系统性检验。

压力测试方案应该促进一系列压力条件下风险缓释和应急预案的开发。风险缓释技术（如：对冲、净额结算和抵押担保的运用）的表现应该在市场不能正常运转或许多机构同时采用类似风险缓释措施的压力条件下接收系统性的检验和评估。

2. 压力测试方案应明确包括复杂和定制产品。证券化风险暴露、针对证券化资产特别是次级产品开展的压力测试，应考虑基础资产受系统性市场因素影响的风险暴露、相关合同安排及嵌入式触发因素和杠杆的影响。

3. 压力测试方案应包括进行中和库存风险。一家银行应在压力测试中包括这类风险，而不考虑其被证券化的可能性。

压力测试库存风险（Warehouse Risk）和进行中风险（Pipeline Risk）管理尤为重要。当银行因为自身特定压力或市场压力无法进入证券市场时，会面临证券化进行中和库存带来相关的风险。因此，无论进行中风险暴露被证券化的可能性有多大，银行都应在定期压力测试中包含这些风险暴露。

4. 银行应改进压力测试的方法论以反映声誉风险的影响。银行应将表外业务和其他实体风险整合到其压力测试方案中。

5. 银行应改进其针对高杠杆交易对手的压力测试方法，考虑这些高杠杆交易对手对特定资产类别或市场运动的脆弱性，评估风险缓释技术中潜在的错误路径风险。

三、加拿大证券公司压力测试的实践

BMO 财务金融集团（BMO Financial Group）是加拿大最大的金融机构之一，其通过 BMO 蒙特利尔银行（私人和商业银行业务）、BMO 利时证券（加拿大最大的财富管理机构之一）和 BMO 资本市场（北美投资和企业银行分部）为加拿大客户提供服务。BMO 资本市场风险管理人员大约 200 多人，其中有一个专门从事压力测试的小组。其通过自己开发的压力测试系统，在每个交易日收市后进行压力测试。根据不同的压力情形（包括利率、股权或其他风险因素），计算在极端市场波动的情况下公司可能遭受的损失。通过设计，压力测试遭受损失的可能性要小于通过 VaR 计算的可能性，但损失的规模要大于 VaR。压力情形的选择取决于投资组合的复杂程度和规模，但一般包括历史事件、情形、利率波动和股权波动三个主要方面。对于重大历史情景事件的压力测试，每个星期都做一次。其选择的历史情景事件，主要包括美国"9·11"事件、1990 年海湾战争、1987 年股票市场暴跌、1992 年欧洲货币机制解体、1995 年魁北克省独立公投事件、1998 年长期资本管理公司（LTCM）事件、2005 年大西洋飓风季节事件等。利率情形包括所有利率上升、所有利率下降、加拿大利率上升、加拿大利率下降、利率曲线趋于平滑、利率曲线趋于陡峭、所有互换利差增加、所有互换利差减少等。股权情形包括全球股权下降但波动性上升、全球股权上升及波动性上升、加拿大股权下降但波动性上升、金融股权下降和上升、能源行业股权下降和上升、加拿大股权波动性上升和美国股权波动性上升等。在压力情形下如不符合净资本管理要求，就必须调整资本管理计划。

宏利资产管理公司（Manulife Asset Management）是加拿大最大的资产管理机构之一，其管理的资产管理规模超过 2 200 亿加拿大元。宏利资产管理公司亦定期开展压力测试。其测试所选择的压力情形一般包括：TSX Composite 下跌 30%、S&P 500 下跌 30%、MSCI EAFE 下跌 30%、TSX Composite 上涨 30%、S&P 500 上涨 30%、MSCI EAFE 上涨 30%；美元兑加拿大元汇率下跌 30%、欧元兑加拿大元下跌 30%、美元兑加拿大元汇率上涨 30%、欧元兑加拿大元上涨 30%；Crude Oil 上涨 50%、Crude Oil 下跌 30%、S&P TSX Gold 上涨 60%、S&P TSX Gold 下跌 30%；美国消费者信心指数上涨 50%、美国消费者信心指数下跌 40%、US ISM 上涨 15%、US ISM 下跌 15% 等。

从以上可以看出，加拿大金融机构在进行压力测试的过程中，其选择的压力情景既包括重大历史情景，也包括利率波动情景、汇率波动情景和股权波动情景，既有国内情形，也有国际情形。且各公司选择的压力情景各不相同。据介绍，加拿大金融监管机构今后可能给出统一的压力测试情景，以便于对各金融机构压力测试结果进行比较分析。

四、加拿大证券公司压力测试与我国的比较

2006 年，中国证监会在《证券公司风险控制指标管理办法》中对证券行业提出了建立健全压力测试机制、对风险控制指标进行敏感性分析与压力测试的相关要求，随后两年又进一步明确了证券公司开展压力测试的具体要求。在监管部门的指导下，各公司开展了压力测试的有益实践，证券公司压力测试的有效做法逐步成型。但行业内对压力测试的认识尚未完全统一，实施压力测试的做法也不尽相同。

为提高证券公司的风险管理水平，进一步指导证券公司开展压力测试工作，中国证券业协会经过反复研究与论证，并向行业多次征求意见的基础上，于 2011 年 3 月颁布了《证券公司压力测试指引（试行）》（以下简称《指引》）。

中国证券业协会颁布的《指引》是在借鉴国际通行压力测试做法的基础上，根据我国证券公司管理的现实需要，对压力测试机制进行了扩充完善，体现了较为鲜明的特点，主要表现在：

一是结合国内证券行业的特点和风险管理需求，建立适合国内证券公司开展全面压力测试的体系。从国际经验来看，证券行业与银行业在压力测试的对象、理论体系与方法上差异较大。《指引》结合国内证券行业的特点，要求证券公司建立以综合压力测试和专项压力测试相结合的全面压力测试体系，不仅要求证券公司基于监管指标进行压力测试，还需要对公司整体和各项业务进行压力测试，与证券公司经营决策体系紧密相结合，让证券公司经理层更好地理解其开展各项业务时的风险承受特性，清楚了解重大压力事件的影响，全面衡量证券公司的风险状况。

二是《指引》总结归纳了开展压力测试的五大步骤，实现了证券公司压力测试流程的标准化，提高了压力测试的可操作性，便于行业理解、沟通和推广，有利于尽快在业内建立全面压力测试的运行机制。

三是《指引》参照巴塞尔委员会对风险的分类方法，在市场风险、信用风险和操作风险基础上，引入了经营风险和流动性风险两类风险类型，以更加准确体现证券公司所面临的风险状况，并且根据以上五大风险类型分别确

定了相应的风险因素，为证券公司开展压力测试提供了风险的量化基础。

四是《指引》强调证券公司开展压力测试的可操作性和实践性，证券公司开展压力测试的流程与方法应与经营管理实践紧密结合，压力测试结果应在风险管理和经营决策中得到有效应用。

同时，比较中、加证券公司压力测试的相关规定及实践，亦存在以下几个方面的不同：

加拿大实行金融混业经营和监管体制，其主要证券公司均由银行金融集团控股，加拿大仅有金融机构监管办公室（OSFI）颁布的《压力测试指引》，各省的证券监管机构（加拿大无统一的全国性证券监管机构）及证券行业自律组织并未单独制订证券行业的压力测试指引，其与加拿大金融混业经营体制相适应。我国实行银行、证券、保险分业经营和监管体制，中国银监会于2007年颁布了《商业银行压力测试指引》，中国证券业协会亦于2011年3月颁布了《证券公司压力测试指引》，与我国金融分业经营和监管的体制相适应。

加拿大金融机构开展压力测试主要基于控制风险的内生需求。例如，加拿大《压力测试指引》并未对压力测试的频率做出明确要求，但是，BMO资本市场仍然成立专门从事压力测试的风险控制小组，在每个交易日进行压力测试，并将测试结果作为决策的重要依据。2008年的全球金融危机中，加拿大能够躲过一劫，与此有一定的关系。我国各证券公司虽然开展了压力测试的有益实践，但就目前而言，主要还是出于满足外部监管的需要，尚未上升为公司控制风险的内生需求。

加拿大金融机构开展压力测试时的压力情景选择更为广泛，既包括历史情景，也包括利率、汇率、股票等波动情景，既包括国内情景，也包括国际情景。国内证券公司目前开展压力测试，其压力情景选择可自行选择，但相对而言，压力情景种类和具体选择较少。实践操作中主要从以下几个风险维度设计压力情景：

1. 经营风险。包括股票基金交易量大幅下降、经纪业务佣金费率快速下滑、投资银行业务量大幅减少、资产管理业务规模大幅缩减等。

2. 市场风险。包括基准利率大幅变动、证券期货市场大幅波动等。

3. 信用风险。包括违约事件发生、信用评级下调、融资融券坏账率上升等。

4. 操作风险。包括信息系统重大故障、人员重大操作失误、出现违法违规事件等。

5. 流动性风险。包括重大对外投资与收购、现金分红、融资渠道受阻等。

五、加拿大证券公司压力测试对我国的启示

比较中、加两国证券金融机构压力测试的相关规定及实践，我们可以得到以下几点启示：

（一）证券公司开展压力测试，不仅是满足外部监管要求，更应该成为控制风险的内生需求。其精髓不在于对将来进行预测，而是在将来出现不利情形时，仍然有生存的能力。推而广之，证券公司只有将风险管理和合规管理等上升为公司的内生需求，而不仅仅是满足于外部监管要求，才能更好地控制各种风险，真正为证券公司的持续健康发展保驾护航。

（二）开展压力测试，其压力情景选择应该更加多样化。首先，压力情景的选择应当历史情景法与假设情景法并重。我们现在主要运用的是假设情景法，它的优点是灵活性，可以与公司的判断紧密结合。但缺点也是显而易见的，如多因子情景设定缺乏一定的说服力，或设定不符合因子之间相关性，或不同设定的结果之间缺乏可比较的基准，也可能存在为了使测试结果达到特定要求，修改假设情景的情况。而历史情景法主要思想以历史替代未来，模拟历史上极端风险事件的发生，比如：美国"9·11"事件、长期资本管理公司（LTCM）事件、亚洲金融危机、次贷危机、欧债危机等，测试公司的抗压能力，使得测试相对客观，风险因子之间的联动关系比较合理。

其次，压力情景的选择应当国内情景与国外情景并重。当前我们主要运用的还是国内情景。但随着经济一体化的深入，人民币汇率波动区间加大，国内金融市场的进一步对外开放将使得国外情景变得越来越重要，甚至成为主要因素，比如国际汇率波动、世界金融市场大幅波动、主要经济体的经济数据公布、石油等大宗商品的价格波动、恐怖主义活动等。

最后，压力情景的选择应当谨慎性与灵活性并重。在遵循谨慎性的同时，我们应当把握灵活性。比如大盘在 6 000 点时，我们预计大盘下跌 60% 是谨慎的，但当大盘跌至 2 000 点时，市净率普遍回到历史低点，国家为刺激经济，定调货币政策预调微调，放松信贷，我们预计大盘再下跌 60% 就是过度谨慎而不够灵活了。而此时 CPI 处于低位，为国家宽松的货币政策预留了空间，处于明显的降息周期内，预计基准利率大幅上升也是不够灵活的。而且我们的灵活性还体现在与公司的风险偏好相结合，如果公司属于高风险偏好，投资于权益类的比重较大，固定收益类比重较小，那么设定的压力情景如果对权益类风险过于乐观，对固定收益类风险过于悲观也是明显不够谨慎的。

（三）在实践中，可能存在部分证券公司为了规避压力测试结果不符合净资本相关监控指标的要求，而在进行压力测试时选择有利的压力情形。为便于对各证券公司在压力情景下的比较分析，建议监管部门或自律组织可以规定统一的压力情景。

2012年第三期赴加证券公司投行（并购重组）业务高级研修班

The Third SAC-CSI IB (M&A) Program for Securities Companies

中加上市公司并购的主要差异及启示

第一组组员：华融证券李厚启、中信建投证券吕晓峰、招商证券孙议政、中信建投证券林煊、招商证券杨爽、东兴证券徐奕、中国证券业协会王晓国

　　并购是资本市场服务实体经济的重要制度安排。从国际经验看，发达国家每次产业结构升级都伴随着大规模的企业并购浪潮。对于中国上市公司而言，市场化的并购活动不仅有利于提升企业价值和持续经营能力，更重要的是对于整个产业结构调整和国家经济实力提振有着积极的作用。随着中国市场经济和资本市场的发展，并购活动与规模持续提高。

　　"十一五"期间，企业间并购交易额累计突破6.4万亿元，交易单数累计1.67万单，分别是"十五"期间总量的4.5倍和6.4倍。而其中上市公司并购交易额的占比逐年上升。2005年以前平均占比不足20%，2006年到2010年的平均占比已达48%，2011年更是高达67%。

　　不过即便如此，国内的资本市场并购活动整体规模仍然不大，与国民经济调结构、转方式的要求仍有差距。2007年至2011年，以行业整合、产业升级为

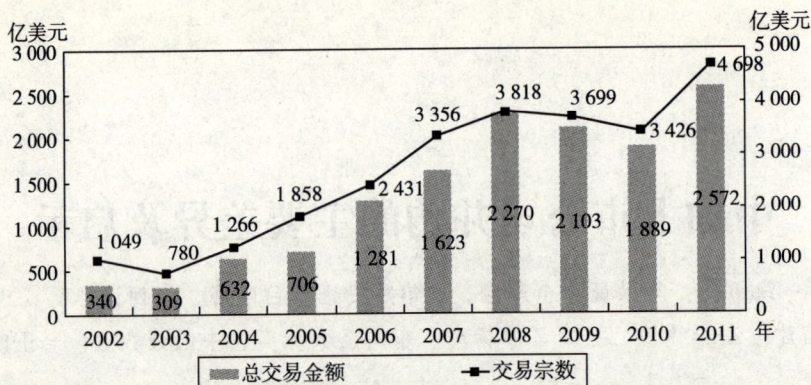

资料来源：中国证监会上市公司监管部。

图1　我国企业并购活动交易趋势（含非上市）

目标的上市公司并购重组交易额超过1万亿元。我国2011年企业并购金额占GDP的比重仅为1.9%，不仅低于发达国家产业转型时期4%～10%的比例，也低于同期金砖国家的数据，俄罗斯为6.9%，巴西和印度的比例均超过3%。

我国并购尚不活跃的原因之一是资本市场的发达程度有限。研究表明，成熟市场经济体中经济证券化率①与并购活跃程度呈较为明显的正相关关系。以美国为例，这种相关性可以通过图2较为直观地看到。

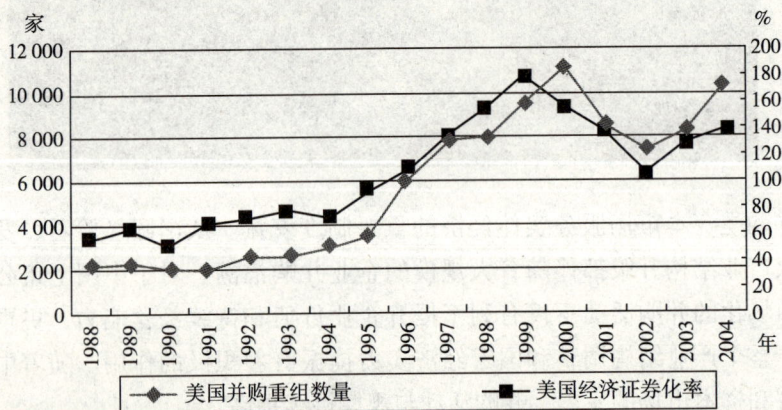

资料来源：世界银行、美国总统经济报告。

图2　美国经济证券化率与并购重组数量的相关性

---

① 经济证券化率是一个宏观概念，它一般用来分析实体经济与虚拟经济或金融经济之间的相互关系。经济证券化率 = $\dfrac{上市公司总市值}{该国国内生产总值}$。

而同样的研究表明，中国的国内经济证券化率与国内并购重组家数的相关性虽然总体趋势相关，但关联度小于美国市场。见图 3。

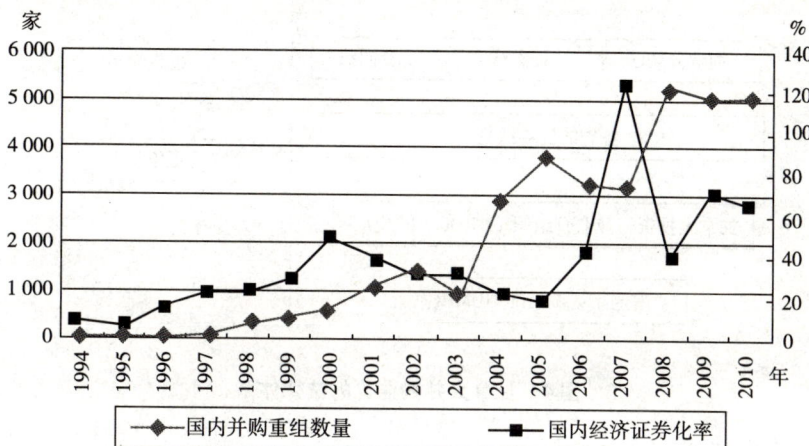

资料来源：WIND，报告编写小组整理。

图 3　国内并购重组家数与经济证券化率

除了经济证券化率所反映的资本市场相对规模不大这一市场环境影响因素外，国内上市公司并购活动尚不活跃实际上与国内并购监管环境密切相关。某种意义上，过度管制的并购监管及缺乏弹性的政策环境制约了国内并购活动的开展。

加拿大是极少数在 2008 年全球金融危机中金融体系没有受到重大负面影响的主要经济体之一，并购交易非常活跃，并有力地推动了其国内主要产业（例如矿业、油气资源等）的发展。本文旨在通过对加拿大在并购监管和程序方面的主要差异比较，为推动国内上市公司并购业务活动的开展提出一些具体的监管政策建议和对于投资银行业发展并购业务的启示。

一、加拿大上市公司并购监管环境与我国对比分析

（一）法律框架

1. 加拿大并购监管的法律体系。

在加拿大，上市公司并购监管法规主要涉及证券监管体系法规和竞争及外商投资监管体系法规两个方面。

加拿大证券法律规定主要是由省（地区）级证券监管部门和行业自律组织制定并颁布的。尽管各省的证券法律规定有所差异，但一般都规定了如下基本原则：一是及时、准确、有效地披露信息；二是禁止欺诈和不公平的市场行为；三是为了确保市场参与者的行为诚实且负责，维持适当性和商业行

证券监管体系			其他法律

| 商业公司法 | 证券法 | 合同法 | 投资学 |

| 各省的证券法规 | 竞争学 |

加拿大投资行业监管组织（IIROC）的规章

普遍市场诚信准则UMIR

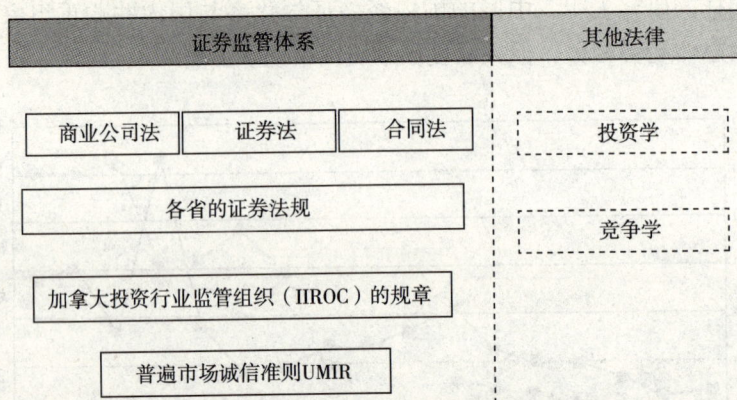

图4　加拿大并购监管的法律体系

为高标准的要求。

证券监管机构根据这三个原则对交易进行审核，但并不对交易本身的结构设计、定价、支付方式等做出实质判断和评价。因此，加拿大公司收购过程中所受的制约较少，其境内的企业并购基本无前置审批，监管也相对较松，比如在进行要约收购的时候，各省可根据各自的情况自由调节监管程序，但加拿大证券监管机构最近已建立了一套像62 - 104 号和62 - 203 号国家政策等统一的要约收购管理制度。

同时，加拿大上市公司并购业务经常涉及外资并购或者重要产业的并购，在这样的交易中往往会更多考虑是否能够通过加拿大工业部及其下属的竞争事务委员会分别根据《加拿大投资法》、《竞争法》而对交易进行的审核。

依据《加拿大竞争法》，竞争事务委员会虽然有权审查在加拿大境内的任何并购行为，但一般只有在涉外并购或并购规模超过特定门槛的情况下才需向竞争事务委员会事先通告。

此外，涉外企业并购加拿大企业还应遵守《加拿大投资法》，除投资文化产业由文化管理部门监管外，均需受到来自于加拿大工业部的监管。涉外企业收购加拿大企业应当提交收购完成后的通告或收购前申请书以便用于官方审查，审查是否通过取决于被收购加拿大企业的类型和商业价值。一般而言，只有极少数交易被联邦政府机构公开拒绝，但也有可能部分并购交易在结果公布前即已自行终止。

2. 我国并购监管的法律体系。

我国上市公司并购监管的法规体系与加拿大大致相仿。

与加拿大的并购监管法律体系相比，我国的法规体系并无重大缺陷，但

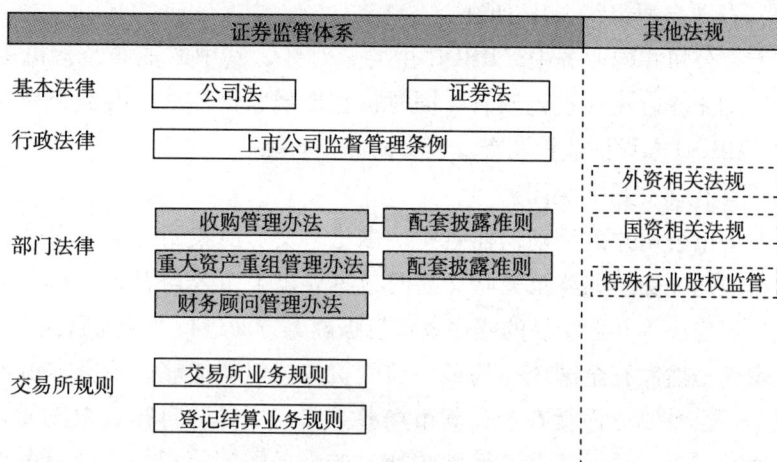

图 5　我国并购监管的法律体系

相比之下我国公司并购过程受法律法规影响较为复杂、限制相对较多。例如，我国的《公司债券发行试点办法》规定，公司债券发行后累计公司债券余额不超过最近一期末净资产额的百分之四十。这限制了杠杆收购这一国际市场常用并购融资手段在国内并购中的运用。

更为重要的是，加拿大并购活动监管实务中，一旦涉及违背公众重大利益的情形，往往会被利益受侵害一方提起法律诉讼，而法院将成为并购交易违约方或者违规方的最终救济手段。国内并购监管则更多依赖于证券监管部门直接监管下的行政处罚。而事实上，证券监管部门的监管能力、监管精力、监管手段等与市场规模相比是非常有限的，采用行政手段式的监管对于违约方或者违规方而言，不仅震慑力无法和司法诉讼相比，而且往往容易产生因监管不充分导致的监管不公平。

（二）监管组织体系

1. 加拿大并购监管的组织体系。

对于涉及外资收购或反垄断的并购交易，加拿大工业部及下属竞争委员会对涉及《加拿大投资法》和《竞争法》有关问题进行审查。除此之外，上市公司并购监管组织由以下部分构成，并各自有分工。

（1）各省（地区）证券监管局

各省（地区）证券监管局是上市公司并购行为最主要的监管主体。监管主要体现在监督要约收购义务的履行情况、充分及时的信息披露、可能损害股东利益的不适当反收购措施的限制、间接收购或关联方收购的回避表决限制，以及内幕交易行为的违规查处等方面。

（2）行业自律组织（IIROC）

在上市公司并购业务中，IIROC 主要是对涉入其中的证券经营机构（会员公司）的工作合规性进行监管。同时，在出现股价异动、内幕交易嫌疑等行为时，IIROC 亦承担监管调查过程中的部分职能。

（3）多伦多交易所集团

在对上市公司并购活动的监管中，多伦多交易所集团主要负责公司相关信息披露。例如交易如涉及关联交易时或者要求上市公司召开股东大会对并购事项进行表决等并购交易的程序及信息披露等方面进行及时监管。

加拿大虽然没有全国统一的证券监管机构，但却能够维系资本市场的稳定发展。一个重要方面就在于，其市场各方参与主体的自律意识较强。除上市公司之外，上市公司董监高、并购交易的财务顾问等相关人员，多为与上市公司实际控制人无关联的职业经理人，其高度重视个人诚信记录和职业声誉。其违规成本不仅在于遭受证券监管部门的经济、行政处罚本身，而是因面临重大诉讼而对其未来职业生涯甚至人身自由将有灾难性影响。

2. 我国并购监管的组织体系。

我国的监管组织体系与分工同加拿大基本类似，主要差异在于我国证券监管属于集权体系，即由中国证监会统一对市场进行监督管理。中国证监会及地方证监局是上市公司并购最重要的管理部门，其负责对全国证券市场的监督管理工作，上市公司的并购主要经过其审批或者核准，并购法律法规对于交易具体的规定较为详尽，但限制很多，在定价、支付、时间等并购要素方面往往作出了严格限定。中国相对于加拿大而言是一个更大的经济体，交易主体更大庞大，经济活动更为复杂，对于并购的集中监管有利于设立市场公平标准，但是监管效率上往往无法适应市场化并购交易的要求。

另外，国内并购交易涉及的行政审批部门相对加拿大而言更多。并购操作过程中交易主体容易受到来自于各类监管部门的影响和限制，这类主体主要包括财政部、国务院国资委、商务部和地方各级国有资产管理部门，值得注意的是，国有资产管理部门不但是国有股权的管理部门，同时又是许多上市公司的大股东，因此国有资产管理局经常扮演管理者和市场主体的双重角色。凡是以受让大宗国有股权的形式收购公司的，其股权转让行为必须经地方各级国资管理部门审核，最后由财政部资本金管理司批准。

（三）监管理念与关注点

1. 加拿大并购监管的核心。

加拿大对上市公司并购活动监管的出发点是保护目标公司全体股东的利

益（非部分股东的利益），以及在整个并购过程中保证公平原则的持续实现。加拿大并购活动的监管中，相关部门主要关注一项并购交易是否遵循了以下几个原则：

平等待遇原则，即公平对待目标公司所有股东，不允许对个别股东附加额外的利益。

充分时间原则，并购的各方股东有充分的时间对价格等条件进行博弈。

充分信息规则，要有适当的信息披露，保证股东有充分的知情权。

利益平衡原则，即如果收购方或者被收购方存在恶意或者不恰当行为，则监管部门将干涉或者禁止交易，以平衡收购方与被收购方的利益。

加拿大相关并购监管规则的核心思想和具体条款均是围绕上述原则制订的。加拿大证券监管部门对并购活动的介入程度较低，把制定和执行并购交易的权力交给收购方、被收购方的董事会、股东大会等交易方的权力机构。监管机构仅关注维护市场的公平秩序和被收购公司股东的长远利益等方面。并购监管的重点主要放在收购是否公平对待被收购公司全体股东、限制被收购公司董事会制定不适当的反收购策略、要求收购方履行充分的信息披露等方面。除此之外，监管部门对于并购交易的具体定价、交易双方的具体商业安排、上市公司购买或出售重大资产等投资行为不做具体监管和实质判断。

在实际的并购活动中，加拿大证券监管部门几乎很少对一项并购交易直接做出否决意见，一般只有当出现涉嫌内幕交易、信息披露违规等重大违法违规行为或董事会出现违背股东利益的道德风险的时候才会直接干预。

2. 国内并购监管的核心理念。

国内上市公司并购监管的核心思想也是公开、公平、公正为主要原则。但考虑到国内证券市场尚不发达，投资者主体中个人投资者比例较高，且相对投资经验、技术和知识单薄，因此，证券监管部门一般以保护中小投资者利益为核心。这种关切体现在并购监管规则的条款和并购交易的审批过程中，往往容易导致监管效率降低、监管角色错位（替代投资者决策）等不利于市场化并购活动的负面效果。

二、加拿大上市公司并购程序以及与我国对比分析

（一）加拿大上市公司并购程序

1. 收购方式。

根据加拿大有关法规规定，若收购方购买上市公司的股权一旦超过股份总数的10%，收购方就需要发出公告，说明收购条件以及后续收购的意向。

如公告的事项发生实质性变化，或者收购方继续收购2%的股权，必须再次发出公告。若收购方收购20%或以上股权，除非有豁免，则必须向所有股东发出要约。豁免的情形主要指出售方不超过5个人（或法人），收购价格不超过标的公司股票20天平均交易价格115%的水平。

在加拿大，取得上市公司控制权或收购上市公司重大利益通常通过三种方式完成：公开要约收购（Take – Over Bid）、协议收购（Plan of Arrangement）以及私募融资（Private Placement）。

公开要约收购（Take – Over Bid）适用于善意收购或敌意收购，认购方通过设定股东接受要约的最低交易数量来触发认购和支付的义务。最低交易数量视收购方的收购目的而定，通常来讲分为三种情况：第一，若要通过"第二阶段强制收购"实现完全控制，则通常需要收购已发行股票总量的三分之二（某些公司可能需要75%）以上；第二，若要实现对公司董事会的控制，则需要收购已发行股票总量的51%以上；第三，若要实现或阻止公司未来重大变动情况或交易，则需要收购已发行股票总量的三分之一（某些公司可能仅需要25%）以上。

协议收购（Plan of Arrangement）适用于善意收购，并需要目标公司董事会的合作。收购方和目标公司根据收购意向会签订一份协议并购协议。并购提议通常需要目标公司在股东大会上拥有三分之二以上的参会股东批准通过，某些特定公司需要四分之三的具有投票权的股东通过。若目标公司中不同类别股票的持有者受到并购影响，则需要各类别股票的持有者投票。在退市交易的投票中，可能需要排除参与交易的管理层股东的投票，同时，需要法院审查交易的公平性后做出批准。

私募融资（Private Placement）是指收购方与上市公司签订的经过特殊设计不适用于加拿大证券法规定的招股说明书和证券登记要求的股权收购合同。这类合同可以包括认股权证的认购。通过私募融资实现的并购要求收购方在未来四个月之内除证券法规定的情况之外不得出售或转让该证券。私募融资经适当的加拿大证券交易所审批（目前为多伦多证券交易所）并提交至相关的省级证券监管机构备案。一旦备案完成则可在尽职调查程序完成后立即交割。同时，若收购方通过私募融资最终拥有或控制上市公司已发行的具有投票权的10%或更多的股份，则收购方被视为"关联方"。根据关联方规则，除豁免的情况外，目标公司与收购方之间的进一步交易或未来合同行为需要一份正式评估报告以及少数股东的多数批准。

2. 并购流程。

首先，收购方聘请财务顾问对本次并购作出行业评价及建议。

其次，由收购方向并购方发出意向书，该文件涵盖主要并购条款但非必须具有法律效力。同时，意向书可以包括一定的交易保护条款，如：排他性条款、竞业禁止、完全诚信义务、观察期及终止协议费等。

在目标公司收到意向书后，设立一个由非管理层独立董事组成的特别委员会专门负责研究收购方提出的收购意向。此时，目标公司通常会聘请金融咨询机构就收购条件的公平性和对价的合理性发表独立意见并在此基础上向公司管理层及股东会提出建议。

经特别委员会研究，若有意进行公司并购，可与收购方继续就具体收购条件进行谈判，也可为寻求更好的收购条件而安排进行招标，以确定合适的潜在收购方。若特别委员会经研究拒绝拒绝收购意向，收购方可以修订收购条件（如提高价格和设定更优惠的条款等）并继续谈判，或者直接向股东发出收购要约，转为敌意收购。

在善意收购的情况下，收购方可采取公开要约收购或者协议收购的方式。采取协议收购方式下，在与收购方确定收购条件之后，经董事会批准同意，双方签订收购协议。该协议经股东大会审议通过后，则可完成收购。采取公开要约收购方式下，收购方直接向股东发出收购要约，若接受要约的股东达到预定的股份数量，则可完成收购。

（二）加拿大企业并购特点

1. 投资银行参与程度高。

相比国内的投资银行并购业务而言，加拿大投资银行在企业的并购过程中参与程度较高，作为并购业务的中介顾问机构，为买方提供服务时，可以帮助收购方明确收购目的、策划收购方的经营战略和发展规划、设计并购方式和交易结构、评估并购对买方的影响、策划并购融资方案、承销发行并购融资证券或提供收购资金等旨在帮助买方企业以最优的交易结构和并购方式用最低的成本购得最合适的目标企业从而获得最大的企业发展的服务内容。

加拿大投资银行在为卖方提供顾问服务时，可以帮助企业分析潜在买主的范围，寻找最合适的买方企业、策划出售方案和销售策略、制订招标文件、组织招标或谈判，争取最高售价等旨在帮助卖方以最优的条件将标的企业卖给最合适的买主的服务内容。

2. 审批程序简洁。

总体而言，加拿大公司的并购业务审批程序简单，不像我国并购业务存在众多烦琐的环节。目前，在加拿大境内进行并购的企业基本无须前置审批，仅在并购涉及境外投资者或特殊行业才需要加拿大工业部依据《加拿大竞争法》和《加拿大投资法》对并购相关业务进行审批。

3. 估值方法市场化程度高。

在加拿大，投资银行在对企业进行估值的过程中起到主要的作用，估值方式较为灵活，可采用账面价值法、估值乘数法、净现值法还是实物期权法等方法测算企业价值。在进行企业价值评估时，注重企业实际经营以及整合效应的分析，并关注各种评估方法之间的相互验证。估值结果不需要经监管机构审核，并且对估值的准确性不负法律责任，但估值能力以及公允性直接影响投资银行的声誉。相比之下，国内的企业估值通常以评估机构的评估报告为依据，评估机构在进行企业价值评估时，普遍关注评估技术要求，而对公司实际经营能力的判断和分析能力仍有待提高。

4. 企业并购业务对证券行业发展驱动作用显著。

加拿大投资银行的并购业务范围较广，且具有较强的业务辐射力和衍生性，从实务上看，上市公司的需求是立体而多面的：发行承销、配股、企业诊断和战略顾问、并购重组、资产委托管理、宏观经济及产业信息服务，甚至是日常的运营咨询，而国内的投资银行所能提供的服务较为单一，后续及全方位服务的能力较加拿大投资银行而言相对不足。在加拿大的实际并购方案的设计中，常常涉及金融创新和衍生金融工具的运用，为此并购业务又辐射了投资银行的衍生金融工具业务，在这种热点效应的作用下，企业并购服务可以有力地促进经纪业务和资产管理业务等相关业务。

（三）比较分析

1. 收购流程的不同。

加拿大公司兼并与收购活动起步较早，发展至今，上市公司的兼并与收购已成为加拿大企业重组和整合以提升价值的主要手段。为便于融资安排和获得整合效应，在涉及上市公司的兼并与收购中，退市收购占据很高份额。加拿大的公司主要采取要约收购（Take – Over Bid）和协议收购（Plan of Arrangement）。

我国公司并购业务起步较晚，但随着证券市场的日益规范与完善，公司收购活动也逐渐活跃起来。我国公司目前主要采取协议收购、要约收购和集中竞价三种收购方式。我国上市公司的股权集中度相对比较高，通常有具有控制权或重大影响力的单一股东，在上市公司股份总额中所占比例较大。为取得上市公司的控制权，收购方往往需要与股东先达成一致意见，签署股权转让协议，而同时将触发要约收购条件。

（1）要约收购的差异比较

无论在中国还是加拿大，要约收购均指收购人在公开市场上向目标公司不特定人数的股份持有人发出收购要约，承诺以某一特定价格购买一定比例或数量股份的收购。

加拿大上市公司的要约收购大多将收购上市公司已发行的全部股票，以上市公司私有化为目标。与中国的收购流程相比，加拿大公司的要约收购通常不会与目标公司特定股东提前签订并购协议，如果在要约期满，上市公司多于 90% 的股票已被收购，则收购方可以取得剩余的股权而无须股东和法院的批准，操作时间较短，最快只需 35 天。若收购已发售股票的 66.67%（某些特定的公司为 75%）而未达到 90%，则要进行"第二阶段强制收购"，通过股东及法院批准的程序，强制异议股东出售股票，操作时间延长至 45 ～ 60 日。

中加两国要约收购的具体流程设置如下：

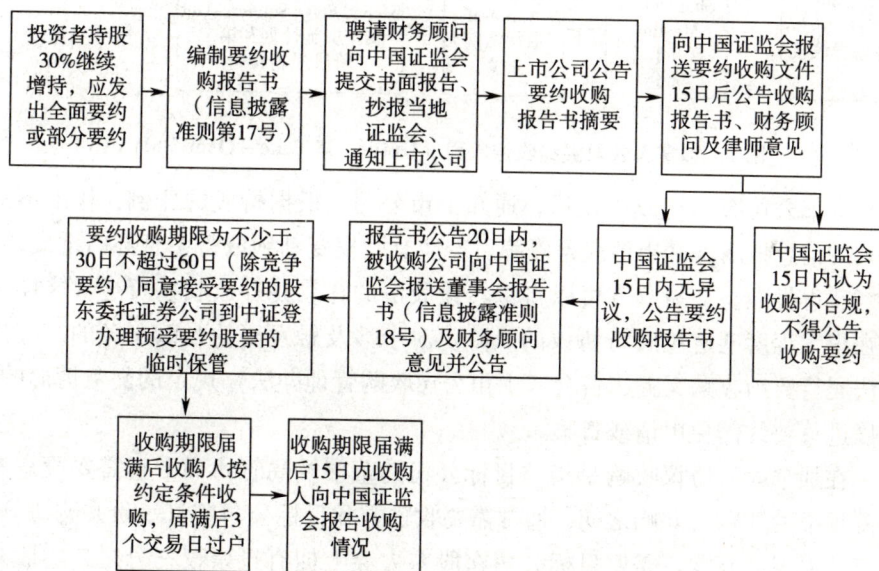

图 6　中国公司要约收购流程

（2）协议收购的差异比较

我国的协议收购是指收购人与上市公司股票的特定持有人依照个别签署的协议或股份转让协议，取得其股票的收购行为。协议收购作为与要约收购相并列的一种收购方式。依据《中华人民共和国证券法》、《上市公司收购管理办法》等相关法律的规定：收购人以协议转让方式收购上市公司的，应该

Deliver Take-Over Bid Circular 送达要约收购呈报文件	Target Board Considers Offer 目标公司董事会考虑要约	Target Issues Directors Circular 目标公司发布建议性的董事通告	Accepting ShareholdersTender Shares 接受同意要约股东的股权

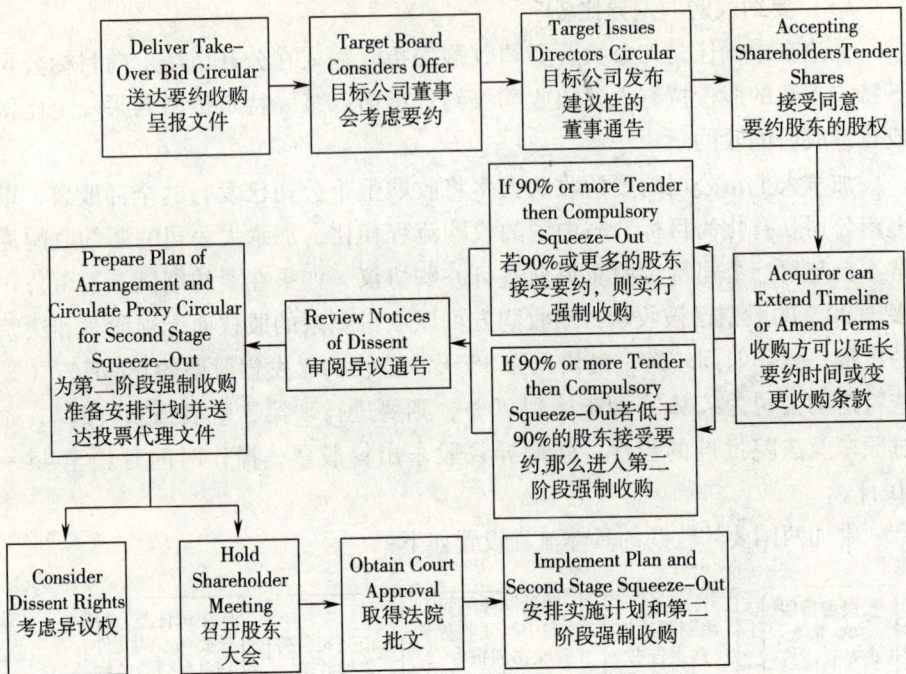

图 7　加拿大公司要约收购流程（Outline of Take – Over Bid）

在与上市公司股东达成协议后，通知上市公司，根据持股的比例，作出不同形式的信息披露，并申请股票停牌。若涉及股权变动须取得主管部门批准的，应当获得批准。交易双方可以将拟转让股份的托管并存放收购资金，这样可以在很大程度上避免履行协议的风险。对于涉及触发要约收购义务的，应当依法履行要约收购义务，符合《上市公司收购管理办法》规定的豁免情形的，可以进行要约豁免申请或备案。

在加拿大，协议收购是指与目标公司的董事及高管协商，且需要股东和法院批准的并购。并购之初，通常需要收购方和目标公司签订一份并购协议，对于被提议的并购，需要目标公司在股东大会上拥有投票权三分之二的股东批准通过，若被目标公司拒绝收购协议，收购方可以提高价格或设定更优惠的条款以继续谈判，或直接向股东发出敌意收购。在收购过程中，如果目标公司中不同投票权类别股票的持有者受到并购影响，则还需要各类股票的持有者进行投票。

与中国的协议收购相比，加拿大的协议收购通常需要 60～90 日内实施，且通常在安排协议签署后的 60 天召开股东大会并投票。除此之外，加拿大的协议收购还需要法院对收购的程序、申请的诚实守信原则和收购计划的合理性进行审批。中加两国具体的协议收购流程如图 8、图 9 所示。

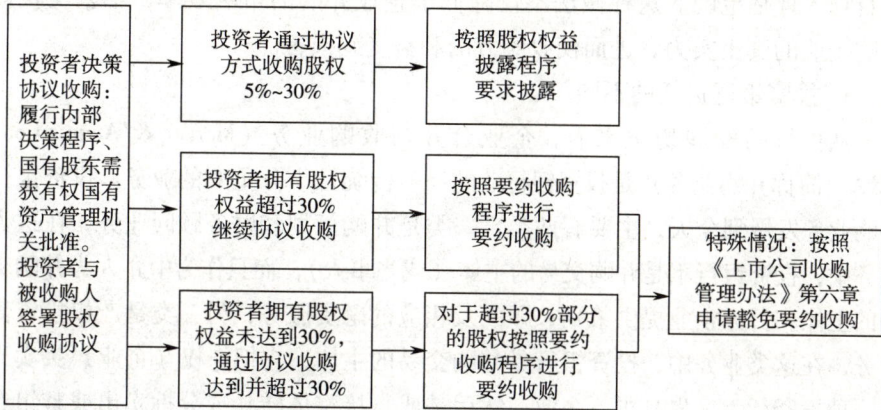

图 8　中国公司协议收购流程

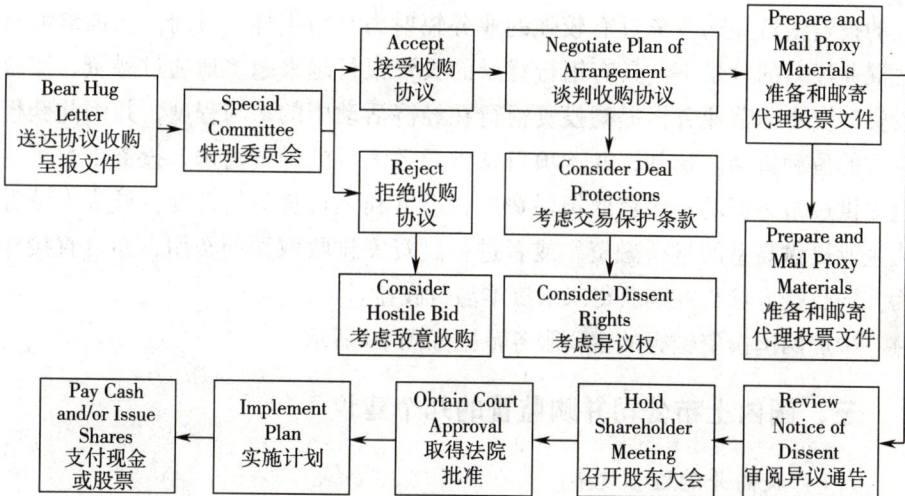

图 9　加拿大公司协议收购流程（Outline of Plan of Arrangement）

2. 估值责任的不同。

在我国，并购的审批主要是采取逐级申报的形式进行，自主的逐级并购制度使得企业在并购过程中在并购、定价方面具有很大难度。正常情况下，上市公司并购的审批需要经历数月之久，这便与投资银行并购定价的 20 个工作日严重脱节，难以与市场发展结构相一致，这也就导致了我国投资银行在估值时主要以评估报告为基础的资产估值的方式。这种定价方式非常容易引发投资信息的不对称问题，被收购方往往为了获得更大的股权份额，会千方百计地将本企业的资产评估份额进行扩大，因此会常将一些没有增值能力的项目划入评估范围。这种做法不仅降低了企业并购的市场效率，难以反映被并购企业的真正实力，进而使收购方的利益受到损害。

3. 投资银行责任的不同。

从投行的发展历史来看，企业合并与收购业务（Merger & Acquisition，M&A，简称并购业务）是投资银行业的一项传统且十分重要的业务。投资银行并购业务发展到今天，主要有两类：一类是并购策划和财务顾问业务，在这类业务中，投资银行不是并购交易的主体（或当事人），而只作为中介人为并购交易的主体和目标企业提供策划、顾问及相应的融资服务；另一类是产权投资商业务，在这类业务中，投资银行是并购交易的主体，它把产权（企业）买卖当做一种投资行为，先是买下企业，然后是或直接整体转让或分拆卖出或整组经营待价而沽或包装上市抛售股权套现，目的是从中赚取买卖差价。

我国的投资银行并购业务服务范围有限，主要为程序性的服务，而加拿大的投资银行并购业务具有较强的业务辐射力和衍生性。目前，在加拿大金融混业经营的背景下，具有银行背景的投资银行越来越多地通过融资、产权投资等资本运营业务，提高投资银行在经济活动中的参与程度，并因此获得巨大的盈利机会。比如，并购项目常常导致大量的融资需求，投资银行可通过提供过桥融资的担保获取担保费用，还可利用自身的信誉发行低成本债券为企业提供高息的过桥融资，或者进行融资安排收取顾问费用，亦可直接作为共同收购方参与并购获得未来资本溢价收益。

中加两国投资银行的主要服务范围如图10所示。

三、国内上市公司并购监管的几个建议

（一）提高并购监管效率

1. 事前监管转为事后监管。

加拿大证券监管机构不会审查并购交易，也没有要求必须有证券监管审批，监管机构会干预非法的、违背公众利益的，或者是目标公司采取不当防御策略的交易，而干预通常是由投诉引发的。由此可见，加拿大证券监管机构对并购交易的监管思路是事后监管，且对并购交易的干预源于投诉。

相比之下，中国证券监管机构目前对上市公司的收购需要履行事前审批，且对于并购交易的干预主要源于主动的专业判断，而非来源于投诉。

从加拿大及国际证券监管机构对并购交易的监管的发展方向看，国内证券监管机构对上市公司并购交易的监管应由事前监管向事后监管转变，形成

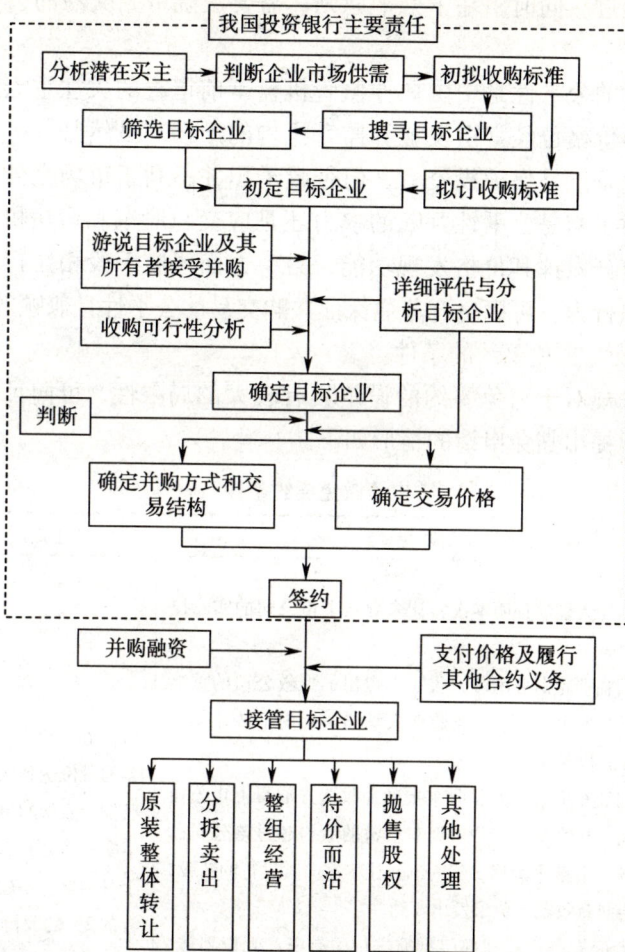

图 10　加拿大投资银行主要责任一览

中介机构归位尽责、行业自律监管、证券监管机构事后查处的格局。对于并购交易的干预也应由针对非法的、违背公众利益的，或者是目标公司采取不当防御策略的投诉触发，而不是由监管机构在事前，即对交易是否存在前述情况进行合规性审查。

　　由事前监管转为事后监管将极大地提升中国上市公司并购交易的效率和成功率，充分发挥证券市场资源配置功能，较大程度地降低行政干预对市场效率和市场资源配置功能的负面影响。

　　2. 对交易公平性由股东和法院判断。

　　在加拿大，协议收购上市公司的并购提议通常需要目标公司在股东大会上拥有三分之二以上的股东批准通过，某些特定公司需要四分之三的具有投

251

票权的股东通过。同时，基于公平原则，需要法院审查交易的公平性后作出批准。

并购交易的公平性是中国证券监管机构事前审查的关注重点，对应的资产价值和交易价格也经常引发证券监管机构的干预。虽然监管机构对交易公平性干预的出发点是保护投资者，但行政干预并不利于市场充分发挥其价格发现功能，对于交易公平性判断的权力还是应交与股东和司法机构，一方面有利于市场充分发挥其价格发现功能，另一方面司法手段相比行政手段更具有慑力和执行力，可以更充分地保证并购交易的公平性且兼顾效率。

3. 适当放宽豁免要约的条件。

中国的法规对于豁免要约的设定具有较大的局限性，可向证监会申请豁免要约和免予提出豁免申请的情形如下：

表1　　　　　　　　　　　　**申请避免要约条件**

可向证监会申请豁免要约	免予提出豁免申请
（1）收购人与出让人能够证明本次转让未导致上市公司的实际控制人发生变化。 （2）上市公司面临严重财务困难，收购人提出的挽救公司的重组方案取得该公司股东大会批准，且收购人承诺3年内不转让其在该公司中所拥有的权益。 （3）经上市公司股东大会非关联股东批准，收购人取得上市公司向其发行的新股，导致其在该公司拥有权益的股份超过该公司已发行股份的30％，收购人承诺3年内不转让本次向其发行的新股，且公司股东大会同意收购人免予发出要约。 （4）经政府或者国有资产管理部门批准进行国有资产无偿划转、变更、合并，导致投资者在一个上市公司中拥有权益的股份占该公司已发行股份的比例超过30％。 （5）因上市公司按照股东大会批准的确定价格向特定股东回购股份而减少股本，导致当事人在该公司中拥有权益的股份超过该公司已发行股份的30％。 （6）证券公司、银行等金融机构在其经营范围内依法从事承销、贷款等业务导致其持有一个上市公司已发行股份超过30％，没有实际控制该公司的行为或者意图，并且提出在合理期限内向非关联方转让相关股份的解决方案。 （7）中国证监会为适应证券市场发展变化和保护投资者合法权益的需要而认定的其他情形。	（1）在一个上市公司中拥有权益的股份达到或者超过该公司已发行股份的30％的，自上述事实发生之日起一年后，每12个月内增持不超过该公司已发行的2％的股份。 （2）在一个上市公司中拥有权益的股份达到或者超过该公司已发行股份的50％的，继续增加其在该公司拥有的权益不影响该公司的上市地位。 （3）因继承导致在一个上市公司中拥有权益的股份超过该公司已发行股份的30％。

从前述可以豁免要约的几种情况看，证监会的立法本意为可以豁免要约

的收购是没有导致实际控制人变化或者实际控制人的变化非主观意愿造成。与此相比，加拿大对于涉及对象不超过 5 人且支付对价不超过 20 天平均交易价格的 115% 的并购交易可豁免发起要约收购。对于豁免要约收购，加拿大的法规主要出于公平性考虑了限制交易价格和交易对方数量，并未将实际控制人的变化作为主要考量因素。事实上，对于限制实际控制人变化的法规的局限性在实际的市场操作中已经显现出来，市场中已出现上市公司实际控制人将其持有的国内上市公司股东的股份出售后导致实际控制人变化，而新的实际控制人没有或无法履行要约收购或豁免要约收购的情况。国内对于豁免要约的设定具有较大局限性的法规不利于上市公司并购交易的发展和公平对待所有股东。因此，建议监管机构可参考加拿大的相关规定，在交易对象数量和交易价格可控的情况下适当放松对于豁免要约的要求。

（二）拓宽并购融资渠道

1. 财务顾问提供过桥贷款保证。

过桥贷款是一种过渡性的短期贷款，最长不超过一年，回收速度快，利率相对较高，一般需要抵押品或信用担保。过桥贷款在并购交易中起着"桥梁"的作用，利率比一般的贷款利率要高 2% ~ 5%，在较短的时间内为收购方提供收购所需的资金，随后收购方通过发行债券或新股来偿还银行贷款。

在国外混业经营的金融环境中，收购方财务顾问在给出采用过桥贷款后一般为收购方提供两类服务：一是为收购方寻找愿意提供贷款的银行或银团并为贷款提供担保；二是财务顾问直接提供全部或部分过桥贷款，然后再将该部分债权发行新的产品销售出去。

从中国目前分业经营的实践来看，财务顾问直接以自有资金向收购方发放贷款难度较大，但财务顾问可以开展过桥贷款保证业务，为收购方的过桥贷款提供信用担保。因为财务顾问通常为资金实力雄厚、资信水平较高、经营业绩良好运作相对规范的证券公司，这样有利于提高收购方的信用等级，从而顺利获得过桥贷款和相对合理的利率水平。

中国目前的并购交易由财务顾问推荐并提供担保的过桥贷款还较少，监管机构应制定相关政策及法规推动财务顾问为并购交易方提供过桥贷款的保证，这将有利于拓宽并购交易的融资渠道，充分发挥财务顾问在并购交易中的融资作用。

2. 百分之四十的债券发行限制严重制约杠杆收购。

中国的法规规定，公司债券发行后累计公司债券余额不超过最近一期末净资产额的百分之四十。这限制了杠杆收购这一国际市场常用并购融资手段在国内并购中的运用，不利于并购交易融资渠道的拓展。监管机构应考虑适当放宽债券发行限制，引入高收益债运行机制，充分发挥杠杆收购这一并购融资手段。

四、对于国内投行从事并购业务的启示

（一）投行从业人员的知识结构

加拿大从事并购业务的投行人员通常是一个或几个行业的专家，具备丰富的行业经验和行业人脉关系，对行业有着深刻的理解及预判能力，能较为准确地把握行业发展的趋势，因此在行业整合的并购交易中并不是仅仅承担尽职调查和发表公平意见的财务顾问。其作为财务顾问最为关键的工作之一是为其客户在并购交易中寻找卖家或买家并接触联系，寻求能为其客户实现利益最大化的交易对手，发起并促成交易。同时，从事并购业务的投行人员能够对收购或出售的企业的价值作出符合行业标准的判断，并提前为其客户设计融资方案，使整个并购方案得以顺利推进。

因此，中国的投行从业人员如要从事并购业务应积极调整知识结构，跳出以法律、会计为核心的保荐业务知识局限，加强行业知识培训和估值及并购融资手段相关知识的学习，加强对金融及经济运行和企业管理的理解，完善知识架构，才能真正应对并购业务的发展。

（二）投行组织结构

应对并购业务的发展，中国投行的组织结构也应进行适当的调整，形成分别以行业客户服务和技术支持为目标的业务单元架构，行业客户服务为主的业务单元应能全面掌握各类工具和产品，而提供技术支持的部门主要在各产品的技术关键点以及市场动态方面提供专业性支持。在投资银行为客户提供服务时，可由各业务单元根据需要组合成服务团队，以便为客户提供服务。

具体到并购业务，以行业深入了解和客户开发为目标，投行内部可逐渐形成以行业分类为基础的业务单元，每一个行业业务单元专注于对其所负责行业进行研究和行业内企业跟踪与联系，增加对行业内相关企业的了解，逐步建立行业内企业信息库，以便在客户有并购意愿时能充分挖掘行业内的潜在交易对象，实现客户的利益最大化。

以技术支持为目标，投行内部还可培养和分化出专门从事谋划兼并收购交易并积极联络的高端人才，形成投行内部专业的并购部门。从公司研究及技术方面出发及时发现交易机会，设计和完善并购方案，同时，随着投资银行自身融资能力的提高，积极研究与投行业务相关的资本金运作业务模式。

加拿大矿业资本市场现状及对我国建立多层次矿业资本市场的思考

第二组组员：宏源证券韩志谦、东北证券黄峥、安信证券蔡曦涓、东吴证券申隆、广州证券吴立新、中国证券业协会汪莉

矿产资源勘探与开发是国民经济基础产业，是经济可持续发展的重要保障。2011 年 10 月 19 日，国务院常务会议通过了《找矿突破战略行动纲要》，要求通过实施找矿战略，为经济平稳较快发展提供有力的资源保障和产业支撑。但我国矿产资源勘探与开发行业长期以来一直面临着资金供给不足的局面。

加拿大矿业资本市场是世界上最为活跃的矿业资本市场，多伦多证券交易所也是全球矿业公司上市和融资的主要证券交易所。多伦多证券交易所为加拿大矿业的发展提供了良好的融资和交易平台，极大地促进了加拿大矿业行业的发展。

研究和学习加拿大的矿业资本市场，既可为我国相关企业实施"走出去"战略提供参考，又对我国建立更为合理、完善的矿业资本市场，吸收更多社会资本进入矿产资源勘探与开发行业指明了方向。

一、加拿大证券市场现状及矿业公司上市情况

截至 2011 年 12 月 31 日，加拿大证券市场（TSX 和 TSXV）上共有矿业类上市公司 1 646 家，约占全球矿业类上市公司的 58.7%，占加拿大上市公司数量总额的 42.9%，均居世界首位。如图 1 所示。

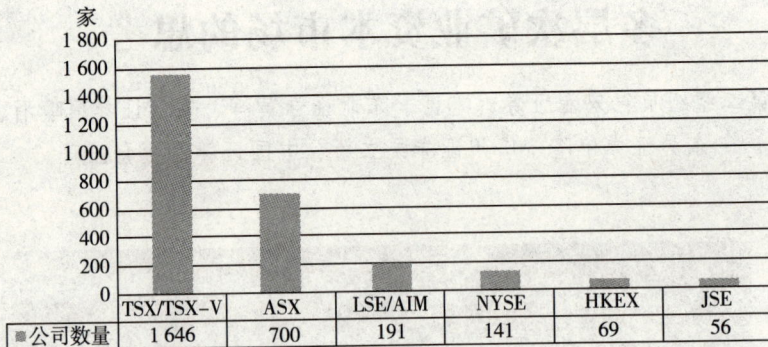

	TSX/TSX-V	ASX	LSE/AIM	NYSE	HKEX	JSE
公司数量	1 646	700	191	141	69	56

注：ASX 为澳大利亚证券交易所；LSE/AIM 为伦敦证券交易所主板和创业板；NYSE 为纽约证券交易所；HKEX 为香港交易所；JSE 为约翰内斯堡证券交易所。

图 1 上市待业公司投量

目前，加拿大证券市场中主板（TSX）和创业板市场（TSXV）在上市企业数量和融资金额上都占据了加拿大证券市场的主导地位。此外，加拿大还有 CNQ 市场（Canada's New Stock Exchange），该市场类似于纳斯达克的 OTCBB，由于规模较小，在此不进行重点论述。矿业公司生产经营的不确定性相对较大，投资者对公司业绩和风险判断存在一定困难，因而无论是加拿大的主板还是创业板市场，均将矿业公司作为一个独立的板块单独列出。

1. 主板市场。

加拿大的主板市场是指 Toronto Stock Exchange（多伦多证券交易所，TSX）。在该市场上市的企业规模较大、具有良好成长性和优良业绩，企业融资的规模也较大。

根据公司的发展阶段、以往财务表现以及发行人的资金来源等标准 TSX 市场将上市公司划分为两个级别，发展较完善的公司归类为享有豁免权公司，即无须保荐人保荐，将发展欠成熟的公司归类为不享有豁免权的公司。

此外，根据上市公司行业的不同，TSX 将上市公司分为三类：工业类、矿业类、石油和天然气行业类。这三类公司中的每一类都有特定的上市条件，其信息披露要求也不尽相同。

2. 创业板市场。

加拿大的创业板市场是指 TSX Venture Exchange（多伦多证券交易所创业板，TSXV）。该市场是一个风险资本市场，适合于规模不大，但发展前景较好，符合相应的经营状况和经营历史，筹资需求较小的中小型企业。

根据净有形资产、流通市值、经营状况、运营资本、股权分布等标准，TSXV 将上市公司分为一级和二级。相对规模较大、知名度较高、有稳定的业务记录、符合较高的财务标准的上市公司归类为一级发行人，而处于初创阶段的规模较小、经营历史较短、要求符合较低财务标准的创业企业归类为二级发行人。

此外，根据上市公司行业的不同，加拿大创业板将上市公司分为五类：矿业、石油和天然气、技术或工业、研究和开发、房地产或投资。各个行业均有特定的上市标准和信息披露要求。

二、加拿大矿业资本市场的主要制度分析

1. 矿业公司上市标准。

由于矿业企业与科技类、制造类等其他类型企业在前期投入、经营波动性等方面存在诸多显著不同之处，多伦多证券交易所主板及创业板对于矿业公司的要求也十分特殊，在盈利状况或营业记录方面基本没有硬性的规定，除了必要的营运资金要求外，其上市融资关键性指标为：勘探或开发权、资源储量。

多伦多证券交易所主板（TSX）及创业板（TSXV）对于矿业公司的基本要求如下：

表 1　　　　　　　　　TSX 市场矿业公司上市的基本要求

	多伦多证券交易所主板享有豁免权的企业（豁免权指无须保荐人保荐）	多伦多证券交易所主板不享有豁免权的开采商	多伦多证券交易所主板不享有豁免权的勘探企业
矿区要求	由具有独立性的合格人员（QP）计算的被证实极有可能的储量，可开采三年	由具有独立性的合格人员（QP）计算的被证实极有可能的储量，可开采三年。如尚未投产，则应做投产决定	处于成熟勘探阶段的矿区对矿区的拥有权至少达 50%
矿区投资和计划	商业化阶段的采矿运营	投产	独立技术报告显示在处于成熟勘探阶段的矿区工作计划的投资达 75 万加拿大元

续表

	多伦多证券交易所主板享有豁免权的企业（豁免权指无须保荐人保荐）	多伦多证券交易所主板不享有豁免权的开采商	多伦多证券交易所主板不享有豁免权的勘探企业
运营资本和财务来源	有足够的资金投产，足够的营运资本用于支付全部预算资本支出以及继续开展业务。适宜的资本结构	有足够的资金投产，足够的营运资本用于支付全部预算资本支出以及继续开展业务。适宜的资本结构	营运资本至少200万加拿大元，且足够完成所建议完成的工作计划，足够18个月运营的财务来源
净有形资产和收入利润要求	净有形资产大于750万加拿大元；上一年度有税前盈利；上一年度税前现金流量70万加拿大元且过去两个财政年度平均为50万加拿大元	净有形资产大于400万加拿大元；可行性报告或以往生产及财政业绩支持未来盈利之合理可能性	净有形资产大于300万加拿大元
专业报告要求	由具有独立性的合格人员编制的最新的全面技术报告	由具有独立性的合格人员（QP）编制的最新的全面技术报告；由财务总监签署的18个月财政来源及资金使用情况报表	由具有独立性的合格人员（QP）编制的最新的全面技术报告；由财务总监签署的18个月财政来源及资金使用情况报表

表2 TSXV 创业板矿业公司上市的基本要求

	一级发行人	二级发行人
矿区要求	对一级矿区有重大利益（一级矿区指具有大量地质优点的矿区，发行人持有重要权益，并完成前期勘探）	在过去三年，发行申请人对符合有关要求的矿区有重要利益，或对符合有关要求的矿区权获得重要利益且在过去三年中已支出10万加拿大元，或在诸如一级矿区中有足够的开支
矿区投资和工作计划	地质报告显示在一级矿区投资50万加拿大元	地质报告显示在符合有关要求的矿区投资20万加拿大元
运营资本和财务来源	有足够的营运资本和财政来源，包括：经建议工作计划＋18个月的行政费用＋18个月的矿区费用，以确保一级矿区和主矿区状况良好；并拥有10万加拿大元无特定用途的资金	有足够的营运资本和财政来源，包括：经建议工作计划＋12个月的行政费用＋12个月的矿区费用，以确保符合有关要求的矿区和主矿区状况良好；并拥有10万加拿大元无特定用途的资金
净有形资产和收入利润要求	净有形资产大于200万加拿大元，对收入、净利润无要求	对净有形资产、收入、利润均无要求
专业报告要求	地质专业报告显示建议完成项目，或持肯定结论的可行性研究报告，或由生产水平可以看出现行运营极有可能产生净现金流量	地质专业报告显示建议完成项目

由表 1、表 2 可以看出，TSX 和 TSXV 对不同的矿业公司提出了非常有针对性的要求，也为投资者选择公司提出了详细的参考，更为符合矿业公司发展的实际需要。宽松的上市条件使许多拥有良好前景但资产规模较少、现金流和盈利能力不稳定的矿业公司，尤其是矿业勘探类的公司获得了融资和交易的平台，极大地促进了矿业行业的整体发展。

2. 信息披露准则。

加拿大证券市场对矿业类上市公司的信息披露除基本要求外，还有一些特别要求。基本信息披露要求与我国类似，在持续信息披露中主要是对年报、季报、重大事项的披露。主要披露文件如下：

（1）财务报表，包括资产负债表、利润表和现金流量表。

（2）管理层讨论和分析（MD&A），主要指公司依照财务报表对发行人业务发展做出的讨论，从管理层的角度分析和判断发行人业务的历史表现和未来发展。

（3）年度信息表（AIF），包括发行人的公司治理结构和资本结构、业务发展和前景、证券市场情况、董事监事及高管情况，以及重大事项和重大风险提示。

（4）重大信息和收购披露，重大信息披露包括与公司业务有关的，对证券市场价格或与其可能产生重大影响的任何信息；重大收购披露指完成重大收购的发行人须提交"企业收购报告"，说明被收购企业的情况以及该收购行为对上市公司的影响。

除上述基本要求外，由于矿产资源信息的披露对矿业行业投资者作出投资决策起着至关重要的作用。因此，加拿大证券市场对矿业公司的信息披露提出了特别要求：拥有重大矿业项目的公司需进行额外的披露，不定期地向投资者公布影响公司股价的矿业信息，并在重大信息披露时提供新的专业技术报告。

加拿大证券监管部门专门为有关矿业企业进行信息披露制定了 N43 – 101 准则。该准则由三个部分组成，其中 N43 – 101 规定了基本准则，43 – 101F1 规定了技术报告的形式和内容，43 – 101CP 提出了信息披露方的权利和义务。N43 – 10l 要求所有的技术披露应基于"合格资格人"的独立技术报告，而合格资格人必须是在矿产勘察、开发及项目运作、评价等方面至少有 5 年实践经验的工程师或地质师，在承担矿业项目和技术报告的主要工作中具有专门的经验，是信誉良好的相关专业协会会员。

N43 – 101 准则不仅规范了技术报告的披露要求，最主要是引入了独立的合格资格人的概念。不仅在 IPO 时，独立的合格资格人要对公司的找矿潜力、资源储量、价值等发布技术报告；而且在上市以后，还必须定期不定期地向投资者公布影响公司股价的信息。独立的合格资格人还要参与监控公司的股价和交易量。如果股价和交易量出现异常，独立的合格资格人就要对其进行调查。他们的工作规范了投资市场的秩序，保障了投资者的利益。

综上所述，基本信息披露准则和额外的信息披露要求保障了矿业信息披露的真实性和完整性，加强了对投资者的保护，提高了资本市场的公正性，保障了矿业资本市场的合理规范运行。

3. 上市后再融资的政策和效率。

在 2005—2010 年，虽然多伦多交易所的融资金额只占了全球矿业总融资额的 1/3 左右，但总融资笔数占全球的 80%，其中大部分都是已上市企业的小额再融资。由于矿业公司的特性，对于已上市并持续进行信息披露公司的再融资，加拿大证券市场有其特殊规定，大大减少了再融资的申请成本，缩短了审批时间。

在加拿大证券市场，如公司历史信息披露合法合规，对于其再融资申请适用简式招股书披露政策，公司的年度信息表（AIF）、管理层讨论和分析（MD&A）、财务报表以及其他信息披露文件包含了大部分的申报材料必须披露的信息。因此，简式招股说明书的制作时间远远低于完整招股说明书的制作时间，极大地减少了公司的时间成本。此外，负责审查的证券监管机构尽可能地在三个工作日内就简式招股说明书提出初步审查意见。一般来说，回复和制作最终招股书也仅需三个至四个工作日。

上述再融资政策与矿业行业初级企业的融资要求是相一致的。矿业行业的中上游企业的管理团队为了规避风险，并同时充分挖掘矿产勘察项目在资本市场的价值，通常会根据项目的勘探进展和交易需求来设置融资计划，融资本身就有规模小、次数多的特点。因此，加拿大资本市场灵活、简单的再融资政策也极大地促进了矿业行业中上游企业的发展。

4. 便捷的转板制度。

由于加拿大主板和创业板同属多伦多证券交易所集团，使创业板公司转板程序变得十分简便，平均每年有 20～30 家企业由 TSXV 市场转板至 TSX 市场，TSXV 市场在一定程度成为了 TSX 市场的孵化器。

在 TSXV 上市的层级一的公司，只要达到了 TSX 的上市标准，随时可以申请转板至 TSX 市场或者纳斯达克市场，在 TSXV 市场中层级二的公司也可随时转板至层级一。整个转板的程序非常简单，创业板公司只需符合相应的的上市条件，简单申请即可转板。公司只需根据每年必须披露的财务报表、管理层讨论和分析、年度信息表简单填写申请材料即可，无须提交招股说明书要求的内容，也无须保荐人保荐。

上述便捷的转板制度，使加拿大矿业上市公司能根据公司发展、规模、融资需求的变化，灵活选择上市板块，更好地选择融资平台，对于矿业企业发展起到了重要的推动作用。

三、汤普森铁矿业有限公司在多伦多证券交易所的发展的实证分析

汤普森铁矿业有限公司（Consolidated Thompson Iron Mines Limite）（以下简称"CLM"）是一个主要从事开发 Bloom Lake 资源的勘探开发有限公司，位于加拿大魁北克省，在 TSX 市场上市，股票简称"CLM"。公司 2005 年 6 月，该公司被 Stan Bharti 和 Gerry McCarvill 以 105 万加拿大元收购，在被收购后的 6 年里，该公司已其拥有在加拿大的魁北克省和纽芬兰省的铁矿资产为依托，利用多伦多证券交易所平台，进行多次的融资，其采用的融资方法包括股票、权证、信用额度、公司债券等（包括武钢的股权和项目融资），成为了年生产能力为 800 万吨铁精矿的生产企业。2011 年，该公司被 Cliffs 公司以 49.5 亿加拿大元的价格收购。在短短的 6 年时间里，完成了从一家初级勘察公司到一家铁矿矿山生产企业的成长和转变。CLM 公司历年主要财务数据如下：

表3 　　　　　　　　　　　CLM 公司历年财务数据

	2004 年 12 月	2005 年 6 月	2006 年 6 月	2007 年 6 月
总资产（万加拿大元）	1.91	101.33	4 469.24	23 619.75
净资产（万加拿大元）	−0.65	88.55	4 330.57	23 042.93
股票数量（万股）	500.14	1 000.59	1 780.55	7 993.75
股票价格（加拿大元）	0.2	0.5	2.68	6.17
市值（万加拿大元）	100.03	500.30	4 771.86	49 321.41
	2008 年 6 月	2009 年 6 月	2010 年 6 月	2011 年 3 月
总资产（万加拿大元）	62 108.00	71 951.90	136 070.70	174 931.80
净资产（万加拿大元）	55 209.20	64 018.60	82 239.00	100 250.30
股票数量（万股）	11 898.24	15 543.42	23 229.26	28 695.65
股票价格（加拿大元）	8.94	3.25	7.26	17.25
市值（万加拿大元）	106 370.28	50 516.12	168 644.44	495 000.00

注：2008 年 1 月，CLM 将其财政年度的截止日期从 2008 年 6 月 30 日更换至 2008 年 12 月 31 日，为保持比较的一致性，在此均采用 2008 年 6 月 30 日的财务数据进行对比。

从表 3 可以看出，随着公司融资的进行和生产经营的不断推进，CLM 的总资产、净资产持续稳定增长，截至 2011 年到被收购时，公司的总资产为 17.49 亿加拿大元，净资产为 10 亿加拿大元。下面对 CLM 公司的再融资情况进行具体分析。

2005 年到 2010 年，公司公告的主要融资事项共有 15 次，通过股票、权证、承销权换取的信用额度、公司债券、股票期权等方式累计融资 12.37 亿加拿大元。具体情况统计见表 4。

表 4 　　　　　　　　　　　CLM 公司历年融资情况

融资时间	融资方式	融资额度 （万加拿大元）	融资时间	融资方式	融资额度 （万加拿大元）
2005 年 6 月	股票 + 权证	222.50	2008 年 12 月	信用额度	2 844.40
2005 年 8 月	股票 + 权证	93.00	2009 年 4 月	股票 + 配售选择权	9 269.00
2005 年 9 月	股票	106.00	2009 年 4 月	权证	5 000.00
2006 年 3 月	股票 + 选择权	220.00	2009 年 7 月	股票 + 成立合资公司	13 478.76
2006 年 6 月	特别权证	4 286.43	2009 年 10 月	股票 + 配售选择权	14 421.00
2007 年 6 月	股票	20 002.25	2010 年 1 月	信用额度	5 000.00
2008 年 3 月	股票 + 配售选择权	2 340.00	2010 年 1 月	特别权证	4 286.43
2008 年 6 月	并购支付股票	12 376.69			

注：上述融资额度假设权证和选择权全部行权，信用额度全部使用。该融资额度与具体融资金额可能有所出入。

通过表 4 所列的融资行为，CLM 实行了投资 Largo 矿业公司、收购 Quinto 矿业公司及其资产、与中国武钢成立合资公司开发 BLM 项目等一系列战略行为。下面从融资工具、融资额度上对融资情况进行分析：

1. 融资方式的多样性。

从表 4 可以看出，在 CLM 公司的融资过程中，项目开发越到后期可选择的融资工具越多。2005 年到 2007 年，公司处于勘探阶段，主要靠股权和认购权证融资；2008 年以后，公司处于开发和建设阶段，这时公司已经可以公司债券、信用贷款、承销权换取的贷款、成立合资公司等方式进行融资。融资的方式多种多样，适用于企业发展的不同阶段。

2. 融资金额的变化性。

从表 4 可以看出，CLM 公司在 2005 年至 2006 年融资额都在 100 万～200 万加拿大元，随着企业的发展，2007 年以后公司的融资额也不断增加。充分地显示了矿业企业根据项目的勘探进展和资金需求来设置融资计划的特点。

3. 融资的效率。

从表 4 可以看出，在 2005 年至 2011 年，CLM 一共进行了 15 次再融资，平均每年近 3 次融资和收购，有的融资项目在同月发生或者在次月发生，间隔时间非常短，这充分证明了加拿大资本市场再融资的效率。

此外，从 CLM 的信息披露来看，几乎每个星期都有公告发布。2005 年到 2011 年，公司公告中提到的重大事件约 48 件，这些事件包括开发的进展情况、收购兼并、重要合作、人事变动等。基本上涉及了影响公司股价的各个方面，信息披露十分完善。以公司对 Bloom Lake 铁矿的开发的信息披露为例，其主要公告如下：（1）2005 年 7 月 7 日，完成 N43 - 101 报告。（2）2005 年 11 月 7 日，完成概略研究。（3）2007 年 4 月 11 日，完成扩产到 700 吨/年产量的可行性研究报告。（4）2008 年 9 月 29 日，完成扩产到 800 吨/年产量的可行性研究报告。（5）2009 年 3 月 17 日，根据 2007GCFF2008 年钻探数据更新技术报告。（6）2010 年 5 月 19 日，完成扩产到 1 600 吨/年产量的可行性研究报告。基本涵盖了可能影响股价波动的各方面。

综上所述，从 CLM 的案例我们可以看出，加拿大证券市场的融资方式多种多样，融资效率极高，且完善的信息披露也保证了证券市场信息的公平、公开、公正，有力地保证了矿业资本市场的有效性和公平性，极大地促进了矿业行业的发展。

四、对我国资本市场的思考及政策建议

1. 扩大新三板的适用性或再新建矿业股权交易市场。

2011 年年底，上交所和深交所（包括中小板和创业板）共有上市公司 2 902 家，其中矿业类上市公司 52 家，仅占总数量的 1.79%。由于我国证券市场的上市要求较高，矿业类的上市公司大多是矿业行业下游企业，如大型矿山开采类企业；而小型矿山和矿产勘探和开发企业均未在证券市场上市。大型矿山开采企业规模较大，银行借款和其他融资手段丰富，反而是最需要资金的矿业行业的中上游企业无法获得上市机会，这极大地抑制了我国矿业资本市场的发展。

因此，建立适合矿业勘探和公开上市融资的资本市场，对于矿业勘探和开采企业以及矿业行业的发展至关重要。目前我国的新三板的条件较为宽松，但是新三板挂牌企业仅限于在部分高新技术园区内注册的企业，范围较小。对于我国的矿业资本市场，可以考虑先建立全国中小企业股份转让系统以及全国性矿业资本市场的运营管理机构；针对矿业企业的特点制定上市标准，

并建立包括特定的市场准入、股份转让、投资者适当管理、市场监管等一系列基础性制度。

2. 建立和完善成熟的转板制度。

转板制度就是企业在不同层次的证券市场间流动的制度体系，是多层次资本市场体系中各个层次的资本市场之间的桥梁。设立转板制度对于企业发展和资本市场建设均具有重要意义。一方面，当企业发展到一定阶段，符合进入高一层次资本市场的条件时选择转板，可以扩大投资者的基础，从而提高股票流通量、吸引更多投资资金、引入合适的战略合作伙伴、提高企业声誉和知名度、优化股权结构。降级退市制度则有利于保护市场的信誉，培育市场竞争机制，提高投资者投资效率。另一方面，通过转板制度可以使多层次资本市场成为有机的整体，也有助于调整产业布局，优化增量资产的投向和结构，扶优汰劣，提高整个资本市场的资源配置效率。

目前我国的资本市场，没有实际意义的转板制度，创业板目前没有一家企业转为主板或中小板，而新三板公司也仅有久其软件、北陆药业、世纪瑞尔和佳讯飞鸿等几家企业通过 IPO 的严格申报核准程序实现了所谓转板。这与 TSXV 每年 20～30 家转板企业形成了较大的反差。

造成上述差别的主要原因是我国的转板制度不够合理和完善，从新三板转板至创业板或者主板需要重新进行 IPO 程序，企业的成本较大、上市时间也较长，除了在排队时间上有一定优势之外，与其他企业 IPO 上市不存在区别，这也在一定程度上造成了目前我国新三板市场景气度不高的问题。

因此，在我国多层次资本市场的建设中，完善和建立转板制度是必须考虑的问题，只有建立有效的转板制度，才能真正建立起有效的多层级资本市场。

3. 增加其他多样化的融资方式，提高融资效率。

我国目前的主板和中小板市场中，融资方式较多，但我国的创业板市场目前只有非公开发行公司债一种融资方式，新三板市场也只有非公开发行股份一种融资方式，中小企业的融资问题难仍然是一个资本市场中的主要问题。虽然近期我国进行了针对中小型企业、微型企业的中小企业私募债等融资工具的创新，也起到了良好的效果（截至 2012 年 8 月底，沪深证券交易所接受72 家企业备案，38 只私募债完成发行，发行总额 78.8 亿元），但其融资手段与加拿大资本市场相比，还是比较单一。

此外，从再融资效率来看，我国主板、中小板公司目前债权融资速度较快，从开始融资到审核后发行，约 3 个月，但股权融资速度较慢，一般需要 6

~12 个月。而加拿大的再融资可以通过简式招股说明书的程序，申请审批时间仅为 3 个工作日，效率极高。

因此，对于我国的资本市场来说，一方面，需要丰富融资工具，为上市公司尤其是中小企业提供更为多样化的融资选择；另一方面，需要减少审批时间，提高融资效率。

4. 加强矿业企业的信息披露监管。

矿业行业的专业性很强，信息披露不真实可能会给矿业资本市场带来严重的甚至是灾难性的后果。如加拿大以开采金矿为主的布桑公司（Bre—X），由于信息披露不真实，导致股价异常波动，在飙升到每股 280 加拿大元后突然崩溃，给投资者带来了巨大的损失，也对加拿大的矿业资本市场造成了极大的冲击，加拿大的 N43－101 准则也是因为该事件的影响而建立的。

因此，在中国的矿业资本市场上需要加强监管，明确矿业公司的信息披露标准，增加违法违纪的成本。参考加拿大的信息披露要求，我国也应建立矿业行业专门的信息披露准则，对于矿业行业的相关主要技术报告、评估报告的披露要求作出规定，加强矿业上市公司信息披露的真实性和完整性，提高矿业上市公司的透明度，加强对投资者的保护。

5. 实施特定的投资者适当性管理。

在加拿大证券市场，参与矿业行业投资主要还是以私募基金为主，个人投资者极少。矿业行业不同于一般生产企业，其投资需要有专业性，承担的风险较大。因此，在矿业资本市场，应制定特定的投资者适当性管理制度。矿业行业的中上游企业应针对特定的投资者进行发行，该等投资者或其主要管理人员需要拥有矿业投资和管理的经验。

同时，制定投资者适当性管理制度，一方面，矿业行业专业的投资者在进入上市公司以前，一般会对公司的项目、管理团队等进行充分的专业性调查，降低投资风险；另一方面，专业的投资者会对上市公司的运营进行约束和考察，从而降低公司治理风险。

从贝尔电信公司收购案看并购支付方式

第三组组员：民族证券何继兵、广发证券刘旭阳、华安证券杨爱民、上海证券汤晓风、山东文康律师事务所王蕊、广发证券戴思勤

一、BCE 并购案回顾

（一）标的公司概述

2007 年 4 月，BCE 开始与潜在买家商谈私有化交易。BCE 作为本次并购交易中的标的公司，是加拿大最大的通信公司，且持有加拿大最大的媒体公司（CTVglobemedia）的股权，公司同时在加拿大和美国上市。作为标的公司 BCE 主要财务指标如下（考虑到本文是从 BCE 收购案本身出发、探讨并购支付方式，本文所涉 BCE 主要财务指标均截至 2007 年 3 月 31 日）：

1. 主要资产负债指标。

表 1　　　　　　　　　　**BCE 主要资产负债指标**　　　　单位：百万加拿大元

项目	2007 年 3 月 31 日	2006 年 12 月 31 日	2005 年 12 月 31 日
流动资产	3 301	3 684	3 683
固定资产	22 033	22 079	21 772
其他长期资产	3 256	3 030	2 306
无形资产	2 913	2 902	2 899
商誉	5 906	5 475	5 966
非日常经营性非流动资产	26	1	3 856
总资产	37 435	37 171	40 482
流动负债	5 167	4 702	5 587
长期负债	11 327	11 781	11 855
其他长期负债	5 025	5 139	4 807
非日常经营性非流动负债	2	2	614
总负债	21 521	21 624	22 863
资产负债率（%）	57.49	58.17	56.48

注：2005 年数据来源为 BCE 于 2007 年 3 月 7 日公布的《Bell Canada Enterprises 2006 Annual Report》；2006 年、2007 年数据来源为 BCE 于 2007 年 5 月 2 日公布的《Supplementary Financial Information First Quarter 2007》。

截至 2007 年 3 月 31 日，BCE 负债净资产比为 1.46，根据公司披露的其偿债义务，其面临一定的债务压力（而杠杆收购无疑进一步加大了 BCE 的债务压力）。以 BCE 的长期负债偿还规划来说明，具体如下：

表 2　　　　　　　　　　**BCE 长期付债偿还规则**　　　　单位：百万加拿大元

项目	2007 年	2008 年	2009 年	2010 年	2011 年	未来年份	总计
长期负债	744	1 051	2 758	1 076	1 008	5 117	11 754

注：数据来源为 BCE 于 2007 年 3 月 7 日公布的《Bell Canada Enterprises 2006 Annual Report》。

2. 主要利润指标。

表 3　　　　　　　　　　**BCE 主要利润指标**　　　　单位：百万加拿大元

项目	2007 年		2006 年			2005 年		
	Q1	Q4	Q3	Q2	Q1	Q4	Q3	Q2
营业收入	4 385	4 532	4 407	4 374	4 343	4 526	4 394	4 354
EBITDA	1 740	1 639	1 712	1 733	1 698	1 674	1 705	1 750
期间费用及摊销	(787)	(796)	(787)	(789)	(756)	(777)	(774)	(763)
其他费用	(36)	(91)	(126)	(50)	(88)	(24)	(31)	(5)
日常经营带来的净利润	526	714	322	441	403	387	441	539
非经常性损益	3	3	(20)	53	91	43	18	42
净利润	529	717	302	494	430	430	459	581
归属于普通股股东的净利润	499	699	285	476	477	413	441	563
每股收益（元）	0.62	0.84	0.36	0.53	0.52	0.44	0.48	0.61

资料来源：《BCF 2007 First Quarter Shareholder Report》，2007 年 5 月 1 日。

（二）交易进程概述

2007 年 4 月，BCE 开始与潜在买家商谈私有化交易。2007 年 6 月 30 日，BCE 发布公告，称已与由安大略省教师养老基金（Ontario Teachers' Pension Plan）所在财团（该财团包括安大略省教师养老基金旗下投资部门 Teachers Private Capital，私募股本公司 Providence Equity Partners 和 Madison Dearborn Partners，LLC，以下简称"Teachers"）签署了附生效条件的正式并购协议，BCE 董事会建议公司股东接受 Teachers 提出的收购要约。

2007 年 9 月 21 日，BCE 股东大会以约 97% 的通过率批准了本次收购。期间，BCE 相关债券持有人认为本次杠杆收购危及其债权，并诉至法院。2008 年 12 月 8 日，BCE 发出公告，告知公众毕马威会计师事务所（以下简称"KPMG"）对 BCE 进行了偿债能力测试，认为 BCE 在承担杠杆收购支付义务后，其资本结构不能通过偿债能力测试，而 BCE 首席财务官 Siim Vanaselja 亦发表声明，不认同 KPMG 的结论（Siim Vanaselja 的声明也不无道理，可参考图 1 BCE 债务与股东权益比）。2008 年 12 月 11 日，BCE 发出公告，称 Teachers 参考 KPMG 发布的相关报告，最终决定终止本次收购并向 BCE 发出了终止协议通知，而外界一度猜测这与信贷市场的变化有相当大的关系，收购方及提供资金支持的银团态度发生了变化（自交易公布到 KPMG 报告公布时，市场利率发生了较大波动，可参考表 3，2007 年、2008 年加拿大市场利率指标）。

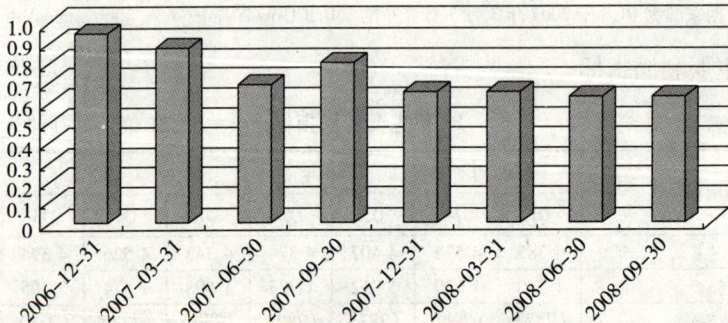

资料来源：YCharts，http://ycharts.com/companies/BCE/debt_equity_ratio。

图 1　BCE 债务与股东权益比

债务 = 长期负债 + 短期内到期的长期负债；Debt to Equity =（Long Term Debt ＋ Current Portion of Long Term Debt）/ Total Shareholders' Equity。

表 4　　　　　　　　　**2007 年、2008 年加拿大市场利率指标**

项目	2007 年	2008 年
银行利率（每月的最后一个星期三）	4. 6	3. 21
主要商业贷款利率	6. 1	4. 73
渣打银行传统的抵押贷款利率		
1 年	6. 9	6. 7
3 年	7. 09	6. 87
5 年	7. 07	7. 06
消费贷款利率	10. 75	10. 26
90 天的优质公司债券率	4. 63	3. 23

资料来源：加拿大统计局。

　　这笔交易若完成便是当时加拿大历史上最大金额的并购、全球最大杠杆收购的交易，最后以双方主动终止交易作为结束。

　　（三）本次并购案中关于并购支付的相关安排

　　1. 交易金额。

　　根据 BCE 与 Teachers 于 2007 年 6 月 29 日签署的附生效条件并购协议，Teachers 拟购买除其已拥有的 BCE 股份外的全部股份。本次并购完成后，教师私人资本（Teachers Private Capital）将持有 BCE 52% 的股权，天意股权（Providence Equity Partners）将持有 BCE 32% 的股权，麦迪逊·迪尔伯恩（Madison Dearborn Partners，LLC）将持有 BCE 9% 的股权，其他加拿大投资者将持有 7% 的股权。本次收购涉及交易总金额为 517 亿加拿大元（折合 485 亿美元），股份收购涉及的具体价格见表 5。

表 5　　　　　　　　　**BCE 股份收购价格**　　　　　单位：加拿大元

普通股	每股收购价格
	42. 75
优先股	每股收购价格
Series R	25. 65
Series S	25. 50
Series T	25. 77

续表

优先股	每股收购价格
Series Y	25.50
Series Z	25.25
Series AA	25.76
Series AC	25.76
Series AE	25.50
Series AF	25.41
Series AG	25.56
Series AH	25.50
Series AI	25.87

资料来源：BCE Reaches Definitive Agreement to be Acquired By Investor Group Led by Teachers, Providence and Madison – BCE Board Recommends Shareholders Accept C ＄42.75（US ＄40.13）Per Share Offer，2007 年 6 月 30 日。

2. 支付方式。

根据 BCE 与 Teachers 于 2007 年 6 月 29 日签署的附生效条件并购协议，Teachers 将以现金方式进行对价支付。由于本次 BCE 收购涉及交易总金额为 517 亿加拿大元，涉及大笔现金流，为此，Teachers 与包括道明银行（Toronto – Dominion Bank）、花旗集团（Citigroup Inc.）、德意志银行（Deutsche BankAG）和苏格兰皇家银行集团（Royal Bank of Scotland Group Plc.）在内的相关贷款银行签署了信贷协议，为本次并购交易进行融资（以下简称"银团贷款"），由他们为本次 BCE 收购交易提供资金支持。同时，BCE 与 Teachers 在 2007 年 6 月 29 日签署的附生效条件购买协议中约定，在本次收购完成后，上述银团贷款所涉及的相关偿还义务将由 BCE 及其下属公司共同承担。

换言之，本次 Teachers 收购 BCE 采用的是杠杆收购方式。即本次收购资金中 Teachers 自有资金占比较小，大部分资金来源于银团贷款；同时由 BCE 以其资产和未来现金流量及收益作为银团贷款的担保，并在未来用于银团贷款的还本付息。

二、并购支付方式设计分析

在 BCE 并购案中，Teachers 选择了采用现金方式收购 BCE 除其已拥有的

BCE 股份外的全部股份。而支付方式的选择往往会受到一系列因素的制约和影响，比如并购交易规模的大小、收购方支付能力、出售方对支付方式的认可。

（一）交易规模

根据 Pingshun Zhang，Peijie Wang 和 Trefor Jones 进行的实证研究，交易规模是决定并购交易中支付方式的决定因素之一。通常而言，大规模交易下，如果收购方具备股票、债券及混合证券支付能力，则支付方式会倾向于股份支付方式；如果收购方不具备证券支付能力，则倾向于采用杠杆收购方式。

BCE 并购交易涉及交易总金额高达 517 亿加拿大元，在收购方不具备显著证券支付能力的情况下，选择了杠杆收购方式（就 BCE 收购中涉及的杠杆收购请见本文"二、并购支付方式设计分析／（二）收购方支付能力／2. 收购方的融资能力"部分的讨论分析）。

（二）收购方支付能力

1. 可供选择的支付方式。

通常来说，并购交易支付手段大致可以分为五类：一是现金支付；二是股票支付；三是债券；四是综合证券支付，即采用认股权证、可转换公司债券等方式；五是混合支付。BCE 并购交易中的收购方为安大略省教师养老基金主导下的私募股本基金，区别于本身为上市公司的收购方，从实质上判断，其并不具备提供股票、债券或综合证券作为支付手段的能力。从收购方角度看，现金方式为 BCE 收购交易中较为可行的支付手段。

同时，对收购方而言，现金支付减少了并购带来的不确定性，较容易达到其迅速取得控制权的目的，而一般现金支付所承担的巨大短期付现压力或由于并购而产生的偿还到期债务的压力已通过杠杆收购的设计予以消化（就 BCE 收购中涉及的杠杆收购请见本文"二、并购支付方式设计分析／（二）收购方支付能力／2. 收购方的融资能力"部分的讨论分析）。

再者，收购方采用现金支付，也在一定程度上表明了自己对目标公司价值和并购交易的信心，表达了能够承担并购后运营风险的意愿。

2. 收购方的融资能力。

在明确了现金方式为可行的支付手段后，需要进一步明确的问题就是收购方的融资能力，包括其内部融资能力和外部融资能力。

（1）内部融资能力

教师私人资本（Teachers Private Capital）、天意股权（Providence Equity

Partners）及麦迪逊·迪尔伯恩（Madison Dearborn Partners，LLC）虽然管理着巨大规模的资产，但相较 517 亿加拿大元的巨额收购费用，仅通过其内部融资显然是不太现实，这就促成了当时全球最大杠杆收购交易的产生。

（2）外部融资能力

BCE 收购交易中，Teachers 与 BCE 及银团就杠杆收购达成了一致，由银团提供银团贷款、支持本次收购。

①Teachers 良好的信用

BCE 并购交易公布时，Teachers 设立了多只基金，教师私人资本（Teachers Private Capital）拥有逾 160 亿加拿大元的资产，天意股权（Providence Equity Partners）管理着 210 亿美元的资产，麦迪逊·迪尔伯恩（Madison Dearborn Partners，LLC）管理着 140 亿美元的资产。这些私募股权基金长年来都专注在股权投资上，也让他们与银行建立了良好的合作关系，为本次杠杆收购所涉信贷协议的商谈奠定了良好的基础。

②标的公司夯实的资产及稳定的经营性现金流

根据 BCE 披露的 2007 年第一季度财务报告显示，截至 2007 年 3 月 31 日，其总资产规模为 374.35 亿加拿大元，资本总额（total capitalization，即长期负债＋公司权益总额）为 287.74 亿加拿大元，近几年资产负债率均维持在 57% 左右，资产基础夯实。同时，我们可以看到 BCE 的经营性现金流稳定（参考表 6），能为本次并购债务融资的还本付息提供有利保障，如下：

表 6　　　　　　　　　　　　BCE 季度 EBITDA 数据　　　　　　单位：百万加拿大元

项目	2007 年	2006 年				2005 年		
	Q1	Q4	Q3	Q2	Q1	Q4	Q3	Q2
EBITDA	1 740	1 639	1 712	1 733	1 698	1 674	1 705	1 750

作为银团贷款的担保及未来偿付的保障，BCE 本身具备的盈利能力和稳定现金流（BCE 主要财务指标请见本文“一、BCE 并购案回顾/（一）标的公司概述”中的相关指标）是杠杆收购方式得以确定的最为关键的因素之一。

③并购贷款对银团具备较大的吸引力

2007 年，BCE 并购交易宣布年度内，市场上杠杆收购仍然很频繁。同时根据《Market Makers》调查报告显示，接受访问的 70% 的受访者当时预计债务市场中的杠杆收购活动将在 2007 年继续下去。

市场依然活跃，且杠杆融资所提供的贷款利率高于普通银团贷款。所谓高风险高回报，在巨额回报的吸引下，银团也乐于承担一定风险并提供并购交易资金支持。

（三）出售方对支付方式的认可

1. BCE 私有化背景。

BCE 并购案并非是一般情况下的收购方或出售方发起的交易，其交易发起背景相对特殊。2006 年 10 月 11 日，BCE 曾发布公告，称其将效仿竞争对手 Telus Ins.，公司计划将转为收益信托形式。而紧接着，在 2006 年 10 月 31 日，加拿大联邦政府即宣布将调整对收益信托的征税。联邦政府将对收益信托开征新税的举措，从实质上对 BCE 收益信托计划予以了否决。而正如 BCE 在其公布的 2007 年年报中所述，BCE 将继续其已经拟定的计划、进一步简化公司结构，完成公司的私有化。于是，当 2007 年春天到来，部分私募股本公司释放出对 BCE 的收购兴趣后，BCE 公司也开始主动与潜在买家商谈私有化交易。

由于交易各方对本次收购案都带有极大的诚意和意愿，出售方在满足最大目标下，对于并购交易可选择的支付方式会更具弹性。

2. 现金支付方式的市场高度认可。

正如 Steven M. Bragg 所述，出售方倾向于现金支付方式是因为其流动性。换言之，在采用现金支付的方式下，出售方得到了一个完全的流动性资产，同时不再承担标的公司未来业绩波动所带来的风险。正是由于这种特性，现金支付方式得到了市场的高度认可。以加拿大并购交易中所涉支付方式来说，其支付方式主要为现金支付且在统计年度内占比均超过 60%（表 7 为 2007—2012 年9 月，加拿大并购交易所涉支付方式的统计数据），为最重要的支付方式。

表 7　　　　　　　2007—2012 年加拿大并购交易支付方式统计

支付方式	2007 年		2008 年		2009 年	
	交易数	比例	交易数	比例	交易数	比例
现金	1 358	66.54%	1 054	66.37%	982	60.96%
现金与股票	295	14.45%	175	11.02%	160	9.93%
股票	319	15.63%	289	18.20%	400	24.83%
现金或股票	20	0.98%	14	0.88%	16	0.99%
现金与债务	19	0.93%	21	1.32%	22	1.37%
现金、股票与债务	21	1.03%	16	1.01%	11	0.68%
债务	3	0.15%	12	0.76%	13	0.81%
股票与债务	6	0.29%	7	0.44%	7	0.43%
合计	2 041	100.00%	1 588	100.00%	1 611	100.00%

续表

支付方式	2010 年		2011 年		2012 年 1~9 月	
	交易数	比例	交易数	比例	交易数	比例
现金	1 138	65. 70%	1 240	70. 29%	883	73. 95%
现金与股票	226	13. 05%	224	12. 70%	92	7. 71%
股票	316	18. 24%	258	14. 63%	195	16. 33%
现金或股票	18	1. 04%	17	0. 96%	12	1. 01%
现金与债务	16	0. 92%	12	0. 68%	6	0. 50%
现金、股票与债务	7	0. 40%	5	0. 28%	2	0. 17%
债务	5	0. 29%	6	0. 34%	1	0. 08%
股票与债务	6	0. 35%	2	0. 11%	3	0. 25%
合计	1 732	100. 00%	1 764	100. 00%	1 194	100. 00%

注：统计数据以加拿大公司作为卖方或收购方为口径。

资料来源：Bloomberg。

3. 并购交易涉及跨境。

本文在介绍标的公司 BCE 中曾提到，BCE 公司为加拿大、美国两地同时上市的公司，换言之，本次收购涉及跨境交易。通常来说，大部分跨境交易都是以现金作为支付手段，根据 CROSBIE 发布的报告，加拿大近年跨境并购交易概况见表8，其中已经完成的跨境交易大都也以现金方式作为支付手段。

表8　　　　　　　　2009—2012 年 6 月加拿大跨境并购交易概况

CROSS – BORDER TRANSACTIONS：Y – T – D TO JUNE 30					
	2012			2011	
	#of Deals	Value $ Millions		#of Deals	Value $ Millions
Canadians Acquiring					
Foreign Companies	125	22 308		151	18 243
Cdn Co's from Foreigners	9	3 105		12	3 534
Total	134	25 413		163	21 777
Top Foreign Target County of Canadian Acquirors					
United States	59	9 233	United States	77	9 623
Foreigners Acquiring					
Canadian Companies	52	26 084		43	18 283
Foreign Co's from Cdn	25	3 778		23	9 425
Total	77	29 862		66	27 708
Top Foreign Acquiror of Canadian Located Companies					
United States	25	7 762	United States	28	13 620

CROSS – BORDER TRANSACTIONS：Y – T – D TO JUNE 31

	2010			2009	
	#of Deals	Value $ Millions		#of Deals	Value $ Millions
Canadians Acquiring					
Foreign Companies	326	64 171		21	33 065
Cdn Co's from Foreigners	21	8 439		22	2 795
Total	347	72 610		234	35 860
Top Foreign Target County of Canadian Acquirors					
United States	166	31 365	United States	104	9 279
Foreigners Acquiring					
Canadian Companies	113	25 994		84	28 670
Foreign Co's from Cdn	44	6 501		47	5 792
Total	157	32 495		131	34 462
Top Foreign Acquiror of Canadian Located Companies					
United States	61	9 680	United States	49	5 595

CROSS – BORDER TRANSACTIONS：Y – T – D TO JUNE 31

	2008			2007	
	#of Deals	Value $ Millions		#of Deals	Value $ Millions
Canadians Acquiring					
Foreign Companies	340	20 256		505	93 570
Cdn Co's from Foreigners	21	849		26	5 425
Total	361	21 105		531	98 995
Top Foreign Target County of Canadian Acquirors					
United States	182	13 618	United States	291	50 995
Foreigners Acquiring					
Canadian Companies	139	34 976		186	134 469
Foreign Co's from Cdn	53	7 728		55	4 994
Total	192	42 707		241	139 463
Top Foreign Acquiror of Canadian Located Companies					
United States	79	21 198	United States	106	48 909

资料来源：Crosbie，http：//www. crosbieco. com。

根据 Mergermarket 于 2012 年 4 月 2 日发布的季度研究报告，也进一步证实了大部分跨境交易都是以现金作为支付手段的论点。其报告显示，2012 年第一季度全球 233 宗跨境并购交易，交易总规模为 713 亿美元，其中共涉及 661 亿美元的并购交易是以单纯现金支付的方式进行（占总交易规模的 92.7%）。

抛开收购方立场，在 BCE 收购交易中，BCE 董事会在发布的并购交易相关公告中建议公司股东接受 Teachers 发出的收购要约，而在其后就本次 BCE 收购交易召开的 BCE 股东大会上，与会股东也以 97% 的通过率批准了本次交易。出售方也对本次并购交易中的现金支付方式予以了认可。

三、结论和建议

借用 Andrew J. Sherman 的观点引出本文的结论。Andrew J. Sherman 认为并购市场将呈现如下特点：（1）金融危机后并购市场呈现买方市场的特点。（2）以现金为支付手段的并购交易占比会很高。（3）交易能给收购方带来的协同效应评估是影响交易最终能否成功的主要因素。（4）并购交易使得大部分收购方或标的资产承受较大的债务压力，并购交易给收购方带来了一定的财务风险。结合上述提到的第二点和第四点，本文得出以下结论和建议：

（一）现金支付手段仍将是未来最为重要的并购支付手段

如文中所论述的，由于现金支付的便捷性，同时消除了出售方承担的标的公司经营风险。虽然使得出售方会面对现时税负，但仍然会是目前最为通行的并购交易支付手段。

另外就是，在跨境并购交易中，由于出售方通常对收购方所提供各种证券支付方式认同度很低，且其他支付方式将增加相关尽职调查工作和交易风险，现金支付方式将仍然为绝对主要的支付方式。

（二）杠杆收购有利于繁荣并购市场、促成大型并购交易

如文中所论述的，交易规模是并购交易支付方式重要决定因素之一，常规来说交易规模越大则越倾向于股份支付方式或股份与现金混合支付方式。而在大型跨境并购案中，支付方式往往比较单一且会涉及大笔的现金支付。大型并购交易所涉及的庞大资金往往不能简单依赖收购方的内部融资解决。考虑到并购交易时机、避免收购方原股东股权被稀释情况下可能的超常规扩张，相较股权融资等外部融资方式、债权融资的可操作性更大。

结合我国现有市场情况，随着经济全球化的进一步发展和国内企业国际化的诉求，越来越多的中国企业开始产生走出国门的愿望，杠杆收购为小体

量、大梦想的企业提供了发展的可能，使得其可能通过最小的资本运作最快的实现企业扩张，为企业发挥规模效应和品牌效应提供可能的空间。

（三）关注债权人利益的平衡，避免交易推进缓慢带来的不可预期风险

根据公司发布的公告，BCE 收购交易最终无法实施是由于 KPMG 认为 BCE 在负担本次杠杆收购所涉及的债务之后，将不再符合交易中有关偿债能力测试的条件。虽然 BCE 首席财务官发表声明，声称其不认同 KPMG 的结论，但也未能改变这笔并购交易终止的命运。纵观 BCE 收购交易全过程，BCE 相关债权人一直未曾停止通过诉讼方式要求 BCE 公平地对待其应享有的权益。在法庭上，他们强调由于高度杠杆收购，他们持有的债券价值急剧下降。究其根本，还是因为交易中针对相关债权人在利益保障措施上未能进行妥善安排。同时，诉讼在一定程度上也阻碍了交易的推进，而后信贷市场上的变化也在一定程度上动摇了收购方及预备提供资金支持的银团。

这意味着为尽可能地避免交易失败，在交易策划之初即应与相关债权人进行积极沟通，根据搜集整理的反馈信息对债权可能带来的交易失败风险进行适当估算，同时应尽可能快地推动交易进行。

参考文献

［1］Andrew J. Sherman，Mergers Acquisitions from A to Z，the United States of America：AMACOM，2011.

［2］Steven M. Bragg，Mergers & Acquisitions – A Condensed Practitioner's Guide. the United States of America：John Wiley & Sons，Inc. ，2008.

赴美证券公司战略人力资源管理高级研修班

The SAC-Pearson Program of Strategic Human Resource
Management for Securities Companies

创新发展时期证券公司
人力资源管理的几点想法[①]

　　人才资源是证券业的第一资源。进入创新发展阶段，证券公司对高素质、创新型、专业化人才的需求更为迫切。2012 年 3 月，《中国证券期货行业人才队伍建设发展规划（2011—2020 年）》（以下简称《规划》）发布，提出证券公司应分别建设具有全球战略眼光、市场开拓精神、管理创新能力和社会责任感的经营管理人才队伍，准确把握国际金融创新趋势、具有较高专业水平和创新研究能力的专业技术人才队伍，具有良好职业道德、业务素质和专业技能的实用技能人才队伍。这成为证券公司提高自身竞争力，在未来激烈的市场竞争中生存发展的需要。

　　在此背景下，由中国证券业协会主办，纽约金融学院承办的"2012 年中国证券公司赴美人力资源管理高级研修班"于 2012 年 10 月 17 日至 11 月 11

　　① 本文为中国证券业协会组织的"2012 年中国证券公司赴美人力资源管理高级研修班"总结报告，报告内容部分引用了石鸿昕女士代表培训班第二学习小组所作论文的内容，特表谢意。

日成功举办。通过授课交流互动、参访考察华尔街金融机构，我们对美国金融机构人力资源管理有了进一步的认识，对新形势下国内证券公司改进人力资源管理工作有了进一步的思考。由于学习时间有限，仅就课程学习涉及和学员们交流深入的几个领域展示学习心得，提出一些初步的想法。

一、不断提升人力资源管理者的领导力

人才资源是证券业的第一资源，那么人力资源管理者对于证券公司能否引进、留住人才，以及发挥现有人员的作用，从而提升公司市场竞争力和经营业绩至关重要。人力资源管理者必须不断学习，不断提升个人和团队的能力。

人力资源的领导者，要善于领导和鼓舞他人，需要具备以下几项特质或者能力：（1）倾听。Listening。这一点不用多言。（2）共情力。Empathy。善于感知他人。（3）态度。Attitude。整合各种不同想法，发挥正面效应，形成生产力。（4）梦想。Dreaming。为手下提供充分的机会和空间，多激励，而不仅是管理。（5）高效。Effective。人力资源要避免形成象牙塔，和所有业务线合作，制订有利于业务发展和人力资源管理的有效方案。（6）弹性。Resilient。也可以称为有耐受力，能够应对、处理各种问题和挑战。（7）目标感。Sense of Purpose。以利润为目标，千方百计支持业务发展，而不是管制和控制。（8）谦逊。Humility。（9）诚信。Integrity。谦逊、诚信这两点是人力资源管理者应该具备的个人素质。（10）为别人扎紧降落伞。Packing Other's Parachutes。人力资源应该是能够为其他各部门提供支持的最后一个部门。

人力资源管理者应该明确自己的工作任务可以分成四个层面：第一层面，分析什么应该做还没有做，立即去做。在做的过程中，要善于处理各种冲突，包括稀缺资源抢占、利益分配、责任推拖引发的客户报怨等。第二层面，探讨什么已着手在做但做得还不够，需要做得更多。比如随着新业务新产品的不断推出，现有人才结构不匹配，人才培养没跟上，人才考核不适应等。第三层面，研究哪些行为阻碍工作目标的实际，下一步应该少做或调整。如公司的组织架构由按业务条线划分变更为以客户需求为导向；改变人才招聘标准，由原来的金融学术背景转为具有擅长与客户打交道，擅长处理人际关系等素质的人才；强调服务是产品的一部分的观念，加强核心竞争力，如果没有产品，仅有关系是不够的。第四层面，认清毒性行为，并立即停止。具体而言，要完成以下几项工作：寻求合作、减少对立、接受责任、承认损失、规范行为、接受意外、协调冲突、维护稳定、展望前景。

领导力可以依 5 个层级逐步提升：（1）权力。Rights。（2）关系。Relationships。（3）结果。Results。（4）复制。Reproduction。（5）尊重。Respect。到第 5 层级，才可以讲是真正的领导。根据"帕累托法则"，80% 的生产力完成 20% 的优先级任务。

证券公司要保持持续发展创新，需要有一批具有卓越管理才能的中高层管理者发挥中流砥柱的作用，才能实现更高的业绩。人力资源管理者在证券企业中的作用更为特殊，特别是在当前宏观经济回稳、行业景气度不高的背景下，人力资源管理者的识人、选人、用人、管人对公司的影响，尤其是在成本效益方面的影响更为明显，他们的管理理念、管理作风和管理能力，将关系到企业的持续稳定发展。优秀的人力资源管理者，需要履行承担责任的勇气，更应该提高管理能力，把自己锻炼成综合素质高的领导人才，创造一流的团队，助力实现公司的发展目标。

人力资源管理者的特殊影响力，来自公司高层的支持，这应该清晰地反映在公司的组织规则和文化中。人力资源管理者的领导力，对提高员工积极性和留任意愿尤为重要，而且有领导力的人力资源管理者会把这种力量传导到整个团队，提升人力资源管理工作在证券公司发展中的作用。

二、要高度重视人力测评在证券公司的应用

对于人力资源管理者来说，如何识别人才、发展人才，是一件非常重要但又难以做好的事情。最主要的原因是对人才的标准难以确定，也难以找到有效的工具按照某个标准去测量一个人的素质。很多企业在用人时有较大的随意性，往往凭某些领导的主观印象就决定一个人是否能用，最终的结果也往往差强人意。目前，国内外证券公司已越来越重视人才测评在公司选人用人中的作用。

人才测评，是指采用一系列的方法和工具，对人才进行评价的技术。其目的是通过对人才素质的评价，判断其能否适应某个工作岗位或者未来发展的潜力等。人才测评，其实要解决两个问题：一是定标准，二是找方法。定标准，就是订立人才的标准；找方法，就是找到针对人才标准进行评测的方法。目前，在人力资源管理领域，广泛使用的测评工具多种多样，适用的范围也各不相同。我们的课程中推荐了一些常用的用于领导力测评的工具和方法，包括绩效评价、高管意见、直接主管意见、正式的人才评估流程、同事评价、基于本公司的人才素质模型进行 360 度评价、工作模拟等。这些方法，可以组合用于测评领导力的各个维度。

一般来讲，人才测评项目要想成功，其设计与实施的过程应该包括如下几个步骤：第一步是明确企业的目标，并匹配相应的战略；第二步是基于战略来明确所需的胜任素质；第三步是建立测评工具的效度；第四步是实施项目；第五步是对项目进行评估与改进。证券行业作为一个新兴行业，对人才的需求是巨大的。近年来，为了加强行业整体的人才管理，监管层和行业协会也加强了在行业整体人才统筹和发展方面的举措。那么，证券行业需要什么样的人才？其标准是什么？这个问题值得整个行业思考。证券业协会人力资源专业委员会成立后，曾有过建立行业的人才库以及名人堂的想法。其实，这项工作的开展，一个重要的前提就是要建立行业的人才标准。并且，这个人才标准是将"适当的"作为第一要素，即优秀销售人员的标准，可能不同于优秀的投资咨询人员，而优秀的投资咨询人员，其标准可能不同于优秀的投行项目人员。因此，对行业来说，建立分序列、分层级的人才标准是开展行业人才管理的前提。对于企业来说，也需要建立企业自身的人才标准。对于每个企业，应该思考的问题是，什么样的人才是自己想要的人才？这个标准是否明确？是否经得起考验？是否是根据企业的发展战略、实际情况、所处发展阶段、企业文化来确定用人标准？如何将人才标准与人才管理实践进行整合？把人才标准真正地落实到企业管理的实处？

在此我研究了国金证券的人才测评经验。根据国金证券多年来的实践，实施人才测评时，细节是制胜的关键。一项测评工具，有许多方面可能会影响其测评效果。因此，在实施前、中、后，要关注各项细节，使影响测评效果的不利因素减小到最低，这样，这个测评工具的效用才能最大限度地发挥出来。另外，要正视不足，不断改进。

不同的层面，应该应用不同的人才测评工具。比如，在知识层面，通常比较有效的测评工具是考试，案例分析，问题解答等。而在价值观和心理素质层面，适用的工具可能就是一些心理量表、性格测试等。当涉及能力层面时，可能采用管理游戏、情景模拟以及小组讨论等方式可以较好地反映出一个人的能力。因此，测评工具的选择通常是基于所要测评的素质以及企业的实际需求而定的。在挑选测评工具时，我们要尽可能挑选同时具备信度与效度的测评工具，这样，才能够保证我们的测评是有效的。

由于国内外文化理念、工作方式等多方面的不同，从国外引入人才测评工具或方法时，即使已证明在国外曾经非常行之有效，也要注意有一个本土化的过程，避免水土不服。

三、要充分借鉴国外投行的薪酬体系

国外投行薪酬、激励机制的设计与实施与市场发展、经济发展、相关法规政策督导、企业的发展阶段及企业管理的成熟等因素关联度很高。近几十年来，国外投行的薪酬激励，特别是高层级员工薪酬体系展现出如下新的趋势：第一，由年资为主导转向绩效和管理提升为导向；第二，由固定收入为主转向风险性薪酬；第三，由内部为导向的绩效指标转向激励价值创造；第四，由与过去历史绩效数据对比转为与同行业相比；第五，由鼓励股权为基础的激励转向要求建立股权为基础的长期激励；第六，由财务导向的指标转向全面均衡的绩效指标；第七，由薪酬的内部一致性转向具灵活性，利于人才吸引。

我们在课上所学的实例，基本印证了上述趋势。据老师课上所讲，美国投行的前后台员工，基本薪酬相同，但奖金部分差别非常大。前台 Associate 的总薪酬，会远远高于后台的 Vice President。员工的奖金，与个人所处的级别相关，级别越低，固薪比重越大；级别越高，奖金所占比重越多；也与考核等级相关。但各员工仅知道自己的等级，不知道确切的分数，员工可以对自己的考核结果提出质疑，但本年结果不可改变。因而作为一个相当级别的投行人员，他们基本不关注基薪，也就是固定薪酬部分，而主要是关注整体薪酬。

近年来，美国投行逐渐实行"Claw Back"——奖金爬回政策：投行员工在拿到奖金后的几年中，如果出现工作失误或给公司造成损失，那么他几年前拿到的奖金要被收回。当然，这项政策实施不久，其如何执行要根据风险损失来确定，许多问题、细节仍在研究探讨中，包括如何、怎么、在哪一层级扣回奖金，爬回多少，追溯多少年，这项政策的实施会对人才发展、留用有什么影响，对公司的发展和业务拓展有什么影响等。今年给摩根大通造成50亿美元损失的部门，被爬回了两年的奖金，但底薪得以保留。同时，华尔街也开始实行递延薪酬，一方面留住人才，另一方面缓解大众对华尔街的不满。一般而言，薪酬总额控制在净收入的60%以上。

笔者认为，我国证券公司激励机制的创新方向是：一是设计合理有效的激励体系，包括奖金、佣金等短期激励和股票期权等长期激励。二是针对证券行业特点和不同层面的员工设计层次不同的激励方式。在激励机制的实际方案设计上，要根据证券公司的组织结构特点，对管理层主要实行股权激励，对员工实施持股计划。对证券公司实施股权激励给予一定的政策支持。中国

证监会在 8 月发布的《证券公司治理准则（试行）》中，对证券公司高管薪酬等方面进行了规范。根据征求意见稿，高级管理人员绩效薪酬40%以上应当实施延期支付，延期支付期限不少于三年，如果在延期支付的期限内，发现高管人员未能勤勉尽责，致使证券公司存在重大违法违规行为或重大风险的，公司应止付相应期限内未发放部分。根据一些证券公司高管薪酬存在结构不合理、考核机制不健全等问题，要求证券公司建立合理有效的董事、监事、高级管理人员绩效考核与薪酬管理制度，规定董事、监事薪酬的确定程序，发挥公司股东的监督和约束作用，规定绩效薪酬延期支付和止付制度，建立绩效薪酬与风险挂钩的机制。

目前的问题：第一，《证券法》、《公司法》和《交易所上市规则》等法律法规仍是证券公司实施股权激励的障碍；第二，能否制订符合证券行业特点的经营者绩效评估体系，以作为对证券公司薪酬体系的基本依据。证券行业周期性明显，实行股票期权激励要求对证券公司经营者的绩效评估应更完善、更科学。现在证券公司的考核评估指标或失之简单，或失之急功近利，与股票期权激励的严密性、长远性发生矛盾。各证券公司需要制订符合证券行业周期性特点的经营者绩效评估体系，对证券公司经营者在投资、营销、管理等各个方面的绩效作定量测算，以此确定经营者对证券公司的综合贡献度；同时考核的指标亦必须体现证券行业特点和证券公司长期发展思路，把近期考核和长远目标结合起来。

四、要警惕舶来 MD 制度（业务职衔制度）变味

国外投资银行的 MD 职级体系，一般有 5 个层级：Analyst、Associates、Vice President、Director、Executive Director 和 Managing Director。国外投行一般采用 MBA 毕业年度作为员工能否获得晋升的基本条件。第一个层级 Analyst 是各投行从优秀大学招收的二十二三岁的本科生，不一定具备相关的专业知识，尚未确定个人的职业生涯规划。工作两年后，公司便会要求其去商学院攻读 MBA，MBA 毕业后进入第二个层级 Associate，从而真正踏上投行职业生涯。基本的数据是，20%~30%的 Associate 由 Analyst 升级而来，其余70%~80%由 MBA 招聘。此后，每2~4 年，在满足晋升条件的情况下晋升一次，直到 MD。进入到 Associate 后，一般会要求有金融背景，以及清晰的职业生涯规划。进入到第三层级 Vice President，一般需要在投行中工作 7~10 年，更多的是抉择做什么，怎么做。前三层级的管理职责不需要明确，到第四层级 Director/Executive Director，开始有一定的管理职责。只有极少比例的 D/ED

才能晋升到第五层级 Managing Director，这一门槛非常高，获晋升人员需要有良好的决策能力，能够管理资产负债表，管理分配，设计交易战略。一个公司中理想的各层级人员数量，从第一层级到第五层级，应该是一个倒金字塔。投行人员的升级严格按各层级逐级进行，如果某人员特别优秀，可以缩短年限，但不能跳级。MD 至少要在投行工作 8~10 年才能做到。

国外投行 MD 制度最重要的优势之一，就是发挥不同业务之间的协同效应，促进交叉销售，提高运营效率，这一点在国内券商中体现不明显。在国外投行，以一 MD 为首，组成一个团队工作，"职级高者说话算数"，弱化了部门及岗位职责边界，有利于克服部门岗位本位主义，员工直接接受项目团队中的最高业务职级的人员的领导，减少了沟通成本，提高了运营效率。员工的工作围绕企业目标进行，对职责界定不严格，要求员工只要对公司有利的业务，在相关规划允许的情况下都可以进行，促进交叉销售，调动了员工积极性，提高了公司人力资源使用效率。

目前国内已有多家券商实施 MD 制度，并取得了良好的效果。但究其根本，国内券商已实行的 MD 制度，在职位晋升、工作协调等方面，与国外投资银行相比，还是有很大的不同。

国内券商尽管引入了 MD 制度，但目前尚存在一些问题，如过多、片面把岗位职级替换为业务职级，缺乏实质性的组织变革程序；对业务职级如何晋升、薪酬考核如何设计缺乏制度性安排；缺乏与业务职级配套的竞争性文化移植或塑造，缺乏对组织结构及运行机制的梳理与变革。

在内地投行引进 MD 制度后，投行的管理序列和技术序列并行发展，这使薪酬水平不按行政级别而是按业务水平划分，行政级别较低的专业人才如果在业务能力方面具有优势，其薪酬水平完全可以超过行政级别高的人。除了投行部门，近来经纪业务和资产管理部门等也开始效仿，甚至公募基金等机构也附庸风雅。MD 制度是一个新鲜的舶来品，但国内广泛引进后，就要警惕其变味。MD 机制设计的初衷主要用于评价及体现能力差异，与固定薪酬关联，其中业绩只是能力体现的一方面，并非全部。但在实际操作中，大多数内地券商都直接将 MD 机制用于评价业绩差异，过于偏重结果，忽略了对投行人才能力的培养开发。

国内券商应调整组织结构，建立扁平化、以客户为导向的组织结构，这也是券商迎接创新发展的挑战。重组业务流程，形成以客户为导向，而不是以职能、以产品或业务品种为导向的组织结构。将原来的直线职能式组织结构，转向矩阵性组织结构。区分专业（业务）序列与管理序列，明确除了公司高管、部门负责人外，其他均按专业人士对待。推行单一负责人制度，即部门只设一名负责人，不设类似副总、总助等行政职务。同时，行政职务与业务职级脱钩，行政负责人不一定由业务职衔最高者担任，而由管理能力更强者担任。

五、要尽量通过谈判达成企业和员工的双赢

人力资源主管的工作就是要解决非常复杂的问题。因而要牢记这几点：（1）不要胆小怕事，而要公开交流。（2）人力资源经常处于争议当中，要促成公开讨论信息。（3）讨论重要问题，而不是仅说原则立场。（4）聚焦于共同的立场和背景。（5）倾听、倾听再倾听——以公开的方式确定每个问题的准确范围。坚持对事不对人的原则。你让步别人也得让步，条件对等，要求实际，不能让让步停下来（双方对等妥协）。要强调观点，同时避免激怒对方。

结束时，概要阐述所有讨论的范围，各方已经同意的内容，签署工作协议：时间、预期、工作项目，结束谈判后，寄上后续的 E - mail，记得对方——双方都要觉得自己是胜利者。双赢谈判的七个关键点——目标设定高；知道自己最高/最低的立场；知道对方的购物单——需要讨论哪些问题；了解全面情况；了解共同点；永远不要给予让步——进行交易，看是否有谈判余地；保持对各种变量的搜寻。

谈判要尽可能得到管理层的意见，以获得更准确的谈判内容。谈判时要本着就事论事的原则，既要讲真心话，做到透彻说理，又要注意措辞词句的选择等。管理者希望员工能听取他的建议和思想，必须能做到换位思考，诚恳地考虑对方的利益和需要，不能脱离现实地命令或单纯指导。注意谈判后的反馈和确认，没有反馈和再确认的谈判难以达到最佳效果。谈判时不应只着眼于现在，大多数的谈判均为求取切合当前情况的需要，但是不应该忽视对企业使命、理念、愿景的沟通。管理者必须做到言行一致，以诚相待。如果管理者说与做大相径庭，并且采取盛气凌人的态度，谈判效果会大大降低。管理者在聆听员工陈述时应专心倾听，真实地了解对方在说什么。要通过有理、有利、有节的谈判达成企业和员工的双赢。

六、要强化商业智能在人力资源管理中的应用

人力管理的原则强调前后台一致，也强调效用、谦逊、简单明了以及支持，而不是运营每一个业务部门。对于员工遵守公司合规性要求时，要求员

工全面地、百分之百地遵守，以确保公司运营无风险。

管理原则：质量、透明度、观点（对合规风控人力有合适的看法）：提供产品服务要让客户觉得钱花得值，确保流程透明高效，客户知道每一步都花在哪儿。

人力资源管理能给组织带来效益和效率。但是，如何才能进行测量，如何有针对性地为人力资源部门定义全面的人员分析主题，如何利用非传统的表格方式让人力资源部门了解各项人力状况等，都是需要研究和解决的命题。当公司高管期盼 HR 部门为其提供员工的数据和分析，从而提高决策的准确度和公司竞争力时，出现在高管面前的往往是大量的报表及复杂的数据，使高管们无从下手。随着商业智能的出现及广泛应用，应该应用人力资源商业智能（Human Resource Business Intelligence，即 HR－BI）强大的数据处理和分析能力来为决策提供支持。

目前无论是在一些管理实践中已经逐步应用的人力资源指数问卷调查、人力资源会计、人力资源效用指数、人力资源指数，还是投入产出分析等各种人力资源管理评估方法，无一不倾向于通过数量化来实现对人力资源管理绩效的直观评估，这就必然涉及各种相关数据的收集、加工、统计和分析。HR 的量化工具引出了 HR－BI 系统，这一工具对处理数据具有特殊功能，深入分析这种指标模型，对公司高管层决策及 HR 部门的管理均会有重要的启发和帮助。

七、要发挥培训系统的巨大功能

人力资源是证券公司创新发展的保障早已成为共识。《规划》强调了人才资源作为第一资源在资本市场快速发展中的重要地位，并对人才队伍建设发展目标、人才队伍建设重点工程、落实《规划》相关机制等方面加以阐释，足见对证券行业人才的重视。同时，《规划》提出要从完善教育培训课程体系、建立行业人才培训基地、培养行业后备人才、建立网络教育培训体系四个方面健全行业人才教育培训体系。对证券公司而言，如何贯彻执行《规划》的相关要求，如何立足实际，建立符合自身实际的培训体系，已成为持续创新发展所要解决的重要问题。

每年，美国各大投资银行都要从美国最著名的大学（主要是常青藤大学）选择优秀毕业生进入，并通过大量的培训帮助其成为业务精英。这些人员选拔的基础是要具有专业特长和较高的个人素质，培养开阔的视野，强烈的求知欲，较强的学习能力和创新欲望。一家投行会与多家核心学校建立长期合作关系，如在 20~25 个学校中选择 MBA，在 10~20 个学校中选择 MBA。学校的选择标准会基于学校本身的名誉、双方的合作关系、校友网络、教授关系以及过往校友的工作表现等。

招聘新人后，人力资源部门要组织跨部门培训。实际上，新人入职前培训就已开始，如进行网上讨论等，入职后则可能要经历一个长达两年的培训期。在两年的时间内，会有 2~4 个系统的培训，进行 3~6 个不同岗位的轮岗，其中一个是国际化岗位。前 6 个月为起航期，让新员工适应工作，熟悉企业环境。公司会为每一个毕业生指定一个指导员，把毕业生放到一个项目中，每个项目由 5~6 个人组成。培训有正式训练，也有拓展等非正式训练，还有参访等内容。最好的培训系统是开放式培训，分清哪些在课堂上讲合适，哪些在职场上合适。因为企业价值等内容适宜在职场上传授。

国外投行在培训的数量及方式上，有很多值得借鉴的内容，主要包括：（1）与其做一个连续 5 天的培训，不如半天半天的培训，即"碎片式培训"。国内证券公司在培训过程中一般采取现场培训与网络培训相结合的方式，且多以课程讲授为主。应该说集体授课的方式是目前培训的主要方式，而网络视频则是一种补充手段。就现场讲授而言，证券公司组织一次统一集中的现场培训，成本高且不说，不免会出现台下漫天神游，台上照本宣科的情况。（2）培训量边际递减，课程培训逐渐应由在线培训替代。（3）进行双向培训，不是培训机构对参训学员的单向培训，学员也应积极主动的参与到培训中来。这一点恰恰是国内证券公司培训中所欠缺的。现阶段证券公司所进行的培训中，通常过于注重"我要给你什么"，而忽视员工"真正需要什么"，导致理论教学与实际工作分离，培训内容与岗位要求脱节。孤立的培训模块，独立的培训课程，突如其来的培训计划，将员工置于"被安排"的位置，即便前期已精心准备，但培训的效果并不理想。投入与产出非但不匹配，反而相背离。公司为了完成培训而培训，员工因为不得不接受培训而参与培训。最终，培训能否达到预期的效果，员工能否在培训中获得收益，不得而知。而培训最关键的目的，就是学员能够学到知识，能够将其转化为工作中的技能。（4）量化技能培训效果一般较好，对软实力培训应用则较难。

基于此，证券公司在构建培训体系时，需从完善制度、配置资源、提高效率、提升效果等多个方面入手。具体到人力资源部门来讲，一方面，培训体系的建设需要人力资源管理各模块的结合，需要培训管理、绩效管理等相关工作相互渗透，协调发展。另一方面，需要公司各部门的配合。无论是兼职内训师队伍的建设、岗位需求分析，还是外部培训师选聘，培训效果评估，均需要公司各部门协同共商，进而保证培训工作系统化、科学化。加强与受训员工的沟通与反馈。受训员工是对象，是培训体系的服务群体与评价主体，在进行体系建设时要充分考虑受训员工的职业方向、培训需求、反馈信息，不断优化培训体系。

公司拥有完善的专业、系统的培训机制，其重要功能性至少可体现在如下几个方面：一是吸引人才，企业重视培训才能吸引优秀人才的加盟，许多人才在应聘选择企业时，其中一个重要的因素便是要考虑这个企业是否能对员工提供良好的培训机会；二是培养人才，要想快出人才，多出人才，出好人才，企业只有依靠内部培训才能获得更多的优秀员工，通过实施有效培训不但迅速提高基层员工综合能力，企业中层管理者和骨干员工的管理专业素质也会显著提高；三是留住人才，培训是留住人才的重要手段，企业只有通过持续不断地培训，员工的工作技能和个人综合素质才能得到显著的提升，并且为企业的高速发展作出他们应有的贡献。如果没有培训，绝大多数优秀员工是不可能留得下来的，没有人喜欢在不能得到知识提升的地方，等待自身能力和个人收入的不断下降，即便是留下来了这样的企业也不会有所发展；四是提高企业经营效益，通过培训企业可获得因人员素质的提高带来的显著效益；五是增强公司核心竞争力，保证顾客的忠诚度要依靠训练有素的企业员工。没有经过训练的员工，不但会降低产品和服务质量、影响客户的决策，还会损害企业品牌形象，对企业而言，培训正是增强核心竞争力的有效手段之一。

通过专业培训，员工自身综合素质的提高是非常明显的，个人的潜力将得到最大限度地释放，为员工今后成长打下坚实的基础。同时还可以激发员工的积极性，培养员工的团队意识，提高个人素质，发挥个人潜能，承担更多责任。

八、要培养员工与公司价值观统一的企业文化

上下同欲者胜。现代企业文化要培养企业和员工共同的价值观，一旦公司与员工有了共同的价值取向，就很容易自发地朝着这个目标努力。反之，双方的价值观不同，没有共同的目标，各自遵循本位主义，不但不能达到上下左右顺畅的沟通，而且会使公司的发展出现偏差，阻碍公司的发展方向和速度。在这个方面，公司要注意保持员工工作与家的平衡，可以让员工在家工作，甚至可以允许员工购买自己的假期。也要让员工保持生活与工作的平衡，查清员工长时间工作的原因：（1）新产品争先推出。（2）员工丢掉工作的恐惧。（3）客户的需求。（4）电子可访问性。另外，要把人才放在正确的岗位上，找出最优先的任务。

当公司的管理者与广大员工具有相同的价值观时，企业就会自然地形成一种文化氛围，在公司管理者的引导、培养和影响下，员工通过对为公司创造的价值与自我价值的实现分析，达成一种与公司相互依赖的价值取向，这就是所谓的价值观。当员工的价值取向与公司的价值取向接轨时，就基本上达到了"共同的价值观"。当公司上上下下都为这个共同的价值观而努力工作的时候，企业文化就围绕这个共同的价值观而逐渐趋向于成熟。

无论是什么企业，企业的核心竞争力是人，而不是其他。只有公司全部人员具有相同的价值观时，企业文化才会有特色，有了特色，才会有核心竞争力。

参考文献

沈丽：《证券公司员工培训体系建设》，载《经营与管理》，2012（8）。

美国投行 MD 体制的最佳实践
及其对我国券商的借鉴意义

第一组组员：东兴证券胡绍增、广发证券刘正周、国元证券杜晓斌、
南京证券杜庆春、上海证券谢华、银泰证券刘彤

一、美国投行 MD 体制的由来

MD（Managing Director 的简称）体制在美国投行的形成和运用，从职衔变化到运用范围都经过了一个过程。

（一）投行业务人员特定职衔的由来

第二次世界大战以来，美国金融业发展迅速。在美国华尔街投行中出现大量业务人员，这些业务人员主要从事证券经纪、金融产品销售、融资业务承揽等工作。他们的头衔一般都称为客户经理，并有进一步的细分。

由于一些高级客户经理或业务人员在工作中直接接触的客户通常是各大公司里的 Managing Director。为方便沟通，一些投行也将这些高级客户经理或

业务人员冠名为"Managing Director"，使其与客户的身份相称，以示"对等交流"或便于"对等接待"。在这里"Managing Director"既不是董事会中董事，也不是投行领域所谓的最高决策者，而只是一种身份，一种好听的头衔。

与 MD 类似，为了便于与不同层次的客户进行对等交流和沟通，一些针对不同级别客户经理的职衔如 ED（Executive Director）、VP（Vice President）、Senior Associate、Associate 等也同时出现。在此类业务职衔的发展和演变过程中，逐渐成为对投资银行人员进行分类管理的工具以及为投资银行人员提供职业晋升的通道，并最终成为投资银行内部人员管理的组织框架形式，对投资银行的整个行业发展产生了积极影响。

（二）投行业务职衔适用范围的发展变化

关于投行业务职衔的使用范围，也经历了一个由小到大的过程。

最初，业务职衔仅限于从事股权、债权融资的业务人员以及进行金融产品销售的业务人员，随后推广到所有业务人员，最终发展到投资银行内部的所有人员。

从职衔名称演进看，最初不同业务有不同的职衔名称。随着投行整个行业的互动发展、金融领域不同机构之间的互动发展、国际业务的拓展、市场监管的开放以及各项业务的整合，运用在不同业务领域的职衔也得到逐渐统一。目前，一些主要国际投行使用（或曾经使用）的业务职衔如下：

表1　　　　　　　　　　美国投资银行业务职衔一览

前后台采用统一的职衔体系		前后台采用两套职衔体系	
摩根士丹利（5级） Morgan Stanley	美林（6级） Merrill Lynch	JP摩根—业务（5级） JP Morgan	JP摩根—支持（6级） JP Morgan
Managing Director Executive Director Vice President Associate Analyst	Managing Director Director Vice President Assistant Vice President Associate Analyst	Managing Director Executive Director Vice President Associate Analyst	Managing Director Senior Vice President Vice President Assistant Vice President Assistant Treasure/Associate Analyst
高盛（5级） Goldman Sachs	雷曼兄弟（6级） Lehman Brother		
Partner Managing Director Managing Director Vice President Associate Analyst	Managing Director Senior Vice President Vice President Assistant Vice President Associate Analyst		

从以上可以看出，美国投行在职衔体系上存在一些共同点：

1. 大都以 MD 级别为最高等级，正因为如此，国内投资银行将投资银行业务职衔称为"MD 业务职级"。

2. 最低等级大都为 Analyst 以及 Associate，但有的公司没有将其作为正式的职衔使用。

3. 等级一般不超过六个。

二、美国投行 MD 体制的最佳实践

美国投行的 MD 体制在长期的实践运用过程中，逐渐得到完善，成为投行领域各大机构人才队伍统一的组织架构形式。MD 体制的有效运行，依赖于以下几个方面。

（一）清晰的职衔系列及任职条件

随着 MD 体制在投行各业务领域和各类机构的广泛运用，逐步形成了相对统一的职衔系列和任职条件。通常情况下，员工晋升需要满足两个条件：

1. 职衔系列及任职资历条件。

美国投行一般采用 MBA 毕业年度这一资历指标作为员工晋升的基本条件。一般来说，各投资银行每年从优秀的大学中招收本科生定位在 Analyst，工作两年后，公司便要求其去商学院攻读 MBA。MBA 毕业后可直接从 Associate 职级做起，从而真正踏上投资银行职业生涯。以后，在满足晋升条件的情况下，每 2 年至 4 年晋升一次，直到 MD。

表 2　　　　　　　　　　美国投资银行业务职衔晋升的资历要求

MBA 毕业后工作年限	职衔（系列）	说明
11 年	Managing Director	MD 级别有很高的业务收益指标以及客户关系责任要求，需参与公司的整体战略及业务方向制定；MD 的薪酬、奖金分配以及福利安排都显著区别于 Director 以下职衔
10 年 9 年 8 年	Director/ Senior Vice President	从 Vice President 到 Director 后，约需 3 年到 4 年的任职经验，并且对公司有显著的经济贡献，才会晋升到 MD
7 年 6 年 5 年	第 3 年的 Vice President 第 2 年的 Vice President 第 1 年的 Vice President	第 4 年的 Vice President 通常会被晋升到 Director，或者离开公司追求其他发展机会。 晋升到 Director 的机会明显减少，因此在此阶段的流动率特别高
4 年 3 年 2 年 1 年	第 4 年的 Associate 第 3 年的 Associate 第 2 年的 Associate 第 1 年的 Associate	Senior Associate 或者晋升到 Vice President Intermediate Associate Intermediate Associate Junior Associate
本科毕业 1 年到 3 年的 Analyst		参加公司 Analyst 培训项目。Analyst 级别人员通常会离开公司再去进修，参加商学院 MBA 课程学习，只有很少一部分能晋升 Associate 级别

当然，并不是所有投资银行人员都有 MBA 学位，一些不具备 MBA 学位但能满足从事投行业务所要求的核心能力的精英人士在美国投行界也大有人在。

2. 晋升的核心能力条件。

核心能力是投资银行选拔人才的最重要条件。以下几个方面是经过实践证明、被广泛采纳的投行员工核心能力：

（1）经济贡献（Economic Contribution）。

（2）为企业效力（Commitment to Firm）。

（3）领导能力（Leadership）。

（4）客户影响力（Client Impact）。

（5）团队协作能力（Partnership/Teamwork）。

（6）沟通能力（Communication）。

（7）专业能力（Technical）（主要针对 Director 及以下人员要求）。

以董事总经理为例。一般情况下，晋升董事总经理需要具备以下基本条件：

（1）至少 3 年以上 D 职衔任职经验。

（2）其能力与成就得到公司外部同行的认可和赏识。

（3）其提供的解决方案与增值服务得到客户的广泛认可。

同时，晋升董事总经理在经济贡献方面的要求是：

（1）横跨不同客户、业务线及产品线，有持续且成功的业务经营能力。

（2）致力于为企业创造收益或收益机会，并承担成本管理及费用控制的职责。

（3）能妥善管理最高程度的风险。

在沟通能力方面的要求是：

（1）建立发展愿景，激励他人共同努力。

（2）能在内部及外部的行业/业务会议中代表公司。

在为企业效力方面的要求是：

（1）一切从企业利益出发，积极提高经营业绩，为企业的未来发展而努力。

（2）将公司目标置于个人成就之上。

3. 任职资格和条件的发展。

在投资银行的发展历程中，不同的发展时期具有不同的企业经营目标和经营价值观。在投行追求企业股东利益最大化、追求企业利益最大化、追求兼顾不同的利益相关者利益的时期，对高级管理人员、对员工素质要求不尽一致。

在突出股东利益至上、客户至上，以及关注社会责任、实践以人为本的经营和管理理念时，企业对 MD 体制中的各级职员、特别是高级别职员就会有相应的要求。

因此，在不同的投资银行公司、在同一投行的不同发展时期，美国投行 MD 体制中不同级别职员的晋升条件和要求不尽一致，也经历了一些发展变化。这样，在职衔名称接近统一的投资银行业，名称的对等并不意味着实质的一致。

（二）明确的员工晋升规范

前述的职衔体系成为投行员工的晋升阶梯，也是员工职业发展的主通道，并形成了相应的晋升规范。

1. 员工晋升的组织管理与决策。

美国投行员工业务职衔的晋升工作，一般由人力资源部门、拟晋升人员的相关部门及晋升评估委员会协同进行。人力资源部门负责晋升政策、规范的制定、晋升组织协调以及晋升所需要的基础资料的审核准备；各部门负责推荐提名拟晋升人选，并准备晋升评估所需的材料；晋升评估委员会为员工晋升资格的评估及决策机构。晋升委员会由数位职衔比被评估者高的人员组成。

根据职衔层级不同，分别由区域、全球晋升委员会决定。一般 VP 需要区域委员会决定，D 及 MD 由全球晋升委员会决定。从 D 到 MD 的晋升管理过程非常谨慎。在美国的投行中，通常由全球最资深的二三十位高级管理层参与 MD 晋升委员会，就该年度提名的 MD 候选人进行评估及决议。

根据人数的多少，将同一 MBA 年度、同一层级或同一部门的员工组成一个群体。由上一层较资深的员工或主管进行评估，并就晋升及绩效评估结果进行强制分配。强制分配的比例通常为优秀占 20%，合格占 70%，末位占 10%。

评估委员会的委员需比较所有员工的能力评价结果、绩效考核结果（包括员工自我评估及主管评估等），衡量员工的发展潜力，并就是否晋升及奖金分配达成共识。

在评估过程中，非委员会成员不得干涉或试图通过行政权力影响评估结果。

表3　　　　　　　　　美国投行员工晋升评估委员会人员组成

被评估者	评估委员会成员	主席
第一年到第三年的 Analyst	数位 Associate 及 Vice Presidengt	一位 Director
Associate	数位 Vice President 及 Director	一位 MD
Vice President	数位 Director 及 MD	一位 MD

2. 评估的主要内容及过程。

晋升委员会通常根据对员工的绩效考核结果（一般为过去2年到3年的绩效表现），员工的发展潜力（围绕核心能力）是否符合晋升资格以及员工的年资（作为参考因素而非绝对因素）等方面进行评估。

评估的流程一般经过推荐人陈述、评委提问、横向比较、沟通一致等几个环节，由评估委员会主席负责促进评委之间的积极讨论、评估对象的逐步聚焦，并形成共识等工作。

3. 晋升比例方面的政策。

在不同业务领域，员工的晋升比率有所不同。通常情况下，投资银行部门（包括融资及并购业务）高级职衔晋升比例相对高于职能支持部门相应级别的晋升比例，这与两类部门的人员流失率也具有一定的对应关系。

一般情况下，VP 以下以年资为晋升的主要考虑因素，VP 以上级别的晋升则主要考虑业绩贡献。也就是说，VP 以下员工，只要满足基本的核心能力要求及基本绩效表现要求，一般都能获得晋升。因此，VP 以下晋升速度往往较快，而到 VP 以后，由于晋升主要依靠业绩贡献，因而晋升速度则明显放缓。

在这种机制下，美国投资银行人才结构呈现出纺锤型的特征，高职衔及低职衔员工（未计 Analyst 以及 Associate 层次）数量较少，在纺锤的两端，中等职衔的员工数量最多，处于纺锤的中间。

（三）对应的薪酬水平框架

美国投行的薪酬体系与业务职衔系列相对应，给付薪酬的依据是业务职衔，同一个职衔对应一个工资标准（或水平区间）。在薪酬构成上，具有低固定工资、高绩效奖金的特征。业务职衔越高，奖金占个人收入比例越高。MD层级的奖金甚至可以达到固定工资的几十倍。

对 Analyst 职衔一般采取目标奖金制度，并按年资支付。应届毕业生在第一年的 Analyst 职衔期，只能拿到低水平的奖金，随着年资的增长，奖金占比逐步增加；但是，一般从第三年开始，就对表现不好者进行淘汰，并引导他们回到大学进修 MBA 课程。

MD 层级在投行的地位非常独特、职位设置非常稀缺，因而享有很高的薪酬福利待遇。相应地，对业绩、收益的贡献要求也远远大于 Director 层级。

（四）成熟有效的外部环境因素

在投资银行企业内部，员工的晋升通道是否顺畅、企业的人才需求是否能够得到快速满足、调整人才结构是否容易实现是影响 MD 体制有效运行的主要因素。而这些因素的有效性直接受到整个社会的文化环境和国家的法制环境的影响，而这些环境因素本身也是不断发展、演进而逐步变得成熟和有效的。

1. 成熟的人才供给市场。美国领先的高等教育体系，为投行业培养了足够的应届毕业生，而成熟的人才市场为美国投行在市场上招聘各类合适的人才提供了保障。

2. 健全的社会福利体系。美国健全的社会保障体系降低了投行人员的失业压力和流动风险。这样，美国投行在辞退人员、调整人员结构方面难度小、效率高。美国投行呈现的具有"定期"特点的裁员行动，既有战略调整的因素和经济性的因素，又具有主动调整人才结构的功能性因素。有序的流动，在一定程度上提高了整个投行业的人才配置效率，总体上也有利于行业的发展。

3. 成熟的外部中介服务。在美国，人力资源管理得到多方位的专业化发展，在人才招聘的组织、人才评价技术、薪酬体系建设、绩效管理体系建设、培训支持、技术系统建设等各方面，都有高水平的中介机构提供专业化的服务。它不仅提高了投行人才管理的水平，也促进了行业人力资源管理规范、人才队伍建设规范的形成。

总体而言，美国社会的文化环境、社会保障体系和劳动力市场，是投资银行 MD 体制有效运行的"合适土壤"。

三、我国券商建立 MD 体制的尝试

（一）我国券商引入 MD 体制的基本情况

中国投资银行的业务职衔是随着国际投资银行进入中国而引入的。作为第一家中外合资的投资银行，中金公司基本上完全引进了摩根士丹利的 MD 业务职衔。此后中银国际等合资投资银行也相继引入业务职衔制度。随后，国内一些大的投资银行也尝试引入。国内的券商或投行如中信、国泰君安、中信建投、招商证券均已经采用 MD 业务职衔，还有一些券商在部分业务领域实施业务职衔制度。

业务职衔制度的引进，带动了国内证券公司的人才管理机制的进步。

（二）国内证券公司实施 MD 制存在的问题及其主要根源

1. 存在的主要问题。

MD 体系的引进和有效运用，要基于良好的公司文化、人才管理机制、绩效评价规范和人才开发政策。由于国内券商的人才管理机制比较多地沿袭了传统的管理模式，在引入国际上较为成熟的 MD 体系时，或多或少存在以下问题：

（1）一些券商尽管导入了业务职衔系列，但只是作为对员工职务的"包装"，仅仅关注业务职衔的外在包装功能，因此收不到良好的运行效果。

（2）一些公司没有充分认识到，引进 MD 体制实际上是引入了一套系统化的现代人力资源管理体制。这套体系的有效运用，需要进行一次深入的制度变革。因此，只是简单地把原来的等级系列替换为业务职衔系列，缺乏实质性的变革，难以收到应有的效果。

（3）有的公司虽然有决心实施变革，但是人力资源管理专业基础薄弱，对引进 MD 体系的准备不足，消化不足，因此，引入后收效甚微。

（4）有的公司内部明显缺乏优胜劣汰的绩效文化，引入 MD 体系后，面对人员能进不能出，岗位能上不能下、待遇分配"大锅饭"的现象踌躇不前。在业务职衔的管理上、人员配置和调配上又回到传统的干部管理模式和"官本位"体制上。

2. 问题的根源。

国内投资银行在引入 MD 体系时存在的问题，其根源主要如下：

（1）对"以客户为中心"的理念认识不到位。有的证券公司简单地把业务职衔当做为对员工进行包装的工具，仅关注员工开展业务对职衔的需要，而没有关注客户对业务人员在专业、经验、责任等方面的要求，这样就难以建立良好的客户关系，难以提高客户信任度。

（2）把实行 MD 体制作为解决业务人员职业发展瓶颈的工具。MD 体制作为业务职衔制度，相比传统的行政体系或等级体系，在员工晋升方面有所突破。但是，任何企业在提供给员工职业发展需要的职衔资源上都是有限的，增加职衔资源不是解决员工晋升天花板的根本措施。

（3）既得利益者缺乏变革动力。在原有的职位本位制下，在位的中高层管理人员成为既得利益者。实行 MD 体制，将有更多的高级别的专业人士分享权力及薪酬"蛋糕"。因此，实行 MD 体制实际上是对既有利益格局的打破，一部分中高层人员因此不愿意变革，成为体制变革的阻力。

（4）对引入 MD 体制寄托了过高的期望。尽管美国投行在人员的组织管理上普遍使用 MD 体制，其效率在不同的投行也不尽一致。MD 体制像其他任何形式的人员管理体制一样，其本身无法保证总是有效或高效的。同时，我们还要认识到，美国投行在人员管理的专业性、科学性、先进性等方面明显领先于我国投行业，并且经历了较长时间的经验积累和机制演进；再者，美国投行 MD 体制有效运行的外部环境比我国券商人才队伍建设的外部环境更成熟、更有效率。因此，期望通过引入 MD 体制解决以往我们在人才队伍建设方面的诸多难题不切实际。而过高的期望或不切实际的期望，也会成为导致 MD 体制运行失效的因素。

四、美国投行的 MD 体制对我国券商实行 MD 体制的借鉴

从前文的分析和论述中，我们可以看到，美国投行的 MD 体制属于人力资源管理体制和机制的范畴，其有效运行依赖于清晰的职衔系列和任职条件、明确的人员晋升政策、规范的绩效评价体系、配套的薪酬体系和良好的劳动关系环境。对于我国券商而言，在引进和建立 MD 体制时，须做好以下工作：

（一）不断提高人才管理的专业化水平

由于我国券商历史较短，多数券商的经营管理脱胎于传统的管理模式，伴随着许多落后的管理思想和手段。过去 20 多年的快速发展，也掩盖了高层次聚集的行业现状与落后的管理水平之间的矛盾。而美国投行发展到今天，无论在管理理念还是管理手段等方面都经历了不断的变革和创新。因此，要引进 MD 体制，须做好人才管理的基础工作，包括科学的人才评价技术、简明的组织管理模式、先进的技术支持手段、具有竞争力的薪酬待遇水平等。

（二）持续建设优胜劣汰的绩效文化

MD 体制的有效运行，需要具有"人员能进能出、岗位能上能下、待遇能高能低"的动态机制的支持，进一步形成良性的优胜劣汰的绩效文化。绩效文化的建立，有赖于明确的人才管理理念、绩效导向、规范的评估流程、全面的绩效沟通。在行业发展的不同时期、在同一公司发展的不同阶段，对绩效的追求是发展变化的。对于券商来说，则需要结合自身特点，顺应市场变化，及时地调整人才结构，保持人才队伍的活力。

（三）共同培育专业的中介机构

MD 体制在整个行业的有效运行，需要在行业内逐步形成规范的人员管理架构、通用的职衔体系、可参照的薪酬水平等。要达到这样的状况，中介机构大有可为。现在，国际上著名的人力资源咨询公司已进入中国，他们可以

提供职级体系、薪酬体系、绩效管理体系、培训管理等全方位的、专业化的人力资源咨询服务。

必须承认的是，我国证券行业的发展水平与美国投行的差距还比较大，简单地照搬、套用成熟市场的管理机制，很可能事与愿违。因此，我国券商引进、建立 MD 体制还需要与我国证券行业的发展阶段、券商自身的基础以及外部的环境结合起来，稳步推进、不断完善，才可能取得预期成效。

国金证券在人才测评上的探索
及对证券行业人才管理的借鉴意义

第二组组员：国金证券石鸿昕、华融证券黄芳、华夏基金田甜、
太平洋证券史明坤、招商证券王岩、中信建投周笑予

　　人才测评看起来是一门新兴的学科，最近才引起人们的关注，但实际上，无论古今中外，人才测评都一直是管理者们关注的一个话题。人才测评，其实要解决两个问题：一是定标准，二是找方法。定标准，就是定立人才的标准；找方法，就是找到针对人才标准进行评测的方法。在古代，就有了这两个方面的探索和实践。比如，在定立人才标准的方面，《论语·述而篇》提出优秀人才的标准是"志于道、据于德、依于仁、游于艺"；孟子认为"仁、义、礼、智"是人性中的四项优秀品质；《孙子兵法》中提出了为将者的标准："将者，智、信、仁、勇、严者也"。而在找寻人才评价的方法方面，远在汉代，我国就采用了"举孝廉"这样的方法来选拔人才。到东汉末年，当

时吏部的陈群创设九品中正制，对人才进行细分，设定人才调查表，以统一的标准来对人才进行评估和选拔。而到了隋唐，中国开始使用科举制度来选拔人才。在人才测评的理论研究方面，古人也做出了很多的成果。远有汉代刘邵的《人物志》，近有清代曾国藩的《冰鉴》，都是识人用人的经典之作。到了当代，对人才评价的研究就更加五花八门。比如血型、星座、面相、笔迹等，都曾经或仍被用来作为人才评价的依据。

这些测评的理论和方法，或许能够有很好的效果，但也可能导致测评的结果比较容易产生偏差。因此，随着现代人才测评技术的兴起，过往的这些人才测评的方法和理论，也逐步被一些新的方法所替代，更多地成为了人们的一种兴趣爱好。

现代意义上的人才测评，是在近代西方管理学、心理学、社会学等理论发展起来后，为了满足企业识人用人的需求，发展出来的人才识别与评鉴的理论与工具体系。本文所探讨的人才测评，即是在现代企业中使用的，可量化的、可重复的人才测评体系。

一、人才测评的相关理论

人才测评，是指采用一系列的方法和工具，对人才进行评价的技术。其目的是通过对人才素质的评价，来判断其能否适应某个工作岗位或者未来发展的潜力等。

（一）定标准

我们说人才测评的第一步是要定标准，这个标准，我们叫它"胜任素质"，英文叫 Competency。胜任素质并不是指一个人的学历、工作经验等客观条件，而是指一个人要做好某项工作，所需要的各项基本特质的集合。20 世纪 50 年代，哈佛大学麦克利兰教授首先提出胜任素质这个概念。胜任素质包含的内容比较多，一般来讲，我们会把它归结在人的行为动机以及能力上。比如诚信自律、成就导向、有效沟通、高效执行等方面的特质或能力，这些特质或能力是一种因子，它体现了一个人成功的可能性。而一个人在岗位上的绩效，事实上只是其胜任素质在岗位体现中带来的结果。

（二）找方法

人才测评的第二步是找方法。找方法，其实就是找到合适的测评工具对人才的各项行为表征进行评估，来判断一个人所具备的胜任素质。在《人才发展与测评》的课程中提到，目前，在人力资源管理领域，广泛使用的测评工具多种多样，适用的范围也各不相同。课程中推荐了一些常用的用于领导力测评的工具和方法，包括绩效评价、高管意见、直接主管意见、正式的人才评估流程、同事评价、基于本公司的人才素质模型进行 360 评价、工作模拟等，这些方法，可以组合用于测评领导力的各个维度。我们对人才测评工具也进行了一些整理，比如，在知识层面，通常比较有效的测评工具是考试，案例分析，问题解答等。而在价值观和心理素质层面，适用的工具可能就是一些心理量表、性格测试等。当涉及能力层面时，可能采用管理游戏、情景模拟以及小组讨论等方式可以较好地反映出一个人的能力。因此，测评工具的选择通常是基于所要测评的素质以及企业的实际需求而定的。

表1　　　　　　　　　业内广泛采用的测评工具以及其应用范围

测评形式	测评工具	适宜测试的素质
笔试	知识测试、案例分析	专业知识能力、写作能力、翻译能力等
心理测评	卡特尔 16、管理人员个性测验、需求测试、能力测试、九型人格等	个性、动机、价值观、职业倾向维度、思维方式
面试	结构化面试	沟通表达、组织协调、仪表风度、情绪控制、逻辑思维、应变等能力和动机匹配性等
	非结构化面试	沟通能力、人际能力、团队精神、接受新事物的能力等
评价中心	公文筐测验	工作条理性、计划能力、倾听、说服能力等
	无领导小组讨论	组织行为、洞察力、倾听、说服力、感染力、团队意识、成熟度
	角色扮演	表达沟通能力和处理人际关系的能力、思维反应的敏捷程度、客户服务意识、组织和计划能力、人事管理、领导力以及影响力
	案例分析	分析能力、逻辑思维能力、独创性、说服能力
	管理游戏	组织能力、理财能力、思维敏锐力、紧张情境下的效率、适应能力及领导力等

（三）工具的选择标准

既然有这么多的人才测评工具，我们应该如何选择适用的测评工具呢？这里，我们认为，对人才测评的选用，最重要的是尽可能满足如下两个原则：

1. 信度。

信度是指，一项工具的使用，要具备一定的可靠性。比如说，尺子作为一种测量工具，它具有信度。因为当我们用尺子去测一个物体的长度时，在不同时间用不同的人去测，结果都一样。同样，在人才测评中，对于同一个人，用同一套工具不同时间来测，其结果应该是类似的；另外，对于同一个人，由不同的评估者使用同一套工具进行测评，其结果也应该是类似的。当满足上面这些条件时，我们就说，这个测评是有信度的。

2. 效度。

效度是在信度之上的一个要求。简单来说，它指的是我们测量的结果是我们想要测量的东西。比如说，尺子虽然具备了信度，但是当我们要测一个物体的质量的时候，用尺子测就不合适了，因为这时我们想要测量质量，而尺子却只能用于测量长度。这个时候，具备效度的测量工具应该是一台天平。同样，在人才测评中，如果我们用一套数学试卷来测评一个人是否适合做管理者，这个测评虽然可能具备了信度，但是显然不具备效度。在这种情况下，具备效度的测评可能是通过领导力评鉴中心，通过一系列的测试，来对一个人的管理潜力进行评价。

因此，在挑选测评工具时，我们要尽可能挑选同时具备信度与效度的测评工具，这样，才能够保证我们的测评是有效的。

二、国金证券在人才测评方面的实践

（一）明目标

2005 年，国金证券被涌金集团收购，从成都证券改名为国金证券，并开始了从地方性的券商向全国性券商的转变之路。2006 年之前，整个国金证券员工数量加起来不过 200 多人，而到了 2009 年，已经超过千人。人才快速扩张的过程对国金的高管和人力资源管理者们提出了新的要求：如何让国金的管理者们快速适应从小规模团队的管理到大规模组织的管理？如何在业务快速扩张的过程中保证团队的凝聚力？如何让国金的员工接受并拥护接下来的业务变革？

在这个背景下，拥有全国视野的高素质的管理型和专业型人才就成为国金发展所必需的资源。而对于国金的人力资源部门来说，如何在快速发展的过程中识别优秀的管理者，提高国金人才的整体素质并提升管理者的能力，就成了国金人力资源工作的重中之重。

2009 年，国金证券人力资源部成立了领导力中心，以帮助国金打造高素质的管理者和优秀的员工为工作目标。其工作思路是通过对企业中绩效优秀的管理者与员工的研究，来建立国金管理者和员工的胜任素质模型，并以此为基础，发展出一整套基于胜任素质的人才选拔、发展、评估的人力资源工作实践，并以此来不断提升国金的人才素质。

经过领导力中心成立初期的摸索和探索，国金领导力中心逐步确立了人才发展与人才建设的三步走策略。这三个步骤分别是：（1）确立公司优秀人才的标准。（2）基于这个标准来选拔、发展人才。（3）将人才管理的方法体系化、规范化，形成国金证券的人才管理体系。

（二）定标准

在国金证券，优秀人才的标准，就是国金的员工胜任素质模型。有了胜任素质模型，就可以以素质模型为中心，将素质模型应用于公司各项人才管理的实践当中。国金证券的人才测评体系，则是上述人才管理体系的重要先决条件，基于有效的人才测评，国金证券的人才发展、人才选拔才能够运转起来。

素质模型体现了绩效优秀的员工之所以成功的基因，也是国金在人才选拔与人才发展上的标准。它的意义在于，让国金证券的各个层面，都能以胜任素质模型的要求为标准，来选拔、培养人。没有标准，那么人才的评价与甄选，就只能依靠主观判断，也就难以满足信度和效度的要求。

素质模型的建立有很多方法，常见的有 BEI 行为访谈法（归纳法）和专题讨论法（演绎法）。BEI 行为访谈法是指针对绩效优秀的员工和领导者进行行为事件访谈，收集优秀领导者的行为数据，进行统计分析后得出关键胜任素质，并形成胜任素质模型。这种方法的优势是有充实的行为数据来支撑素质模型的有效性、精准性和客观性。

而专题讨论法则是根据企业的战略进行分解、岗位任务反推，通过小组讨论或者研讨会的方式得出针对某类员工的关键胜任素质，并形成每项素质的定义和层级。这种方法的优势是建立的模型能体现企业未来战略的导向，符合企业现状。

在国金胜任素质模型的建立过程中，采用了 BEI 行为访谈法和专题讨论法两种方法相结合的方式，通过针对大量管理者和员工的行为访谈、高层研讨以及文献参考，最终确定了国金的胜任素质模型。

国金的素质模型，有两个特色。首先，它是国金绩效优秀员工特质的提炼，反映了国金员工的成功基因。其次，它充分体现了国金的企业文化，同时，在设计当中融入了中国传统文化与西方的管理思想。国金的企业文化是"责任、和谐、共赢"。责任，强调的是一个人对自身的要求；和谐，强调的是一个人与外在环境的融洽；共赢，则强调的是企业整体治理的结果。这三者正好与儒家的经典《大学》中"修身、齐家、治国、平天下"的思想不谋而合。责任体现在修身，和谐体现在齐家，而共赢则体现在治企。这三者是有递进顺序的。先强调修身，再强调齐家，最后自然能做到治企。而国金在研究素质模型时，发现在西方有许多成熟的素质模型的案例，都把素质模型分为三个层面，就是驱动自己，驱动他人，驱动组织。这三个层面正好与我们前面提到的修身、齐家、治企相吻合。这样，责任、和谐、共赢和修身、齐家、治企以及驱动自己、驱动他人、驱动组织互相对应。

图1 国金素质模型

国金的胜任素质模型分为两个层面：一个是针对公司的全体员工的通用素质模型；另一个是针对公司管理者的素质模型。通用素质模型是指对国金证券全体员工都适用的素质模型，而管理者素质模型则是针对公司的管理者提出的更高的要求。图1是国金的员工素质模型，其中，白色字体的词条，如诚信自律、积极主动、责任心等，属于面向全体员工的通用素质模型；而黑色字体的部分，如成就导向，成为典范则是面向管理者的管理者素质模型。员工通用素质模型与管理者素质模型存在递进的关系，员工素质模型是对所有员工的要求，而管理者素质模型则是在员工素质模型基础上对管理者的更高要求。比如对员工，国金要求他们具备诚信自律的素质，而对于管理者，则要求他们能够成为典范，遵守更高的道德标准，并能成为员工学习的榜样；对于员工要求他们具备积极主动的素质，能够以阳光心态做事，并能超出预期，而对于管理者，则要求他们具备成就导向，能够有较强的事业动机，并能够开拓进取，不断创新。

表2   国金素质模型表

分类	员工通用	管理者
驱动自己	诚信自律 责任心 积极主动 自我发展	成就导向 成为典范
驱动他人	有效沟通 团队合作	影响力 团队管理 培养下属
驱动组织	客户意识 共赢思维 高效执行	组织认同 战略思维 决策能力 资源整合

（三）配工具

前面提到，针对不同的素质内容，适用不同的测评工具。比如心态、价值观之类的素质，很难通过面试、考试之类的方法在短时间内进行测评，快速了解，但是360度问卷评估，就能够较好地收集相关素质的评价。结构化面试等测评工具，可以通过过往的经历来比较好地了解被测评者在一些能力方面的素质，比如沟通能力、资源整合能力等。在国金证券的素质模型建立以后，国金为素质模型中的每项素质都匹配了相应的人才测评工具。

在匹配人才测评工具的过程中，国金并没有简单照搬国内外成型的工具，而是根据自身的情况，进行了工具的筛选与设计。所有采用的工具，尽可能都是基于公司的胜任素质模型来自主设计，这样，保证人才测评的结果与公司的用人标准相匹配。并且，每项测评，都是基于实际的人才管理的需求研发，保证能比较有效地在企业中获得应用。

表3   测评工具及素质内容匹配表

胜任素质	结构化行为面试	绩效考评	360度问卷评估	访谈	Q12组织氛围评估	合规评价	工作模拟	无领导小组	性格测评	观察
诚信自律	Y		Y	Y		Y			Y	Y
责任心	Y		Y	Y						Y
积极主动	Y		Y	Y				Y		Y
自我发展	Y		Y	Y						Y

续表

胜任素质	结构化行为面试	绩效考评	360度问卷评估	访谈	Q12组织氛围评估	合规评价	工作模拟	无领导小组	性格测评	观察
有效沟通	Y		Y	Y			Y	Y		Y
团队合作	Y	Y	Y	Y	Y			Y		Y
客户意识	Y	Y	Y	Y						Y
共赢思维	Y		Y	Y				Y	Y	Y
高效执行	Y	Y	Y	Y						Y
成就导向	Y		Y	Y				Y	Y	Y
成为典范	Y		Y	Y	Y	Y				Y
影响力			Y	Y	Y			Y		Y
团队管理	Y	Y	Y	Y				Y		Y
培养他人	Y	Y	Y	Y	Y					Y
组织认同			Y	Y						Y
战略思维	Y	Y	Y	Y			Y			Y
决策能力	Y		Y	Y					Y	Y
资源整合	Y		Y	Y			Y			Y

（四）成体系

图 2 是一个国金人才管理体系的简单模型，从图中我们可以看出，人才测评在国金人才管理体系中占据了极为重要的地位。

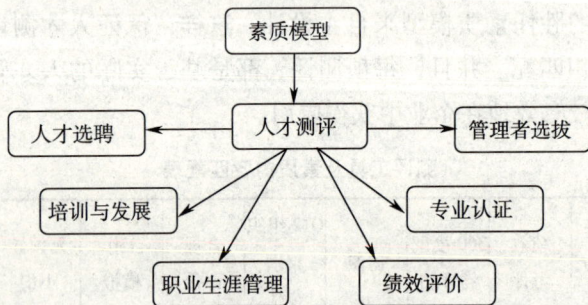

图 2　国金人才管理体系模型

从图 2 我们可以看出，素质模型是国金人才管理体系的前提，而人才测评则是国金人才管理体系的中枢。国金的人才测评是在素质模型的基础上设计出来的，用于人才选聘、培训发展、员工职业生涯管理、绩效评价以及管理者选拔等人才管理的各个方面。

举例来说，在人才选聘领域，基于素质模型，国金研发了基于素质模型的招聘工具，包括结构化面试题库与评分标准、面试评估表、背景调查表等评估工具，并以此工具来对应聘者在素质模型要求的各项素质进行评估，最终作出人才聘用方面的决策。

在培训发展领域，国金提出对人才的培养应从"让我知道、给我机会、教我方法"三个方面入手。而"让我知道"这一步，就是要让员工知道自身的素质与岗位所要求的素质之间存在的差异，并以这个差异为参照，来拟定自身的发展计划。国金要求管理者对其员工进行能力评估，并反馈其评估结果。同样，在针对管理者的领导力发展项目中，针对管理者的领导能力评估与反馈也是领导力发展的第一步。

在职业生涯管理中，人才测评要评估的是员工的素质与其想要晋升到的岗位所要求的素质之间的差异，并基于这个差异，为员工匹配发展方案。

在绩效评价中，各项素质能力测评也被作为绩效评价的项目，占据一定的权重。

在各序列的职业认证中，用对各序列员工的能力测评，来作为专业和业务职级评定的重要信息来源。

最后，在管理者的选拔当中，也需要用到人才测评的技术，来判断被提名承担管理岗位的人是否具备领导潜质，将来是否可以胜任这个岗位。

因此，在国金的人才管理体系中，人才测评被用于人才管理的各个方面，是人才管理各项工作有效推进所必不可少的工具和方法。

同时，为了保证人才测评适用于人才管理工作的不同方面，同时具有较高的信度和效度，上述各种测评工具都不是单一使用，而是进行了组合。

比如，当人才测评用于管理者的领导力发展时，360度问卷评估、领导力访谈与反馈、性格测评等工具被广泛使用；在领导力发展中，360度问卷评估起到的作用主要是给管理者照照镜子，了解他人眼中的自己，找到自己的优势与不足。而领导力访谈和反馈，则主要是与管理者及其周边人员进行沟通，一方面可以弥补问卷调研的不足，另一方面可以通过面对面的交流，以互动的方式，让管理者对自身的定位、发展方向有更清晰的认知。通过访谈，领导力中心也可以对管理者做到更准确的评估。一般来讲，在访谈中，访谈者会用到九型性格测评的工具，来对管理者进行性格的评价，让他们了解自己的性格优势和不足，并且在以后的工作当中能够扬长避短。通过这些方法的组合，能够让管理者从各个方面对自身进行了解，从而能够更有效地进行领导力发展的计划。

国金证券在企业内部推行了针对多个业务条线的专业认证与评级，来评价各条线员工的专业与业务素质。外部专业认证更多地依赖于考试这一测评手段，而国金认为，考试反映的是一个员工的专业知识与思考分析能力，还应该加入对员工实际能力的考评。比如，在国金人力资源专业认证中，考试只是作为评级中的一项测评内容，除此之外，国金还引入了现场工作检查、周边员工访谈、工作实景模拟等测评手段，来从各个方面了解员工的各方面素质。通过测评工具的组合，了解的信息就较为全面，最终测评的结果自然也就相对客观。

工具的组合在其他人才管理的领域也获得了应用，比如在人员甄选当中，以素质模型为核心的结构化面试工具、基于工作内容的情境模拟和无领导小组讨论等工具被广泛使用；在干部的任免评价中，领导力访谈、Q12组织氛围调研、绩效考评、合规评价等工具被广泛使用；在员工的专业与业务职级认证当中，结构化面试、绩效考评、工作模拟、周边访谈等手段被广泛使用。通过不同的人才测评工具组合使用，人员的评价的可信度就大大提高，在企业内部的被管理者和员工们认可和接受的程度也大大提升。

表4　　　　　　　　　　　　　人才管理与测评工具匹配表

胜任素质	结构化行为面试	绩效考评	360度问卷评估	访谈	Q12组织氛围评估	合规评价	工作模拟	无领导小组	性格测评	观察
人员选聘	Y						Y	Y	Y	
管理者选拔	Y	Y	Y	Y	Y	Y			Y	Y
领导力发展			Y	Y					Y	Y
培训发展		Y								
专业认证		Y		Y			Y			Y

（五）见成效

在国金证券，各项人才测评工具已经被广泛地使用，其使用的效果也获得了受众和各级管理者的认可。另外，人才管理对国金的业务发展提供支持的作用也越来越明显。

1. 员工素质改善与能力提升。

通过在员工选聘、培训发展、专业认证、职业生涯规划等方面使用人才测评，帮助国金有效地提升了进入公司的人员素质，也帮助国金的在职员工们对自身加强了解，找到未来发展的方向，加速了人才培养体系的孵化，使员工的综合素质和能力不断得到提升。近几年，国金在各项业务上均获得了快速成长，这与员工整体素质的提升是分不开的。

2. 管理者素质提升。

国金连续三年使用 360 度领导力调研作为领导力发展的重要工具，使国金的管理者快速成长。作用体现在过程本身与依据调研结果得出的培养计划。在过程当中，对管理者评估的问卷本身就成为管理者改进自身行为的基准。由于问卷本身包含了对管理者的行为要求，许多管理者在收到问卷后非常重视，不仅参照问卷进行自我反省，还主动与自己的领导沟通，提出改进计划。在调研之后，国金每年都会针对公司的中层干部进行"领袖计划"培训，而领袖计划的主题则主要来源于 360 度领导力调研的结果。国金把一些在测评中反映出的共性问题，放到领导力培训当中，并针对性地设计课程，更好地帮助管理者获得提升。通过管理者的领导力发展项目，公司内部涌现了一大批优秀的管理者，他们善于总结学习，能够把培训中学习到的知识与工具应用到工作当中，促进了团队的成长与业务的发展。比如，成都都江堰营业部的总经理，在学习了管理教练技术后，在营业部内部的目标传导和与员工沟通中，大量使用这项技术，使其团队在学习、凝聚力、工作积极性方面都保持在一个较好的状态上，其经营业绩也一直在公司名列前茅。而金融产品业务部的负责人，在了解素质模型和相关工具后，主动在其团队内部进行素质模型的推广，要求其员工自发对素质模型进行学习和分享。其团队在公司组织氛围评测当中，呈现出较高的敬业状态。

3. 汰换不合格管理者。

360 度问卷调研更多的是用于个人成长与发展，国金在 360 度问卷调研之外，还设计了一系列管理者评价工具，如领导力访谈、绩效评价、合规考察等，并结合各项领导力综合测评的结果，为公司提供用人建议。对部分不合格的管理者，人力资源部提请公司进行人员汰换。一些部门，通过对部分管理者的汰换，使部分部门重新焕发了活力，业绩获得增长。

4. 阻止不合格的管理者晋升。

针对新任管理者进行筛选，阻止了一些明显不合格的管理者晋升。后续的经验证明，当初的决定是正确的，避免了公司更大的损失。

5. 获得高层管理者的认可。

针对管理者的测评已经获得高层管理者的认可。在 2011 年年度管理者评估报告向总裁提交后，总裁给人力资源部回信，提到"通过此报告对公司的所有中层干部有了比较全面的了解，对将来的决策大有裨益，希望每年都能看到类似的报告。"公司几位主管业务的副总裁也对测评结果表示了充分的认可。他们提到，测评结果基本可以与他们对该管理者的主观印象相印证。有位副总裁这样评价："测评结果基本符合我对他们（被测评者）的认知，又丰富了我的认知，让我从其他角度更好地了解了这些管理者。"近期，公司总裁要求国金领导力中心组织针对公司高管的领导力测评，来为公司高管的领导力发展提供一些参考。这充分说明，国金的管理者测评，已经被公司的高管所认可，并期望它在高管的领导力发展中，也发挥一定的作用。

三、国金的经验、不足及对行业的借鉴意义

在《人才发展与测评》的课程中，讲到了在设计人才测评工具与体系时，有一些最佳实践。一般来讲，人才测评项目要想成功，其设计与实施的过程应该包括如下几个步骤：

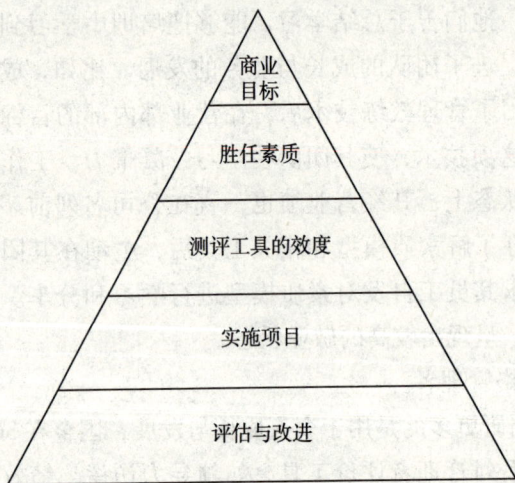

图3　人才测算的设计与实施步骤

第一步是明确企业的目标，并匹配相应的战略；第二步是基于战略来明确所需的胜任素质；第三步是建立测评工具的效度；第四步是实施项目；第五步是对项目进行评估与改进。

接下来让我们来看国金证券在建立自己的人才测评体系的过程中，是否符合上述原则，有哪些经验和不足，可以为证券行业其他公司实施人才测评项目提供哪些借鉴。

1. 定标准阶段。

综合国金的经验，我们认为，有效的人才管理要建立在明确、适当的人才标准的基础上。在确定人才标准阶段，国金做得比较好的地方是：

（1）与企业实际结合度高。没有根据市面上的各种素质模型库简单地选择自己的素质模型，而是根据企业中的优秀员工为原型，依托企业的战略、文化与价值观自行研发出来的，贴合了企业的实际，在企业内部的接受度也相对较高。从这里可以看到，国金的素质模型设计过程，其实已经符合了我们课程中提到的符合企业战略以及设立素质模型这两项原则。

（2）能够落到人才管理的实处。在国金，素质模型是企业人才管理的核心，人才选聘、培训发展、创优评先、绩效评价、干部管理等，都是以素质模型为依据，这样就能够从人才在企业中成长的全流程里面贯彻素质模型的要求，使人才在企业当中按照素质模型的方向获得成长。

证券行业作为一个新兴行业，对人才的需求是巨大的。近年来，为了加强行业整体的人才管理，监管层和行业协会也加强了在行业整体人才统筹和发展方面的举措。那么，证券行业需要什么样的人才？其标准是什么？这个问题值得整个行业思考。证券业协会人力资源专业委员会成立后，曾有过建立行业的人才库以及名人堂的想法。其实，这项工作的开展，一个重要的前提就是要建立行业的人才标准。并且这个人才标准是要适当的，优秀销售人员的标准可能不同于优秀的投资咨询人员，而优秀的投资咨询人员的标准可能不同于优秀的投行项目人员。因此，对行业来说，建立分序列、分层级的人才标准是开展行业人才管理的前提。

对于企业来说，也需要建立企业自身的人才标准。对于每个企业，应该思考的问题是，什么样的人才是自己想要的人才？这个标准是否明确？是否经得起考验？是否是根据企业的发展战略、实际情况、所处发展阶段、企业文化来确定用人标准？如何将人才标准与人才管理实践进行整合？把人才标准真正地落实到企业管理的实处？

2. 工具设计与实施阶段。

国金证券采用了一系列的测评工具，来进行人才测评工作。每项测评工具的背后，都有其设计思路和应用方案。为了保证测评工具信度与效度，使工具发挥出最大作用，国金在工具的设计和应用中积累了一些经验。我们发现，国金在设计工具的过程中，已经注意到要保证测评工具的效度，并且能够在实施项目的过程中不断改进，与课程中提到的测评工具设计的后三条原则不谋而合。国金所采用的360度领导力问卷评估，是由国金证券领导力中心自行研发，自主实施，在国金连续实施了三年，在公司获得了较高的认可。因此，本文将以360度领导力问卷调研为国金人才测评工具的代表，着重对360度领导力调研的设计思路与执行过程进行挖掘，来找出国金在测评工具设计与实施方面的经验。

通常，由人力资源部门主导，在企业中采用360度领导力问卷调研，会遇到较大阻力，效果往往也不尽如人意。其原因在于：（1）信度与效度难以保证。如果采用第三方的问卷，别人可能会质疑测评问卷本身是否测评了企业所需要的素质。（2）容易受到抵触。测评的是企业中的管理者，他们在企业中具有较大的影响力。一旦问卷调研的结果与其预期不符，那么测评问卷就很有可能遭到较大的质疑。（3）人力资源部作为公司的一个部门，而不是第三方，较难让评估者与被评估者信任其公正度和保密性。

那么国金证券是怎么做的呢？我们总结下来，国金的360度领导力调研之所以成功，其原因主要在以下几个方面：

表5　　　　　　　　　　　**360度领导力问卷调研设计思路**

阶段	策略
问卷设计	问卷设计基于素质模型的行为列表 评分标准以行为展示的频率为依据 问卷设计贴近工作 问卷设计充分采纳被评估者的意见
问卷实施	充分沟通调研目的 扩大样本数 邀请被评估者挑选同级评估者 无效问卷的处理 过程公开透明，结果保密
问卷反馈	事后当面沟通结果 反馈有效信息 提供改进建议 坦诚存在的不足

下面，我们来逐条分析，分别对上述的成功策略进行阐述，来看看国金在360度问卷调研的过程中是如何确保成功的。

3. 问卷设计阶段。

（1）问卷设计基于素质模型的行为列表。在国金的素质模型的基础上，国金领导力中心针对每个素质词条，分别为之匹配了具备该项素质的人在行为上的表现。举例来说，当一个人具备"培养他人"的素质，在行为上其中之一的表现可能就是他会及时向下属反馈其工作中的优势与不足，并提供改进建议。那么问卷中的问题就会以这项行为呈现的频率作为该名管理者是否具备该项素质的一个重要判断依据。当然，每个素质词条会有多个行为列表与之匹配，并且尽可能全面，涵盖这个素质词条的方方面面。比如，国金认为，"培养他人"的人，要能够展现出对他人成长的正面期待，同时能够未雨绸缪地进行人才布局和后备人才梯队的规划，并且自身能够有效地使用辅导、咨询、教练、培训等多种手段来帮助他人的成长。那么最终，该词条的行为列表中就会涵盖上述的多个方面。既然最终采用的调研问题本身就是该项素质的外显行为，那么对行为的评价自然也就可以反映素质的情况。这样，在问卷的设计过程中，通过从素质模型出发来设计调研问题，本身就保证了这个调研的效度相对较高。

（2）评分标准以行为展示的频率为依据。刚才提到，问卷中的问题都来自于素质模型的行为列表，这在一定程度上解决了效度的问题。另外，就是不同的人，评分标准不一样，也可能导致最终评分的结果信度不高。举例来说，不同的人，对同一个人的同一项素质进行评价，因为评分标准不同，可能会导致最终的结果差异较大。那么，为了解决这个问题，国金在设定每个问题的评分标准时，不是单单请评估者给出自己的主观评分，而是请评估者根据被评估者实际展现某项行为的频率为依据来进行打分。问卷中的评分标准分为十档，分别以不同的行为频率对应。

> 分值与频率的对应关系如下：
>
> 1 分——几乎从不 　6 分——间或
>
> 2 分——极少 　　　7 分——还算经常
>
> 3 分——很少 　　　8 分——通常
>
> 4 分——偶尔 　　　9 分——非常频繁
>
> 5 分——不定期地 　10 分——几乎总是

图4　360度问卷评分标准

根据行为频率来进行评价，一定程度上避免了打分时的主观评价。根据评估者回忆中这名管理者的行为展现频率，就可以相对较为准确地进行打分。通过将评分标准与行为频率挂钩，一定程度上提高了问卷评估的信度。

（3）问卷设计贴近工作。在将行为列表转化为问卷中的问题时，国金领导力中心又尽可能地对问卷的问题进行了适当改进，使其贴近国金的具体工作。比如，在"责任心"这一素质词条中，有维度提到，优秀员工应该"对工作有清楚的认知，并且敢于担当"。这个行为转移到调研问卷中，就成为在流程审批（例如处理 EBOSS）时，对自己的决策负责，认真了解事项内容，独立思考，未发生过"连附件都不看就一点而过，事后问起该项工作完全不知道"或者"前面已经有人发表意见了"等现象。EBOSS 是国金证券的电子化办公系统，当问卷中把抽象的行为与具体的工作情境结合时，就能够更好地帮助评估者根据工作情境来进行回忆，从而更准确地作出判断。

（4）问卷设计充分采纳被评估者的意见。在正式进行问卷调研前，国金领导力中心将问卷中的问题全部发送给了所有的被评估的管理者们，请他们针对这些问题提供自己的改进建议。并且从被评估者里面抽选了一些管理者，与其当面沟通，听取意见。并参照他们的建议，对评估问卷进行了修订。通过这个过程，一方面让被评估者了解问卷是如何生成的，提高对问卷的了解；另一方面，也通过让他们自身参与问卷的设计，提高对问卷的认同度。

4. 问卷实施阶段。

（1）充分沟通调研目的。由于 360 度领导力问卷调研这一工具的特质，很难做到对一名管理者的各项能力精确地评价，因此，一般来讲，360 度问卷调研作为领导力发展的工具，意义是非常重大的，而不仅仅是一个评价工具。这一点，在国金的问卷调研中，得到了充分的体现。无论是在问卷实施时，还是问卷实施后，国金领导力中心向参与评估的评估者及被评估者都进行了充分的沟通，强调本项工作的目的是为了帮助管理者们更好地提升领导力，而不是为其贴上一个好、坏的标签。"照镜子"、"看看别人眼中的自己"，是在沟通中不断提到的调研目的。通过这些沟通，帮助评估者与被评估者打消顾虑，提供更为真实的反馈。

（2）扩大样本数。在 2010 年的调研中，由于人手和工具的限制，在实施调研时，国金对评估样本的选取进行了抽样。但是从 2011 年开始，在问卷评估者的选择上，国金尽可能做到了全样本。即该管理者的所有上级和下级都会被纳入评估者的名单当中，被邀请来填写评估问卷。这样，在一定程度上避免了抽样带来的误差。另外，在问卷实施过程中，国金通过邮件、短信、电话等多管齐下的方式，不断提醒未填写问卷的评估者进行问卷填写。通过这种方式，最终问卷回收率基本都高达 90% 以上。

（3）邀请被评估者挑选同级评估者。由于同级评估者较难选择，有时被选中的评估者可能对其要评估的人了解不多，打出来的分值偏差较大。基于这种情况，国金领导力中心提出，邀请被评估者本人来选择其同级评估者，这样，在一定程度上保证了同级评估者反馈的问卷都能提供较为有效的评价。另外，因为问卷是对行为评估的，其客观性并不会因为被评估者挑选关系好的同级而受到影响。同时，通过邀请被评估者挑选同级评估者，体现了国金对被评估者的尊重。被评估者在接受反馈时，其接受程度会更高。

（4）无效问卷的处理。在回收的评估问卷中，不可避免地存在一些无效问卷。无效问卷主要是指那些明显因未客观评价而导致评分过高、过低或者过于一致的问卷。比如，对一名管理者，所有题的评价都过高或者过低（都是满分或者最低分），这样的问卷就会作为无效问卷处理，被剔除出来，不纳入问卷的评分。但是，对于这些被剔除的无效问卷在开放式评价中给出的优劣势评价和改进建议，还是会被纳入到评估报告中，给被评估者反馈，以保证反馈信息的全面。而对于一些打分明显偏高的上级领导，由于上级的样本较少，不能轻易剔除，国金会请这些领导重新审阅评分标准，并尽可能客观地重新评价。通过对无效问卷的处理，使测评结果排除了那些有失公平的问卷的干扰，从而能够对被评估者作出更加客观公正的评价。

（5）过程公开透明，结果保密。在调研的过程中，关于调研的问卷、设计、不同评估者的选取方式等信息，完全对被评估者公开。并且问卷的发送、填写、回收也完全公开。但是，对于问卷填写的结果以及最终形成的报告，实际参与填写问卷的人员名单，都严格保密。通过过程公开，结果保密，使整个调研更加透明，同时通过结果保密，保护了问卷填写者与被评估者。通过严格遵守这一原则，使人力资源部这个公司内部的部门，成为评估者及被评估者们信赖的第三方，进而使参与者们更愿意敞开心扉，真诚填写，使问卷的填写质量和报告的质量都逐年提升。

5. 问卷反馈阶段。

（1）事后当面沟通结果。对于所有参与调研的管理者，国金领导力中心都会向其反馈个人报告。反馈报告的过程中，会向被调研者进行报告解读，帮助他们理解报告的构成，以及后续如何利用报告，制订改进方案并实施改进。通过当面沟通的方式，也帮助国金领导力中心了解当事者对调研报告的看法，对自身的反思以及对调研的改进建议等。当面沟通，可以很好地帮助双方交换意见，并有助于及时处理因调研结果不佳而出现的情绪等，可以帮助管理者从正面、积极的角度来看待报告，并激发他们后续改进的愿望与动力。

（2）反馈有效信息。最终的调研报告，应该反馈哪些信息，也是国金领导力中心在设计报告时考虑的内容。当时，在报告的框架设计、信息内容等方面，数易其稿，也参考了市场上一些成熟的报告形式，最终确定了国金领导力报告的框架样本。在本文的附件中，我们附加了完整的报告样本及描述，对此进行详细阐述。

通过最终的报告，尽可能多地向被评估者提供有效的信息，并帮助他们理解应如何正确看待这份报告，并如何利用这份报告来获得成长。

（3）提供改进建议。在调研的反馈中和反馈后，国金会要求被评估的管理者们根据报告反馈的内容，制订自己的改进计划，并在有需求的时候，提供咨询辅导，来帮助管理者们制订改进计划。通过这种方式，进一步让被评估者认识到这项评估是为了帮助其获得领导力发展，增强其对报告的接受度。

（4）承认存在的不足。在沟通的过程中，国金领导力中心会承认，问卷调研并不万能，它只是一面镜子，有可能是平面镜，也有可能是哈哈镜，可能反映的是真实的情况，也有可能反映的是扭曲的信息。但是重点在于，它为管理者们提供了一个照镜子的机会。古语有言"以人为镜，可以知得失"，360度领导力调研报告就是这样一面镜子，帮助管理者们照出自己的得失。

国金的360度领导力调研也有一些值得改进的地方。我们在调研中发现，由于360反馈的量比较大，且都由领导力中心进行，造成了部分管理者在收到自己的调研报告后不能及时获得反馈，导致部分管理者在自行阅读报告时认知上产生一些偏差，使后续的沟通工作难度加大。国金对此也提出了改进的想法，一是对公司内部的领导力服务经理们（国金对管理者进行了分组，为每组管理者都匹配了资深的HR人员作为其领导力服务经理，为其提供领导力发展相关服务）进行培训，使其具备反馈报告的能力，这样可以加速报告反馈的进程。另外，也需要邀请被评估者的上级参与报告的反馈，并提出改进建议，这样能够使后续的改进与管理者的工作计划相结合，产生更好的效果。

分析完国金在360度领导力调研上的经验与不足，我们认为，国金在测评工具设计和实施阶段，给我们的借鉴意义主要有以下几点：

（1）在设计测评工具时，要关注测评工具的信度与效度。就像有了长度的标准，我们还需要尺子，这样我们的这个标准才能用得起来。而测量工具的信度和效度，是我们在选用人才测评工具时应该考虑的要素。只有具备信度和效度的测评工具，才是可持续的、能够发挥出效用的。

（2）实施人才测评时，细节是制胜的关键。一项测评工具，有许多方面可能会影响其测评效果。因此，在实施前、中、后，要关注各项细节，使影响测评效果的不利因素减小到最低，这样，这个测评工具的效用才能最大限度地发挥出来。

（3）注重改进。一个测评体系，在刚问世时，必然存在许多的不足。重要的是能够正视不足，不断改进。比如国金在第一年的360度问卷调研中，发现评估样本过少的问题，在第二年的调研当中就进行了改进，增加了评估样本；最初由调研人员直接选定同级评估者，后来改进为由被调研者自行选择同级评估者，提升了问卷回收的数量与质量。通过持续不断地进行改进，最终测评体系的可应用性和被接受程度都会不断提升，最终成为具有公信力的评测工具。

国际投资银行 MD 管理体制浅析

第三组组员：东吴证券冯玉泉、长盛基金林培富、
广州证券夏德兴、国海证券刘俊红、安信证券蔡晓昕、国信证券方强

纵观国际投资银行的发展，虽然经历了一个多世纪的演变，大部分的国际投资银行如摩根士丹利、摩根大通、美林、高盛、瑞士信贷、德意志银行等均沿袭 MD 管理体制。正是 MD 管理体制这种特殊的管理体制和形式，使国际投资银行能够将最优秀、流动性最高的投资银行业务精英凝聚在一起，形成了一个独特、稳定、有效的管理架构。

一、MD 管理体制的起源

"MD（董事总经理）"是一个业务职衔、职务名称，一般为业务职衔的最高级别。最初 MD（即 Managing Director，董事总经理）一词特指英国传统公司的最高决策者，后被欧美其他国家引入并采用。随着 IT 产业在美国的崛起，

MD（董事总经理）这一职衔逐渐被 CEO 代替，只有在投资银行业才得以保留，但其已经失去传统意义上的企业最高决策者的含义了。

第二次世界大战以来，美国金融业发展迅速。在美国华尔街投资银行出现大量业务人员。这些业务人员主要从事证券经纪、金融产品销售、融资业务承揽等工作。他们的头衔一般都称为客户经理，其中客户经理又具体细分为初、中、高级多个级别。由于一些高级客户经理或业务人员在工作中直接接触的客户经常是各大公司里的 Managing Director，为方便沟通，一些投资银行也将这些高级客户经理或业务人员冠名"Managing Director"，使其与客户的身份相对称，以示"对等交流"或"对等接待"。华尔街投资银行的"Managing Director"既不是董事会的董事，也不是非投资银行领域所谓的最高决策者，只是一种身份，一种"好听的"头衔。

与 MD 类似，为了便于与客户进行对等交流、沟通，一些针对不同级别客户经理的职衔如 ED（Executive Director）、VP（Vice President）、Senior Associate、Associate 等也同时出现。MD 业务职衔体系成为对投资银行人员进行分类管理的工具以及为投资银行人员提供的职业晋升通道，并不断深化为以 MD 业务职衔体系为核心的 MD 管理体制，成为投资银行内部主导性的组织形式，对投资银行组织模式产生了深远的影响。

二、国际投行 MD 管理体制简介

（一）MD 业务职衔体系名称

国际投行 MD 业务职衔体系一般是以 Analyst 或 Associate 为最低职级，以 Managing Director 为最高职级的，职级一般不超过六个，前台业务序列和后台管理序列可以统一或者用两套职衔体系。

表1　　　　　　　　　MD 业务职衔体系名称

前后台采用统一的公司职衔		前后台采用两套公司职衔	
摩根士丹利 Morgan Stanley	美林 Merrill Lynch	瑞士信贷—业务 Credit Suisse	瑞士信贷—支持 Credit Suisse
Managing Director Executive Director Vice President	Managing Director Director Vice President Assistant Vice President Associate	Managing Director Director Vice President Associate	Managing Director Director Vice President Assistant Vice President

续表

前后台采用统一的公司职衔		前后台采用两套公司职衔	
高盛 Goldman Sachs	雷曼兄弟 Lehman Brother	JP 摩根—业务 JP Morgan	JP 摩根—支持 JP Morgan
Partner Managing Director Managing Director Vice President Associate	Managing Director Senior Vice President Vice President Assistant Vice President	Managing Director Executive Director Vice President Associate	Managing Director Senior Vice President Vice President Assistant Vice President Asst. Treasure/Associate
瑞士银行 USB AG		德意志银行—业务 Deutsche Bank	德意志银行—支持 Deutsche Bank
Managing Director Executive Director Director Associate Director		Managing Director Director Vice President Associate	Managing Director Director Vice President Assistant Vice President

其中，高盛最初也是以 Managing Director 为最高等级的，只是后来随着 Managing Director 人数的增多，这些人面临晋升天花板问题。为了解决这个问题，高盛才在 Managing Director 之上增加了 Partner Managing Director 职衔。

（二）各业务职衔需要的资历条件

国际投行一般采用 MBA 毕业年度这一资历指标作为员工能否获得晋升的基本条件。一般来说，各投资银行每年从优秀大学招收本科生做 Analyst，工作 2～3 年后，公司便要求其去商学院攻读 MBA，MBA 毕业后可直接从 Associate 职级做起，从而真正踏上投资银行职业生涯。以后，每 2～4 年在满足晋升条件的情况下晋升一次，直到 MD。

表2 各业务投行任职条件

MBA 毕业年度	职衔	说明
11 年	Managing Director	MD 级别有很高的业务收益指标以及客户责任要求，需参与公司的整体战略及业务方向制定；MD 的薪酬、奖金分配以及福利安排皆显著区别于 Director 以下职衔
10 年 9 年 8 年	Director/ Senior Vice President	从 Vice President 到 Director 后，约需 3 年到 4 年的任职经验，并且对公司有显著的贡献，才会晋升到 MD

续表

MBA 毕业年度	职衔	说明
7 年 6 年 5 年	第 3 年的 Vice President 第 2 年的 Vice President 第 1 年的 Vice President	第 4 年的 Vice President 通常会被晋升到 Director，或者离开公司追求其他发展机会
4 年 3 年 2 年 1 年	第 4 年的 Associate 第 3 年的 Associate 第 2 年的 Associate 第 1 年的 Associate	Senior Associate 或者晋升到 Vice President Intermediate Associate Intermediate Associate Junior Associate
Analyst 通常会离开公司再度进修，参与商学院 MBA 课程，只有很少一部分会被晋升到第 1 年的 Associate		
本科毕业 2 年到 3 年的 Analyst	全球 Analyst 培训项目	

（三）国际投行人员典型能力要求

能力是国际投行评价员工时最为看重的要素，各业务职衔典型的能力要求如下：

1. 经济贡献（Economic Contribution）。

2. 企业承诺（Commitment to Firm）。

3. 领导力（Leadership）。

4. 客户影响力（Client Impact）。

5. 团队协作能力（Partnership/Teamwork）。

6. 沟通能力（Communication）。

7. 专业能力（Technical）（主要针对 Director 及以下人员要求）。

（四）MD 业务职衔体系与职位制的比较

MD 业务职衔体系与传统的基于岗位的职级体系在制度、付薪基础、工资制度、薪酬差异性等方面有较大差异，具体如下：

	国际投行业务职衔制体系	传统的基于岗位职级体系
制度核心	人（技能/能力），强调个人能力	岗位，强调行政级别
付薪基础	人（技能/能力）＋绩效	岗位为主，业绩为辅
工资制度	技能工资制	岗位工资制
薪酬差异性	体现在人的能力、资历、业绩的差异性	体现在岗位价值的差异性上
职级与岗位的关系	无关	岗位与级别一一对应

续表

	国际投行业务职衔制体系	传统的基于岗位职级体系
职业发展	基于任职资格与能力素质的晋升，晋升比例控制	基于岗位变动的晋升，必须有岗位空缺
使用范围	投行 IBD	—
决策权限	更多依赖委员会	由岗位决定

三、国际投行 MD 管理体制的特点

MD 体制在国际投行并不仅仅意味着一套头衔体系或者晋升体系，它更意味着匹配行业特点及发展趋势、组织业务运作模式的决策机制、任职体系以及相配套的激励体系，尤其是能上能下、业绩导向、能力导向的人员管理理念的根本性变革。各模块具体特征如下：

（一）集体决策机制

在明确的授权授信体系架构下，建立完善的集体决策机制，此种决策机制的价值在于：集合公司资深业务/专业人员的集体智慧，确保决策的科学性以及与业务的贴切性；通过赋予资深业务/专业人员参与公司重大事项决策的权限，在物质激励的基础上，给予高学历、高收入、高流动性三高投行人员一定的精神激励。

（二）相对灵活的人员管理关系架构

MD 管理体制打破了传统的岗位架构的桎梏，通过明确的汇报关系及完善的人员任职资格体系建立相对灵活且运作有序的人员管理关系体系。直线汇报关系可以根据业务开展需要、员工个人能力专场及个人倾向，相对灵活地安排恰当的工作任务，以帮助员工个人能力的提升同时确保部门业绩的达成。这也是国际上典型的知识型企业（包括投资银行、会计师事务所、咨询公司等）最为常见的人员管理关系架构。

（三）强化业绩、鼓励员工个人能力提升的任职资格体系

历经近百年的运作，国际投行逐步形成了几乎泛行业约定俗成通行的 MD 各级别人员任职资格标准。其中最为常用的任职资格要素包括业绩、学历与专业、资质证书、从业经验、培训时数、知识技能、能力素质及职责/角色定位等多方面的因素。对不同级别的人员，各任职资格要素的侧重点有所差异：对于资浅人员，对个人资质证书、学历与专业、知识技能、能力等要求相对更为看重；对资深人员，则更关注于员工的业绩、角色、领导力等相关要素。

（四）鼓励长期留任、利益捆绑的激励机制

绝大部分投资银行在上市前均为合伙制，通过实际入伙及公司利润分红鼓励员工（尤其是资深业务人员）的长期留任和与公司利益的捆绑。上市后，绝大部分的投资银行（包括高盛、野村、瑞银等）均采取权益类的长期激励机制，将员工个人收益与公司股票价格密切关联。

四、MD 管理体制为投资银行所青睐的原因

MD 管理体制源于合伙人的理念，符合投资银行核心能力要求，符合投资银行组织文化要求，为国际大投资银行所青睐。

（一）MD 管理体制强调所有权和管理权的相对统一，起源于合伙人的理念

合伙人理念要求合伙人利益共享、风险共担，追求利益的长期最大化；合伙人理念鼓励专业能力提升，只要业绩足够优秀，能力符合要求，就可能成为合伙人，合伙人数量不受限制，激发员工活力，最大限度地发挥人的价值；合伙制企业一般拥有开放的架构，要求不断吸收新的合伙人，增加抵御风险的能力，扩大业务规模，促进业务的无边界扩张。

MD 管理体制的这种合伙人理念，促进了从业人员专业素质的积累和个人职业生涯的长期规划，也造就了一个个有个性、有着良好职业操守的投资银行，也促进了行业的发展。

（二）MD 管理体制契合投资银行从业人员的需求

投资银行从业人员一般具有如下特点：学历高、素质高、对身份地位的需求高，稳定性低，高创造性、高自主性，追求自我实现。对他们的激励不能简单依赖于物质激励，同时需要身份、职衔、声誉、权力的激励。MD 管理体制从职衔、权力配套、利益共享等多角度体现对从业人员的激励，提升员工的归属感和对自我价值的认同。

（三）MD 管理体制符合投资银行核心能力的要求

华尔街投资银行高盛的高层曾经对人力资本的重要性有以下阐述："我们认为员工、资本和声誉是公司最珍贵的财富。任何财富即使只有丝毫损失，后果都将是难于弥补的。公司所有的成功来源于员工的努力，这是我们为什么始终致力于吸引、激励和回馈我们的员工"。投资银行公司品牌、资本规模、客户资源的获取与整合、投研定价能力、业务创新能力等核心能力的塑造最终都落到人身上。

（四）MD 管理体制符合投资银行组织文化及组织形式的需求

国际投行在发展过程中形成了一种独特的组织文化，主要表现在：开放

式的组织架构、市场导向、客户导向、业绩和能力为核心、不晋升就走人、与职衔配套的资源和权利、项目制运作、重大业务决策实行委员会制度。这些文化特性在 MD 管理体制上得到了完美的体现，虽然以高盛为代表的国际投资银行开始走向公开上市，但是 MD 管理体制和合伙制文化特性仍然保留延续。

五、对国内证券行业的借鉴意义

MD 管理体制并非纯粹的业务职级体系，国内券商在借鉴的过程中，应以 MD 业务职级体系为载体，通过对组织架构、管控模式、激励机制、运营流程等全面的优化变革，建立合伙人的文化。

（一）建立开放性的组织架构

MD 管理体制要求企业组织架构保持灵活性和开放性，建立以客户为导向、以人为核心的组织发展模式，员工将可能形成利润中心，打破业务之间的壁垒，实现业务的无边界扩张。如国内券商传统的投资银行组织架构如图 1 所示，投资银行各前台业务部门隶属于投资银行总部，不利于扁平化管理和高效决策。MD 管理体制下投资银行各业务部直接隶属于企业股权融资委员会，委员会制的管理制度压缩了管理层级，更有利于高效决策和前台的快速反应，同时保持了团队的灵活性和可复制性，只要员工有足够的业务能力和经验，达到相应的业绩贡献，即可成立一级业务部门，公司将大力支持和鼓励员工的晋升和业务的拓展，不人为设置发展的天花板，从而真正实现公司与员工的共同成长。投资银行资产市场、质量控制等中后台职能实行集中管理，有利于资源的统筹分配和成本控制，后台人员更专注于风险控制的质量和效率，提升后台的服务水平。

（二）建立两级决策管控体系

MD 管理体制下，公司总负责人（一般为总裁或 CEO）对业务线、职能线授权，通过明确各业务及职能委员会、高管成员、部门负责人等的职责、权限，建立分工明确、层次清晰的授权管理体系，明晰各决策主体权限分配，减少权限模糊地带，决策充分扁平化。

在授权体系下，业务线重大事项交由业务线委员会集体决策，职能线重大事项交由职能委员会集体决策。各委员会采用票决制，资深业务/专业人员（如业务线 MD 或职能线 MD）可就公司业务或职能重大事项发表专业意见，参与投票决策，实现决策权力与专业能力的匹配，提升决策的专业性和质量，有利于保持业务单元对市场的灵敏度。

图1　传统投资银行组织架构

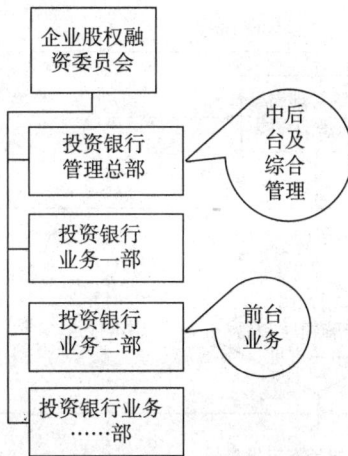

图2　MD 管理体制下授权管理体系

图3　两项决策管控体系

（三）建立捆绑制的长效激励机制

MD 管理体制变革需配套设计合理的长期激励政策组合，探索构建以股权激励模式为核心的长期激励体系，适时推行高管股票期权计划、员工持股计划等多种股权激励措施，以股权为纽带，将高管人员及核心骨干人员的利益与公司利益紧密捆绑起来，保证双方长期利益的一致性，最终提升公司的核心竞争力。

（四）建立高效决策的运营流程体系

与开放性的组织架构、权责利对等的 MD 业务职衔体系、明确的授权体系和管控体系相匹配的，运营流程体系必须风险可控的前提下实现科学、高效、快速。MD 管理体制下，运营流程体系向二级决策体系转变，流程发起人至流程审批人为端对端的审批，需过程审核的环节变为抄送，相关被抄送人员在规定期限内没有给予反馈意见，视为完全同意事项请求，进一步减少运营流程的中间环节，大幅提升了决策效率。端对端流程优化示意图如图 4 所示。

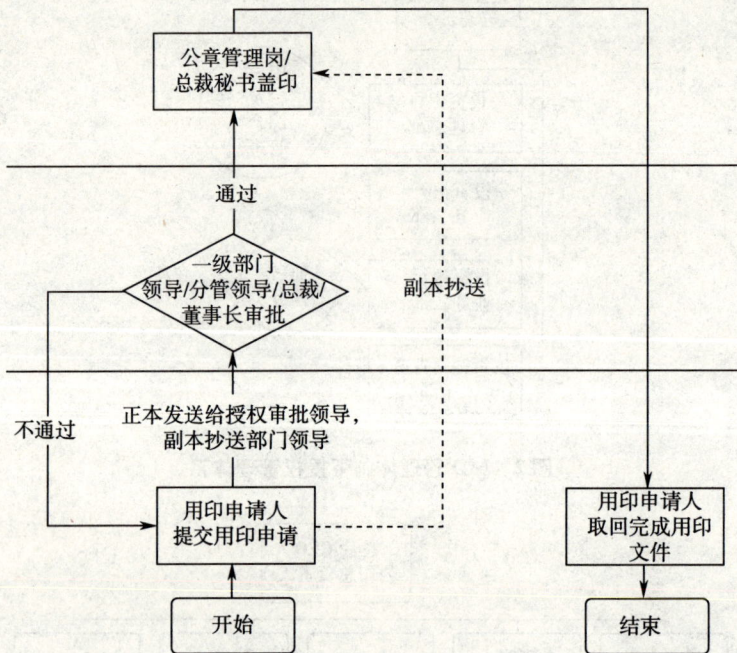

图 4　端对端流程示意图

（五）建立"合伙人"的理念与文化

通过 MD 业务职衔体系的实施及组织架构、管控模式、激励机制、运营流程等全面的优化变革，这些载体的充实与完善将使"合伙人"理念和文化在企业得以生根发展。MD 管理体制的"合伙人"特性，意味着对人才的绝对尊重和人才与企业的双向联结。对人才的绝对尊重，强调业绩导向、能力导向。员工业绩、能力决定了其个人的职衔、待遇、权限等，不受其他人为因素的限制，同时管理人员也应该从优秀的专业人员中选拔提升。这种机制打破了"一个萝卜一个坑"行政发展通道的限制，拓展了业务人员和专业人员的职业发展空间，从而激发广大员工的工作激情和创造力。人才与企业的双向连接，强调利益共享、风险共担。员工在公司业绩好时根据业绩和能力享有相应回报的权力，同时也需承担公司业绩下滑、业绩虚假、业务风险等带来的责任及压力。

美国券商管理者领导力提升的最佳实践

——高盛领导力体系建设对我国券商创新发展的启示

第四组组员：宏源证券李江鹏、宏源证券申克非、宏源证券徐亮、
齐鲁证券吕祥友、西南证券梁一青、兴业证券孙国雄

　　二十年来，我国证券公司的快速成长主要来自于规模扩张，规模扩张的背后是诸如股权分置改革带来的制度红利等因素。这一阶段的市场总体规模快速扩大，而严格的行业管制导致证券业务的通道供给并没有同步放大，证券行业出现了一定的垄断利润。在这种发展模式中，证券行业发展的快慢主要受经营牌照多寡的影响。规模驱动发展模式的形成与当时经济增长模式、行业所处阶段是相一致的。在中国证券行业快速发展的同时，也出现了券商之间业务结构单一、竞争同质化等一系列问题，这使得证券行业发展极大地受制于市场行情，行业的核心竞争力建设、金融创新力度和效果都比较迟缓。

2012 年，市场结构升级和管制放松表明监管放松加速，创新环境逐步打开，这将成为证券行业成长最大的催化剂，我国证券市场开始步入创新驱动的新阶段，并努力打造世界级的一流投资银行。但我们也要清醒地认识到放松管制后，券商将面临更加激烈的竞争。我们用 20 年的时间走过了西方证券市场上百年的时间，面对纷繁复杂的国际经济形势，众多优秀的国际投行轰然倒塌，到底是什么影响了国际投行的发展，怎样才能在百年证券发展史上屹立不倒，是值得我们思考并探索的问题。2008 年金融危机，美国国际集团（AIG）、贝尔斯登（Bear Stearns）以及房利美（Fannie Mae）和房地美（Freddie Mac）都需要政府的救助或者接管。雷曼兄弟（Lehman Brothers）倒闭，美林（Merrill Lynch）被出售，沃顿商学院的教授们认为，公司令人震惊地相继倒塌，显示了金融服务领域领导力的大规模溃败。什么是领导力，怎样才能通过领导力促进企业发展，我们将通过对高盛领导力的探索，以期对我国券商可持续发展有所启发。

一、什么是领导力

领导力（Leadership Challenge）是领导者的个体素质、思维方式、实践经验以及领导方法等，可以被形容为一系列行为的组合，而这些行为将会激励人们跟随领导去要去的地方，不是简单地服从。这些影响着具体的领导活动效果的个性心理特征和行为的总和，就称为领导力。美国前国务卿基辛格（Henry Kissinger）博士说："领导就是要让他的人们，从他们现在的地方，带领他们去还没有去过的地方。"根据领导力的定义，我们会看到它存在于我们周围，在管理层，在课堂，在球场，在政府，在军队，在上市跨国公司，在小公司直到一个小家庭，我们可以在各个层次，各个领域看到领导力，它是我们做好每一件事的核心。一个头衔或职务不能自动创造一个领导。

领导力就是"给组织带来愿景，并带来实现愿景的能力。"领导力可以分为两个层面：一是组织的领导力，即组织作为一个整体，对其他组织和个人的影响力。这个层面的领导力涉及组织的文化、战略及执行力等。二是个体领导力，对于企业来讲，就是企业各级管理者和领导者的领导力。组织领导力的基础是个体的领导力。

二、高盛领导力体系探析

始于富兰克林—罗斯福总统时代，高盛就开始源源不断地为美国政界输送高官，是什么将这家有着 140 余年历史的老牌投资银行打造成一家领袖制造厂？通过对高盛领导力实践研究，我们发现高盛有着独特的人力资本价值理念，高度重视管理层的领导力提升，建立了适合自己文化和经营理念的领导力培养体系。

（一）独特的人力资本价值观和合伙人文化

"用于员工培训和发展方面的投资往往是最关键的，而财务部门总是低估人力资源价值。如果人是最重要的资产，你就应该发展他们。保留人才是你一直都要面对的问题，钱就是用来往人上扔的，用来让人才获得价值提升。"这是高盛的哲学，即不仅让员工获得发展，最终是让员工在市场上拥有巨大的竞争优势。总结一句话，培训是用来提升员工在市场上的核心竞争力。提升员工的价值，就是提升高盛整体的核心竞争力，这是高盛百年来屹立不倒的重要原因，正是基于这样的人力资本的价值理念，高盛建立了独有的领导力体系，获得了巨大的行业竞争优势。

高盛在1999年纽交所上市之前，一直是合伙制企业，合伙人文化深深植根企业。每个合伙人负责一个业务领域甚至某个项目，企业运营也最终向合伙人负责。合伙人也对所负责业务领域或团队中大多数员工比较熟悉。在这样的体系下，以合伙人为最高点，逐层向下的学徒培训模式十分适合高盛的企业特质。

（二）完善的高盛领导力体系

1. 20世纪50~80年代，高盛的"学徒培训"模式。

20世纪50年代到80年代，除了一些由人力资本部门的职业技能培训外，高盛开始重视由核心或高级领导层提供的"领导力学徒培训"。针对有潜质的员工，由高级管理层亲自出任"职业导师"（mentor）的角色，从领导力到业务专业，大多数的培训基本上都是通过一对一的学徒模式在工作中非正式地进行的。对于其他更广泛的员工，通常是由VP或相近层级的管理者出任其"职业导师"，进行企业文化、专业能力及某层级岗位所需要的领导力培训。随着员工层级的升迁变动，"职业导师"也定期作出调整。"学徒培训"模式适合高盛的发展阶段及企业特质。

随着高盛的规模日益扩大，业务日益复杂，组织也越来越庞大，在各个业务线上训练出足够多的领导者就成为了一个更大的挑战，以往的学徒模式也遇到了瓶颈：

（1）业务的多样化以及地域的全球化使得公司所面临的环境越来越复杂，仅仅以学徒模式非正式地训练员工越来越暴露出系统性有限，知识碎片化等缺陷，难以胜任公司的规模化、高速化发展。

（2）业务拓展嗅觉和大宗品市场敏感性方面的领导能力难以在日常业务中传授。需要有正式的培训项目来教授这些能力和知识。

（3）公司的规模在短期内迅速扩大，需要正式统一的公司范围的培训来维系公司的企业文化，遏制地域化与局部化倾向。

2. 20 世纪 90 年代开始，高盛设立公司级的"领导力培训咨询委员会"，并在 2001 年设立"首席学习官"职位。

高盛为应对企业多业务全球化发展的一个方式就是将"学徒模式"向"领导力委员会模式"演进，设立领导力培训咨询委员会，打造高盛全球领导力体系。

（1）高盛的领导力培训咨询委员会

领导力培训咨询委员会主要成员包括：高盛董事局董事、高盛欧洲地区负责人、高盛董事局董事、高盛亚洲地区负责人、权益业务负责人（MD）、人力资源负责人（MD）、投资管理部门首席运营官、资产管理部门负责人（MD）、财务部门负责人、培训发展部门负责人、内部咨询部负责人。

高盛的"领导力培训咨询委员会"从设立一开始就被赋予了四大职能目标：发展公司核心资产，人力资本是公司的最核心资产和竞争优势，所以说委员会首要的目标是保持人才的活跃并加强其学习能力；在人才争夺中取得有利地位，对于大部分的人才来说，良好的培训和职业发展是吸引他们的关键因素，所以要强化培训来满足这个目标；培养一批杰出的领导者，公司在业务上和规模上快速扩张，为了适应这种发展需要，公司要培养更多能力出众且业务全面的领导者；保持公司文化与品质，由于公司快速发展，42% 的高盛员工进入公司还不到两年，这种快速的发展需要更多正式的培训项目作为学徒模式的补充，以此来保持公司的文化以及保证公司产品与服务的高标准。

（2）领导力培训咨询委员会运作的核心模式

领导力培训咨询委员会从成立的一开始就强调，不照搬别的公司的领导力培训模式，也不对领导力的内涵做任何的预设与假定，他们强调与基层员工及各级经理人交流，共同探讨与定义适合高盛的领导力模式与员工期望或接受的培训方式。

专门的培训中心。GE 作为领导力培训的开创者，拥有自己的独立培训中心，GE 的员工也将此培训当做一种荣誉，当做 GE 对他们过去工作的认可和通过领导力培训，带来未来提升空间的拓展。高盛领导人当时对 GE 的这种领导力培训模式非常欣赏，也进行了学习。他们将位于新泽西 Hudson 大街 30

号的一栋独立办公楼拿出来作为领导力培训中心。该中心拥有 75 000 平方英尺的场地，并拥有住宿接待能力，后来也成为了高盛领导力文化的象征。

优秀的培训导师。高盛将企业领导力培训讲师分为内部讲师与外部讲师两类。外部讲师主要是知名大学教授、知名大企业领导人甚至包括前政府高级领导人。但是高盛领导力培训咨询委员会也明确向学员强调：外部讲师在各自领域是专家，但他们对高盛的文化和行为习惯了解有限，可能会有原理化、概念化的倾向，所以对他们的讲授必须要根据高盛实际进行消化，联系高盛实际形成学习总结；内部讲师主要是研究战略与领导力的高盛内部咨询顾问、有标杆意义的业务经理甚至是先进基层员工。不过委员会也会在其开始讲授之前明确向学员指出，内部讲师的思路仍旧是高盛既有企业文化的延续，可能有需要打破的陈规陋习，学员会被要求讨论其中可以跳出思维定式，进一步革新的要素。

领导力培训的内容与形式。高盛认为领导力培训的一个重要目的是让高盛内部在谈论、操作、评估各级领导岗位的"领导技巧"、"领导方式"、"领导能力"、"领导继任"等多方面有共同的词汇语言、统一的思维理念与系统化的操作流程。这就决定了领导力培训的内容与素材应当是来自企业管理实践，经各管理层级员工提取出来之后，交由内外部讲师进行润色加工，形成高盛独特的培训教材体系。由于高盛历来有以合伙人为最高点的"传帮带"学徒培训模式传统，领导力培训咨询委员会也特别重视在培训形式中压缩传统的课堂讲座，增加对真实工作场景的模拟，通过讲师与学员共同参与的实景模拟，给学员营造一个真实的环境，在模拟中让学员做出判断，讲师给予评估教学。

企业领导力培训的对象与组织形式。高盛将领导力培训的对象设置了一个跨度相当大的范围，从 MD 到基层经理。高盛刻意为不同层级的管理者安排了共同参与的培训，并且在培训中有意消除不同层级之间的等级感，培养"同是高盛一分子"的团队主义文化。当然高盛也针对不同层级的管理需要进行有针对性的小组学习，将相似业务、相似层级的管理者放在一个小组中单独学习。但领导力培训委员会会强调说明这是根据业务需要做出划分，而非根据层级差异划分。领导力培训咨询委员会还十分重视跨业务线的培训。其目的并非专注于提升专业素养，事实上跨业务线之间，专业有着比较明显的差异，而是通过有意让不同业务线管理者增加接触与了解，帮助形成企业整体文化的同时，也有利于扩大公司内部跨业务线合作的可能。

（3）打造领导力需要最高领导的支持与科学的人力资源体系

1999 年，保尔森（美国第 74 任财政部长）与 11 位高盛顶尖高层亲自经历了 6 个月的头脑风暴，通过与内部员工和外部专家的沟通反馈，最终形成综合性的领导力发展计划。随后，保尔森专门设置了首席学习官的职位，于 2001 年 3 月把供职于 GE7 年的培训大师史蒂夫 – 克尔（Steven Kerr）挖来担任此职。公司的学习项目涵盖了全球 20 000 名员工中的 2 500 名，保尔森要求所有的经理都要参加。克尔为高盛搭建了三维的领导力培训体系：

一是为副总裁和经理主管级别打造特定的培训项目，鼓励经验性的、基于行动的学习。该项目对 85 位高级副总裁提供为期 1 年的课程，经理主管的课程则为 9 个月，均量身制作，包括课堂练习、教练指导及三个实际任务。所有的任务分配都基于让受训者积累有意义的经验和经历，超出日常工作职责，从而使高管们的领导技能和专业技术获得显著提升，并获得经营企业之外的更全面的领导才能。

二是鼓励员工成为非营利性组织中的领导者。高盛一向关注公共服务事业，不仅有物质上的捐助，而且还让员工参与社区的团队工作，高管们一向都有从事公众服务事业的传统。

三是连接内部中级管理层和外部客户的培训课程。高盛认为客户中有很多都是值得尊敬的、高产的、有效的组织，而它们所采用的完全不同于高盛的商业范例、模型和方法正是值得高盛的经理们学习的。于是，高盛的客户及与之对应的公司内部人员（包括经理主管及其下属）便坐到同一间屋子中，相互介绍管理经验。这可以帮助高盛人学习，也有助于巩固和客户之间的关系。

（4）高盛的全球领导力计划（GSGLP）

高盛致力于发掘并培养明日的领导者。每年都会从世界最好的 70 所大学中甄选出 100 名最顶尖的学生作为"高盛全球领导者（Goldman Sachs Global Leader）"，并提供奖学金等一系列的项目和资源。成员们通过参加一系列活动经常聚在一起，同时会继续保持并加强同老成员之间建立的关系网。到目前为止，全球有超过大约 1 000 名来自 40 多个不同国家的"高盛全球领导者"。

（三）卓越的团队文化——没有明星的团队理念

崇尚团队合作的企业文化也是高盛能源源不断输送领袖的关键。保尔森一直担当着高盛的"文化传递者"角色，他努力将老合伙人们所倡导的聚焦于团队合作的特质继承下来，并将三分之一的时间用于培养员工和企业文化，每年亲自主持招聘工作。高盛认为，优秀的领导能力建立在团队之上，并扎根于正直和诚实的品质中。新员工一旦进入公司，高盛就灌输给他们"忘记明星体系、最小化第一人称代名词的使用"这样的理念，这样的培养方式后来都能被证明对其后的政治领域生涯大有帮助。

（四）高盛的领导力法则

高盛在搭建完善的领导力体系时，也逐渐形成了整个公司对领导力的共识，大家愿意相信并遵守这样的法则，成为每个团队成员交流合作的准则，甚至超越了公司规定。领导力法则深深地根植于每个人的意识、行为当中，使高盛的员工保持了很高的职业素养。

1. 在深刻理解正直和诚实的基础上行动。正直和诚实是公司的核心遗产，也是公司的商业法则所高度强调的，各级领导者都必须在日常决策和行动中支持这些价值观，并慢慢向下属灌输。

2. 通过卓越的商业行为和员工发展来实现业务成绩。卓越的商业行为是公司生命的血液和活力的源泉，是领导力可信性的关键来源。杰出的领导者不仅通过业务发展和客户服务，还要通过招聘、培训、发展和保留最好的人才来创造盈利。领导者需要一贯地、有目的地投资大量时间在人力资源上，领导者发展领导者。

3. 打造强大的客户和其他外部关系网。公司的成功依赖于与世界各地有影响力的客户建立高质量的关系。优秀的领导者成功地发展了跨越多文化的长期关系网，通过杰出的客户服务，同时也通过在外部商业和社区团体中发挥的出色的领导人角色而获得成功。

4. 在业务内部和业务之间驱动团队合作。领导者保持跨公司的强大的关系网络，他们交叉营销公司的产品和服务，并在各分支机构、各部门、各地域和各层级中积极地分享创意和人才。

5. 鼓励学习、创新和变化。领导者欢迎并驱动变化。他们不断地从自己和公司内外部其他人的失败和成功中学习，他们并未因创造了公司过去的成功而怯步不前，在未来依然勇于实践冒险精神，从而促进公司的业务创新和发展。

6. 自由地争论、快速地决策、承诺并负责。领导者挑战现状并有勇气表达和接受不同意见，并承担责任。

7. 用一视同仁的态度晋升精英人才。领导者能接纳、认可并奖励来自于不同文化和种族的优秀人才，确保所有员工有相同的机会得到快速发展，以达到其潜力极限。

8. 发展战略和执行能力。领导者发展并清晰地说明有关业务的远景和战略，制定具体目标来实现战略。行动迅速、善于制定棘手的决策，并表现出出色的判断力。最后，他们能在行动上异常严格地遵循优先顺序，并保证高标准的执行结果。

9. 通过诚实正直的沟通风格来打造信任和可信度。优秀的领导者充分、直接、坦率地沟通，也是好的聆听者。他们认识到，来自于个人的威力比职位权力更大。

三、高盛领导力体系建设的启示

通过对高盛领导力体系的实践研究可以发现，高盛的人力资本价值理念、领导力体系的发展演变、组织模式、高盛的领导力法则，对现阶段我国券商发展有着重要的启示意义，主要体现在以下四个方面：

（一）对于人力资本的充分认识

高盛认为人是最重要的资产，要让员工获得发展，最终目的是让员工在市场上拥有巨大的竞争优势。正是基于这一理念，高盛始终致力于人才培养，通过"传帮带"的学徒模式、领导力培养模式，保持着高盛文化和人力资源体系的传承。

现阶段，我国证券行业快速发展状况与高盛20世纪50～80年代发展的情况十分类似，业务的多方向、多品种，客户跨地域、跨国界均需要一大批熟悉整个金融市场业务的、具备高领导力的领军人才。而目前整个行业专业人才、领军人才严重不足，完善的教育培训特别是针对领军人才的培训缺乏，单纯依靠行业内人才的互相挖角，难以满足创新业务发展需要。作为券商，我们需要审视自己的人力资源培养体系，通过领导力体系的设计，培养和充实我们各业务线自己的领导者，带领各项业务创新发展。

（二）对于激励机制的合理设计

高盛的合伙人文化、团队文化根植于企业。团队成员愿意为了团队的共同目标付出努力。这种激励体系的设计将团队成员与团队目标捆绑在一起，摒弃了因个人利益或目标的实现而忽略了整体利益。

现阶段，我国激励制度的设计相对受限，对于金融行业高端人才股权激励、员工持股等激励措施，一直未能放开，也在根本上制约了激励团队成员实现团队目标的效果。在创新发展的今天，大量创新业务快速发展，如果不能有效设计激励机制，不能有效地培育长期稳定的团队文化，不能摒弃靠高薪挖角的惯性思维，领导力体系建设就是空谈，就不能真正落到实处。

（三）领导力体系建设需要最高管理者的强力推动

保尔森一直担当着高盛"文化传递者"的角色，在高盛成立了"领导力培训咨询委员会"，并在 2001 年设立"首席学习官"职位。委员会的成员全部为公司的高层合伙人，且必须承担授课任务。有了高层的强力推动和组织机构保障，高盛的员工培养、文化传承得以顺利进行，在日积月累的工作中，逐渐形成了高盛领导力 9 大法则。GE 公司每年在其内部培训学院——克劳顿学院投入费用高达 10 亿美元，韦尔奇亲自授课 300 余次，并形成了 9 大经营法则。这些实践充分证明了高层的强力推动和组织机构的保障是领导力体系建设的根本。

国内的优秀券商近几年也一直在实践中摸索领导力提升的经验与办法，逐步认识到领导力提升对于券商创新发展的重要意义，如中信证券在高层推动下经过反复论证，形成了"二七"共识，奠定了中信证券企业文化的基础。这需要我们进行持续的探索和尝试，以建立适合我们自身特点的领导力体系。

（四）建立以导师、实践为主导的培训模式

高盛领导力培训的"学徒模式"在企业快速发展壮大后，向"领导力委员会模式"演进，设计更多的培训项目作为学徒模式的补充，保持了公司的文化以及保证公司产品与服务的高标准。以合伙人为最高点的"传帮带"学徒培训模式传统，仍贯穿于各项培训项目中，其压缩了对传统的课堂讲座，注重对真实工作场景的模拟，通过导师与学员共同参与的实景模拟，提升学员处理问题的实战能力。

对于我们券商自身而言，不能单纯依赖外部培训机构的培训力量。外部培训机构多侧重于理论，在实务操作，项目开发等实战中，缺乏经验。这就需要我们更多地关注和培养我们自身的培训师力量。应充分相信资深的资本市场人士沉淀在我们的中层、高层管理者和业务骨干中，要通过建设机制挖掘整合我们自身的资源，将各业务线优秀人才的先进工作经验、方法通过实战模拟等形成适合我们自身发展的内部培训教材，传授给公司学员，逐渐形成一套适合公司特点的领导力培训体系。

后　记

　　《境外培训论文集（2012）》汇编了我会 2012 年境外合作培训项目 135 名学员撰写的小组论文 26 篇，内容涵盖企业领导力与管理、资产管理、兼并收购、风险管理、人力资源管理等多个领域，涉及证券公司股权开放、证券公司资产管理产品创新方向、约定收益股票回购业务、加拿大新产品评估经验、创新发展时期证券公司人力资源管理等诸多证券公司创新热点或前沿问题。本论文集的部分论文经《中国证券》杂志摘登后，受到业内好评。

　　在《境外培训论文集（2012）》汇编过程中，我们得到了中国证监会国际部、部分会员单位及所有 2012 年境外合作培训学员的大力支持，各位学员为此付出了辛勤劳动。在论文的审定过程中，俞白桦、杨小兵、张小囡、王晓国、张懿、陈亮、董承非、陈静、何澎湃、刘桂芳、何方、高鹤、马震亚、陈强、李劲松、曾赟、银国宏、周桂岩、黄军书、张剑宏、于晓军、李厚启、韩志谦、何继兵、杜晓斌、周笑予、夏德兴、吕祥友、郭楠、殷浩、刘建秋、吴佳、王惠娟、曹永强、汪莉、盛峰、周维、赵旻原等同志提出了宝贵的修改意见和建议。在汇编过程中，中国金融出版社做了大量工作，在此一并表示最诚挚的感谢！具体汇编工作经过了选题论证、小组讨论、专家审阅、学术不当检测等一系列工作环节，力争做到精益求精，但难免百密一疏，工作中如有不足之处，敬请提出宝贵意见，以利更进一步。

中国证券业协会

2013 年 3 月